D1750127

Mannheimer Untersuchungen
zu Politik und Geschichte der DDR
Band 2

Verlag Wissenschaft und Politik

Herausgegeben von
Hermann Weber

in Verbindung mit
Dietrich Staritz
Manfred Koch
Werner Müller
Siegfried Suckut

Arbeitsbereich
Geschichte und Politik der DDR
an der Universität Mannheim

Inhalt

Vorwort von Hermann Weber 9

I. **Einleitung** 11

II. **Rahmenbedingungen** 21
1. Die Bündnispolitik der KPD/SED mit der Bauernschaft 21
2. Grundmuster und Parallelität der Agrar- und Bauernpolitik in Osteuropa nach 1945 23
3. Die Transformation der SBZ-Landwirtschaft durch die Bodenreform . 27
3.1 Die agrarsoziale Ausgangssituation 1945/46 27
3.2 Ziele und Ergebnisse der Bodenreform 30
4. Die Entwicklung des Parteiensystems der SBZ bis 1948 35
4.1 Die Gründung der Parteien 1945 35
4.2 Die Zusammenarbeit der Parteien im Blocksystem 39

III. **Die Vereinigung der gegenseitigen Bauernhilfe bis 1949** 45
1. Funktion und Ziele der VdgB 45
2. Gründung und Entwicklung der VdgB 48
2.1 Von den örtlichen Ausschüssen der gegenseitigen Bauernhilfe zu Kreis- und Landesorganisationen (1945/46) 48
2.2 Formierung zum Zentralverband und Etablierung als bäuerliche Massenorganisation (1947/48) 54
2.3 Wirtschaftliche Funktionalisierung und Transformation der VdgB (1948/49) 58
3. Organisationsverband 60
3.1 Mitgliederentwicklung und -struktur 60
3.2 Verbandsstruktur und Organe 63
    3.2.1 Deutsche Bauerntage 63
    3.2.2 Zentrale Führungsgremien 63
    3.2.3 Organe der Landesverbände 67
    3.2.4 Organe der Kreisvereinigungen 68
    3.2.5 Organe der Ortsvereinigungen 69
    3.2.6 Delegierten- und Generalversammlungen 70
3.3 Struktur der Leitungsorgane 70
3.4 Schulung der Funktionäre 72
3.5 Finanzen 73
3.6 Verbandspresse 74

4.	Die VdgB in Verwaltung und Parlament	75
4.1	VdgB und Beratende Versammlungen	75
4.2	Die »Bauernhilfe« bei den Wahlen von 1946	77
4.3	Einbeziehung in den Parteienblock	81
4.4	Die VdgB in der Deutschen Wirtschaftskommission (DWK)	83
5.	Aufgaben und Funktionsbereiche	84
5.1	Unterstützung der Agrar- und Bauernpolitik der SED	84
5.2	Gleichschaltung des landwirtschaftlichen Organisationswesens	89
5.3	Bäuerliche Interessenvertretung	92
5.4	Agitation für eine gesamtdeutsche Agrareinheit	94
6.	Wirtschaftliche und politische Bedeutung der bäuerlichen Massenorganisation	96

IV. Die Demokratische Bauernpartei Deutschlands bis 1952 99

1.	Motive für die Gründung einer Bauernpartei	99
2.	Gründung und Formierung der DBD	103
2.1	Gründungsablauf	103
2.2	Initiatoren und Gründer	106
2.3	Die »Grundsätze und Forderungen« von 1948	109
2.4	Aufbau der Organisation	111
2.5	Reaktionen im Parteiensystem auf die Neugründung	113
3.	Parteiorganisation und -struktur	116
3.1	Mitglieder	116
3.2	Parteiorgane und Willensbildung	118
	3.2.1 Parteitage	118
	3.2.2 Zentrale Leitungsorgane	120
	3.2.3 Landesvorstände	124
	3.2.4 Kreisvorstände	125
	3.2.5 Ortsvorstände	127
3.3	Innerparteiliche Leitungs- und Kontrollinstrumente	128
3.4	Schulungsarbeit	131
3.5	Parteipresse	134
3.6	Finanzierungsquellen der DBD	136
4.	Modifizierung der Programmatik	137
4.1	Das Programm von 1949	137
4.2	Bekenntnis zum »Aufbau des Sozialismus«	139
5.	Die DBD im Parteiensystem	141
5.1	Die Etablierung der Bauernpartei im politischen System	141
5.2	Beziehungen im Parteiensystem	149
	5.2.1 Verhältnis zu den Parteien	149
	5.2.2 Bauernpartei und VdgB	152
6.	Parteiarbeit und politische Praxis	153
6.1	Bedingungen und Voraussetzungen	153
6.2	Propagierung der Planziele und planadäquate Mobilisierung	154
6.3	Bauernpartei und Interessenvertretung	156

V. Rolle und Funktion von DBD und VdgB im Parteiensystem 103

Anmerkungen 171
Kurzbiographien 221
Zeittafel 227
Literatur 233
Abkürzungen 247

Tabellenverzeichnis

Agrarsoziale Daten

Tab. 1 Zusammensetzung des Bodenfonds nach der Herkunft der Objekte (Stand 1. Januar 1950) 32
Tab. 2 Verteilung des Bodenfonds an Individualempfänger 32
Tab. 3 Landzuweisungen im Gebiet der DDR (Stand 1. Januar 1950) .. 33
Tab. 4 Entwicklung der landwirtschaftlichen Besitzverhältnisse von 1939 bis 1951 auf dem Territorium der DDR 34

VdgB

Tab. 5 Organisatorische Entwicklung der VdgB-Ortsvereinigungen von 1946 bis 1949 58
Tab. 6 Mitgliederbewegung der VdgB von 1946 bis 1949 60
Tab. 7 Sozialstruktur der Mitglieder (Stand 1. April 1949) 61
Tab. 8 Soziale und parteipolitische Zusammensetzung der VdgB-Mitglieder von 1946 bis 1949 62
Tab. 9 Vorstände der ZVdgB von 1947 bis 1949 66
Tab. 10 Personelle Zusammensetzung der VdgB-Kreissekretariate 1947 und 1948 68
Tab. 11 Politische und soziale Struktur der Orts- und Kreisleitungen der VdgB von 1947 bis 1949 71
Tab. 12 VdgB in den Gemeinde-, Kreis- und Landtagswahlen 79
Tab. 13 Politische Zusammensetzung der Kreistage in Mecklenburg nach den Wahlen von 1946 80

DBD

Tab. 14 Mitgliederstruktur der DBD 1949 und 1951 117
Tab. 15 Mitgliederentwicklung der DBD von 1948 bis 1955 118
Tab. 16 Organisationsgrad der Parteitagsdelegierten in den Massenorganisationen 1951 und 1953 119
Tab. 17 DBD-Parteivorstände von 1948 bis 1953 121
Tab. 18 Zusammensetzung der Kreisvorstände 1951 und 1952 126
Tab. 19 Berufsstruktur der Ortsvorstände 1951 127
Tab. 20 Großbauern in den Ortsvorständen 1952 und 1953 128

Vorwort

Hermann Weber

Wie bereits im ersten Band der vorliegenden Reihe angekündigt, sollen nach der Dokumentation auch die einzelnen Ergebnisse des Mannheimer Forschungsprojekts über den Transformationsprozeß des Parteiensystems der SBZ/DDR vorgelegt werden.*
Mit der Arbeit von Bernhard Wernet-Tietz über die Demokratische Bauernpartei Deutschlands (DBD) und über die Vereinigung der gegenseitigen Bauernhilfe (VdgB) von 1945 bis 1952 wird die erste Untersuchung des Projekts veröffentlicht. Die 1948 gegründete DBD und die 1945/46 entstandene VdgB gehören zu jenen Parteien bzw. Organisationen des politischen Systems der DDR, über die bisher weder in der Bundesrepublik Deutschland noch in der DDR Forschungsergebnisse vorgelegt wurden, ja, über die nicht einmal andere Darstellungen existieren. Insofern schließt die Arbeit von Bernhard Wernet-Tietz, die als Dissertation von der Fakultät für Sozialwissenschaften der Universität Mannheim angenommen wurde, eine merkliche Lücke bei der Erforschung der Veränderung des Parteiensystems der SBZ/DDR nach 1945 überhaupt.
Wernet-Tietz hat umfangreiches Quellenmaterial zusammengetragen, und er hat mit einer Fülle von Fakten und Daten wichtige Entwicklungszüge der DBD und der VdgB nachgezeichnet. Er hat darüber hinaus die kommunistische Bauernpolitik näher untersucht, und das Ergebnis seiner ideologie- und quellenkritischen Arbeit ist eindeutig: Die Vereinigung der gegenseitigen Bauernhilfe wurde 1945/46 als eine Massenorganisation geschaffen (mit einer größeren Zahl von Mitgliedern als meist angenommen), doch hat die SED diese Bauernorganisation rasch zu ihrem Organ auf dem Lande instrumentalisiert. Die Demokratische Bauernpartei ihrerseits war eine Partei, deren Gründung von der Sowjetischen Militäradministration und der SED 1948 vorangetrieben wurde, um die Veränderung des Parteiensystems zu erreichen, d. h., um die »führende Rolle« der SED vor allem gegenüber CDU und LDP durchzusetzen.
Es ist das Verdienst von Wernet-Tietz, in seiner Untersuchung diese allgemein bekannten Tatsachen nun bis in die Einzelheiten nachgewiesen und auch belegt zu haben. Er hat ebenso die entsprechenden Mechanismen beschrieben, mit denen beide Organisationen in das Parteiensystem der DDR integriert wurden und in dem sie bis heute eine Rolle spielen. Damit hat er eine wichtige Entwicklungsphase des heutigen politischen Systems der DDR offengelegt. Am Beispiel von VdgB und DBD wird eine Technik der SED-Machtpolitik anschaulich und überzeugend dargelegt: die Etablierung neuer gesellschaftlicher Organisationen und Parteien und deren In-

---

* Vgl. Hermann Weber (Hrsg.): Parteiensystem zwischen Demokratie und Volksdemokratie. Dokumente und Materialien zum Funktionswandel der Parteien und Massenorganisationen in der SBZ/DDR 1945–1950. Köln 1982.

strumentalisierung für die Ziele kommunistischer Politik. Die Untersuchung vermittelt, belegt durch eine Reihe interessanter, bislang unbekannter Details, daß über die arbeitsteilig fungierenden Bauernorganisationen nicht nur der Wandlungsprozeß des Parteiensystems entscheidend beeinflußt werden konnte, sondern der SED vor allem Möglichkeiten eröffnet wurden, direkter auf die bäuerliche Bevölkerung einzuwirken. Da es über die Geschichte von DBD bzw. VdgB bisher keine geschlossene Untersuchung gibt, hat der Autor mit der Analyse von Organisation, Programmatik, Funktion und politischer Praxis auch einen ersten Überblick zur Frühgeschichte beider Organisationen vorgelegt.

Dabei ist insbesondere auf seine Darstellung der Demokratischen Bauernpartei zu verweisen. Schließlich war die Genehmigung zweier neuer, »nichtkommunistischer« Parteien 1948, nämlich der National-Demokratischen Partei und der Demokratischen Bauernpartei, ein letzter entscheidender und auffallender Eingriff der Sowjetischen Militäradministration in den Veränderungsprozeß des Parteiensystems. Dietrich Staritz hat in seiner Analyse über die NDPD[*] bereits nachgewiesen, wie diese Partei von sowjetischer Seite vorbereitet wurde, er hat mit dem Begriff »Transmissionspartei« auch die Funktion der neuen Parteien erklärt. Nunmehr liegt mit der Arbeit von Bernhard Wernet-Tietz auch über die Bauernpartei eine Darstellung vor, die den Charakter als »Transmissionspartei« auch dieser Organisation deutlich macht. Damit wird unsere Kenntnis über den Wandlungsprozeß des Parteiensystems erheblich erweitert.

Die Arbeit »Bauernverband und Bauernpartei in der DDR« ist ein wichtiger Beitrag zur Parteiengeschichte. Der Materialreichtum der Untersuchung zeigt – bei der bekannten Schwierigkeit der Quellenlage – die Fähigkeit des Verfassers, bisher unbekannte Quellen aufzuspüren und sehr gut aufzubereiten. Sein kritisches und abgewogenes Urteil ermöglicht darüber hinaus generelle Einsichten in den Transformationsprozeß des Parteiensystems der SBZ/DDR.

Mannheim, im September 1983 *Hermann Weber*

---

[*] Vgl. Dietrich Staritz: Die National-Demokratische Partei Deutschlands 1948–1953. Ein Beitrag zur Untersuchung des Parteiensystems der DDR. Diss. rer. pol. FU Berlin 1968. Vgl. auch den Beitrag von D. Staritz über die NPDP in: Weber, Parteiensystem . . ., a. a. O., S. 215 ff.

Einleitung

I

Die existierenden Mehrparteiensysteme sozialistischen Typs in den osteuropäischen Staaten[1] sind Ergebnis der »Strategie und Taktik der Arbeiterklasse in der Bündnisfrage«,[2] d. h., sie sind Ausdruck der kommunistischen Bündnispolitik[3] in konkreten historischen Phasen, in denen die kommunistischen Parteien in der Auseinandersetzung mit nichtkommunistischen Parteien ihre »führende Rolle« errangen, sicherten und ausbauten.[4]
Dem »sozialistischen Mehrparteiensystem«[5] der DDR, in dem die Blockparteien CDU, LDP, NDPD und DBD sowie die wichtigsten Massenorganisationen zusammengefaßt sind, kommt auch heute noch eine besondere Bedeutung zu. Dies nicht nur deshalb, weil das Parteiensystem der DDR so differenziert ausgeprägt ist, sondern vor allem deswegen, weil die SED stärker als kommunistische Parteien in osteuropäischen Staaten mit vergleichbaren Parteibündnissen wie etwa in der Tschechoslowakei, in Bulgarien oder in Polen – Rolle und Funktion der nichtkommunistischen Parteien im politischen und gesellschaftlichen System betont und sich zur Herrschaftsausübung auf diese stützt, was äußerlich sichtbar wird durch die quantitativ nicht unerhebliche öffentliche Repräsentation (Regierung, Parlament, Verwaltung) dieser Parteien.[6]
Auf dem X. Parteitag der SED (11. bis 16. April 1981) sicherte der Generalsekretär der Partei, Staatschef Erich Honecker, den nichtkommunistischen Parteien einen »stabilen Platz« im DDR-Herrschaftssystem zu und gab der weiteren »konstruktiven und erprobten Mitarbeit« der Bündnispartner eine »langfristige Perspektive«.[7]
Realer Ausdruck der neuerlichen Aufwertung der nichtkommunistischen Parteien in der DDR ist das seit 1975 bei allen Parteien festzustellende kontinuierliche Mitgliederwachstum,[8] wobei sich bei der DBD, der nach der CDU zweitstärksten Blockpartei, eine Sonderentwicklung zeigt.
Während CDU, LDP und NDPD zwischen 1966 und 1975 Mitgliederverluste zu verzeichnen hatten, stieg die Mitgliederzahl der DBD bereits ab 1966 kontinuierlich an, was als Beleg für einen stetigen Bedeutungszuwachs der Bauernpartei seit Mitte der 60er Jahre gewertet werden darf. 1966 zählte sie 80 000, 1975 90 000, 1977 über 92 000, und auf ihrem XI. Parteitag (3. bis 5. Mai 1982) gab die DBD ihren Mitgliederstand mit 103 000 an.[9] Auch in der öffentlichen Repräsentation auf Kommunalebene nimmt die DBD eine Sonderstellung ein. In den Gemeindeparlamenten und Stadtverordnetenversammlungen stellt sie nächst der SED mit 13 493 Vertretern (= 7,9 %) die meisten Mandatsträger (insgesamt hat sie 7,7 % der in der DDR zu vergebenden Mandate inne).[10] Dieses Übergewicht ist auf die bevorzugte Behandlung der Bauernpartei bei der Festlegung des Proporzes in den ländlichen Gemeinden zurückzuführen.
Zu beobachten sind neuerdings auch Versuche, die Massenorganisationen stärker

zu aktivieren. Aktuelles Beispiel hierfür, die seit 1982 von der SED initiierte und betriebene Reaktivierung der VdgB (BHG).[11] Die 1945/46 von der SMAD und der KPD gegründete VdgB, die bis 1960 wesentlichen Anteil an der Lösung wichtiger ökonomischer und politischer Aufgaben im Agrarbereich hatte, etwa an der Durchführung der Bodenreform, an der Organisierung von Produktions- und Dienstleistungseinrichtungen im Landwirtschaftssektor, an der Umstrukturierung des landwirtschaftlichen Verbandswesens – durch die Eingliederung der Bäuerlichen Handels-Genossenschaften (BHG) entstand im November 1950 die VdgB (BHG) – und an der Errichtung von landwirtschaftlichen Produktionsgenossenschaften (LPG) 1952, fristete nach Vollendung der Kollektivierung der Landwirtschaft ab 1961, ihrer wirtschaftlichen und wenigen politischen Funktionen vollends beraubt, ein Schattendasein im System der Massenorganisationen. So ist sie z. B. seit 1963 nicht mehr mit eigenen Kandidaten in der Volkskammer und in den Bezirkstagen vertreten, wo sie bis dahin eigene Fraktionen unterhalten hatte.

Nunmehr soll die zur »sozialistischen Massenorganisation« der Genossenschaftsbauern und -gärtner aufgewertete VdgB (BHG) nicht nur ihre politische und ökonomische Wirkungsweise intensivieren, sondern sich auch der Freizeitgestaltung der bäuerlichen Bevölkerung widmen und geistig-kulturelle Aktivitäten auf dem Lande entfalten.[12]

Wie ist das Bemühen der SED um den Erhalt und die Festigung der nichtkommunistischen Parteien und der gesellschaftlichen Organisationen zu werten? Um diese Frage beantworten zu können, sollen zunächst einige grundsätzliche Aussagen zum Funktionscharakter nichtkommunistischer Parteien und Massenorganisationen in »sozialistischen Mehrparteiensystemen« gemacht werden.

Hartmut Zimmermann schreibt ihnen im wesentlichen folgende Funktionen zu:[13]
- Ziele der herrschenden Partei zu propagieren und die gesellschaftlichen Schichten und Gruppen zur Erfüllung dieser Ziele zu mobilisieren (Transmissionsfunktion);
- Schichten- und Gruppeninteressen kontrolliert zu organisieren und im Sinne des von der Partei definierten »objektiven Gesellschaftsinteresses« umzuformulieren sowie spontane Mitgliederaktivitäten systemgerecht zu kanalisieren (Interessenvertretungsfunktion);
- erziehend auf ihre Mitglieder einzuwirken (Erziehungsfunktion);
- über Einstellungen, Stimmungen, Wünsche und Unzufriedenheiten in der Gesellschaft zu informieren, um die kommunistische Partei in die Lage zu versetzen, ihre Politik entsprechend korrigieren bzw. mittels geeigneter Agitations- und Propagandaaktionen durchsetzen zu können (korrigierende Funktion);
- Partei und Regierung auf Teilgebieten sachspezifisch zu beraten (konsultative Funktion).

Die nichtkommunistischen Parteien und Massenorganisationen in der DDR fungieren, wie Dietrich Staritz treffend formuliert, als »schichtenspezifische, arbeitsteilige Transmissionsorganisationen«.[14] Diese den »Bündnispartnern« der SED zugewiesene Funktionen haben bis heute ihre grundsätzliche Bedeutung erhalten, wenngleich sich der Stellenwert der einzelnen Aufgabenbereiche im Zeitablauf änderte.

Die Blockparteien akzeptieren diesen stark eingeengten Aktionsrahmen, in dem die SED neuerdings Spielraum für »eigenständige Beiträge« dieser Parteien sieht,[15] und anerkennen die Führungsrolle der SED in Staat und Gesellschaft. Parteien und

Massenorganisationen sind somit von ihren generell gleichgerichteten Funktionen her Organisationen, mit deren Hilfe die SED versucht, alle Schichten und Gruppen, anknüpfend an deren spezifischen sozialen Interessen und gesellschaftlicher Stellung, zu organisieren und für die Verwirklichung ihrer Politik zu aktivieren und zu mobilisieren. Nichtkommunistische Parteien und Massenorganisationen im kommunistischen Herrschaftsbereich unterscheiden sich allenfalls im Organisationstyp, in ihrer Zielgruppenorientierung und ihres damit verbundenen spezifischen arbeitsteiligen Auftrags sowie in ihrer mehr oder weniger engen organisatorischen und personellen Verquickung mit der SED. Während die Massenorganisationen deutlich als Unterorganisationen der SED geführt werden, was aufgrund der direkten Einwirkungsmöglichkeiten der Partei über die Hebel Kaderpolitik, Personalunion und Parteigruppen reibungslos funktioniert, sind die formal selbständigen Parteien lediglich über indirekte Anweisungen und Richtlinien auf die Ziele der SED festzulegen.

Die Koordinierung und Steuerung des Parteiensystems erfolgt über institutionalisierte Organisationsformen, die sich nach 1945 herausbildeten. Die Parteien und Massenorganisationen sind im »Demokratischen Block«, kurz »Block« genannt, zusammengefaßt, der den Kern und das Koordinationszentrum des Parteiensystems darstellt. Die »Nationale Front«, in der neben organisierten auch nicht organisierte gesellschaftliche Gruppen vertreten sind, ist eine die gesamte Bevölkerung repräsentierende institutionalisierte Bewegung und somit die größte Massenorganisation der DDR, die weit über die Einflußgrenzen des Blocks hinausgreift und deren Bedeutung insbesondere in der massenpolitischen Erziehungs- und Mobilisierungsarbeit liegt.[16]

Die heutige Aktivierung der Blockparteien und Massenorganisationen verdeutlicht, daß das nach 1945 etablierte Mehrparteiensystem, in seiner Funktionsweise als Transmissionssystem freilich, ständig vervollkommnet und den politischen und gesellschaftlichen Erfordernissen entsprechend angepaßt und demnach für die Herrschaftsausübung der SED, zumindest für die nächste Zukunft, weiterhin eine nicht unbedeutende Rolle einnehmen wird.[17]

Die aktuelle Bedeutung des Mehrparteiensystems in der DDR für die Machtausübung der SED, die neuerliche politische Aufwertung der VdgB (BHG) sowie die Sonderrolle der DBD als engste Bündnispartei der SED lassen eine Untersuchung zur Gründungsgeschichte von VdgB und Bauernpartei besonders interessant erscheinen, da die heutige Stellung dieser Bauernorganisationen nicht ohne deren historische Entwicklung zu verstehen ist.

Mit der Lizenzierung von KPD, SPD, CDU und LDP im Sommer 1945 knüpfte die sowjetische Besatzungsmacht weitgehend an die organisatorischen, personellen und programmatischen Traditionslinien des deutschen Parteiensystems an, formte dieses in enger Zusammenarbeit mit den deutschen Kommunisten jedoch in den nachfolgenden Jahren so grundlegend um, daß sich ein neuer Parteiensystem-Typ herausbildete. Die Umwandlung des Parteiensystems erfolgte in einem mehrstufigen Prozeß, in dessen Verlauf sich die SED von einer sozialistischen Massenpartei zu einer stalinistischen Kader- und leninistischen Staatspartei umformte und unter der Patronage der SMAD ihre politische und gesellschaftliche Führungsposition errang, sicherte und ausbaute, während die ehemals selbständigen bürgerlichen Parteien CDU und LDP sowie die weitgehend unabhängigen Massenorganisationen auf die Rolle von Transmissionsorganisationen reduziert wurden. Die Transforma-

tion des Parteiensystems vollzog sich selbstverständlich nicht losgelöst von Veränderungen der übrigen Subsysteme – wie etwa der Verfassungsordnung, des Justizwesens, des Verwaltungssystems, der sozialökonomischen Strukturen, des Bildungswesens, des Kulturlebens etc. – der SBZ/DDR und war vor allem eingebunden in die internationale politische Entwicklung.
Der Transformationsprozeß des Parteiensystems der SBZ/DDR, der 1950 faktisch abgeschlossen war, erfolgte im wesentlichen in fünf Entwicklungsetappen, die vorweg kurz skizziert werden sollen:[18]

1. Mai 1945 bis April 1946
In dieser Phase war die KPD bestrebt, zur politisch und organisatorisch dominanten Partei im Parteiensystem zu werden. Über die alle Parteien einschließende Institution Block versuchte sie, die übrigen Parteien zu disziplinieren und deren Handlungsspielraum einzuengen. Kennzeichnend für diese Politik war die auf Druck der SMAD durchgesetzte Auswechslung der Führungsspitzen von CDU und LDP Ende 1945, die sich der Blockdisziplin widersetzt hatten. Gleichzeitig versuchte die KPD über die von ihr gegründeten und größtenteils mehrheitlich von ihren Mitgliedern und Sympathisanten getragenen Massenorganisationen alle gesellschaftlichen Schichten und Gruppen zu organisieren. Das politische Gewicht der Kommunisten in der SBZ wurde bereits bei der Einleitung der ersten strukturverändernden Maßnahmen in Staat, Wirtschaft und Gesellschaft (Boden-, Industrie-, Justiz-, Schulreform) deutlich.

2. April 1946 bis Juni 1947
Durch die Einschmelzung der SPD wurde der ernsthafteste Konkurrent der KPD im Parteiensystem ausgeschaltet und die Auseinandersetzung mit der Sozialdemokratie auf die innerparteiliche Ebene der neuentstandenen SED verlagert, wo sie effektiver zu führen war.
Die aus den Wahlen von 1946 gestärkt hervorgegangenen bürgerlichen Parteien widersetzten sich dem wachsenden Hegemonieanspruch der SED, so daß sich die Einheitspartei, um die Ausweitung ihrer Führungsrolle bemüht, gezwungen sah, den Selbstbehauptungswillen von CDU und LDP zu brechen. Sie versuchte dies über die Beteiligung der Massenorganisationen an den politischen Organen (Block, Parlament, Regierung, Verwaltung) auf Lokal- und Regionalebene.

3. Juni 1947 bis Mai/Juni 1948
Die SED sicherte ihre Vormachtstellung institutionell ab. Mit der Etablierung und Festigung zentralstaatlicher regierungs- und parlamentsähnlicher Instanzen (Deutsche Wirtschaftskommission und Deutscher Volksrat) wurden die aus den Wahlen von 1946 hervorgegangenen Länderregierungen und -parlamente weitgehend politisch entmachtet. Gleichzeitig blieb die SED bestrebt, auf der kommunalen und regionalen Ebene mit Hilfe der Massenorganisationen die Wahlergebnisse von 1946 zu revidieren. Über die Beteiligung der Massenorganisationen am politischen Willensbildungsprozeß der Zentralebene versuchte die SED, den Einfluß der bürgerlichen Parteien auch in den obersten Organen des politischen Systems zurückzudrängen.
Über die von ihr initiierte Volkskongreßbewegung wollte die SED alle organisierten Kräfte der SBZ für die Durchsetzung ihrer politischen Ziele mobilisieren.

4. *Mai/Juni 1948 bis Oktober 1949*
Organisatorisch fundiert und politisch stabilisiert wurde die SED-Vorherrschaft im Parteiensystem durch die Gründung der NDPD und der DBD, die ab Mitte 1948 ebenso wie die wichtigsten Massenorganisationen in alle politisch entscheidenden Organe der Zentralebene einbezogen wurden. Die SED wandelte sich zu einer stalinistischen Kaderpartei und begann auch Wirtschaft und Staat nach zentralistisch-bürokratischen Strukturen zu organisieren.
Die Massenorganisationen glichen sich dem Strukturaufbau der SED an und übernahmen den »demokratischen Zentralismus« als verbindliches Organisationsprinzip. Mehr und mehr verloren sie ihre Funktion als Interessenvertretungsorgane und fungierten als »Transmissionsriemen« zur Übertragung der Politik der SED in die jeweils von ihnen zu repräsentierenden sozialen Schichten.

5. *Oktober 1949 bis Oktober 1950*
Mit der Gründung der DDR schrieb die SED ihre Rolle als Führungspartei staatsrechtlich fest. Letzte Widerstände von CDU und LDP, etwa gegen die Staatsgründung und die Einheitslistenwahlen im Oktober 1950, versuchte die SED durch massive direkte Eingriffe in die Parteien (Auswechslung von Leitungskadern auf allen Parteiführungsebenen) sowie durch die verstärkte Einengung des Aktionsrahmens dieser Parteien zu brechen. Hierbei war die Etablierung der beiden neugegründeten Parteien NDPD und DBD in den politischen Entscheidungsorganen – gerade auch auf regionaler und lokaler Ebene, den Zentren bürgerlichen Widerstandes – besonders hilfreich.
Über die neugebildete Nationale Front war es der SED möglich, neben den Parteien und Massenorganisationen alle gesellschaftlichen Kreise für die Umsetzung ihrer Politik arbeitsteilig einzusetzen und mobilisierend vor allem in den von Parteien und Massenorganisationen nicht mehr zu erfassenden Bereichen (Kleinstgemeinden, Wohnbezirken) zu wirken. Die Vormachtstellung der SED in Staat und Gesellschaft wurde von allen Parteien und Massenorganisationen anerkannt. Die bürgerlichen Parteien fügten sich in ihre Rolle als Transmissionsorganisationen und vollzogen die formale Angleichung (organisatorische und programmatische Anpassung) an den Parteityp der Transmissionspartei bis 1952.
Die Skizzierung der Entwicklungsetappen des Parteiensystems bis 1950 läßt bereits einige wesentliche Instrumente und Techniken erkennen, derer sich sowjetische Besatzungsmacht und deutsche Kommunisten bei der Umwandlung des Parteiensystems bedienten, wobei die einzelnen angewandten Methoden je nach den politisch aktuellen Bedingungen und der Bedeutung für die Erreichung der strategischen Ziele kommunistischer Politik wechselten bzw. sich ihr Stellenwert änderte.
In der ersten Etappe instrumentalisierte die KPD die Blockpolitik, in der zweiten Etappe versuchte die neuentstandene SED ihren bestimmenden Einfluß im Parteiensystem über die Einbeziehung der Massenorganisationen in die politischen Organe sowie über nationale Kampagnen wie die Volkskongreßbewegung durchzusetzen und in der dritten Etappe fundierte sie ihre herausragende Stellung über die von ihr dominierten zentralstaatlichen administrativen und repräsentativen Instanzen DWK und Volksrat. In der vierten Etappe erweiterte die SED das Parteiensystem durch zwei loyale Bündnispartner, die Parteien NDPD und DBD, und in der fünften Etappe schuf sie mit der Staatsgründung und den Einheitslistenwahlen vollendete Tatsachen, denen sich das Parteiensystem zu unterwerfen hatte.

Durch eine systematische Analyse aller Parteien und Massenorganisationen der DDR könnte die Palette der kommunistischen Machttechniken aufgedeckt und möglicherweise grundsätzliche Aussagen zu Strategie und Taktik kommunistischer Machtergreifung gewonnen werden.[19]
Zentrales Anliegen vorliegender Untersuchung ist es, durch eine Analyse von Entwicklung, Struktur und Funktion der 1945/46 gebildeten VdgB und der 1948 gegründeten DBD den Anteil dieser Organisationen an der Wandlung des Parteiensystems zu bestimmen und somit einen Beitrag zur Beantwortung der Frage nach den Methoden, Techniken und Instrumenten kommunistischer Machterringung in der DDR beizusteuern.

Für eine kombinierte Untersuchung von VdgB und DBD ergeben sich vor diesem thematischen Hintergrund im einzelnen folgende Fragestellungen:
1. Die Gründung gleich zweier Bauernorganisationen, einer mehr wirtschaftlich orientierten bäuerlichen Massenorganisation und einer politischen Partei, ist deshalb bemerkenswert, weil sich die KPD/SED selbst als »Arbeiter-und-Bauern-Partei« verstand und noch versteht. VdgB und DBD konnten demnach nur dann eine Existenzberechtigung haben, wenn sie sich für die Erreichung der taktischen und strategischen Ziele der SED einsetzen ließen, konkret, wenn sich mit ihrer Hilfe das Bündnis der Arbeiterklasse mit ihrem Hauptbündnispartner, der Bauernschaft, organisatorisch zementieren und politisch festigen sowie Führungsanspruch und Machtstellung der Einheitspartei im Parteiensystem durchsetzen, stabilisieren und ausbauen ließ.
Zu untersuchen wäre demnach, wie sowjetische Besatzungsmacht und deutsche Kommunisten unter den jeweiligen politischen und gesellschaftlichen Bedingungen in den Jahren von 1945 bis 1952 die organisatorische und politische Fundierung des »Arbeiter-und-Bauern-Bündnisses« durch VdgB und DBD rechtfertigten und welche Motive sie veranlaßten, dieses organisatorisch-politisch gefestigte Bündnis für die Verwirklichung ihrer Politik zu instrumentalisieren.
2. Mittels welcher Methoden und Techniken sicherten sich die deutschen Kommunisten bestimmenden Einfluß in VdgB und DBD, und welchen programmatischen, organisatorischen und personellen Umstrukturierungen mußten sich die Bauernorganisationen unterziehen, um die ihnen jeweils zugewiesenen Funktionen erfüllen zu können. Hier gilt es vor allem, die Herrschaftstechniken herauszustellen, mit denen die SED kontinuierlich auf diese Organisationen einwirkte und sie anleitete, sowie die Veränderung und zunehmende Angleichung der Binnenstrukturen von VdgB und Bauernpartei an die der SED deutlich zu machen.
3. Die in der offiziellen DDR-Geschichtsschreibung als »kleinbürgerlich-demokratische«[20] Parteien bezeichnete NDPD und DBD unterschieden sich grundlegend vom traditionellen Parteityp einer CDU und LDP. Hinsichtlich ihrer Organisationsstruktur, Programmatik, Zielgruppenorientierung und Arbeitsweise repräsentierten Bauernpartei und National-Demokratische Partei den Organisationstyp einer, so die von Dietrich Staritz für die NDPD belegte These, schichtenspezifischen Transmissionspartei mit Modellcharakter für die bürgerlichen Parteien.[21]
Für die DBD wäre diese These anhand einer Analyse ihrer Binnenstrukturen und ihrer Arbeitsweise im einzelnen zu überprüfen und zu spezifizieren.

4. Zur Strategie und Taktik der Kommunisten gehörte es, wie bereits aufgezeigt wurde, die politischen Instanzen Parlament, Regierung, Verwaltungsorgane, Block und Nationale Front für die Durchsetzung ihrer Führungsrolle im Parteiensystem zu instrumentalisieren. Mit Hilfe der VdgB und der DBD gelang es ihnen, wenngleich mit unterschiedlichem Erfolg, ihre Positionen in diesen Institutionen des politischen Systems auszubauen und zu stärken sowie den Spielraum und Einfluß der bürgerlichen Parteien einzuengen.

Bei der Untersuchung der politischen Wirksamkeit von VdgB und DBD wäre vor allem einzugehen auf die Methoden, mit denen die SED die Einbeziehung dieser Organisationen in den politischen Entscheidungsprozeß gegenüber den bürgerlichen Parteien motivierte, und gleichfalls auf die Bemühungen von VdgB und Bauernpartei, sich in der Auseinandersetzung mit den bürgerlichen Parteien im Institutionengefüge des politischen Systems zu behaupten.

5. Als bäuerliche Massenorganisation stellte die 1945/46 gegründete VdgB einen im landwirtschaftlichen Organisationssystem neuartigen Organisationstyp dar, der in dieser Ausprägung in den meisten osteuropäischen Staaten erst 1947/48 entstand.

Hier wäre vor dem Hintergrund der agrarökonomischen und -politischen Ausgangsbedingungen der SBZ nach den Umständen und Motiven zu fragen, die die Etablierung solch einer bäuerlichen Massenorganisation unmittelbar nach Kriegsende bedingten.

6. VdgB und DBD trugen maßgeblich zur Verwirklichung der kommunistischen Agrar- und Bauernpolitik bei. Eine Analyse der operativen Aufgabenbereiche und der praktischen Tätigkeit der Bauernorganisationen soll die arbeitsteiligen Beiträge der jeweiligen Organisation verdeutlichen.

7. Schießlich soll das für Massenorganisationen und Transmissionsparteien typische Spannungsverhältnis zwischen Mitgliederinteressen bzw. Eigeninteressen der Organisation einerseits und den diesen Organisationen und Parteien von der Führungspartei zugewiesenen Aufgaben andererseits problematisiert werden, um aufzuzeigen, wie VdgB und DBD ihren Interessenvertretungsanspruch mit dem Auftrag, die Politik der SED zu transmittieren, vereinbarten und erfüllten.

Nach der Explikation der Thematik nunmehr einige Ausführungen zum Forschungsstand.

Die DBD fand in der zeitgeschichtlichen Forschung der DDR[22] und der westlichen Parteienforschung[23] bislang kaum Beachtung. DDR-Historiker kritisierten bereits 1970, daß eine Geschichte der DBD noch immer ausstehe.[24] Versuche, diese Lücke zu schließen, sind auch von seiten der Bauernpartei[25] bisher nicht sichtbar geworden, obwohl in der DDR Tendenzen zu erkennen sind, die Entstehung des eigenen politischen Systems wissenschaftlich aufzuarbeiten.[26]

Ein Motiv für die Nichtbehandlung der DBD in der Parteienforschung der Bundesrepublik Deutschland mag das in der wissenschaftlichen Forschung bis heute zu konstatierende Festhalten an der zu undifferenzierten These vom Satellitencharakter der Bauernpartei sein. Zur Verdeutlichung dieser Einschätzung sei ein Zitat von Hans-Jürgen Puhle angeführt, der in dem von Heinz Gollwitzer 1977 edierten Werk »Europäische Bauernparteien im 20. Jahrhundert« zur DBD lediglich bemerkt:

»Die nach 1945 im sowjetisch besetzten Teil Deutschlands ins Leben gerufene und noch heute in der DDR bestehende Bauernpartei hat sich vollends als eine von Anfang an gleichgeschaltete künstliche Gründung erwiesen.«[27]

Unter den neuesten Forschungsarbeiten der DDR zur Agrar- und Bauernpolitik nach 1945 sind Ansätze vorhanden, die VdgB unter dem Aspekt ihres ökonomischen Wirkens in die Analyse mit einzubeziehen,[28] doch fehlen auch zu diesem Teilbereich umfassende Arbeiten.[29] Untersuchungen zur Gründungs- und Organisationsgeschichte liegen nicht vor.[30] Die westliche Verbandsforschung zeigte an der VdgB nur wenig Interesse.[31]

Als Ergebnis läßt sich somit festhalten, daß Darstellungen zur Entstehung, Entwicklung und Funktion der VdgB und DBD nicht existieren. Einen ersten Versuch zur Aufarbeitung dieses Problembereichs anhand einer Auswahl wichtigen Quellenmaterials unternahm der Verfasser in einem 1982 publizierten Beitrag.[32]

In der vorliegenden Untersuchung wird die Frühgeschichte der VdgB und DBD umfassend analysiert.

Der Verfasser wertete hierzu alle erreichbaren Publikationen der Organisationen VdgB und DBD wie Programme, Statute, Tagungsprotokolle, Berichte, Zeitungen, Zeitschriften, Funktionärsorgane, Broschüren und sonstige Veröffentlichungen aus. Tagungsprotokolle konnten für die zentralen Parteitage (DBD) und Bauerntage (VdgB) nahezu vollständig eingesehen werden. Protokolle und Rechenschaftsberichte von Landesverbänden waren nur sehr vereinzelt nachweisbar. Der Umfang an Broschüren, Informationsschriften und sonstigen Publikationen der VdgB und DBD aus und zu dem gewählten Analysezeitraum ist äußerst gering. Die Untersuchung stützt sich deshalb hauptsächlich auf die Zeitungs- und Zeitschriftenliteratur der Bauernorganisationen, die, soweit erreichbar, vollständig ausgewertet wurde. Die Lücken in den Zeitungsbeständen (Regionalausgaben) erlaubten jedoch keine kontinuierliche Betrachtung der Entwicklung von einzelnen DBD- bzw. VdgB-Landesverbänden. Die zur VdgB und DBD vorhandenen Materialien im Archiv des Gesamtdeutschen Instituts in Bonn und Berlin, im Archiv der sozialen Demokratie (AdsD) der Friedrich-Ebert-Stiftung in Bonn, im Bundesarchiv in Koblenz, beim RIAS Berlin und im Archiv beim Hauptvorstand der CDU in der DDR (dieses Material stellte dankenswerterweise Siegfried Suckut zur Verfügung) lieferten wertvolle Hinweise und Ergänzungen zu Detailproblemen.

Ebenso wurden zeitgenössische Quellen und Publikationen der übrigen Parteien, vor allem der KPD/SED, und der staatstragenden Organe sowie umfangreiche Sekundärliteratur herangezogen.

Mehrmalige Versuche, Zutritt zu den Archiven von VdgB und DBD zu bekommen, blieben erfolglos; leitende Mitarbeiter und Funktionäre der betreffenden Organisationen fanden sich zu Gesprächen nicht bereit. Lediglich wissenschaftliche Bibliotheken der DDR standen zur Benutzung offen. Ehemalige, heute in der Bundesrepublik Deutschland lebende Funktionäre der DBD konnten trotz intensiven Bemühens nicht ausfindig gemacht werden.

Abschließend noch einige Bemerkungen zur Vorgehensweise. Die in Abschnitt II als Rahmenbedingungen bezeichneten Ausführungen sollen die Bauernpolitik der KPD/SED in einen theoretischen und historischen Kontext einordnen (II/1) und vor dem Hintergrund der agrarpolitischen Entwicklung in Osteuropa nach 1945 Besonderheiten sowie Grundmuster der Entwicklung der Agrar- und Bauernpolitik in der SBZ aufzeigen (II/2). Inwieweit sich aus der Entwicklung des Parteiensystems und der Landwirtschaft der SBZ/DDR Faktoren und Motive finden lassen, die eine Etablierung von VdgB und DBD für opportun erscheinen ließen oder gar unumgänglich machten, soll in den abschließenden Ausführungen dieses Abschnitts (II/ 3–4) zu ergründen versucht werden.

Die Analyse der einzelnen Organisationen erfolgt in jeweils sechs Untersuchungsbereichen: Gründung und Entwicklung; Programmatik; Partei- bzw. Organisationsverband; Etablierung und Repräsentation im Parteien- und Staatssystem; Beziehungen zu anderen Parteien und Massenorganisationen; Aufgaben und Tätigkeitsfeld.

Rahmenbedingungen   II

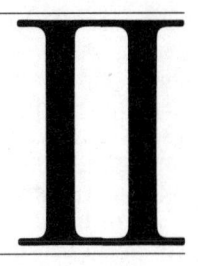

1. Die Bündnispolitik der KPD/SED mit der Bauernschaft

In der kommunistischen Bündnispolitik kommt den Bündnisbeziehungen mit der Bauernschaft eine wichtige und zentrale Bedeutung zu, denn Kernpunkt des von Lenin entworfenen und für Rußland zugeschnittenen Revolutionsmodells ist die Aussage, daß die Arbeiterschaft und ihre Partei nur im Bündnis mit den Bauern, konkreter: bestimmter bäuerlicher Schichten und Gruppen, die politische Macht zu erobern vermag.[33] Anknüpfend an die sozialökonomische Situation und die Interessenlage der einzelnen Bauernschichten, entwickelte Lenin ein differenziertes Bündniskonzept.
Lenin setzte in diesem Bündnis auf die »werktätigen und ausgebeuteten Massen auf dem Lande«,[34] worunter er das »Landproletariat« (Lohnarbeiter), die »Halbproletarier oder Parzellenbauern« sowie die überwiegend auf der Basis der Naturalwirtschaft arbeitenden Bauern, die »Kleinbauernschaft«, zählte.[35] Diese Bauerngruppen galten im Sinne Lenins deshalb als bündnisfähig, weil sie aufgrund ihrer ökonomischen Situation an einer Umwälzung der Agrarverhältnisse interessiert und somit als Teil der eigenen Klasse bzw. als Bundesgenosse (Kleinbauern) für die Ziele der Arbeiterschaft zu gewinnen waren.[36]
Die »Mittelbauernschaft« hingegen sollte als eine zwischen Proletariat und Bourgeoisie »schwankende Klasse« zunächst neutralisiert werden, während die »Großbauern« als »direkte und entschiedene Feinde des revolutionären Proletariats« bekämpft werden sollten.[37]
Auch zu den taktischen Motiven, der sozialökonomischen Stoßrichtung und der zeitlichen Befristung dieser Bündnisse mit den einzelnen Bauernschichten machte Lenin Aussagen.[38]
Das von Lenin entwickelte Konzept eines Arbeiter-und-Bauern-Bündnisses wurde angesichts der strategischen Bedeutung dieses Bündnisses für die Machteroberung der Kommunisten zentraler Bestandteil der kommunistischen Theorie und Politik. Der kommunistischen Agrar- und Bauernpolitik kam vor dem Hintergrund dieses bündnis- und zugleich machtpolitischen Aspekts ein herausragender Stellenwert zu.
Auch die KPD betrieb seit den zwanziger Jahren eine Bündnisstrategie gegenüber der Bauernschaft, wie sie im sowjetischen Revolutionsmodell gefordert wurde.[39]
So z. B. hatte die KPD, gestützt auf eine Situationsanalyse der agrarsozialen und politischen Verhältnisse auf dem Lande, 1944/45 programmatische Leitlinien zur Agrarpolitik entworfen,[40] in denen sie die »Gewinnung der Hauptmassen der werktätigen Landbevölkerung«, worunter sie die Landarbeiter, Kleinbauern und große Teile der Mittelbauern verstand, als Hauptziel hervorhob. Gelingen sollte dies mit

Hilfe einer Bodenreform zugunsten dieser bäuerlichen Gruppen; durch die Verbesserung der landwirtschaftlichen Produktions- und Distributionsbedingungen; durch wirtschaftliche, soziale und kulturelle Maßnahmen zur Anhebung der Arbeits- und Lebensbedingungen der Landbevölkerung; durch »intensivste Propaganda« und »handgreifliche Überzeugungsarbeit«, um die bäuerliche Bevölkerung für die Ziele der KPD zu mobilisieren, und durch die Herstellung fester ökonomischer und politischer Bindungen zwischen Stadt und Land, zwischen Arbeitern und Bauern. Bei der Anknüpfung und Fundierung dieser Bündnisbeziehungen sollte vor allem den landwirtschaftlichen Genossenschaften, den Landarbeitergewerkschaften, aber auch neu zu bildenden Bauernorganen eine bedeutende Funktion zukommen.

Die Politik der KPD nach 1945, das wurde mit der Bodenreform deutlich, zielte auf ein enges Bündnis mit der »werktätigen« Bauernschaft, d. h. mit den Landarbeitern, Parzellenbesitzern, Kleinst- und Kleinbauern und Teilen der Mittelbauern, und signalisierte zugleich aber auch Bündnisbereitschaft mit den Mittel- und Großbauern (20–50 ha bzw. 50–100 ha).[41]

Die von der Bodenreform weder unmittelbar begünstigten noch benachteiligten mittel- und großbäuerlichen Schichten mußten zu einer loyalen und neutralen Haltung zur Agrarpolitik der KPD/SED veranlaßt werden, zumal im Interesse der Sicherstellung der ernährungsnotwendigen landwirtschaftlichen Produktion auf die ökonomischen Potenzen dieser Bauerngruppen keineswegs verzichtet werden konnte.

Wenngleich die KPD mit der Bodenreform die Verwirklichung ihres Agrarbündnisses mit den »werktätigen« Bauernschichten verfolgte, vermied sie es, in offiziellen Verlautbarungen den bündnispolitischen Aspekt als Motiv herauszustellen, und rechtfertigte die Bodenreform mit nationalen Interessen (z. B. Liquidierung des Faschismus, Entmachtung der Junker, demokratische Neugestaltung Deutschlands) sowie mit ökonomischen Argumenten wie Sicherung der Volksernährung.[42]

Dies entsprach durchaus der Taktik der KPD, sich im Hinblick auf mögliche Bündnispartner – hier die Mittel- und Großbauern, die aus aktuell politischen und ökonomischen Gründen zumindest temporär als potentielle Bündnispartner zu behandeln waren – als eine im Grundsatz scheinbar gewandelte Partei zu präsentieren.

Daß die KPD jedoch mit ihrer 1945 eingeleiteten Bauernpolitik an ihren traditionellen und klassenkämpferischen Zielsetzungen festhielt, belegt eine Äußerung Walter Ulbrichts auf der erweiterten Sekretariatssitzung des ZK der KPD am 20. November 1945, in der er zu den taktischen Motiven und zur zeitlichen Dauer der Politik gegenüber den Groß- und Teilen der Mittelbauern folgendes ausführte:

»Eine Schlußbemerkung noch zu unserer Arbeit unter den Bauern. Ich denke, daß hierbei zwei Fehler korrigiert werden müssen. Der eine Fehler besteht in der Tendenz, jetzt, wo es Schwierigkeiten bei der Beschaffung von landwirtschaftlichen Geräten, Vieh und anderem gibt, die Mittel- und Großbauern unter Druck zu setzen. Selbstverständlich sind unsere Genossen höfliche Leute und sprechen nicht von Kollektivierung, aber sie machen es so, daß den Groß- und Mittelbauern gar nichts anderes übrigbleibt, als das, was sie haben, abzugeben. Wir denken, daß man das offen korrigieren und offen in der Presse dazu Stellung nehmen muß. Warum? Weil wir nicht dulden können, daß in der jetzigen Situation ein Kampf gegen die Groß- und Mittelbauern geführt und unsere ganze Blockpolitik damit torpediert wird. Das würde außerdem zur

Folge haben, daß man in ganz Westeuropa über die ›Bolschewisierung‹ im sowjetisch besetzten Gebiet schreit. Und wenn die Schwierigkeiten noch so groß sind, es darf kein Druck auf die Groß- und Mittelbauern ausgeübt werden, wie das teilweise geschehen ist.«[43]

Innerhalb der KPD und der späteren SED gab es jedoch nicht nur Kritik an der Politik gegenüber den Mittel- und Großbauern. Sehr viel größere Mühe hatte die Parteiführung, ihre Mitglieder und Funktionäre von der Notwendigkeit eines engen Bündnisses mit der »werktätigen« Bauernschaft zu überzeugen.[44]

Zur Realisierung ihres bündnispolitischen Konzepts waren KPD/SED gerade auch angesichts parteiinterner Widerstände auf Bauernorganisationen angewiesen, deren Aufgabe es sein sollte, das Bündnis zwischen der Arbeiter- und Bauernschaft organisatorisch zu fundieren und politisch zu festigen und zugleich als »Transmissionsriemen« zwischen der vorwiegend konservativ orientierten bäuerlichen Bevölkerung und der kommunistischen Partei zu fungieren.[45]

2. Grundmuster und Parallelität der Agrar- und Bauernpolitik in Osteuropa nach 1945

Wenn nachfolgend die Agrar- und Bauernpolitik in den osteuropäischen Staaten nach 1945 zusammenfassend kurz skizziert wird, dann vor allem deshalb, um:
- aufzuzeigen, daß die mit den Agrarreformen verfolgten Ziele in allen Ländern identisch waren, auch wenn dieser Maßnahme in den einzelnen Ländern unterschiedliche Bedeutung zukam;
- hervorzuheben, daß trotz des für diese Staaten gültigen einheitlichen agrarpolitischen Konzepts nationale Besonderheiten, Umfang und Tempo der agrarsozialen Transformation beeinflußten;
- vor diesem Hintergrund die spezifische Ausgangslage der Landwirtschaft der SBZ/DDR zu verdeutlichen.

Die nach dem zweiten Weltkrieg in allen, dem sowjetischen Einflußbereich unterliegenden osteuropäischen Staaten annähernd gleichförmig verlaufende agrarpolitische Entwicklung wurde im wesentlichen durch drei Umstände begünstigt, die, wenn auch national jeweils unterschiedlich ausgeprägt, charakteristisch für die damalige Situation dieser Länder waren:[46]
- Ganz Osteuropa war mit Ausnahme der sowjetisch besetzten Zone Deutschlands sowie des böhmischen und mährischen Teils der Tschechoslowakei überwiegend agrarisch geprägt. Der Anteil der bäuerlichen Bevölkerung dominierte. Unter der Landbevölkerung hatten die Kommunisten verschwindend geringen Anhang, mußten also, wenn sie ihre von der sowjetischen Besatzungsmacht unterstützte Politik durchsetzen wollten, die Mehrheit der Bauernschaft für ihre Ziele gewinnen.
- Die Wirtschafts- und Gesellschaftsstrukturen in diesen Staaten – ausgenommen die SBZ und die Tschechoslowakei – waren nicht sehr stabil. Alle waren sie jedoch durch den Krieg mehr oder weniger in Mitleidenschaft gezogen und geschwächt worden. Im Falle einer grundlegenden Transformation der ökonomischen Strukturen war demnach das Risiko sozialer Unruhen äußerst gering zu veranschlagen. Mit Ausnahme Rumäniens und Bulgariens waren die agraren Besitzverhältnisse in diesen Ländern von dem Spannungsverhältnis bestimmt, daß sich der Großteil der landwirtschaftlichen Nutzflächen in Händen von wenigen

Bodenbesitzern befand. Bei einer Agrarpolitik, die auf eine Veränderung dieser Strukturen abzielte, konnte deshalb mit der Zustimmung der Mehrheit der Bauernschaft gerechnet werden.
– Die Dominanz der sowjetischen Besatzungsmacht erlaubte ein einheitliches, an den sowjetischen Interessen und Vorstellungen orientiertes Vorgehen in diesen Ländern.

Die machtpolitischen Konstellationen und die agrarsoziale Lage in Osteuropa boten demnach günstige Voraussetzungen für eine radikale Veränderung der landwirtschaftlichen Eigentumsverhältnisse zugunsten der Landarbeiter, landarmen Bauern und Kleinbauern und mithin der Betriebs- und Produktionsstrukturen. Dies sollte mit den auf Initiative der Kommunisten in allen osteuropäischen Staaten in den Jahren nach 1944 eingeleiteten Agrarreformen[47] erreicht werden. Mit Hilfe dieser Reformen glaubten die kommunistischen Führungen, die Mehrheit der bäuerlichen Bevölkerung für die Ziele ihrer Politik gewinnen sowie ihre Position auf dem Lande ausbauen und festigen zu können.

Obwohl sich die Agrarreformen in den osteuropäischen Ländern aufgrund von jeweils verschieden ausgeprägten politischen, wirtschaftlichen und gesellschaftlichen Besonderheiten – wie agrare Eigentums- und Besitzverhältnisse, Stand der Produktivkräfte, Anteil der bäuerlichen Bevölkerung an der Gesamtpopulation, politisches Bewußtsein der bäuerlichen Bevölkerung etc. – hinsichtlich Umfang und Bedeutung national unterschieden, veränderten sie die agrarsozialen Verhältnisse in den einzelnen Ländern doch mehr oder weniger grundlegend.

Die am stärksten agrarisch geprägten Staaten Rumänien und Bulgarien, in denen nach 1945 ungefähr drei Viertel der Bevölkerung auf dem Lande lebten, hatten bereits zwischen den beiden Weltkriegen Bodenbesitzreformen durchgeführt, so daß die Auswirkungen der Agrarreform von 1944/45 in diesen Ländern weit weniger intensiv waren als in den übrigen osteuropäischen Staaten.

In Rumänien[48] befanden sich nach 1945 nur mehr ein Fünftel der landwirtschaftlichen Nutzflächen in Händen von Besitzern mit mehr als 50 Hektar Betriebsgröße. Diese Bodenbesitzer wurden im Zuge der Bodenreform entschädigungslos enteignet. Von den 1,468 Mio. ha enteigneten Landflächen wurden 1,109 Mio. ha an 918 000 Bauernfamilien – davon besaßen rund 400 000 vorher überhaupt kein Land – verteilt.

Die in Bulgarien[49] erlassenen Bodenreformdekrete bezogen allen bäuerlichen Besitz über 30 ha in die Enteignungsaktion mit ein. Insgesamt wurden 20 % der landwirtschaftlichen Bodenfläche verteilt.

Weitaus einschneidender waren die mit den Bodenreformen verbundenen ökonomischen und sozialen Strukturumwälzungen in Ungarn, Jugoslawien, Polen und der Tschechoslowakei. Die Landwirtschaft dieser Länder war stärker von mittel- und großbäuerlichen Betrieben geprägt, d. h., entsprechend gravierender waren die sozialen Spannungen, die aus den Eigentumsverhältnissen resultierten.

In Ungarn[50] z. B. waren vor 1945 fast 50 % aller landwirtschaftlich nutzbaren Flächen in Händen von weniger als 1 % der Bodenbesitzer (davon Großgüter von über 500 ha), dagegen nur 10 % in Händen von drei Viertel der Bodenbesitzer. Im Zuge der Bodenreform wurden alle bäuerlichen Betriebe über 115 ha sowie nicht-bäuerlicher Landwirtschaftsbesitz über 57,5 ha entschädigungslos enteignet. Von den 3,2 Mio. ha des erfaßten Bodens wurden 1,9 Mio. an Landarbeiter und landarme Bauern verteilt.

In Jugoslawien[51] herrschten größtenteils klein- und zwergbäuerliche Besitzstrukturen vor. Eine Minderheit, nämlich 2,5 % der Bauern, besaß 27 % der Ackerflächen, während ein Drittel der Bauern durchschnittlich 2 ha bewirtschaftete. Alle nicht im bäuerlichen Besitz befindlichen Nutzflächen sowie Bauernwirtschaften von mehr als 25 bzw. 35 ha Ackerfläche und 10 bzw. 25 ha Wald pro Hof wurden im Zuge der Bodenreform enteignet. Insgesamt entsprach dies einer Fläche von 1,57 Mio. ha, wovon die Hälfte an private Empfänger ging.
In Polen[52] wurde hinsichtlich des zu enteignenden Landes differenziert zwischen Gebieten Mittel- und Ostpolens einerseits und den neuen Westgebieten (Posen, Pommern, Schlesien) andererseits. In Mittel- und Ostpolen war aller Besitz über 50 ha von der Aufteilung betroffen, in Westpolen dagegen, das am stärksten unter dem Krieg gelitten hatte, nur Güter über 100 ha. Bis Mitte 1947 waren 5,6 Mio. ha Land, davon allein 4,5 Mio. ha in Westpolen, aufgeteilt worden. Bis 1950 wurden 800 000 Bauernbetriebe neu geschaffen und 280 000 Betriebe aufgestockt. Während in Westpolen stabilere Betriebsstrukturen mit Wirtschaften zwischen 7–15 ha entstanden, brachte die Agrarreform in Mittelpolen überwiegend Kleinbetriebe hervor.
In all diesen Ländern hatten die Bodenreformen zugleich den Charakter von Bestrafungs- und Vergeltungsaktionen gegen nationale Minderheiten sowie politische Feinde, Kollaborateure und Faschisten.[53]
In Jugoslawien umfaßte das durch die Bodenreform umverteilte Land 41 % des Grundbesitzes von Volksdeutschen. In Polen stammte mehr als ein Drittel des enteigneten Bodens aus dem Besitz von Deutschen bzw. polnischen Bürgern deutscher Volkszugehörigkeit.
Auch in Ungarn, Rumänien und der Tschechoslowakei wurden die meist mittel- bis großbäuerlichen Betriebe der volksdeutschen Bauern – in der Tschechoslowakei zusätzlich auch ungarischer Besitz – zerschlagen.
In der Tschechoslowakei richtete sich die erste Bodenreformverordnung vom Juni 1945 hauptsächlich gegen »Verräter« und »Feinde« des tschechischen und slowakischen Volkes sowie Volksdeutsche, Ungarn und auch politisch verfemte Gruppen. Insgesamt wurden 2,95 Mio. ha Land enteignet. In einer zweiten Phase wurden mit den Bodenreformgesetzen von 1947/48 ausnahmslos alle Wirtschaften über 50 ha einbezogen und weitere 1,41 Mio. ha umverteilt.
Von den in den osteuropäischen Staaten enteigneten 20 Mio. ha Bodenflächen wurden rund 12 Mio. unter mehr als 65 Mio. Landarbeiter und Kleinbauern (einschließlich Familienangehörige) aufgeteilt.[54]
Die im Zuge der Bodenreformen in Osteuropa geschaffenen Klein- und Kleinstbetriebe waren jedoch angesichts der knappen Ausstattung mit landwirtschaftlichen Produktions- und Betriebsmitteln ohne fremde Hilfe nicht existenzfähig. Wenngleich die Agrarreformen die nationalen und teilweise auch die sozialen Aspekte des östlichen Landproblems lösten, so blieben die ökonomischen Fragen offen.
Als diese Staaten 1947/48 den »sozialistischen Aufbau« proklamierten und sich als Herrschaftssysteme volksdemokratischen Charakters zu formieren begannen, wurde im Zuge der Etablierung gesamtwirtschaftlicher Planungs- und Leitungsmechanismen und der Schaffung neuer Eigentumsstrukturen offiziell mit der Kollektivierung der Landwirtschaft nach dem sowjetischen Modell begonnen. Ab Mitte 1948 bekundeten – mit Ausnahme der SBZ – die osteuropäischen Staaten unter Formeln wie Reorganisation, Vergenossenschaftlichung, Kooperierung etc. die Notwendig-

keit kollektiver Produktionsformen und des Zusammenschlusses der Bauern in Produktionsgenossenschaften und verkündeten, in Kürze mit der Kollektivierung der Landwirtschaft beginnen zu wollen.[55] Der Kollektivierungsprozeß in diesen Ländern verlief jedoch, sieht man von Bulgarien und Jugoslawien ab, vorerst noch zögernd und langsam und wurde erst um die Jahreswende 1949/50 forciert. Bulgarien hingegen, das bereits 1948 6,7 % der privaten Bauernbetriebe in Genossenschaften zusammengefaßt hatte, begann schon ab 1949 mit der Massenkollektivierung. Noch weiter in der Kollektivierung vorangeschritten war Jugoslawien, das zwischen 1945 und 1947 rund 15 % des landwirtschaftlich nutzbaren Bodens in Staatseigentum überführt hatte. In der Kominform-Resolution vom 28. Juni 1948 war der KP Jugoslawiens jedoch vorgeworfen worden, die »Frage des Klassenkampfes« sowie die Zurückdrängung der »kapitalistischen Elemente« auf dem Lande vernachlässigt und die »Erfahrung der Kommunistischen Partei (Bolschewiki) unterschätzt« zu haben.[56]

Schien sich die Kominform bezüglich der Kollektivierung vorerst mit Proklamationen zu begnügen – denn nur so wäre die Zurückhaltung der osteuropäischen Länder hinsichtlich der Einleitung entsprechender Maßnahmen zu erklären –, so beharrte sie in der Frage des »Klassenkampfes auf dem Lande« und der Zurückdrängung der Kulaken (Großbauern) auf einem sofortigen einheitlichen Vorgehen, was auch die SBZ mit einschloß.

Parallel zur Durchführung der Agrarreform versuchten die kommunistischen Parteien die Landarbeiter sowie die klein- und mittelbäuerlichen Schichten in Bauernverbänden und -parteien zu erfassen. Diese Bauernorganisationen sollten als »Transmissionsriemen« der kommunistischen Parteien fungieren, ihre Agrarpolitik unterstützen sowie zur wirtschaftlichen Stabilisierung, sozialen und politischen Integration dieser Schichten beitragen.

In Polen, Ungarn, Bulgarien, Rumänien und Jugoslawien konnten die kommunistischen Parteien auf bereits bestehende Bauernparteien zurückgreifen, die schrittweise transformiert und auf die kommunistische Politik festgelegt wurden.[57] Obwohl die kommunistischen Führungen darauf bedacht waren, den politischen Einfluß der in der Bevölkerung teilweise stark verankerten Bauernparteien (z. B. in Bulgarien und Ungarn) möglichst gering zu halten, waren diese Parteien auch im Staatsapparat und in den Parlamenten vertreten sowie an der Regierungsausübung beteiligt.

In Bulgarien war die einflußreiche Bauernpartei in die im September 1944 errichtete »Vaterländische Front« einbezogen. In der Folgezeit schwenkte sie auf die programmatischen und politischen Ziele der KP Bulgariens über und befürwortete die Kollektivierung.[58]

In Ungarn erreichte die »Partei der kleinen Landwirte« bei den ersten Nachkriegswahlen am 4. November 1945 sogar 57 % der Stimmen. Als sie sich jedoch weigerte, die Kollektivierungsbestrebungen zu unterstützen, wurde sie aus dem Regierungsbündnis ausgeschlossen.[59]

Auch in Polen war die einflußreiche, während des Krieges illegal tätig gewesene »Polskie Stronnictwo Ludowe« (PSL) an der Regierung beteiligt, wurde jedoch aufgrund ihrer oppositionellen Haltung zur Agrarpolitik aus der Regierungskoalition verdrängt und im November 1949 mit der prokommunistischen »Stronnictwo Ludowe« (SL) zur Vereinigten Bauernpartei (450 000 Mitglieder) zusammengeschlossen.[60]

Ebenso blieben in den meisten osteuropäischen Ländern die landwirtschaftlichen Genossenschaften aus der Zeit vor 1945 bestehen oder wurden, wie etwa in der SBZ, reaktiviert.[61] Um sie aber für die Ziele kommunistischer Agrarpolitik instrumentalisieren zu können, mußten sie reorganisiert und umfunktioniert, d. h. nach zentralistischen Organisationsstrukturen und -prinzipien ausgerichtet, unter staatliche Aufsicht gestellt, in ihrem Tätigkeitsfeld eingeengt und ihre Aktivitäten auf die Erfüllung der gesamtwirtschaftlichen Pläne gelenkt werden.

Der in der SBZ mit der VdgB etablierte Organisationstyp entstand mit gewissen Modifikationen hinsichtlich Funktion und Bezeichnung in den meisten osteuropäischen Staaten, so z. B. in Polen und in der Tschechoslowakei. Nach und nach beschränkten die von den kommunistischen Parteien initiierten Bauernorganisationen den Einfluß der traditionellen landwirtschaftlichen Genossenschaften, drückten diese zur Bedeutungslosigkeit herab und gliederten sie in ihren Apparat ein.

In Polen wurden 1947 die »Genossenschaften der Bäuerlichen Selbsthilfe« gegründet, deren Zentrale später den Dachverband aller landwirtschaftlichen Produktionsgenossenschaften bildete.[62]

In der Tschechoslowakei legte die KPTsch mit den Mitte 1947 im Zuge der Bodenreform gegründeten Agrarkommissionen den organisatorischen Grundstein für eine kommunistisch geführte gesamtbäuerliche Organisation; gleichzeitig wurde versucht, die Tätigkeit des bestehenden »Einheitsverbandes der Landwirte« auf eng begrenzte fachliche Aufgaben zu beschränken. Ab Mitte 1948 existierte nur noch eine vom staatlichen Zentralrat der Genossenschaften kontrollierte Einheitsgenossenschaft, in der alle Genossenschaften des Landes zusammengeschlossen waren.[63]

Die Taktik der Kommunisten in den osteuropäischen Ländern war einheitlich. Zur Aktivierung und Mobilisierung der Bauern sowie zur Umsetzung ihrer Agrarpolitik in der bäuerlichen Bevölkerung stützten sich die kommunistischen Führungen zunächst auf vorhandene Bauernparteien sowie auf das traditionelle bäuerliche Organisations- und Verbändewesen. Diese, auf die Ziele und die Politik der Kommunisten ausgerichteten Bauernparteien und -organisationen, blieben in der Folgezeit entweder erhalten und wurden unter kommunistische Führung gestellt, oder wurden in die von den Kommunistischen Parteien gegründeten bäuerlichen Konkurrenzorganisationen allmählich eingegliedert, wie dies etwa in Polen, der Tschechoslowakei und in der DDR geschah. Bei zu starkem Widerstand gegen die kommunistische Agrarpolitik wurden die traditionellen Bauernparteien, wie die Beispiele in der Tschechoslowakei und in Ungarn zeigen, zerschlagen. Die Neugründung einer Bauernpartei in einem vorwiegend industriell geprägten Gebiet wie dem der SBZ stellt in diesem Zusammenhang allerdings eine einmalige Erscheinung dar.

3. Transformation der SBZ-Landwirtschaft durch die Bodenreform

3.1 Die agrarsoziale Ausgangssituation 1945/46

Mit einer kurzen Darstellung der agrarökonomischen und -sozialen Situation der SBZ nach 1945 soll zu verdeutlichen versucht werden, in welchem Maße sich in diesen Bereichen gegenüber der Lage zur Vorkriegszeit Veränderungen ergeben hatten und inwieweit diese veränderten Bedingungen Eingriffe in die herkömmlichen Strukturen begünstigten.

Der Krieg hatte der Landwirtschaft in den Gebieten der SBZ/DDR wesentlich größeren Schaden zugefügt als der auf dem Territorium der Westzonen, so daß die SBZ beim Wiederaufbau ihrer Landwirtschaft mit ungleich schwierigeren Bedingungen konfrontiert war.[64] Gleichwohl war die Landwirtschaft »inmitten des allgemeinen Chaos, gemessen an den anderen Wirtschaftszweigen, relativ intakt geblieben«.[65]

Große Beschädigungen wies der landwirtschaftliche Maschinenpark der SBZ auf. Etwa 30 % aller Maschinen und Geräte waren zerstört oder unbrauchbar geworden,[66] der funktionsfähige Bestand war veraltet und sehr reparaturanfällig.[67] An eine Verbesserung des technischen Ausrüstungsniveaus war auf lange Sicht nicht zu denken, denn der Landmaschinenbau und die Traktorenindustrie lagen größtenteils in Westdeutschland.

Vor dem Kriege bestand auf dem Territorium der SBZ im Landwirtschaftssektor und in der Nahrungsmittelindustrie ein hoher Selbstversorgungsgrad.[68]

Die Ernteerträge der wichtigsten Nahrungsmittel lagen in den Gebieten der SBZ über dem Eigenverbrauch, so daß große Ernteüberschüsse, vor allem Kartoffeln und Zucker, zur Versorgung an die westdeutsche Bevölkerung abgegeben werden konnten. Der Vorsprung in der Feldwirtschaft gegenüber den westdeutschen Gebieten verminderte sich jedoch während des Krieges durch Rückgang der landwirtschaftlichen Nutzfläche um 5 % und der Anbaufläche um 9,9 %. Von der Verringerung am stärksten betroffen waren die Anbauflächen der Hauptkulturen, sie sanken bei Getreide um 18,5 %, bei Kartoffeln um 19,1 % und bei Zuckerrüben um 32,6 %. Entsprechend verminderten sich 1945 auch die Ernteerträge dieser Früchte, bezogen auf die Durchschnittswerte der Ernten von vor dem Kriege (1934 bis 1938), bei Getreide um 27,8 %, bei Kartoffeln um 27,8 % und bei Zuckerrüben um 34,6 %.[69]

Von den enormen Ertragsausfällen hat sich die SBZ/DDR-Landwirtschaft nur sehr langsam erholen können. An eine rasche Steigerung der Ertragslage war schon aufgrund des Saatgutmangels und der völlig unzureichenden Düngemittelversorgung nicht zu denken.[70]

Besonders stark in Mitleidenschaft gezogen war die Viehwirtschaft, deren Verluste ebenfalls ungleich höher lagen als die in den westdeutschen Gebieten.

Zum Ende des Jahres 1945 existierten lediglich noch – jeweils bezogen auf den Stand von 1938 – 65,7 % des Rinder-, 20,7 % des Schweine-, 42,5 % des Schaf-, 27,4 % des Geflügel- und 77 % des Ziegen- und Pferdebestandes.[71] Die Durchschnittsproduktivität des Nutzviehs war ebenfalls gesunken. Die stärksten Dezimierungen hatten Mecklenburg mit einem Durchschnitt von 60,8 % und Brandenburg mit 66,1 % zu verzeichnen, während in den südlichen Gebieten der SBZ, die einen höheren Viehbestand[72] besaßen und auch weniger von Kriegseinwirkungen sowie von Plünderungen und Zwangsreparationen der sowjetischen Armee[73] betroffen waren, ein größerer Teil der Viehbestände erhalten blieb. In Sachsen-Anhalt existierten nach dem Kriege noch 60,8 % und in Thüringen 74,7 % der Vorkriegsbestände.

Im Vergleich zu 1939 war die Wohnbevölkerung in der SBZ um rund 16 %[74] gestiegen, was die Versorgungslage unter den eingangs geschilderten Bedingungen erheblich erschwerte. Der Bevölkerungszuwachs war im wesentlichen auf den Zustrom der Umsiedler aus den Gebieten östlich der Oder und Neiße zurückzuführen. Die SBZ hatte bis 1946 rund 3,9 Mio. Umsiedler aufgenommen.[75] Im Dezember

1947 betrug der Umsiedleranteil mit rund 4,3 Mio. nahezu ein Viertel der Gesamtbevölkerung.[76] In Mecklenburg stellten die 930 774 Umsiedler 44,0 %, in Brandenburg betrug ihr Anteil mit 621 756 23,7 % der Wohnbevölkerung.[77] Der hohe Umsiedleranteil in den vorwiegend agrarisch strukturierten Gebieten resultierte daraus, daß über 41 % der Ende 1946 in der SBZ lebenden Umsiedler früher in landwirtschaftlichen Berufszweigen tätig waren[78] und verständlicherweise wieder Arbeits- und Existenzmöglichkeiten in diesem Wirtschaftssektor suchten und zum Teil auch fanden. Im Zuge der Bodenreform wurden rund 43 % der errichteten Neubauernstellen für Umsiedler,[79] davon die meisten in Mecklenburg und Brandenburg, geschaffen.

Die SBZ war im Gegensatz zu Westdeutschland von einer extrem ungleichen Besitzverteilung des landwirtschaftlichen Bodens geprägt.[80]

In Westdeutschland entfielen nur 4,9 % der landwirtschaftlich nutzbaren Flächen auf großbäuerliche Betriebe (= Grundbesitz über 100 ha), deren Anteil lediglich 0,2 % der gesamten bäuerlichen Wirtschaften betrug. In der SBZ hingegen verfügten 1,1 % dieser Betriebe über 28,2 % der landwirtschaftlichen Nutzflächen, während 57,7 % Kleinbauern lediglich 9,2 % des Bodens bewirtschafteten. Die krassesten Unterschiede bestanden in Mecklenburg, wo 3,2 % der Bauernbetriebe mit einer Größe über 100 ha allein 48,4 % des landwirtschaftlichen Bodens besaßen.

Diese Eigentums- und Besitzverhältnisse ließen eine radikale Veränderung der landwirtschaftlichen Betriebsstrukturen schon aus sozialökonomischen Gesichtspunkten gerechtfertigt erscheinen.

Die Kommunisten konnten deshalb damit rechnen, daß eine agrarsoziale Transformation als grundlegende Voraussetzung für den Wiederaufbau der Landwirtschaft die Zustimmung eines Großteils der Bevölkerung und aller politischen Kräfte finden, vor allem aber von den kleinbäuerlichen Schichten, Landarbeitern und Umsiedlern aktiv unterstützt werden würde.[81]

Einerseits konnten diese Bauernschichten auf diese Weise am landwirtschaftlichen Aufbau aktiv beteiligt und in die Gesellschaft integriert sowie auch das sozialpolitische Problem der Umsiedler zumindest teilweise gelöst werden. Andererseits konnten diese Bauernkreise durch eine Bodenreform als Bündnispartner für die Ziele der KPD/SED gewonnen werden.

Auf die Mehrheit der bäuerlichen Bevölkerung war die auf dem Lande traditionell schwach verankerte KPD angewiesen, denn immerhin betrug 1946 der Anteil der Landbevölkerung (in Gemeinden unter 2000 Einwohner) an der Gesamtpopulation ca. 35 %,[82] während im Bereich der Land- und Forstwirtschaft 29 % aller Erwerbspersonen[83] beschäftigt waren.

Wenngleich die disproportionalen Besitzverhältnisse auf dem Lande gute Voraussetzungen für eine Veränderung der Betriebsstrukturen in der Landwirtschaft boten, setzte der Mangel an Produktions- und Betriebsmitteln (Vieh, Wirtschaftsgebäude, technisches Gerät, Großmaschinen etc.) einer Bodenreform objektive Grenzen.

3.2 Ziele und Ergebnisse der Bodenreform[84]

Die Wahl des Zeitpunkts für den Beginn der Bodenreform in der SBZ verdeutlicht, welchen Stellenwert die Sowjets der Veränderung der agrarsozialen und -politischen Strukturen Deutschlands beimaßen.
Obwohl die Bodenreform im Potsdamer Abkommen als gemeinsame Maßnahme der Alliierten für ganz Deutschland vorgesehen[85] und von den Sowjets ursprünglich erst für Anfang 1946 geplant war,[86] wurde sie in der SBZ als erste bedeutende strukturverändernde Maßnahme bereits im Herbst 1945 in Angriff genommen. Die Entscheidung der Sowjets, die Bodenreform bereits im Spätsommer 1945 einzuleiten, überraschte offensichtlich auch die deutschen Kommunisten.[87]
Mit der sofortigen Durchführung der Bodenreform in ihrer Zone zielte die sowjetische Besatzungsmacht möglicherweise darauf ab, die Chancen für die Durchsetzung ihrer deutschlandpolitischen Ziele zu verbessern und den deutschen Kommunisten einen politischen Vorsprung und Sympathievorteil auf dem Lande zu verschaffen, denn eine zu diesem Zeitpunkt durchgeführte Bodenreform konnte:
– Signalwirkung auf die Westmächte haben und diese dazu bewegen, in ihren Zonen ebenfalls Agrarreformen einzuleiten;
– das Interesse der Sowjetunion am raschen Aufbau Deutschlands – der wohl auf der Grundlage veränderter agrarökonomischer und -politischer Strukturen, zunächst jedoch nicht nach dem sowjetischen Modell erfolgen sollte – glaubhaft dokumentieren;
– den Großteil der bäuerlichen Bevölkerung umgehend für den Wiederaufbau der Landwirtschaft motivieren;
– dazu beitragen, die Umsiedler, die überwiegend im Landwirtschaftssektor nach Beschäftigung suchten, möglichst rasch in das Gesellschaftssystem zu integrieren.[88]
Die sowjetische Besatzungsmacht mußte jedoch aus Rücksicht auf die Westmächte alles vermeiden, was auf ein Diktat Moskaus hätte hinweisen können. Sie war deshalb bestrebt – und dies belegen die Vorgänge um die Behandlung der Bodenreform im Parteienblock sowie die Instrumentalisierung der administrativen Organe der Länder und der Zentralverwaltung für Land- und Forstwirtschaft in der Phase der Vorbereitung und Durchführung dieser agrarpolitischen Maßnahme –, die Bodenreform als eine von den deutschen Parteien und Verwaltungsinstanzen initiierte und verantwortlich getragene Aktion erscheinen zu lassen.[89]
Obwohl Ulbricht ab Ende Juni 1945 mehrfach auch öffentlich darauf hingewiesen hatte, daß die Bodenreform als vordringliche Maßnahme in sehr naher Zukunft in Angriff genommen werden würde,[90] und die KPD-Parteiführung ab Mitte Juli Anweisungen gab, die Bodenreform propagandistisch vorzubereiten,[91] waren SPD, CDU und LDP von der Einleitung der Bodenreform durch SMAD und KPD Ende August überrascht worden. Dieser Umstand erleichterte die rasche Durchsetzung des sowjetischen Bodenreformkonzeptes. Aufgabe der KPD war es, im Prozeß der politischen Auseinandersetzung die übrigen Parteien auf dieses Konzept festzulegen (vgl. hierzu Kap. II/4.2).
In ihrem programmatischen Aufruf vom 11. Juni 1945[92] forderte die KPD als eine der »unmittelbarsten und dringendsten Aufgaben« die »Liquidierung des Großgrundbesitzes, der großen Güter der Junker, Grafen und Fürsten und Übergabe ihres ganzen Grund und Bodens sowie des lebenden und toten Inventars an die Pro-

vinzial- bzw. Landesverwaltungen zur Zuteilung an die durch den Krieg ruinierten und besitzlos gewordenen Bauern«.
Gleichzeitig versicherte sie, das Eigentum der großen Bauern nicht anzutasten:
»Es ist selbstverständlich, daß diese Maßnahmen in keiner Weise den Grundbesitz und die Wirtschaft der Großbauern berühren werden.«
Mit dieser programmatischen Formel zielte sie einerseits auf die ökonomische und politische Entmachtung der Großgrundbesitzer ab und zeigte andererseits Bündnisbereitschaft mit den Landarbeitern, Umsiedlern sowie landlosen und kleinen Bauern, die im Zuge der Bodenreform materiell begünstigt werden sollten, und bot auch den Mittel- und Großbauern eine Perspektive an der Seite der kommunistischen Partei an.
Am 2. September 1945 konkretisierte der Vorsitzende der KPD, Wilhelm Pieck, in seiner Kyritzer Rede die Vorstellungen seiner Partei zur Bodenreform:
»Der Grundbesitz soll sich auf feste, gesunde und leistungsfähige Bauernwirtschaften stützen, die Privateigentum ihrer Besitzer sein müssen. Um das zu erreichen, soll der durch die Enteignung gewonnene Boden dazu verwandt werden, landarme Bauernwirtschaften zu vergrößern und neue selbständige Bauernwirtschaften für Bauern ohne Boden, kleine Pächter und Landarbeiter und auch Umsiedler zu schaffen.
Der den Bauern und Landarbeitern zugeteilte Boden soll sofort mit der Zuteilung in ihren Privatbesitz übergehen.
Der Grundgedanke ist, daß möglichst viele kleine selbständige Bauernwirtschaften geschaffen werden.«[93]
In den von den Provinz- und Länderregierungen erlassenen Bodenreformverordnungen wurde in gleichlautenden Formulierungen die Bodenreform als »unaufschiebbare, nationale, wirtschaftliche und soziale Notwendigkeit« und zugleich als »wichtigste Voraussetzung der demokratischen Umgestaltung und des wirtschaftlichen Aufstiegs« bezeichnet.
Enteignet werden sollte unabhängig von der Größe des Wirtschaftsbetriebes:
– »der Grundbesitz der Kriegsverbrecher und Kriegsschuldigen mit allem darauf befindlichen landwirtschaftlichen Vermögen;
– der Grundbesitz mit allem darauf befindlichen landwirtschaftlichen Vermögen, der den Naziführern und den aktiven Verfechtern der Nazipartei und ihrer Gliederungen sowie den führenden Personen des Hitlerstaates gehörte, darunter alle Personen, die in der Periode der Naziherrschaft Mitglieder der Reichsregierung und des Reichstages waren.«
Gleichfalls sollte der »gesamte feudal-junkerliche Boden und Großgrundbesitz über 100 ha mit allen Bauten, lebendem und totem Inventar und anderem landwirtschaftlichem Vermögen enteignet« werden. Der Grundbesitz der landwirtschaftlichen Genossenschaften und der kirchlichen Einrichtungen blieb von der Enteignung verschont, ebenso staatliche Güter, die Lehr-, Forschungs-, Zucht- und Versuchszwecken dienten.
Als Ziel der Bodenreform wurde in diesen Verordnungen im einzelnen konkret proklamiert:
– Vergrößerung der bestehenden Bauernhöfe unter 5 ha;
– Bildung neuer selbständiger Bauernwirtschaften für landlose Bauern, Landarbeiter und kleine Pächter;
– Landabgabe an Flüchtlinge und Umsiedler;

- Schaffung von Parzellen für Arbeiter und Angestellte zum Zwecke des Gemüseanbaus.

Der durch die Bodenreform zugeteilte Boden sollte 5 ha nicht überschreiten, bei schlechter bis sehr schlechter Bodenqualität konnte die Höchstgrenze jedoch auf 8 bis 10 ha ausgedehnt werden.

In den Bodenfonds wurden 31 % der gesamten Wirtschaftsfläche der SBZ/DDR eingebracht, was 35 % der LNF entsprach.[94] In Brandenburg waren es 41 % und in Mecklenburg gar 54 % der LNF.[95] Auf beide Länder entfielen auch 61,1 % des gesamten enteigneten Bodenaufkommens.[96] Die in den Bodenfonds eingebrachten Ländereien und Objekte resultierten überwiegend aus privatem Großgrundbesitz über 100 ha (vgl. Tab. 1).

Tab. 1
Zusammensetzung des Bodenfonds nach der Herkunft der Objekte (Stand 1. Januar 1950)[97]

Objekte	Herkunft	Fläche ha	in %
7 160	Privatbesitz über 100 Hektar (Junker und sonstige Großgrundbesitzer)	2 517 357	76,3
4 537	Privatbesitz unter 100 Hektar (Nazis und Kriegsverbrecher)	131 742	4,0
1 288	Staatsbesitz	337 507	10,2
169	Siedlungsgesellschaften und Naziinstitutionen	22 764	0,7
384	Staatswälder und Forsten	200 247	6,1
551	Sonstiger Grundbesitz	88 465	2,7
14 089	Gesamtbodenfonds	3 298 082	100,0

Von den 3,298 Mio. ha im Bodenfonds erfaßten Land wurden 66,4 % an Privatpersonen, der Rest an staatliche Organe der Länder, Kreise und Kommunen (= 96 %) sowie an die VdgB und die MAS (= 4 %) verteilt.[98]

Tab. 2
Verteilung des Bodenfonds an Individualempfänger[99]

Bodenempfänger	1. März 1946		1. Januar 1950				
	Eigentümer Anzahl	zugeteilte Bodenfläche ha	Eigentümer Anzahl	Eigentümer in %	zugeteilte Bodenfläche ha	in %	durchschnittl. Zuteilung ha
Landlose Bauern und Landarbeiter	124 142	867 600	119 121	21,3	932 487	42,6	7,8
Umsiedler	64 578	565 900	91 155	16,3	763 596	34,9	8,4
Landarme Bauern	138 900	339 000	82 483	14,8	274 848	12,5	3,3
Kleinpächter			43 231	7,7	41 661	1,9	1,0
Nichtlandwirtschaftl. Arbeiter, Handwerker usw.	55 864	47 000	183 261	32,8	114 765	5,2	0,6
Altbauern-Waldzulage	nicht quantifizierbar		39 838	7,1	62 742	2,9	1,6
	383 484	1 819 000	559 089[100]	100,0	2 189 999	100,0	3,9

Umfang und Differenzierung der Zuweisungen an die einzelnen Empfängergruppen verdeutlichen, welche bündnispolitischen Absichten sowjetische Besatzungsmacht und KPD mit der Bodenreform verfolgten (vgl. Tab. 2 und 3).

Tab. 3
Landzuweisungen im Gebiet der DDR (Stand 1. Januar 1950)[101]

Anzahl	Landzuweisungen Art	zugeteilte Bodenfläche ha	durchschnittliche Zuteilung ha
210 276	Neubauernstellen	1 696 083	8,1
122 321	Land- und Waldzulagen	337 580	2,8
183 261	Hauswirtschaftliche Gartenlandzuteilungen	144 665	0,6
43 231	In Eigentum überführte Pachtländereien	41 661	1,0
559 089	Landzuweisungen insgesamt	2 189 999	3,9

Die landlosen Bauern und Landarbeiter bekamen 42,6 % und die Umsiedler 34,9 % der an Privateigentümer vergebenen Bodenflächen zugesprochen. Mit einer Durchschnittsgröße von 8,1 ha pro Empfänger erhielten die Neubauern, für die 210 276 Wirtschaften geschaffen wurden – davon allein 37 % in Mecklenburg – die größte Landzuteilung.
Darüber hinaus wurden 82 483 Betriebe von sogenannten »landarmen« Bauern sowie 43 231 Kleinpächterwirtschaften mit durchschnittlichen Zuteilungen von 3,3 bzw. 1 ha bedacht. Diese Gruppen sollten durch materielle Zuwendungen ebenfalls als Bündnispartner gewonnen werden.
Auch die Empfehlungen der SMAD,[102] die Altbauernbetriebe bis 15 ha durch kleine Waldzulagen aufzustocken,[103] muß als Bündnisangebot der Kommunisten an diese Bauerngruppe gewertet werden. Die Parzellenzuweisungen an 183 261 nichtlandwirtschaftliche Arbeiter, Handwerker etc. wurden ebenfalls primär mit der Zielsetzung vorgenommen, diese Schichten für die Politik der KPD einzunehmen.
Durch die Bodenreform ergaben sich auf dem Territorium der SBZ im Vergleich zu 1939 wesentliche Veränderungen in den landwirtschaftlichen Eigentums- und Betriebsverhältnissen (vgl. Tab. 4). Insgesamt jedoch hatten sich die Besitz- und Betriebsstrukturen in der SBZ den Verhältnissen in den Westzonen angepaßt, nur daß dort die kleinen Parzellenbesitzer (0,5 bis 5 ha) noch zahlreicher vertreten waren und private Großbetriebe über 100 ha existierten.[105]
Durch die im Zuge der Bodenreform errichteten Neubauernstellen und die vorgenommene Aufstockung der Klein- und Pächterbetriebe wurde in der SBZ eine Struktur geschaffen, in der die Höfe von 5–10 ha dominierten. Die Zahl der Wirtschaften dieser Gruppe war bis 1946 um rund 141 000 angestiegen. Ihr Anteil unter den Bauernbetrieben wuchs von 16,4 % auf 31,7 %; insgesamt bewirtschafteten die Inhaber dieser Betriebe 27,6 % der LNF. Auch die Betriebe von 10–20 ha hatten zugenommen. Ihr Anteil an der LNF belief sich 1946 auf 25,8 %. Bis 1951 stieg die Zahl der Wirtschaften beider Größengruppen sowie deren Anteil an der LNF weiter an. Die Betriebe von 50–100 ha hingegen verringerten sich bis 1951 um nahezu die Hälfte.

Tab. 4
Entwicklung der landwirtschaftlichen Besitzverhältnisse von 1939 bis 1951
auf dem Territorium der DDR[104]

Größenklassen	Betriebe in 1000	in %	Betriebsflächen in 1000	in %	LNF in 1000	in %
1. Betriebszählung 1939						
0,5– 1	118,3	20,7	137,3	1,5	82,1	1,3
1 – 5	202,1	35,3	787,8	8,8	495,8	7,8
5 – 10	94,1	16,4	938,7	10,5	679,1	10,6
10 – 20	95,3	16,6	1752,4	19,5	1352,0	21,1
20 – 50	48,7	8,5	1861,2	20,8	1436,6	22,5
50 –100	8,1	1,4	824,4	9,2	538,1	8,4
100 und darüber	6,3	1,1	2658,6	29,7	1812,3	28,3
insgesamt	572,9	100,0	8960,4	100,0	6296,0	100,0
2. Betriebszählung 1946						
0,5– 1	137,4	18,4	156,9	1,9	95,2	1,6
1 – 5	194,6	26,1	820,4	9,8	491,9	8,1
5 – 10	235,3	31,6	2095,9	25,1	1677,5	27,6
10 – 20	118,4	15,9	1993,5	23,9	1564,5	25,8
20 – 50	50,9	6,8	1853,9	22,2	1460,5	24,0
50 –100	7,6	1,0	677,5	8,1	469,2	7,7
100 und darüber	1,2	0,2	749,0	9,0	312,7	5,2
insgesamt	745,5	100,0	8347,1	100,0	6071,5	100,0
3. Bodenbenutzungserhebung 1951						
0,5– 1	171,8	21,8	256,2	3,0	126,0	2,0
1 – 5	197,5	25,1	1062,0	12,4	543,5	8,8
5 – 10	250,3	31,7	2513,9	29,5	1949,3	31,4
10 – 20	120,1	15,2	2205,6	25,8	1697,4	27,4
20 – 50	43,4	5,5	1676,5	19,6	1324,4	21,4
50 –100	4,5	0,6	398,8	4,7	283,7	4,6
100 und darüber	0,9	0,1	423,9	5,0	275,1	4,4
insgesamt	788,5	100,0	8536,9	100,0	6199,4	100,0

Obwohl den Neubauern die überwiegende Masse der enteigneten Viehbestände übergeben wurden, war die Ausstattung der Neubauernbetriebe mit Vieh und insbesondere mit technischem Inventar äußerst unzureichend. Nach dem Stand vom Dezember 1946 fiel auf 100 Neubauernhöfe ein durchschnittlicher Bestand von 24 Pferden, 59 Stück Rindvieh (davon 35 Kühe), 24 Schweinen sowie 87 Ziegen und Schafen.[106] An Geräten und Maschinen kamen auf je 100 Neubauernbetriebe 25 Pflüge, 20 Eggen, 2 Sämaschinen, 7 Mähdrescher sowie 4 Kartoffel- und Rübenerntemaschinen.[107] Ein Vergleich von Neu- und Altbauernbetrieben gleicher Betriebsgrößenklasse hinsichtlich der Ausstattung mit technischem Inventar nach der Betriebszählung vom 15. Juni 1949 zeigt, daß die Neubauern lediglich ein Fünftel bis ein Zehntel der landwirtschaftlichen Maschinen und Geräte der Altbauernbetriebe besaßen.[108]

Noch schlechter war die Versorgung der Neubauern mit Wohn- und Wirtschaftsgebäuden. Lediglich rund 16 000 Neubauern hatten vor der Bodenreform eigene Wohnhäuser.[109] Bis Dezember 1946 waren den Neubauern 35 500 Wohnhäuser und 30 500 Pferde- und Viehställe sowie 21 200 Schweineställe übergeben worden.[110] Der Gesamtbedarf an Wohngebäuden belief sich somit für das Ende 1947 beginnende Neubauern-Bauprogramm[111] immer noch auf über 160 000, während der Bedarf an Wirtschaftsgebäuden weitaus höher lag. Viele Neu-, aber auch Altbauern waren ohne Zugvieh, eine Situation, die charakteristisch für die Landwirtschaft der SBZ war. In Mecklenburg besaßen nahezu zwei Drittel, in Sachsen ein Drittel der Neu- und Altbauern keine Pferde und Ochsen.[112]

Die äußerst instabile wirtschaftliche Situation der Neubauernbetriebe, die Mitte 1946 29 % der Gesamtbetriebe ausmachten und ein Viertel der landwirtschaftlichen Nutzfläche bewirtschafteten,[113] aber nur 7 %[114] des damals vorhandenen toten und lebenden landwirtschaftlichen Inventars in den Händen hatten, erforderte rasche staatliche Hilfsmaßnahmen, um die Existenz dieser Betriebe nicht zu gefährden und die Produktivität der Landwirtschaft nicht noch mehr zu schwächen.

Auch die Kleinbauern und Kleinpächter, die im Zuge der Bodenreform mit Land und kleinen Parzellen bedacht worden waren, hatten von der Verteilung des enteigneten landwirtschaftlichen Inventars nur marginal profitiert[115] und bedurften einer dauerhaften Unterstützung.

4. Die Entwicklung des Parteiensystems der SBZ bis 1948

4.1 Die Gründung der Parteien 1945

Über die Behandlung und den Aufbau Deutschlands als politisches Gebilde hatten sich die alliierten Siegermächte trotz jahrelanger Kriegszielpolitik nach 1945 nicht einigen können. Die unverbindlichen, weil konträr zu interpretierenden Formeln des Potsdamer Abkommens,[116] in dem die Besatzungsmächte übereingekommen waren, in Deutschland Militarismus und Nazismus auszurotten, seine politischen und wirtschaftlichen Strukturen zu dezentralisieren, Deutschland zu demokratisieren und es aus ökonomischen Gründen weiterhin als eine »wirtschaftliche Einheit« zu behandeln, boten keine hinreichende Plattform für eine tragfähige alliierte Besatzungspolitik.

Die Sowjetunion hatte verschiedene deutschlandpolitische Konzepte entworfen,[117] deren Realisierung jedoch von den jeweiligen aktuellen Situationen abhängig waren und somit weitgehend auch von den Intentionen und Reaktionen der westlichen Alliierten bestimmt wurden. Wenngleich die UdSSR 1945 zunächst bemüht blieb, ein Arrangement für eine gemeinsame alliierte Besatzungspolitik in Deutschland nicht zu verbauen bzw. eine Deutschlandlösung im Einvernehmen mit den westlichen Siegermächten zumindest offenzuhalten,[118] mag die Sowjetunion doch langfristig am Konzept eines sowjetisierten Deutschlands festgehalten haben, auch wenn sie auf die Verwirklichung dieses Zieles aus vorwiegend international politischen Gründen nicht geradlinig hinarbeiten konnte.[119]

Die Sowjetunion hatte konkrete und detaillierte Vorstellungen über die künftige Neuordnung Deutschlands,[120] wofür nicht zuletzt die von der sowjetischen Besatzungsmacht in ihrer Zone nach 1945 eingeleiteten politischen und ökonomischen

Strukturmaßnahmen, wie etwa die Etablierung eines Parteiensystems (Juni/Juli), die Errichtung regionaler Verwaltungen (Juli), die Bildung »Deutscher Zentralverwaltungen« (Juli)[121] sowie die Inangriffnahme der Bodenreform (September), sprechen.

Diese von der sowjetischen Besatzungsmacht in ihrer Zone nach 1945 eingeleiteten und präjudizierenden Fakten für ein neu zu gestaltendes Gesamtdeutschland setzende Strukturmaßnahmen erlaubten der Sowjetunion sowohl die Realisierung einer auf ganz Deutschland ausgerichteten Politik, ließen aber gleichzeitig auch Möglichkeiten für ein alliiertes Besatzungsregime offen. Sollte eine tragfähige alliierte Lösung scheitern und auch die gesamtdeutschen Vorstellungen der Sowjetunion nicht durchsetzbar sein, so konnten die von den Sowjets in ihrer Zone errichteten Strukturen Grundlage für die Etablierung eines auf das Territorium der SBZ begrenzten kommunistischen Herrschaftssystems bilden.[122]

Die Installierung eines an traditionellen Linien anknüpfenden Parteiensystems, das aus KPD, SPD sowie mindestens zwei bürgerlichen Parteien – die eine an der früheren Demokratischen Partei und die andere am ehemaligen Zentrum orientiert – bestehen sollte,[123] war eine der ersten und bedeutendsten politischen Maßnahmen.

Befehl Nr. 2[124] der SMAD[125] vom 10. Juni 1945 gestattete die Tätigkeit von Parteien, Gewerkschaften und anderen Organisationen im Hoheitsgebiet der sowjetischen Besatzungsmacht. Der frühe Zeitpunkt für die Zulassung von Parteien in der SBZ läßt sich aus der Absicht der Sowjets erklären, die deutsche Bevölkerung umgehend für den politischen Aufbau Deutschlands zu motivieren, ihre politischen Aktivitäten durch parteipolitische Kanalisierung einer sofortigen wirksamen Kontrolle der SMAD zu unterziehen und die Etablierung eines gesamtdeutschen Parteiensystems präjudizierend zu beeinflussen. Das Parteiensystem der SBZ sollte Modellcharakter für die Parteienentwicklung in den Westzonen erlangen.[126]

Charakter und Bewegungsspielraum der zu gründenden Parteien wurden durch den SMAD-Befehl Nr. 2 weitgehend festgelegt. Zugelassen waren nur »antifaschistische« Parteien, die sich »die endgültige Ausrottung der Reste des Faschismus und die Festigung der demokratischen Grundlagen und bürgerlichen Freiheiten in Deutschland zum Ziel setzen und in dieser Richtung die Initiative und freie Betätigung der breiten Massen der Bevölkerung fördern«.[127] Die Eigenständigkeit der Parteien war durch die Bestimmung eingeschränkt, daß für die Zeitdauer der sowjetischen Okkupation alle Parteien und Organisationen unter der Kontrolle der Besatzungsmacht standen und nur »entsprechend den von ihr gegebenen Instruktionen«[128] tätig werden durften, was letztendlich bedeutete, daß die Parteien in all ihren personellen, organisatorischen, programmatischen sowie politischen Entscheidungen und Handlungen an die Zustimmung der sowjetischen Besatzungsmacht gebunden und von dieser abhängig waren.[129] Diese Bestimmung sicherte der SMAD eine vollständige Kontrolle über die Parteien und gestattete ihr, in parteiinterne Angelegenheiten einzugreifen, wann immer sie dies für notwendig hielt.

Eine weitere Einengung erfuhr das von der Besatzungsmacht installierte Parteiensystem durch die Zusammenfassung aller Parteien in einem »Block«.[130] Präzisiert wurde dies im Gründungsaufruf der KPD vom 11. Juni 1945, der zur »Schaffung eines Blocks der antifaschistischen, demokratischen Parteien«[131] aufforderte. Nach Ansicht der KPD sollte die Einheitsfront der Parteien »die feste Grundlage im Kampf für die völlige Liquidierung der Überreste des Hitlerregimes und für die Aufrichtung eines demokratischen Regimes«[132] bilden.

In ihrem Gründungsaufruf[133] erklärte die KPD die Errichtung einer »parlamentarisch-demokratischen Republik mit allen demokratischen Rechten und Freiheiten für das Volk« zu ihrem Nahziel. Als erste in Angriff zu nehmende politische Maßnahmen waren die Bildung von freien Gewerkschaften und Parteien, die Säuberung des Erziehungs- und Bildungswesens und der Aufbau einer demokratischen Selbstverwaltung vorgesehen. Die ökonomischen Forderungen der KPD beinhalteten die Enteignung der Naziaktivisten und Kriegsverbrecher, die Liquidierung des agrarischen und industriellen Großgrundbesitzes, die Mitbestimmung der Arbeitnehmer, die Verstaatlichung der Verkehrs- und Energiebetriebe sowie die Neuordnung des Steuerwesens auf der Basis progressiver Steuersätze. Ein weitgehendes Bündnisangebot an die selbständig Erwerbstätigen in Stadt und Land war die Forderung nach »ungehinderter Entfaltung des freien Handels und der privaten Unternehmerinitiative auf der Grundlage des Privateigentums« sowie die Existenzgarantie für Großbauernwirtschaften bis 100 ha Betriebsfläche.

Die Stoßrichtung der KPD-Politik war somit offensichtlich. Sie zielte auf die Entmachtung aller Großeigentümer in Industrie und Wirtschaft (einschließlich der Nazi-Größen und Kriegsverbrecher) sowie auf die Gewinnung der bürgerlichen und kleinbürgerlichen Schichten und der Klein- und Mittelbauern. Mit dieser Orientierung knüpfte sie an die Grundsätze der kommunistischen Einheits- und Volksfrontpolitik an, die in ihrer Weiterentwicklung und Konkretisierung seit 1934/35 Verbindlichkeit für alle kommunistischen Parteien erlangt hatte.[134]

Auch hielten KPD/SED an einer sozialistischen Umwälzung als Fernziel fest, wenngleich dies auf einem »besonderen deutschen Weg«[135] erreicht werden sollte. Aus taktischen Rücksichten auf ihre potentiellen Bündnispartner vermied sie es jedoch, den Charakter der antifaschistisch-demokratischen Herrschaft als Übergangsphase hervorzuheben und das strategische Ziel anzugeben.

Anfang Juni 1945 konstituierte sich in Berlin ein Kreis von ehemaligen Sozialdemokraten um Otto Grotewohl, Max Fechner, Gustav Dahrendorf und Erich W. Gniffke zum Zentralausschuß der SPD.[136] Im Gegensatz zur KPD knüpfte die SPD mit ihrem am 15. Juni 1945 veröffentlichten Gründungsaufruf[137] an traditionelle sozialistische Politik an und trat, gemessen an ihrer Terminologie, als die radikalere Arbeiterpartei auf. Das SPD-Gründungsprogramm proklamierte »Demokratie in Staat und Gemeinde, Sozialismus in Wirtschaft und Gesellschaft« und forderte neben der Einziehung sämtlichen Großgrundbesitzes die Verstaatlichung von Bodenschätzen, Bergwerken, Banken und Versicherungen. Die SPD trat auch für den genossenschaftlichen Zusammenschluß in der Landwirtschaft ein. Die nicht näher spezifizierten Forderungen nach einer geplanten Wirtschaft, wie sie in ähnlicher Weise auch von der CDU erhoben wurden, dürften jedoch eher aus den Erfordernissen des Nachkriegschaos, der Notwendigkeit der Mängelverwaltung und der Sicherstellung der Ernährung sowie eines raschen, geordneten Aufbaus der Wirtschaft geboren worden sein. In den wichtigsten politischen Aussagen herrschte zwischen KPD und SPD Übereinstimmung. Die SPD begrüßte den KPD-Aufruf und trat für die Errichtung »eines antifaschistischen, demokratischen Regimes und einer parlamentarisch-demokratischen Republik« in der »gegenwärtigen Lage« ein. Trotz der nahezu identischen Interessen beider Parteien mußte die KPD aufgrund der radikal-verbalen Selbstdarstellung der SPD um Teile ihrer potentiellen Anhänger besorgt sein. Die KPD war deshalb bemüht, sich einerseits von der SPD abzugrenzen, indem sie etwa die weitgehenden Sozialisierungsvorstellungen der Sozialdemokraten als gegenwärtig nicht durchführbar kritisierte. Andererseits suchte sie zum Zwecke der Einflußnahme auf die SPD nach Möglichkeiten der politischen und organisatorischen Kooperation auf Zentral- und auch Regionalebene, ohne jedoch auf die Forderungen der SPD-Führer nach sofortiger Bildung einer einheitlichen Arbeiterpartei einzugehen.[138]

Das Parteienkonzept der Sowjetunion sah eine Aufspaltung des bürgerlichen Lagers vor. Die von den Arbeiterparteien schwer zu erreichenden bürgerlichen und kleinbürgerlichen Schichten sollten durch die CDU und die LDP möglichst umfassend organisiert werden. Alle Versuche von seiten bürgerlicher Politiker, z. B. Andreas Hermes,[139] die bürgerlichen Kräfte in einer Partei zu konzentrieren, blockte die sowjetische Besatzungsmacht ab.

Als dritte Partei konstituierte sich am 26. Juni 1945 die CDU.[140] Zu ihren Mitbegründern gehörten neben Vertretern des früheren Zentrums (Andreas Hermes, Emil Dovifat) sowie Repräsentanten des protestantischen Flügels (Otto-Heinrich von der Gablentz) frühere Mitglieder der DDP (Walther Schreiber, Ferdinand Friedensburg, Otto Nuschke) und Anhänger der christlichen und liberalen Gewerkschaftsbewegung (Jakob Kaiser, Ernst Lemmer). Im CDU-Gründungsaufruf[141] vereinigten sich sowohl demokratische, liberale und christlich-sozialistische Vorstellungen. So trat die CDU für die Erhaltung des Privateigentums ein, wollte es jedoch »an die Verantwortung für die Allgemeinheit« gebunden wissen. Weiter forderte sie die Verstaatlichung der Bodenschätze und Schlüsselunternehmungen sowie die »weitgehende Heranziehung des Großgrundbesitzes« für eine »umfassende ländliche und gärtnerische Siedlung«. Jakob Kaiser, exponierter Vertreter der christlichen Gewerkschaften und ab Februar 1946 Parteivorsitzender, forderte eine Demokratie mit weitgehend sozialökonomischen Implifikationen.[142]

Die LDP trat am 5. Juli 1945 mit ihrem Gründungsaufruf an die Öffentlichkeit.[143] Die führenden Gründer dieser Partei, wie Waldemar Koch, Eugen Schiffer, Wilhelm Külz und Arthur Lieutenant, kamen alle aus der früheren DDP und wollten auch primär ehemalige Deutschnationale und Volksparteimitglieder mobilisieren, was ihnen jedoch in Gründungsgesprächen mit KPD- und SPD-Vertretern ausgeredet worden war.[144] Die LDP sprach überwiegend die kleinbürgerlichen und bürgerlichen Schichten wie Unternehmer, kleine Gewerbetreibende und selbständige Handwerker, akademische und freie Berufe sowie Angestellte und Beamten an.

Wenngleich die programmatischen Aussagen[145] der LDP zur Wirtschafts- und Sozialpolitik wenig präzise waren und die Partei das Privateigentum als »Voraussetzung für die Initiative und erfolgreiche wirtschaftliche Betätigung« bejahte und gar die Wiederherstellung des Berufsbeamtentums forderte, so hielt sie gewisse Umstrukturierungen im sozialen und ökonomischen Bereich doch für erforderlich. Eine »Unterstellung« von Unternehmen und Landwirtschaftsbetrieben einer »übertriebenen Größenordnung« unter »öffentliche Kontrolle« sah sie aber nur dann gerechtfertigt, wenn die betreffenden Betriebe hierfür »geeignet und reif« seien und ein »überwiegendes Interesse des Gesamtwohls« dies gebiete.

4.2 Die Zusammenarbeit der Parteien im Blocksystem

Die dominante Stellung der KPD/SED[146] im Parteiensystem resultierte, so Staritz,[147] vor allem aus:
- dem Zusammenschluß aller Parteien in einem »Block«;
- der Vereinigung von KPD und SPD zur Sozialistischen Einheitspartei Deutschlands;[148]
- der engen Verbindung von KPD/SED zur SMAD, die als Organ der Besatzungsmacht und Träger der obersten Sanktionsgewalt in der SBZ die deutschen Kommunisten in jeder Hinsicht bevorzugte, förderte und materiell unterstützte;[149]
- der Personalpolitik der KPD/SED im Staatsapparat;[150]
- den sozialökonomischen Strukturumwälzungen und der damit verbundenen Schwächung der bürgerlichen, kleinbürgerlichen und großbäuerlichen Schichten;
- der mangelnden Geschlossenheit und widersprüchlichen Politik der bürgerlichen Parteien.[151]

Am 10. Juli 1945 ließ die SPD durch Otto Grotewohl ihre »unbedingte Bereitwilligkeit«[152] erklären, in einer Einheitsfront der antifaschistischen Parteien mitzuarbeiten. CDU und LDP wurden von Kommunisten und Sozialdemokraten auf das »dringende Gebot«[153] einer Mitarbeit im Block hingewiesen und von der Notwendigkeit des Blockeintritts zu überzeugen versucht. Hierbei verstanden es die Kommunisten, bei den bürgerlichen Parteiführern an die antifaschistische Solidarität zu appellieren, was bei CDU und LDP den Eindruck verstärkt haben dürfte, der Parteienblock stelle eine Art nationale Notstandskoalition von vorübergehender Dauer dar.[154]

Am 14. Juli 1945 konstituierte sich die »Einheitsfront der antifaschistisch-demokratischen Parteien« (ab 1948 »Demokratischer Block«), die sich zur Aufgabe stellte, Deutschland auf »antifaschistisch-demokratischer Grundlage« aufzubauen, Rechtssicherheit auf der Grundlage eines demokratischen Rechtsstaates herzustellen, die »Freiheit des Geistes und des Gewissens« zu gewähren und die Durchführung der von den Besatzungsmächten angeordneten Maßnahmen sicherzustellen.[155] Die vier Parteien beschlossen die Bildung eines Ausschusses (je fünf Vertreter pro Partei), der mindestens zweimal monatlich unter wechselndem Vorsitz tagen sollte.[156] Den Parteiorganisationen auf Landes-, Kreis- und Ortsebene wurde der Zusammenschluß zu entsprechenden Organen empfohlen.

Der Bewegungsspielraum der in den Block hineingegründeten nichtsozialistischen Parteien, wie Krippendorff dies ausdrückt,[157] wurde durch das Einstimmigkeitsprinzip – Beschlüsse waren »nur auf dem Wege der Vereinbarung«[158] möglich – erheblich eingeengt. Wenngleich sich nach Ansicht Krippendorffs die Einheitsfront in den ersten Monaten durchaus als geeigneter Mechanismus für eine demokratische Konsensbildung erwies,[159] so zeigte sich spätestens am Beispiel der Bodenreform die antipluralistische Tendenz und instrumentelle Handhabung des Blocksystems durch die Kommunisten, die den Anspruch auf eine Führungsrolle in dieser antifaschistischen All-Parteien-Koalition zu keiner Zeit in Abrede gestellt hatten. Der Doppelcharakter des Blocksystems wurde allzu deutlich: Nach innen sollte es der Disziplinierung der Parteien und der Durchsetzung kommunistischer Interessen dienen und die bürgerlichen Parteien auch gegen ihren Willen zur Mitarbeit und -verantwortung bewegen; und nach außen sollte es demokratische Einstimmigkeit demonstrieren.[160]

Bis Ende 1946 wurde die Blockpolitik am stärksten und nachhaltigsten durch die Parteienauseinandersetzungen um die, den ersten Transformationsschub einleitenden sozialökonomischen Strukturmaßnahmen wie Bodenreform, Enteignungen im Industriebereich, Schul- und Justizreform sowie durch die Wahlen im Herbst 1946 belastet.

Am Beispiel der politischen Auseinandersetzungen um die Bodenreform, auf die im folgenden etwas ausführlicher eingegangen wird, soll gezeigt werden, wie die deutschen Kommunisten mit Unterstützung der SMAD den Block zur Durchsetzung und zur Legitimation ihrer Politik instrumentalisierten.

Charakteristisch für die Vorgehensweise der KPD in der Bodenreformfrage war, daß sie die Blockpartner mit der Vorlage ihres Bodenreformentwurfs[161] überraschte und ein sofortiges zustimmendes Votum für ihren Entschließungsantrag forderte. Die Bemühungen der KPD, zunächst die Zustimmung der SPD zu erlangen, die in dieser Frage kaum von den Vorstellungen der KPD abwich, führten in allen Ländern und Provinzen zum Erfolg, so daß sich in den Blockausschüssen bald zwei Fronten herausbildeten: KPD und SPD auf der einen und die bürgerlichen Parteien auf der anderen Seite.[162]

In Sachsen-Anhalt konnten CDU und LDP die Forderung des KPD-Entwurfs nach entschädigungsloser Enteignung der »Kriegsverbrecher und aktiven Nazisten und allen Grundbesitzes von 100 ha an« insoweit modifizieren, daß Antifaschisten von der Enteignung verschont werden sollten.[163] Trotzdem wurde der Entschließungsantrag der KPD ohne Abänderung Grundlage der am 3. September 1945 von der Provinzverwaltung erlassenen Bodenreformverordnung. Obwohl nur im Blockausschuß Mecklenburgs[164] ein gemeinsames Votum aller Parteien für den KPD-Entwurf zustande kam, wurde dieser auch in den Ländern Sachsen und Thüringen, wo es von seiten der bürgerlichen Parteien ebenfalls von der KPD abweichende Meinungen gegeben hatte,[165] sowie in der Provinz Brandenburg[166] nach dem Vorbild Sachsen-Anhalts Grundlage der in diesen Ländern verabschiedeten Bodenreformverordnungen.[167]

Den allgemein programmatischen Erklärungen der CDU war zu entnehmen, daß sie eine Veränderung der Agrarordnung grundsätzlich bejahte, doch hatte sie in den ersten Monaten nach ihrer Gründung noch keine konkreten Vorschläge hierzu erarbeitet. Unter »weitgehender Heranziehung des Großgrundbesitzes« sollte einer »möglichst großen Zahl von Deutschen«, insbesondere Landarbeitern, der »Zugang zu eigener Scholle und zu selbständiger Arbeit« auf der Grundlage bäuerlichen Privateigentums eröffnet werden.[168]

Die Betonung der Förderung und des Aufbaus des traditionellen landwirtschaftlichen Genossenschaftswesens machte deutlich, daß der CDU vor allem an der Selbständigkeit eines unabhängigen Bauernstandes gelegen war. Reibungspunkte mit den SMAD/KPD-Vorstellungen gab es deshalb vornehmlich in bezug auf die Methoden der Durchführung der Bodenreform, z. B. in der Frage der Enteignung und der Aufteilung des enteigneten Bodens an Alt- und Neubauern.[169]

In der LDP bestanden zur Bodenreform geteilte Auffassungen, doch befürwortete die Partei mehrheitlich eine Agrarreform aus primär agrarstruktur- und ernährungspolitischen Gründen.[170] Enteignungen sollten jedoch, so die wenig präzise Formulierung im LDP-Gründungsaufruf, ausschließlich auf landwirtschaftliche Betriebe einer »übertriebenen Größenordnung«[171] begrenzt bleiben und, laut Külz, nur nach »sorgfältiger Prüfung« und »unter Beobachtung der örtlichen Verhältnisse und Notwendigkeiten« vorgenommen werden sowie mit einer angemessenen Entschädigung gekoppelt sein.[172]

Am 30. August 1945, einen Tag nachdem die KPD ihren Bodenreformentwurf in den Blockausschuß Sachsen-Anhalts eingebracht hatte, trat der zentrale Block in Berlin in die Bodenreformdiskussion ein.[173] Wilhelm Pieck regte, ganz im Gegensatz zum bisherigen Vorgehen der KPD auf Länderebene, zunächst nur die Einsetzung einer Sonderkommission an, die sich am 4. September 1945 konstituierte.[174] Die Beratungen zur Bodenreform auf zentraler Ebene führten am 13. September 1945 zu einem vorläufigen Ergebnis, als die »Einheitsfront der antifaschistisch-demokratischen Parteien« eine von der Sonderkommission des Blocks ausgearbeitete Resolution[175] verabschiedete, in der die Bodenreform von allen Parteien generell begrüßt und die Bevölkerung aufgerufen wurde, die Durchführung der Bodenreform zu unterstützen. Eine Einigung in Fragen des Durchführungsmodus kam jedoch nicht zustande, weil gegensätzliche Positionen zwischen den Parteien nicht ausgeräumt werden konnten.

Die gemeinsam verabschiedete Resolution mußte in der Öffentlichkeit jedoch den Eindruck erwecken, als bestünde in allen prinzipiellen Vorstellungen und Detailfragen zur Bodenreform quer durch die Parteien einhelliges Einvernehmen. Trotz bestehender Vorbehalte bekannte sich die LDP am 13. September 1945 offiziell zum Beschluß der Einheitsfront und wies ihre Parteigliederungen an, abweichende Stellungnahmen zu unterlassen.[176] Die CDU hingegen bemühte sich, ihre gegensätzlichen Positionen deutlich herauszustreichen, um in der Öffentlichkeit nicht den Eindruck entstehen zu lassen, sie habe sich in allen Fragen der Bodenreform dem Votum der übrigen Parteien angeschlossen.[177]

Die Hoffnungen der CDU, aber auch der LDP, eine Einigung über strittige Standpunkte könne in der Phase der Erarbeitung nachfolgender Durchführungsbestimmungen noch erreicht werden, erwiesen sich als Trugschluß, wie die Auseinandersetzungen um den Neubauernaufruf im Dezember 1945 zeigten.

Als die KPD am 22. November 1945 auf der 8. Sitzung des zentralen Blocks den Entschließungsantrag »Helft den Neubauern«[178] vorlegte, sahen die bürgerlichen Parteien eine Chance, doch noch Einfluß auf den Verlauf der Bodenreform nehmen zu können. Die CDU wollte dem Entschließungsantrag nur zusammen mit einer Erklärung »gegen die Mißstände der Bodenreform«[179] zustimmen. Der Vorsitzende der LDP, Waldemar Koch, der den Entschließungsantrag der KPD abgelehnt und statt dessen die Verabschiedung einer Erklärung vorgeschlagen hatte, in der zu den Möglichkeiten der Beseitigung von Fehlern und Mängeln der Bodenreform Stellung bezogen werden sollte, war am 29. November 1945 auf Druck der SMAD durch Wilhelm Külz ersetzt worden, der den Neubauernaufruf unterzeichnete.[180] Die CDU verweigerte dem am 7. Dezember 1945 veröffentlichten Neubauernaufruf ihre Zustimmung.[181]

In der kurzen Zeit, in der der Parteienblock existierte, war es somit erstmals nicht gelungen, in der »Einheitsfront der antifaschistisch-demokratischen Parteien« Einigkeit zu erzielen. Die eine gemeinsame Blockpolitik in Frage stellende Weigerung der CDU in der Neubauernfrage veranlaßte die SMAD, die CDU-Führungsspitze unter Hermes und Schreiber am 22. Dezember 1945 ebenfalls auszuwechseln und durch kooperationswillige Funktionäre (Jakob Kaiser und Ernst Lemmer) zu ersetzen.[182]

Das Spannungsverhältnis zwischen den bürgerlichen Parteien und der SED spitzte sich anläßlich der Wahlen zu den Gemeindevertretungen (September 1946) und zu den Kreis- und Landtagen (Oktober 1946) erheblich zu, was die Zusammenarbeit zwischen den Parteien bis hinunter auf die Ortsebene schwer belastete. Die stärksten Wahlbehinderungen erfuhren CDU und LDP durch Nichtregistrierung ihrer Ortsgruppen, was faktisch einem Wahlbeteiligungsverbot gleichkam, durch Eingriffe seitens der SMAD und SED bei der Kandidatenaufstellung und durch Benachteiligung materieller Art im Wahlkampf selbst.[183]

Die SED konnte bei den Gemeindewahlen 57,1 % der gültigen Stimmen auf sich vereinigen, doch schon bei den Landtagswahlen machte sich die Konkurrenz der bürgerlichen Parteien, die jetzt nicht mehr in dem Maße Behinderungen ausgesetzt waren wie bei den Gemeindewahlen, deutlich bemerkbar. CDU und LDP erzielten zusammen 49,1 % der Stimmen – gegenüber 39,2 % bei den Gemeindewahlen – und verfügten in den Landtagen Brandenburgs und Sachsen-Anhalts über mehr Mandate als SED und Massenorganisationen zusammen.[184] Bestärkt durch das Wahlergebnis und den einsetzenden Mitgliederzustrom aus allen Gesellschaftsschichten – auch aus Arbeiter- und Bauernkreisen[185] –, widersetzten sich die bürgerlichen Parteien der weiteren Transformationspolitik der SED, wobei es ihnen aber aufgrund zwischenparteilicher politischer Differenzen nur selten gelang, koordiniert und geschlossen gegen die SED anzutreten, so daß diese trotz bürgerlicher Majoritäten in den Länderparlamenten ihre Ziele durchsetzen konnte.[186] So erreichte es die SED z. B., die Länderverfassungen aller Länder nach ihren Vorstellungen zu gestalten.[187]

Zu einem einheitlichen und gemeinsamen Vorgehen gegen die Enteignungspolitik der SED fanden sich CDU und LDP jedoch zusammen, als im Frühsommer 1947 in den Landtagen zu Thüringen und Sachsen-Anhalt die Überführung der Bergwerke und Bodenschätze in Landeseigentum auf der Tagesordnung stand.[188] In Thüringen votierten beide Parteien im Mai 1947 gegen die staatliche Übernahme der Bodenschätze und Bergwerke;[189] das Gesetz kam jedoch aufgrund der parlamentarischen Mehrheit der SED dennoch zustande. Auch in Sachsen-Anhalt konnten die bürgerlichen Parteien die Annahme eines ähnlichen Gesetzes lediglich hinausschieben, nicht aber verhindern.[190] Vereint bemühten sich CDU und LDP auch um die Reprivatisierung enteigneter industrieller und bäuerlicher Besitzungen.

Die Zuspitzung des Ost-West-Gegensatzes – äußerlich markiert durch das Scheitern der Außenministerkonferenzen in Moskau (März/April 1947) und London (November/Dezember 1947), die Truman-Doktrin (März 1947), den Marshall-Plan (Juni 1947) – führte Mitte 1947 zu einem Kurswechsel der sowjetischen Deutschlandpolitik.[191] Unter den Bedingungen der sich abzeichnenden Ost-West-Blockbildung und dem Bestreben der Sowjetunion, ihr Herrschaftssystem auf die unter ihrem Einfluß stehenden Staaten zu übertragen und das östliche Lager zu festigen – zu diesem Zweck gründete sie im September 1947 die Kominform –, war auch die SBZ vor die Aufgabe gestellt, einen Beitrag zur Stabilisierung des sowjetischen Machtbereichs zu leisten, d. h. den 1945 begonnenen Transformationsprozeß in eine zweite Phase überzuleiten und organisatorisch-institutionell abzusichern.[192]

Dies machte die Bildung zentralstaatlicher Institutionen, die Zentralisierung der politischen und wirtschaftlichen Entscheidungsstrukturen sowie die Erweiterung und Funktionalisierung des Blocksystems zu einem von der SED geführten Transmissionsmechanismus unumgänglich.

Mit der Gründung der DWK im Juni 1947 wurde eine zentrale Organisation geschaffen, die sich ab 1948 zu einem, die auf demokratische Weise entstandenen Länderregierungen überlagernden Gremium mit gesamtstaatlicher Kompetenz und faktischer Regierungsfunktion entwickelte.[193]
Die von der SED im Vorfeld ihres zweiten Parteitages (20. bis 24. September 1947) extensiv interpretierte Bündniskonzeption einer, neben den Parteien, alle organisierten Gruppen und Schichten umfassenden Blockpolitik sowie ihr offen erhobener Führungsanspruch[194] stießen zwar auf Widerstand der bürgerlichen Parteien, CDU und LDP begnügten sich jedoch mit verbaler Kritik, ohne Taten folgen zu lassen, so etwa, wenn die CDU auf ihrem zweiten Parteitag (6. bis 8. September 1947) die SED davor warnte, die Blockpolitik zur Erringung ihrer ideologischen und praktischen Vorherrschaft zu mißbrauchen,[195] und die LDP Ende 1947 mit ihrem Austritt aus dem Block drohte.[196] CDU und LDP vertraten zwar einhellig die Ansicht, daß als Träger der politischen Willensbildung ausschließlich Parteien anzusehen wären, in der Praxis verhielten sie sich jedoch in der Frage der Beteiligung der Massenorganisationen am politischen Entscheidungsprozeß nicht eindeutig ablehnend, so daß es der SED möglich war, die Massenorganisationen an den repräsentativen und administrativen Organen zu beteiligen und sie dadurch in ihrer politischen Funktion aufzuwerten.[197]
Eine schwere Belastungsprobe für den Parteienblock und mit ein auslösender Faktor für direkte Eingriffe in die bürgerlichen Parteien sowie die Umformung des Parteiensystems stellte die Auseinandersetzung um die von der SED initiierte Volkskongreßbewegung im November 1947 dar, womit die SED die Schaffung einer nationalen, vorparlamentarischen Repräsentation beabsichtigte.[198] Versuche von CDU und LDP, überzonale Parteiverbände zu bilden,[199] waren zuvor schon an der Haltung der bürgerlichen Parteien und der SPD in den Westzonen sowie am Widerstand der Westmächte gescheitert. Angesichts dieser Fehlschläge und der erfolglos verlaufenden Münchner Konferenz im Juni 1947 mußte die SED die Aussichten auf eine geschlossene Unterstützung der Westzonen für ihre gesamtdeutsche Initiative sehr gering veranschlagen. Gleichwohl war dies, kurz vor Beginn der Londoner Außenministerkonferenz, die vielleicht letzte Möglichkeit, eine gesamtdeutsche Lösung doch noch erreichen zu können.
Das »Manifest« der SED vom 13. November 1947,[200] in dem alle deutschen demokratischen Parteien, Gewerkschaften und Massenorganisationen aufgefordert wurden, die nationalen Belange auf der Londoner Konferenz gemeinsam zu vertreten, wurde von den westdeutschen Parteien abgelehnt. Die Weigerung der Ost-CDU,[201] die Volkskongreßkampagne zu unterstützen, stellte den Erfolg der SED-Deutschlandpolitik auch in der SBZ in Frage.
Wie bereits schon 1945 hatte auch diese oppositionelle Haltung der CDU-Führung personelle Konsequenzen. Kaiser und Lemmer wurden auf Betreiben der SMAD abgesetzt, wobei diese Ablösung nach bewährtem Muster erfolgte: Neben äußerem Druck und unter Ausnutzung der parteiinternen Basiskritik an der Parteiführung wurde versucht, die nicht kooperationswilligen Politiker in der eigenen Partei zu isolieren.[202]
Die Volkskongreßbewegung war den deutschlandpolitischen Zielsetzungen der Sowjetunion nicht dienlich gewesen, noch hatte sie sich als Instrument zur Konsolidierung der SBZ erwiesen.

Die zunehmende Verhärtung der außenpolitischen Situation nach der Londoner Konferenz der Außenminister – die Londoner Sechs-Mächte-Konferenz (26. Februar bis 9. März 1948), an der die Sowjetunion nicht teilnahm, beschloß die Bildung eines westlichen Separatstaates – markiert durch den Zerfall des Alliierten Kontrollrates im März 1948 sowie die Schwierigkeiten im osteuropäischen Lager (Konflikt der KPdSU mit der KP-Jugoslawien Mitte 1948) forcierten die Zementierung der Machtblöcke in Ost und West.[203]

Auf Drängen Moskaus mußten die kommunistischen Parteien Südost- und Osteuropas sowie die SED 1947/48 ihre bis dahin verfolgten »eigenen Wege zum Sozialismus« aufgeben und sich der Parteidoktrin der KPdSU unterwerfen. Das Herrschaftsmodell der Sowjetunion wurde für diese Staaten nunmehr absolut verbindlich. Die bereits auf dem zweiten Parteitag der SED angeklungene Umwandlung zur Partei neuen Typus wurde jetzt konkretisiert und die Transformation zur stalinistischen Kaderpartei beschlossen.[204] Mit der Verabschiedung des Zweijahrplans 1949/50 wurde der Übergang zur längerfristigen Wirtschaftsplanung markiert.[205]

CDU und LDP, die seit 1945 versucht hatten, den Umbau der SBZ-Gesellschaft zu verhindern bzw. durch modifizierte Teilnahme mitzubeeinflussen, die Entwicklung jedoch nur hemmen und verzögern konnten, suchten nunmehr die offene Konfrontation.[206] Die SED mußte deshalb künftig mit nachhaltigem Widerstand der bürgerlichen Parteien rechnen. Die Verhärtung der innenpolitischen Situation und die Lähmung der Blockpolitik gefährdeten die Durchführung des SED-Transformationskonzeptes und verlangten nach Strategien zur Lösung dieser Blockkrise.[207]

Die Vereinigung der gegenseitigen Bauernhilfe bis 1949

III

1. Funktion und Ziele der VdgB

Folgt man Äußerungen Ulbrichts vom April 1944, so erwog die KPD im Rahmen der »Schaffung von Kampforganen aller Schichten« eventuell auch die Errichtung eines eigenen »Bauernbundes«.[208] Edwin Hoernle erwähnte in seinen agrarpolitischen Schriften von 1944/45 – sie wurden in ihren wesentlichen Aussagen Inhalt der programmatischen Leitlinien der Agrarpolitik der deutschen Kommunisten – die Bildung von sogenannten »Bauernkomitees« an zwei Stellen. Im Entwurf eines Agrarprogramms des »Blocks der kämpferischen Demokratie« vom August 1944 hieß es, daß bei der Herausbildung neuer Formen der Zusammenarbeit und des Warenaustausches zwischen Stadt und Land neben den landwirtschaftlichen Genossenschaften »eventuell besonderen Bauernkomitees eine besondere Bedeutung«[209] zukommen solle. In einem Vortrag über die Agrarpolitik des »Blocks der kämpferischen Demokratie« vom 4. Februar 1945 schrieb er solchen auf Orts- und Bezirksebene zu bildenden »Bauern- und Landarbeiterkomitees« zwar eine eindeutig politische Funktion, jedoch nur eine vorübergehende Bedeutung zu. Als »Aktionskomitees« der landwirtschaftlichen Bevölkerung sollten sie helfen die »Überreste des Faschismus und alle reaktionären Elemente« zu bekämpfen und die Dorfbevölkerung für die neue politische Macht zu gewinnen.[210]

In all den vor Kriegsende 1944/45 von den deutschen Kommunisten verfaßten Leitlinien zur Agrarpolitik wurden die landwirtschaftlichen Genossenschaften, die reaktiviert, aber völlig umstrukturiert und umfunktioniert werden sollten, als Träger einer künftigen kommunistischen Landwirtschaftspolitik genannt und mit wichtigen agrarwirtschaftlichen sowie -politischen Funktionen betraut.[211]

Welche aktuellen Motive, Ziele und Strategien veranlaßten sowjetische Besatzungsmacht und KPD nach 1945, entgegen den früheren programmatischen Äußerungen der deutschen Kommunisten, einer neu gebildeten, kommunistisch dominierten Bauernorganisation diese Aufgaben zu übertragen, sich gleichzeitig aber auch auf die Raiffeisengenossenschaften zu stützen, die durch SMAD-Befehl Nr. 146 vom 20. November 1945 ihre Tätigkeit wieder aufnahmen?[212]

Die mit der Bodenreform eingeleitete agrarsoziale Transformation war nur dann erfolgreich durchzuführen, wenn sie die Zustimmung größerer Teile der bäuerlichen Bevölkerung fand. Wenngleich ein kleiner Teil der Neu- und Kleinbauern durch die sozialökonomische Besserstellung im Zuge der Bodenreform mit der KPD sympathisierte[213] bzw. sich für die kommunistische Agrarpolitik mobilisieren ließ, konnte die Partei auch bei diesen Bauerngruppen nicht mit einer dauerhaften Zustimmung und Unterstützung für ihre Agrarpolitik rechnen. Sie mußte jedoch bestrebt sein, zumindest die Neu- und Kleinbauern sowie alle durch die Bodenreform materiell begünstigten bäuerlichen Gruppen fest in ihre Politik einzubinden, gleichzeitig aber auch versuchen, die wirtschaftlich bessergestellten Mittel- und Großbauern zumindest temporär für ihr agrarpolitisches Konzept zu gewinnen. Diese Aufgabe vermochte die KPD allerdings nicht ohne Transmissionshilfen zu lösen. Mit der VdgB wurde eine Bauernorganisation gegründet, die als Träger der Agrarpolitik der KPD/SED auf dem Lande fungieren, möglichst alle Bauernschichten und -gruppen ansprechen, insbesondere die Neu- und Kleinbauern für die Parteiziele mobilisieren und auch auf politischer Ebene den Führungsanspruch der kommunistischen Partei unterstützen konnte.

Während die KPD – folgt man ihren programmatischen Äußerungen vor Kriegsende – den landwirtschaftlichen Genossenschaften diese Rolle zugedacht hatte, herrschte bei der Sowjetunion offensichtlich die Ansicht vor, daß die Genossenschaften selbst im Falle einer totalen Reorganisation keinesfalls als Propagandist, Schrittmacher oder Träger einer kommunistischen Agrar- und Bauernpolitik in Frage kämen.

Wenn sich die sowjetische Besatzungsmacht trotzdem für die Wiederzulassung der landwirtschaftlichen Genossenschaften entschied – die übrigens in den meisten osteuropäischen Ländern reaktiviert wurden[214] –, dann vor allem wohl aus folgenden Gründen:

1. In den landwirtschaftlichen Genossenschaften waren bei Kriegsbeginn (1939/40) über 6 Mio. Bauern in einer Vielzahl von unterschiedlichen Genossenschaftszweigen zusammengefaßt.[215] Auf dem Gebiet der SBZ waren es im Jahre 1940 allein 798 400 Mitglieder.[216]

   Daß sich der überwiegende Teil der ehemaligen Mitglieder wieder in den Genossenschaften zusammenschließen würde, war angesichts des desolaten Zustandes der Landwirtschaft zu erwarten. In der Tat stieg die Mitgliederzahl innerhalb kürzester Zeit enorm an und übertraf gar das Vorkriegsniveau. Zum Jahresende 1945 betrug die Zahl der Genossenschaftsmitglieder 733 950, im Jahre 1946 wuchs sie auf 834 500 an und erreichte 1947 den Stand von 872 000.[217]

   Über die Genossenschaften bot sich so die Möglichkeit – und dies belegt auch die soziale Zusammensetzung der Mitglieder – die von der VdgB nicht unmittelbar zu erreichenden bäuerlichen Kreise, insbesondere die Mittel- und Großbauern, organisatorisch zu erfassen.
2. Der Rückgriff auf bestehende genossenschaftliche Einrichtungen erlaubte unter ökonomischen Gesichtspunkten zwischen VdgB und Genossenschaften eine sinnvolle Arbeitsteilung im Landwirtschaftssektor.
3. Schließlich war ein nach traditionell genossenschaftlichen Prinzipien aufgebauter und arbeitender Genossenschaftsverband auch im Rahmen der gesamtdeutschen Interessen der Sowjets einsetzbar, konnte über diesen doch möglicherweise Einfluß auf die Entwicklung des erst 1946 beginnenden Aufbaus der Raiffeisengenossenschaften in den Westzonen genommen werden.
4. Neben diesen vorwiegend aktuell politischen und wirtschaftlichen Motiven kam den Genossenschaften im Rahmen der kommunistischen Ideologie, wie dies bereits schon in den programmatischen Leitsätzen der deutschen Kommunisten vor 1945 anklang, auch eine bündnispolitische Funktion zu. Sie sollten als Bindeglied zwischen Stadt und Land aktiver Förderer des Arbeiter-Bauern-Bündnisses sein.[218]

Welche spezifischen Funktionen waren der VdgB im Herrschaftssystem der SBZ/ DDR zugedacht?
Die VdgB sollte als Sachwalter der beruflichen, wirtschaftlichen, sozialen und kulturellen Interessen ihrer Zielgruppen fungieren.[219] Interessenvertretung konnte jedoch nicht losgelöst von übergeordneten Systemnormen erfolgen, sondern war an das von der SED definierte gesamtgesellschaftliche Interesse gekoppelt.
Zum Charakter dieses reduzierten Interessenvertretungsmoments, zu dem sich die VdgB bekannte, führte Hoernle auf dem 1. Bauerntag aus:
»Die VdgB lehnt eine [. . .] einseitige Interessenvertretung ab. Sie geht von dem Grundsatz aus [. . .], daß die wahren Interessen der Bauernschaft unzertrennlich verbunden sind mit den Interessen des gesamten werktätigen Volkes in Deutschland.«[220]
Dieses Funktionsverständnis von Interessenvertretung war demnach grundsätzlich mit dem Auftrag verbunden, Interessen und Engagement der Mitglieder so zu beeinflussen und zu organisieren, daß sie sich systemstabilisierend auswirkten. Wenn es der VdgB in diesem Zusammenhang dennoch gelang, Wünsche und Interessen ihrer Mitglieder partiell durchzusetzen, so konnte sie zur Herausbildung einer systemkonformen Haltung der Bauernschaft beitragen und bestimmte bäuerliche Gruppen, etwa die Neubauern, in das ökonomische und gesellschaftliche System integrieren.
Die wohl wichtigste Funktion der VdgB war die der Transmission, d. h. die Umsetzung des politischen Willens der KPD/SED in der bäuerlichen Bevölkerung, vor allem bei den nicht unmittelbar von der Partei zu erreichenden Schichten und Gruppen, sowie die Mobilisierung der Bauernschaft im Sinne der Parteiziele.[221]
Langfristiges Ziel der VdgB mußte es sein, auf die Verhaltensweisen und Einstellungen ihrer Mitglieder und Sympathisanten entsprechend der kommunistischen Parteidoktrin einzuwirken und ihre Mitglieder so zu erziehen, daß sie Ziele und Entscheidungen der SED als ihre eigenen akzeptierten und sich mit dem Herrschaftssystem weitgehend identifizierten.
Über die VdgB, die als Mittler zwischen der »führenden Partei« und den »bäuerlichen Massen« zu fungieren hatte, sollte es der SED, die gleichsam den Anspruch als Bauernpartei erhob, ermöglicht werden, mit der bäuerlichen Bevölkerung zumindest indirekt in Kontakt zu treten. Der VdgB war mit dieser Mittlerrolle zugleich eine wichtige Korrektivfunktion zugedacht. Indem sie die politische Führung über die Wünsche, Nöte, Unzufriedenheiten, Stimmungen und Meinungen der bäuerlichen Bevölkerung informierte, versetzte sie diese in die Lage, mögliche Reaktionen der Bauernschaft auf ihre Politik realistisch einzuschätzen. Dem politischen Machtzentrum war somit Gelegenheit gegeben, seine Politik rechtzeitig zu korrigieren bzw. unter Einsatz gezielter Agitations- und Propagandamittel durchzusetzen. Ebenso sollte die VdgB ihren spezifischen Sachverstand für die Lösung agrarwirtschaftlicher und -politischer Fragen und Probleme zur Verfügung stellen und für SED-Partei- und Staatsführung eine konsultative Leistung erbringen.
Die VdgB hatte vor allem zur Durchsetzung und zur Festigung des Führungsanspruchs der SED in Staat und Gesellschaft beizutragen sowie als Teil des Parteiensystems das Regime nach innen und außen als scheinbar pluralistisches Herrschaftssystem zu legitimieren.
Im Rahmen der nationalen Agitation der SED sollte der VdgB die Aufgabe zukommen, die agrarpolitische Argumentation der Partei propagandistisch zu unterstüt-

zen. Edwin Hoernle charakterisierte die Funktion der VdgB zusammenfassend folgendermaßen:

»Sie [die VdgB] beschränkt sich nicht auf die bloße Wahrnehmung von Produktionsinteressen, sondern sucht sie in Einklang zu bringen mit der Notwendigkeit der gesamten Volkswirtschaft. Sie übernimmt die Mitverantwortung für die Steigerung der Produktion, für die Intensivierung der bäuerlichen Wirtschaftsweise, für die Planung und Lenkung der Landwirtschaft. Sie versucht, die Bauernschaft in immer engere Verbindung mit den Organisationen der Arbeiterschaft zu bringen und so das Bündnis zu untermauern. In diesem Sinne ist die VdgB nicht nur eine Berufsvertretung, sondern eine politische Organisation.«[222]

Wenngleich die VdgB aufgrund ihrer Organisationsziele und ihrer praktischen Tätigkeit als eine Wirtschaftsorganisation bezeichnet werden kann, so verstand sie sich mit dem Hinweis auf ihre antifaschistische Zielsetzung, ihres bündnispolitischen Auftrags und ihrer »erzieherischen Arbeit im Dorfe«[223] auch als politische Organisation[224] und wurde als solche im Rahmen der Bündnispolitik der SED auch instrumentalisiert. Nach außen betonte sie jedoch ihren überparteilichen Charakter,[225] um zu dokumentieren, daß in ihrer Organisation Bauern »verschiedener Weltanschauung, verschiedener konfessioneller Bekenntnisse und verschiedener parteipolitischer Richtungen«[226] Möglichkeiten des Zusammenwirkens finden könnten. Nach ihrem Selbstverständnis war die VdgB eine »Organisation der deutschen Bauernschaft«,[227] die für alle Bauerngruppen, verwandte Berufssparten und sonstige in der Landwirtschaft Beschäftigte offen stehen wollte. Im Kern verstand sie sich jedoch als Klassen- und Kampfverband der »werktätigen Bauernschaft«, die Neu-, Klein- und auch Mittelbauern ökonomisch festigen, gesellschaftlich integrieren und zur politisch dominanten Bauernschicht entwickeln wollte.

2. Gründung und Entwicklung der VdgB

2.1 Von den örtlichen Ausschüssen der gegenseitigen Bauernhilfe zu Kreis- und Landesorganisationen (1945/46)

In den Bodenreformverordnungen der Provinzen und Länder der SBZ vom September 1945 wurde die Bildung von »Komitees« bzw. »Ausschüssen der gegenseitigen Bauernhilfe« angeordnet und ihnen gemeinwirtschaftliche Aufgaben zugeschrieben. In gleichlautenden Passagen hieß es dort in Art. IV Abs. 12:

»Traktoren, Dreschmaschinen, Mähdrescher und andere landwirtschaftliche Maschinen aus Wirtschaften, die nach Artikel II dieser Verordnung beschlagnahmt werden, gehen zur Organisation von ›Ausleihstellen landwirtschaftlicher Maschinen‹ an die ›Ausschüsse der gegenseitigen Bauernhilfe‹ über.«[228]

In Art. IV Abs. 13[229] wurde bestimmt, daß sämtliche enteigneten kleineren Verarbeitungsbetriebe landwirtschaftlicher Produkte zur Benutzung an die »Ausschüsse der gegenseitigen Bauernhilfe« oder die Kreisverwaltungen gehen sollten.

Die Errichtung solcher Bauernorgane mit dieser Zielsetzung hatte Wilhelm Pieck bereits am 2. September 1945 in seiner Kyritzer Rede vor Bauern und Landarbeitern gefordert:

»Um diese Einrichtungen in den Dienst der Bauernwirtschaften zu stellen, ist es notwendig, ein Organ in dem in einer Versammlung der Bauern und Landarbeiter zu wählenden *Komitee der gegenseitigen Bauernhilfe* zu schaffen, das aus den besten, zuverlässigsten Bauern besteht und das die Verwaltung über das nicht zur Verteilung gelangende Inventar übernimmt. So wird zweckmäßigerweise von diesem Komitee zum Beispiel eine *Ausleihstelle für landwirtschaftliche Maschinen* zu organisieren sein, wie auch sonst die gemeinsame Verwendung der anderen Einrichtungen organisiert werden muß.«[230]
Auch Edwin Hoernle sprach am 2. September 1945 auf der Landesbauernkonferenz in Weimar in diesem Zusammenhang von der Notwendigkeit der Bildung von »Bauernkomitees zur gegenseitigen Bauernhilfe«.[231]
Zur Gründung solcher Komitees forderten ebenso die von den antifaschistisch-demokratischen Blockausschüssen der einzelnen Länder ergangenen Aufrufe zur Durchführung der Bodenreform auf.[232]
Zum Zeitpunkt des Erlasses der Bodenreformverordnungen bestanden die dort geforderten Bauernausschüsse nur vereinzelt. Die »Volkszeitung Schwerin« meldete in ihrer Ausgabe vom 5. September 1945 die Tätigkeit von lediglich 66 Bauernkomitees in Mecklenburg.[233] Angaben über die Zahl der Bauernausschüsse in den anderen Provinzen und Ländern zu diesem Zeitpunkt konnten nicht ermittelt werden. Die vor der Bodenreform bestehenden Ausschüsse waren aus den bereits ab Mai 1945 zur Sicherstellung der Sommerernte in »Tausenden von Dörfern« aus Arbeitern und Bauern gebildeten Hilfsausschüssen, wie z. B. den »Arbeiter- und Bauernausschüssen«, den »Bauernkomitees«, den »Antifaschistischen Komitees« und den »Ernteausschüssen« hervorgegangen oder mit deren Unterstützung errichtet worden.[234] In der Regel jedoch erfolgte die Bildung der Ausschüsse der gegenseitigen Bauernhilfe gleichzeitig mit der Entstehung der örtlichen Bodenkommissionen.[235]
Um die Bildung der Ausschüsse voranzutreiben, wurde in den ersten, Mitte September erlassenen Ausführungsverordnungen zur Durchführung der Bodenreform verfügt, die Wahlen zu den Ausschüssen der gegenseitigen Bauernhilfe vor der Landaufteilung und der Bodenübergabe an die landlosen und -armen Bauern durchzuführen.[236]
Vom 17. Oktober bis 2. November 1945 ergingen in allen Ländern und Provinzen der SBZ, ebenfalls im Rahmen von Ausführungsverordnungen zur Bodenreform, gleichlautende Richtlinien zur »Bildung der Ausschüsse der gegenseitigen Bauernhilfe«.[237] Mit diesen, Organisationsaufbau, Arbeitsweise und Tätigkeit der Ausschüsse regelnden administrativen Verordnungen war formal eine einheitliche organisatorische Grundlage für die Gründung der VdgB geschaffen worden.
Die örtlichen Bodenkommissionen wurden beauftragt, »zum Zwecke der Hilfeleistung für die Bauernwirtschaften, die Boden durch die Bodenreform erhielten sowie auch für andere Bauernwirtschaften, die sich an der gegenseitigen Hilfe beteiligen wollen«,[238] Ausschüsse der gegenseitigen Bauernhilfe als Körperschaften des öffentlichen Rechts zu organisieren. Auf Versammlungen von Bodenempfängern und an der gegenseitigen Hilfe interessierten »werktätigen Bauern« sollten Ausschüsse (5–7 Mitglieder) sowie Revisionskommissionen gewählt werden.
Als Aufgabenbereiche wurden den Ausschüssen vorgegeben, »Bäuerliche Gemeinschaftshilfe« und Ausleihstellen landwirtschaftlicher Maschinen und Geräte zu organisieren, die Errichtung und Leitung von landwirtschaftlichen Schlüsselein-

richtungen (z. B. Zuchtstationen), Verarbeitungsbetrieben und sonstigen Gemeinschaftseinrichtungen zu übernehmen sowie bei der Beschaffung von Krediten und beim Aufkauf von Betriebsmitteln behilflich zu sein. Als Grundstock für den Aufbau landwirtschaftlicher Betriebe und Gemeinschaftseinrichtungen diente das im Zuge der Bodenreform unentgeltlich in den Besitz der Ausschüsse überführte tote und lebende Inventar der enteigneten Betriebe.[239]

Zur Entstehungsgeschichte dieser, Aufbau und Aufgaben der Ausschüsse der gegenseitigen Bauernhilfe regelnden Verordnungen schreibt Siegfried Kuntsche:

»Wie der Text der offensichtlich auf der Basis zentraler Entwürfe erarbeiteten gesetzlichen Bestimmungen [...] zur Bildung und Tätigkeit der Komitees der gegenseitigen Bauernhilfe im einzelnen zustande gekommen ist, entzieht sich gegenwärtig noch unserer Kenntnis. Es kann aber als gesichert gelten, daß [...] die Maßnahmen [...] zwischen der Parteiführung der KPD und den Repräsentanten der KPdSU in der SMAD abgestimmt und im engen Zusammenwirken von Besatzungsorganen und KPD-Leitung realisiert worden sind.«[240]

In den folgenden Ausführungen soll versucht werden, Anteil und Bedeutung der KPD sowie den Charakter des Zusammenwirkens zwischen deutschen Kommunisten und Vertretern der SMAD bei der Gründung der VdgB näher zu bestimmen. In einem Rundschreiben vom 17. Oktober 1945 setzte das Zentralsekretariat der KPD die Landesparteileitungen davon in Kenntnis, daß die Landesverwaltungen in wenigen Tagen Verordnungen über Bildung und Aufgaben der Ausschüsse der gegenseitigen Bauernhilfe erlassen würden, und forderte die Landesvorstände auf, diese Dokumente im »Sekretariat durchzuarbeiten und den Parteileitungen in den Kreisen und Ortsgruppen entsprechende Anweisungen zu geben«.[241] In einem weiteren Rundschreiben vom 24. Oktober 1945, in dem das Zentralsekretariat die Wichtigkeit der Bauernausschüsse für die Festigung der Rolle der Partei auf dem Lande hervorhob, wurden die Funktionäre angewiesen, den Aufbau der Ausschüsse tatkräftig zu unterstützen. Gleichzeitig ließ das Zentralsekretariat erste Kritik verlauten:

»*Die Bedeutung der Ausschüsse für gegenseitige Bauernhilfe* wird vielfach noch unterschätzt. Sie sind die Organe der werktätigen Bauern im Dorfe, das wichtigste Instrument der bäuerlichen Selbsthilfe und nicht zuletzt die Stützpunkte der Partei in jedem Dorfe. In keiner Parteizeitung ist die Verordnung betr. Bildung der Ausschüsse der gegenseitigen Bauernhilfe und die Verordnung über Aufteilung der Produktionsmittel im Zuge der Bodenreform gebracht oder gut herausgestellt worden. Eine Ausnahme macht die Parteizeitung der Provinz Sachsen.«[242]

Abschließend zu diesem Punkt stellte das Zentralsekretariat fest:

»Die aktive und laufende Unterstützung der Ausschüsse für gegenseitige Bauernhilfe durch die Parteiorganisation ist eine der wichtigsten Aufgaben im Dorfe.«[243]

Wenn die KPD die Bedeutung der Ausschüsse der gegenseitigen Bauernhilfe als gesamtbäuerliche Organe betonte, dann vor allem auch deshalb, weil unter den agrarwirtschaftlichen Bedingungen eine wirksame Neubauernhilfe ohne die Nutzung der ökonomischen Potenzen und Erfahrungen der wirtschaftlich bessergestellten Mittel- und Großbauern auch von den Bauernausschüssen nicht zu organisieren war.

Am 30. Oktober stellte Ulbricht auf der Bauernversammlung in Nauen die künftige

Bedeutung der Ausschüsse der gegenseitigen Bauernhilfe als einen »breiten Kreis von Bauern« umfassende »ständige Organe der werktätigen Bauernschaft«[244] heraus. Das KPD-Zentralsekretariat wies die Parteileitungen der Landesverbände an, neben den Neu- und Kleinbauern auch die Mittel- und Großbauern in die Bauernausschüsse mit einzubeziehen, sofern sie Bereitschaft zur Mitarbeit bekundeten. Sowohl auf der Sitzung des Sekretariats des ZK der KPD am 19./20. November 1945 als auch in der Beratung mit den Bezirkssekretären der KPD am 22. Dezember 1945 wiesen Hoernle und Ulbricht auf die Notwendigkeit hin, möglichst alle Bauernschichten, neben den Neu- und Kleinbauern, auch die Alt- und Mittelbauern, in die Ausschüsse der gegenseitigen Bauernhilfe einzubeziehen.[245] In einem Artikel der Zeitung »Der Freie Bauer« vom Dezember 1945, damals noch Publikationsorgan der DVLF, hieß es dazu:

»Um diese Hilfe nicht dem Zufall zu überlassen, sondern sie planmäßig und rechtzeitig einsetzen zu können, darum kann und soll sich der Altbauer ebenso wie der Neubauer der Vereinigung der gegenseitigen Bauernhilfe anschließen.«[246]

Am 24. November 1945 kritisierte das Zentralsekretariat der KPD die Haltung der Mecklenburger Landesleitung, die per Parteibeschluß die Aufnahme von Mittel- und Großbauern in die Vereinigung verboten hatte.[247] Ähnliche Tendenzen gab es offensichtlich auch in anderen Landesverbänden, so z. B. in Brandenburg, wo in dieser Frage »ernste Unklarheiten«[248] bestanden, »die ihre Ursachen in der falschen Auffassung hatten, daß die Ausschüsse der gegenseitigen Bauernhilfe ausschließlich für die Neubauern und höchstens noch für die schon länger im Dorf lebenden Kleinbauern gedacht seien«.[249]

Diese Erscheinungen lassen deutlich werden, daß die KPD trotz zentraler Anleitung und Instruktionen sowie der Hinweise und Mahnungen maßgeblicher führender Parteikader Mühe hatte, ihr Konzept einer einheitlich ausgerichteten und strukturierten VdgB in der eigenen Partei durchzusetzen.

Nachdem der größte Teil des Bodenfonds verteilt und die Landübergabe weitgehend abgeschlossen war, betrieben SMAD und Parteiführung der KPD ab Februar 1946 den planmäßigen Aufbau der VdgB, da die zu bewältigenden agrarpolitischen und -wirtschaftlichen Probleme einen organisatorischen Überbau der VdgB auf Kreis- und Landesebene erforderten.[250]

Am 21./22. Februar 1946 fand die erste große von der DVLF[251] organisierte Arbeitstagung zur Bodenreform statt, auf der neben der Einschätzung der bisherigen Ergebnisse der Bodenreform und der Beratung über die künftig zu lösenden agrarwirtschaftlichen Aufgaben auch Fragen des Aufbaus der VdgB im Mittelpunkt standen.[252]

Die Tagung beschloß die »Schaffung einer breiten demokratischen Massenorganisation der werktätigen Bauernschaft«[253] und empfahl, umgehend Delegiertenkonferenzen auf Kreis- und Landesebene einzuberufen, auf denen VdgB-Kreis- und Landesorgane gebildet werden sollten.[254] Sie verabschiedete ebenfalls ein Statut der VdgB, das im März 1946 als »Musterstatut der Vereinigung der gegenseitigen Bauernhilfe« veröffentlicht wurde[255] und inhaltlich wesentlich über den von der DVLF am 14. Januar 1946 vorgelegten Satzungsentwurf hinausging.[256]

Während die von der Verwaltung vorgelegte Satzung ausschließlich für die Vereinigung auf Gemeindeebene zugeschnitten war, bildete das neue Musterstatut die Grundlage für den vertikalen Organisationsaufbau der VdgB. Auch hinsichtlich ih-

51

rer Zielgruppen und Aufgaben hatte sich die VdgB weiter geöffnet. Ihr wurden nunmehr auch wirtschaftsorganisatorische Aufgaben zugeschrieben. Fortan sollte sie die Organisation aller Bauern und der mit der Landwirtschaft unmittelbar verbundenen Berufsgruppen sein.

Ein enges Zusammenwirken zwischen dem Sekretariat des ZK der KPD, der SMAD in Karlshorst, den Parteileitungen der KPD auf Landesebene und den Landesverwaltungen bei der Vorbereitung und Durchführung der den Auf- und Ausbau der VdgB betreffenden Beschlüsse und Maßnahmen läßt sich auch hier nachzeichnen.

Aus einem an die Bezirkssekretäre gerichteten Rundschreiben des ZK der KPD vom 15. Februar 1946 geht hervor, daß bereits in einem am 16. Januar 1946 ebenfalls an alle Bezirkssekretäre versandten Schreiben die Anweisung ergangen war, alle Maßnahmen zur Organisierung örtlicher VdgB-Ausschüsse zu ergreifen sowie vorläufige Kreisausschüsse bei den Kreisämtern zu schaffen.[257] In dem Rundschreiben vom 15. Februar 1946 lenkte die Parteiführung erneut alle Kräfte auf den Aufbau der VdgB und forderte die unteren Parteiorganisationen auf, Delegiertenkonferenzen zu organisieren und die »Schaffung von Kreis-, Provinz- und Landesausschüssen der gegenseitigen Bauernhilfe [. . .] sofort in die Wege zu leiten«.[258] Die Ausschüsse – sie waren auf Kreisebene aus 12–15 und auf Landesebene aus 25–30 Personen zu bilden – sollten mit den »besten Bauern und landwirtschaftlichen Fachkräften«, insbesondere solchen, die sich bei der »Durchführung der Bodenreform bewährt« hatten, zusammengesetzt sein.[259] Die Tagesordnung der Delegiertenkonferenzen wurde vorgegeben, ebenso ergingen Anweisungen, wie diese Tagungen zu organisieren und durchzuführen waren.

Gleichzeitig wies die Parteiführung der KPD ihre Parteiorganisationen auf dem Lande an, die Ausschüsse der gegenseitigen Bauernhilfe auf ihre »rechtmäßige Bildung hin zu überprüfen« und sie bei »unrichtiger Zusammensetzung aufzulösen« sowie »korrupte und profaschistische Elemente« aus ihren Leitungen zu entfernen.[260] Vor allem wurde eine Überprüfung der personellen Zusammensetzung der Kreisausschüsse gefordert.

Am 16. Februar 1946 gab die SMAD den Länderregierungen Order, Richtlinien zur Abhaltung von Mitglieder- und Delegiertenversammlungen und zur Wahl von Kreis- und Landesausschüssen der VdgB zu erlassen.[261]

Bereits am 22. Februar 1946 wiesen die Landesverwaltungen Mecklenburg und Brandenburg in amtlichen Mitteilungen die Landräte und Bürgermeister ihrer Regierungsbezirke an, innerhalb der nächsten zwei Wochen Mitgliederversammlungen durchzuführen. Mitte März 1946 sollten die Landeskonferenzen stattfinden.

Als Tagesordnungspunkte dieser Konferenzen wurden in völliger Übereinstimmung mit der im Rundschreiben der KPD-Führung vom 15. Februar vorgeschlagenen Tagesordnung einheitlich festgelegt:[262]
1. Bericht zum Stand der Bodenreform;
2. Plan zur Durchführung der Frühjahrsbestellung;
3. Beratung und Bestätigung des Statutenentwurfs der VdgB;
4. Wahl der Kreis-, Landes- bzw. Provinzausschüsse;
5. Wahl der Delegierten zu den Kreis-, Landes- bzw. Provinzkongressen.

Am 1. Februar 1946 existierten in der SBZ 8073 örtliche Vereinigungen (vgl. Tab. 5), von denen viele aus den Gemeindebodenkommissionen hervorgegangen und somit größtenteils mit diesen personell identisch waren.[263] Die Vereinigungen um-

faßten zu diesem Zeitpunkt nahezu 150 000 Mitglieder, davon rund 43 000 Ausschußmitglieder.[264] Lediglich 1,5 % der Ausschußmitglieder gehörten den bürgerlichen Parteien an. CDU und LDP maßen den Vereinigungen der gegenseitigen Bauernhilfe zum damaligen Zeitpunkt offensichtlich nur geringe Bedeutung bei. Der größte Teil, nämlich 63,7 % der Ausschußmitglieder, war parteipolitisch nicht gebunden. Im Februar 1946 waren 34,9 % und zum April 1946 39,1 % der Ausschußmitglieder in den Arbeiterparteien organisiert.[265] Der Anteil der KPD überwog mit 21,9 % gegenüber dem der SPD, die 17,2 % der Ortsausschußmitglieder stellte.[266]
In den Kreisausschüssen verteilten sich die Gewichte noch mehr zugunsten der KPD.[267] Ihr Einfluß war deshalb so stark, weil die Gründung von Orts- und Kreisausschüssen der gegenseitigen Bauernhilfe weitgehend auf ihre Initiative zurückging und die KPD bei der Nominierung der Delegierten und der Funktionsträger für die Dominanz ihrer Mitglieder sorgte.[268]
Um die Gründung der örtlichen Vereinigungen voranzutreiben, arbeitete die KPD auch eng mit der SPD zusammen. Beide Parteien veröffentlichten gemeinsame Aufrufe[269] und entsandten Funktionäre in die Dörfer.[270] Laut Beschluß der gemeinsamen Funktionärskonferenz von KPD und SPD in der Provinz Sachsen vom 15. Februar 1946 sollten 1500 Funktionäre jeder Partei zur Organisierung der VdgB auf das Land beordert werden.[271]
Über die regionalen Landesblockausschüsse wurde versucht, auch die bürgerlichen Parteien für die Errichtung der VdgB zu aktivieren.[272]
Im März 1946 fanden die ersten Provinz- bzw. Landesdelegiertentagungen der VdgB statt, auf denen die Landesorganisationen der VdgB gebildet, die entsprechenden Leitungsorgane gewählt sowie das im Februar auf der zonalen Bodenreformarbeitstagung verabschiedete Statut[273] angenommen wurde.
In den VdgB-Landesorganen dominierte die KPD noch stärker als in den unteren Organisationsleitungen. Beispielsweise waren in dem 15 Personen zählenden erweiterten Ausschuß des Landesverbandes Thüringen die Parteien wie folgt vertreten: 10 KPD, 2 SPD, 1 CDU, 1 LDP und 1 Parteiloser. Dem engeren Ausschuß gehörten 7 Personen an, von denen 5 KPD- und 2 SPD-Mitglieder waren.[274] Die 1. Vizepräsidenten, Innenminister und Vorsitzenden der Landesbodenkommissionen Thüringens und Mecklenburgs, Ernst Busse (KPD) bzw. Hans Warnke (KPD),[275] fungierten gleichzeitig als Vorsitzende der entsprechenden VdgB-Landesvereinigungen. Im VdgB-Landesverband Brandenburg wirkte Vizepräsident Heinrich Rau (KPD) zwar nicht als Vorsitzender, so doch als Mitglied des engeren Ausschusses.[276] Die Besetzung der Landesleitungen mit Funktionären, die Spitzenrepräsentanten der Länderverwaltungen und der KPD-Landesorganisationen in Personalunion waren, sicherten den maßgeblichen Einfluß der Partei auf die Ausrichtung und weitere Entwicklung der bäuerlichen Organisation und erlaubten zugleich die Einwirkung auf die VdgB über die Landesverwaltungen.
Die an Gründung und Aufbau der VdgB weitgehend unbeteiligten bürgerlichen Parteien CDU und LDP versuchten ab Mitte 1946 verstärkt Einfluß auf die Entwicklung der bäuerlichen Massenorganisation zu nehmen, wollten in dieser jedoch lediglich eine wirtschaftliche Standesorganisation der bäuerlichen Selbstverwaltung sehen, die sich jeder parteipolitischen Betätigung enthalten sollte.[277]
Um die kommunistische Dominanz in der VdgB einzudämmen, forderten sie ihre Mitglieder zum Eintritt und zur aktiven Mitarbeit in den Leitungsorganen der VdgB auf.[278]

In der heutigen Geschichtsschreibung der bürgerlichen Parteien wird die damalige Politik, sich in der VdgB zu engagieren, in Übereinstimmung mit der Interpretation der SED als Versuch »rückschrittlicher Kräfte« innerhalb der CDU und LDP gewertet, die VdgB »politisch inaktiv« und zu einem »Instrument der Restauration« zu machen.[279]
Innerhalb eines halben Jahres hatte sich aus den im Herbst 1945 gebildeten örtlichen Bauernausschüssen eine Bauernorganisation, die VdgB, entwickelt, die nunmehr auch auf Kreis- und Landesebene organisatorisch verankert war. Mit der Bildung von Kreis- und Landesverbänden, der Wahl leitender Organe und der Annahme eines Statuts fand die erste Etappe der Gründungsphase im Frühsommer 1946 ihren Abschluß. Wenngleich dieses Statut Befugnisse, Aufgaben und Tätigkeiten der Kreis- und Landesverbände sowie deren Organe noch nicht regelte,[280] so legte es doch die Verbandsziele verbindlich fest und bot eine Basis für den einheitlichen organisatorischen Aufbau der Bauernvereinigung.

2.2 Formierung zum Zentralverband und Etablierung als bäuerliche Massenorganisation (1947/48)

In dieser Phase entwickelte sich die VdgB zu einer Massenorganisation mit nahezu einer halben Million Mitglieder und gab sich mit der Gründung eines Hauptverbandes eine zentrale Führung, womit der organisatorische Aufbau Ende 1947 seinen Abschluß fand.
Mit der Formierung zur bäuerlichen Massenorganisation verbunden war eine quantitative und qualitative Ausweitung von Rolle und Funktion der VdgB im Landwirtschaftssektor. Zugleich wurde das Bestreben der SED erkennbar, die VdgB als ein von ihr kontrollierter Bündnispartner in die administrativen und repräsentativen staatlichen Organe, zunächst auf lokaler und regionaler, ab Mitte 1947 aber auch auf zentraler Ebene, einzubeziehen.[281]
Zwar waren mit der Wahl der Kreis- und Landesausschüsse und mit der Konstituierung der Kreis- und Landesverbände die organisatorischen Voraussetzungen für den Aufbau der VdgB gelegt worden, doch bestanden die Orts- und Kreisorganisationen mancherorts nur als »schematische Gebilde ohne praktische Tätigkeit«.[282] Durch personelle und organisatorische Verflechtungen mit den Landwirtschaftsverwaltungen war die VdgB auf lokaler Ebene weitgehend in administrative Abhängigkeit geraten.[283] In Mecklenburg z. B. waren die VdgB-Kreisorgane größtenteils den Landratsämtern angegliedert.[284] Entscheidungen im personellen und finanziellen Bereich bedurften grundsätzlich der Zustimmung des zuständigen Landrates.[285] Diese Praxis wurde auf Anweisung des Mecklenburgischen Landwirtschaftsministeriums erst im Januar 1947 revidiert.[286] Die organisatorische Abkopplung aus dem administrativen Apparat war auch mit der Bildung des Zentralverbandes Ende 1947 »noch nicht völlig abgeschlossen«, da es vor allem an »geeigneten Funktionären und fachlich geschulten Kräften« sowie an finanziellen Mitteln fehlte.[287]
Die Hauptaufgaben bis 1947/48 bestanden somit neben dem Auf- und Ausbau der Organisation und der mitgliedermäßigen Ausdehnung in der Heranbildung eines Funktionärs- und Mitarbeiterapparates sowie in der Sicherstellung einer finanziellen Basis.[288]

Zur Festigung des organisatorischen Unterbaus hatten die von Mai bis Juli 1947 statutengemäß abgehaltenen Organisationswahlen beigetragen, anläßlich derer in 10 658 Ortsvereinigungen 59 327 und in 128 Kreisvereinigungen 1347 Ausschußmitglieder gewählt wurden.[289] Auf den Landesverbandstagen der VdgB (Juni/Juli 1947)[290] wurden die auf der Zonentagung vom 20./21. März 1947 im Entwurf genehmigten Landes- und Kreisverbandssatzungen einstimmig angenommen. Die neue Satzung[291] regelte nunmehr auch Aufbau, Arbeitsweise und Tätigkeit der Kreis- und Landesorgane der VdgB, die bereits über ein Jahr existierten und arbeiteten. Wenngleich der organisatorische Aufbau der VdgB, wie der Rechenschaftsbericht des 1. Bauerntages feststellte, in manchen Ländern Ende 1947 noch nicht vollendet war,[292] so bescheinigte der VdgB-Generalsekretär den Landesvereinigungen und insbesondere den Landesbauernsekretären doch, daß sie die Aufgabe, eine »neue Massenorganisation in verhältnismäßig kurzer Zeit arbeitsfähig zu gestalten«,[293] hervorragend gelöst hätten.

Auf ihrer ersten Zonenkonferenz (9./10. Mai 1946)[294] hatten die Landesausschüsse der VdgB einen vorläufigen Zonenausschuß, dem je zwei Vertreter pro Landesverband angehörten, gewählt und die Errichtung eines »Zentralen Bauernsekretariats« beschlossen, das im Juni 1946 unter der Leitung des bewährten KPD/SED-Funktionärs Anton Jadasch[295] seine Arbeit aufnahm. Zonenausschuß und Bauernsekretariat fungierten bis zum 1. Bauerntag als zentrale Führungsgremien der VdgB.

Die Bildung eines Hauptverbandes der VdgB wurde ab 1947 jedoch immer dringlicher, und zwar aus zweierlei Gründen:

1. Im Zuge des Übergangs zur zentral gelenkten Planung sollte die VdgB zunehmend in neue Aufgabenbereiche einbezogen, vermehrt mit der Lösung einzelwirtschaftlicher Aufgaben betraut und noch stärker zur »Helferin in der Durchführung der Agrarpolitik«[296] der Partei werden. Die künftige Rolle der bäuerlichen Massenorganisation im Landwirtschaftssektor einschätzend, sagte Ulbricht auf dem 2. Parteitag der SED:

    »Es gibt keine gesetzliche Vorschrift, keine öffentliche Maßnahme, die landwirtschaftliche Interessen berühren, auf die die Vereinigung der gegenseitigen Bauernhilfe nicht entscheidenden Einfluß nimmt. In Fällen, in denen die Zusammenarbeit zwischen Verwaltungsorganen und den leitenden Organen der Vereinigung der gegenseitigen Bauernhilfe noch mangelhaft ist, müssen diese Schwächen in kürzester Zeit beseitigt werden; denn es ist nicht möglich, die großen Aufgaben der Landwirtschaft zu lösen, wenn nicht in allen Fragen die Vereinigung der gegenseitigen Bauernhilfe unmittelbar mitwirkt und mitbestimmt.«[297]

2. Eine Zentralisierung der staatlichen Strukturen – im Juni 1947 war die DWK gegründet worden[298] – sowie eine politische Aufwertung der Massenorganisationen, z. B. durch deren Einbeziehung in die politischen Organe der Zentralebene, erforderten auch entsprechende zentrale Führungsapparate bei den gesellschaftlichen Organisationen.

Wenngleich politische und ökonomische Gründe für einen baldigen zonalen Zusammenschluß der VdgB sprachen, kam die Bildung einer Zentralvereinigung im November 1947 doch sehr überraschend. Den Termin schien die SMAD mit Blick auf die am 25. November 1947 beginnende Londoner Außenministerkonferenz und die Ende 1947 von der SED initiierte Volkskongreßkampagne gewählt zu haben.

Entsprechend ihren Vorstellungen sollte die Gründung des VdgB-Zentralverbandes zum Anlaß genommen werden, die organisatorische Stärke und Geschlossenheit der Bauern in der SBZ nach innen sowie nach außen zu demonstrieren. Die Gründungskonferenz sollte demnach repräsentativen Charakter haben. Nach den Vorschlägen der Abteilung Landwirtschaft des Parteivorstandes der SED und den verantwortlichen Mitarbeitern der VdgB hingegen war der zentrale Zusammenschluß lediglich im Rahmen einer internen Arbeitstagung (5 Vertreter pro Landesverband) geplant.[299]
In einem Bericht über die Besprechung zu diesem Punkt zwischen Vertretern der SED und Mitarbeitern der landwirtschaftlichen Abteilung der SMAD heißt es:
»Die Herren Korbut und Wassilew [Vertreter der SMAD] waren mit einer solchen Tagung nicht einverstanden. Beide vertraten den Standpunkt, daß für die Zone ein großer Bauernkongreß mit 300–350 Bauerndelegierten einberufen werden müßte. Auch die Tagesordnung eines solchen Kongresses müßte eine andere sein. Angesichts der Londoner Konferenz müßte der Kongreß zu dieser Konferenz Stellung nehmen und auch die Frage der Teilnahme der Bauernschaft an dem sogenannten Konsultativrat besprechen.«[300]
Die Vorgänge um die Bildung des VdgB-Zentralverbandes zeigen zum einen, daß zu den das Parteiensystem betreffenden Fragen zwischen SED und SMAD durchaus unterschiedliche Auffassungen bestanden. Des weiteren belegt die Darlegung konkreter Vorstellungen zu Gestaltung und Ablauf des Gründungskongresses des Zentralverbandes der VdgB seitens der SMAD, daß die sowjetische Besatzungsmacht selbst zu organisatorischen Detailfragen Lösungsvorschläge erarbeitete und sich auch in diesen Fragen die Letztentscheidung vorbehielt. Die Vorbereitungen zur Gründungstagung und der Bauernkongreß selbst liefen dann auch den sowjetischen Vorstellungen entsprechend ab.
Am 10. Oktober 1947 tagte der »vorbereitende Ausschuß zur Einberufung des Deutschen Bauerntages« mit Vertretern der VdgB-Landesverbände.[301] Am 26. Oktober erschien im VdgB-Organ »Der Freie Bauer« ein von diesem Ausschuß unterzeichneter »Aufruf an die deutsche Bauernschaft«, der die Abhaltung eines »Deutschen Bauerntages« für den 22. bis 23. November 1947 in Berlin ankündigte.[302] Auf dem Bauerntag sollte die Vereinigung der fünf Landesverbände zu einem Hauptverband sowie die Annahme der erforderlichen Satzung beschlossen werden. Auf den Ende Oktober bis Mitte November 1947 abgehaltenen Landesverbandstagen[303] wurden die Delegierten für den zonalen Bauerntag gewählt und der Satzungsentwurf des Zentralverbandes bestätigt.
Der Bauerntag umfaßte 316 wahlberechtigte Delegierte; aus den Westzonen nahmen trotz intensiver Bemühungen der VdgB, westdeutsche Bauernrepräsentanten zur Teilnahme zu bewegen, lediglich 18 Vertreter teil.[304] Dennoch verstand sich der Bauerntag als Parlament »von Bauern aus allen Teilen Deutschlands«.[305]
In seinen Entschließungen, dem »Manifest des Ersten Deutschen Bauerntages an die Bauernschaft«[306] und der Resolution an die Londoner Konferenz der Außenminister,[307] nahm der Kongreß Stellung zur politischen Lage der Bauernschaft und zur Situation der Agrarpolitik in beiden Teilen Deutschlands. Die Bauern in der SBZ wurden aufgerufen, sich der VdgB anzuschließen, für die Westzonen wurde empfohlen, eine ähnliche Organisation zu gründen. An die Politiker in Ost und West erging die Aufforderung, alles zu unternehmen, um die wirtschaftliche und politische Einheit Deutschlands wiederherzustellen. Als eine wesentliche Voraussetzung

hierfür sah die VdgB in Verwirklichung des Beschlusses der Moskauer Außenministerkonferenz vom Frühjahr 1947 die Durchführung einer Bodenreform auch in den Westzonen an.
Obwohl auf dem Bauerntag Fragen, welche die VdgB als Bauern- und Landwirtschaftsorganisation betreffen, im Vordergrund standen,[308] wurde auch der politische Auftrag der VdgB hervorgehoben. Der Chef der Landwirtschaftsabteilung der SMAD, Kabanow, nannte als wichtigstes Ziel die Entwicklung der VdgB zu einer »Schule der demokratischen Erziehung der breiten Bauernmassen«.[309] Vor allem, so betonte der SMAD-Vertreter in seiner Begrüßungsrede, müsse die VdgB einen »unversöhnlichen Kampf gegen die reaktionären Kräfte«[310] auf dem Dorf führen und das Bündnis mit der SED stärken. Der VdgB-Vorsitzende, Otto Körting, der das Hauptreferat »Unsere wirtschaftliche und politische Lage und die Aufgaben der deutschen Bauernschaft« hielt, forderte die VdgB auf, stärkeren Einfluß auf die Lösung politischer Fragen und Probleme zu nehmen und der politisch-ideologischen Erziehung der Mitglieder größere Bedeutung zuzumessen.[311]
Wichtigste Ergebnisse des Bauerntages waren die Wahl eines zentralen Führungskörpers und die Verabschiedung einer für den Zentralverband gültigen Satzung. Der Kongreß wählte einen aus 35 Mitgliedern bestehenden Hauptausschuß.[312] Dieser billigte auf seiner ersten Sitzung, am 23. November 1947, einstimmig die Vorstandsliste mit Otto Körting als 1. Vorsitzenden, Georg Lotz als 2. Vorsitzenden, Friedrich Wehmer als 3. Vorsitzenden und Kurt Vieweg als Generalsekretär.[313] Die von den Delegierten beschlossene Satzung[314] sollte allerdings noch nicht die endgültige Fassung sein. Mit der Begründung, die Abänderungsvorschläge der Landesverbände seien »erst in den letzten Tagen« vor Kongreßbeginn zugegangen, so daß Zeitgründe es nicht zuließen, »alle diese Anträge gegeneinander abzuwägen und harmonisch in die Satzung einzuarbeiten«, empfahlen der vorbereitende Ausschuß und die Redaktionskommission, die Satzung in der vorliegenden Form als »arbeitsfähige Grundlage« anzunehmen.[315] Der Bauerntag beauftragte die Redaktionskommission, die noch nicht berücksichtigten Anträge und Änderungsvorschläge zur Satzung zu prüfen und eine Neuvorlage für den 1948 geplanten 2. Bauerntag vorzubereiten.[316] Gleichwohl hatte die verabschiedete Satzung gegenüber dem Satzungsentwurf Erweiterungen und Modifizierungen erfahren. Die Befugnisse des Hauptausschusses, im Entwurf nur allgemein geregelt, wurden wesentlich erweitert, die Vertretungsbefugnisse der Vorstände wurden in einem neu aufgenommenen Abschnitt näher geregelt, des weiteren erfuhren die Aufgaben der Ortsausschüsse eine Konkretisierung.[317]
Mit der Errichtung einer Verbandsspitze waren Voraussetzungen geschaffen worden für eine:
1. einheitliche, nach zentralistischen Struktur- und Organisationsprinzipien ausgerichtete Entwicklung der bislang dezentral aufgebauten und geführten bäuerlichen Organisation;
2. stärkere Einbeziehung der VdgB in die obersten Verwaltungs- und Staatsorgane sowie die Übertragung von eigenständigen wirtschaftsorganisatorischen Aufgaben im Rahmen der zentral koordinierten Wirtschaftsplanung des Agrarsektors.

Gleichzeitig war mit der Bildung eines zonalen Hauptverbandes die gesellschaftspolitische Bedeutung und das organisatorische Gewicht der Bauernschaft im System der Massenorganisation hervorgehoben worden. In den Dörfern – dem eigentlichen Operationsfeld einer Bauernorganisation – war die VdgB bereits vor Bildung des Zentralverbandes nahezu vollständig mit Ortsverbänden vertreten. Im Januar 1947 hatte sie in 81 % und im Oktober 1947 in 96 % der Gemeinden der SBZ eigene Ortsverbände (vgl. Tab. 5). Ab 1949 unterhielt sie in einigen größeren Gemeinden der Länder Mecklenburg und Brandenburg sogar mehr als nur einen Ortsverband.

Tab. 5
Organisatorische Entwicklung der VdgB-Ortsvereinigungen (OV) von 1946 bis 1949[318]

Landesverbände	1.2.46 OV	1.1.47 OV	1.10.47 OV	OV in % der Gemeinden	1.7.48 OV	1.1.49 OV	1.4.49 OV	OV in % der Gemeinden	1.1.50 OV
Mecklenburg	1889	2 312	89	2 490 96	2 585	2 730	2 715	112	2 764
Brandenburg	1458	1 976	88	2 202 98	2 163	2 195	2 256	102	2 286
Sachsen	1507	2 203	82	2 406 95	2 452	2 469	2 480	96	2 487
Sachsen-Anhalt	1791	1 949	71	2 599 94	2 592	2 602	2 613	98	2 628
Thüringen	1428	1 753	73	2 295 96	2 309	2 311	2 325	98	2 332
SBZ	8073	10 193	81	11 992 96	12 101	12 307	12 389	101	12 497

2.3 Wirtschaftliche Funktionalisierung und Transformation der VdgB (1948/49)

Der um die Jahresmitte 1948 vollzogene Übergang zur kurz- und mittelfristigen zentralen Wirtschaftsplanung, die damit verbundene Zentralisierung des Landwirtschaftsapparates und Entstehung volkseigenen Eigentums im Landwirtschaftssektor erforderten eine stärkere Integration der bäuerlichen Bevölkerung in das ökonomische und gesellschaftliche System. Die SED versuchte dies über eine nunmehr offen betriebene »Klassenkampfpolitik auf dem Lande« zu erreichen.
Der VdgB kam in diesem Zusammenhang eine doppelte Funktion zu.[319] Als maßgeblicher Stützpunkt der Partei auf dem Lande und Umsetzer der Agrarpolitik der SED sollte sie zum Mobilisator und Organisator im Kampf um die Produktionssteigerung und die Planerfüllung werden. Gleichzeitig war ihr die Aufgabe gestellt, einerseits die Neu-, Klein- und teilweise auch die Mittelbauern als Träger der künftigen Landwirtschaftspolitik zu gewinnen und sie zur wirtschaftlich bestimmenden Bauernschicht zu entwickeln sowie andererseits, die Großbauern und auch Teile der Mittelbauern politisch zu neutralisieren und wirtschaftlich zu schwächen. Als Massenorganisation der »werktätigen« Bauernschaft sollte sie jetzt den Differenzierungsprozeß in der Bauernschaft stärker vorantreiben.
Die SED-Führung hatte seit ihrem zweiten Parteitag den Kampf gegen die Großbauern in der VdgB propagiert, ihre Organisationseinheiten angewiesen, die Bauernvereinigung intensiver anzuleiten, und ihre Mitglieder aufgefordert, in der VdgB Leitungsfunktionen zu übernehmen. Auf der 11. Tagung des Parteivorstandes der SED (29./30. Juni 1948), die zugleich den Zweijahrplan beschloß, sagte Ulbricht:

»Die Großbauern und größeren Grundbesitzer haben in der VdgB nichts zu suchen [. . .]. Dort, wo sich Großbauern in die VdgB eingeschlichen haben, müssen die SED-Mitglieder und Gewerkschaftsfunktionäre dafür sorgen, daß durch demokratische Wahl die leitenden Funktionen in der VdgB [. . .] Landarbeitern, Neu-, Klein- oder Mittelbauern übertragen werden.«[320]

Der Generalsekretär der Bauernvereinigung, Kurt Vieweg, nahm auf der für den 1. August 1948 nach Berlin einberufenen Hauptausschußsitzung der VdgB zur Großbauernfrage in der Bauernorganisation wie folgt Stellung:
»In den Orts- und Kreisausschüssen der VdgB und in allen anderen landwirtschaftlichen Organisationen müssen [. . .] die leitenden Stellungen bei den Neubauern, Klein- und Mittelbauern liegen. Aus ihren Reihen müssen jene Kräfte hervorgebracht werden, die fähig sind, die VdgB zu führen. Der Einfluß großbäuerlicher Kräfte in der VdgB steht manchmal in keinem Verhältnis zu ihrer Zahl und Bedeutung in der Landwirtschaft, und es gibt gewisse Tendenzen, in die VdgB den Geist einer Unternehmer-Organisation hineinzutragen. Man versucht hier und dort, die VdgB in eine reine Interessenvertretung großbäuerlichen Charakters umzuwandeln und die Entwicklung unserer gemeinschaftlichen Einrichtungen zu beschränken. Diese Fragen werden wir einer Lösung zuführen, indem wir den Einfluß der werktätigen Bauernschaft, insbesondere der Neu- und Kleinbauern, in unserer Organisation entschieden stärken. Dann wird es uns gelingen, den Zweijahrplan in der Landwirtschaft erfolgreich durchzuführen.«[321]
Wenige Monate später, nachdem die SED eine breitangelegte Kampagne zur Entfernung der Großbauern aus den VdgB-Leitungsfunktionen gestartet hatte,[322] forderte Vieweg im November 1948 in ungewöhnlich scharfer Form die »Ausschaltung der Großbauern« aus den Führungsorganen des Verbandes und kündigte Überprüfungen der personellen Zusammensetzung der Orts- und Kreisleitungen an.[323] Im Zuge der Organisationswahlen vom Frühjahr 1949 gelang es zwar, den Einfluß der Großbauern zurückzudrängen, in den VdgB-Ortsleitungen waren sie jedoch immer noch überrepräsentiert. Die SED hatte in den Orts- und Kreisausschüssen an Einfluß eingebüßt, konnte ihre Machtstellung jedoch in den entscheidenden Positionen der VdgB-Kreis- und Landesorgane ausbauen.[324]
Eine stärkere Funktionalisierung der VdgB als Trägerorganisation der sozialistischen Landwirtschaftspolitik erforderten neben personellen ebenso organisatorische Garantien. Der Generalsekretär der VdgB hatte organisatorische Veränderungen bereits im November 1948 angekündigt.[325] Im Dezember desselben Jahres ordnete die SMAD die Reorganisation des gesamten VdgB-Apparates an.[326] Nach dem 2. Bauerntag (2./3. Juni 1949) leitete die VdgB-Führung die Reorganisation des Verbandes ein. Erklärtes Ziel dieser Maßnahmen war es, die Anwendung des Strukturprinzips des demokratischen Zentralismus konsequent durchzusetzen.[327] Um dies zu gewährleisten, wurden der Organisationsaufbau gestrafft und vereinheitlicht, die Entscheidungsstrukturen zentralisiert und die Machtfülle im Sekretariat konzentriert.[328] Im Zuge der Reorganisation der VdgB, die wenige Monate nach Vollendung der Transformation der SED zur »Partei neuen Typus« eingeleitet wurde, fand eine weitgehende Angleichung der Organisationsstrukturen und -grundsätze der Bauernvereinigung an den Apparat und die Leitungsmechanismen der SED statt. Die stärkere Anbindung der VdgB an die Partei wurde personell fundiert durch die Kooptation des Generalsekretärs der VdgB in den SED-Parteivorstand.[329]

3. Organisationsverband

3.1 Mitgliederentwicklung und -struktur

Die VdgB hatte bis 1948 ein außergewöhnlich starkes Mitgliederwachstum zu verzeichnen. Gab die Bauernorganisation ihren Mitgliederstand[330] am 1. März 1946 mit rd. 150 000 an, so bezifferte sie ihn am 1. Juni 1946 schon auf 255 369, am 1. Januar 1947 auf 357 872, am 1. Juni 1947 auf 449 105 und am 1. Januar 1948 auf 508 093. Ab 1948 stagnierte der Mitgliederzuwachs. Nach VdgB-Angaben betrug die Mitgliederzahl am 1. Juli 1949 566 526.
Der mit Abstand größte Landesverband arbeitete in Sachsen-Anhalt. Die Landesverbände in Brandenburg, Mecklenburg und Sachsen waren mitgliedermäßig 1949 nahezu gleich stark entwickelt.[331] Eine Mitgliedersteigerung glaubte die Verbandsführung nur noch über gezielte Werbemaßnahmen erreichen zu können, zumal sich die Bauernpartei ebenfalls um die Organisierung der Klein- und Mittelbauern bemühte. Für das zweite Halbjahr 1949 initiierte der Zentralvorstand der VdgB deshalb einen Wettbewerb, mit dem Ziel, die Mitgliederzahl bis Jahresende auf 600 000 zu erhöhen.[332] Das Werbungssoll war jedoch zwei Monate vor Ablauf der Kampagne erst zu 8,3 % erfüllt.[333]
Die Neubauern waren fast vollständig in der VdgB organisiert, wobei die Verbände in den Ländern Mecklenburg, Brandenburg und Sachsen-Anhalt, in denen im Zuge der Bodenreform die meisten Neubauernstellen geschaffen worden waren, den höchsten Neubauernanteil verzeichneten.[334] Ab 1947 erhielt die VdgB großen Zulauf aus den Reihen der kleinen und mittleren Altbauern.[335] Aufgrund der wirtschaftlichen Monopolstellung der VdgB im Landwirtschaftssektor wurde für die meisten Altbauern eine Mitgliedschaft, wenn nicht zur existentiellen Notwendigkeit, so doch opportun.[336] Nahezu zwei Drittel der Mitglieder waren Kleinbauern (bis 10 ha Land).[337] Die Großbauern (über 20 ha) – sie waren in den Landesverbänden Sachsen-Anhalt, Brandenburg und Sachsen am stärksten vertreten – ließen sich nur langsam aus der Organisation drängen. Der Großbauernanteil unter den Mitgliedern betrug 1948 7,8 % (= 42 688)[338] und 1949 7,5 % (= 41 883).[339]

Tab. 6
Mitgliederbewegung der VdgB von 1946 bis 1949[340]

Stand	SBZ/DDR	Mecklenburg	Brandenburg	Sachsen	Sachsen-Anhalt	Thüringen
1.06.1946	255 369	48 916	54 720	20 000	105 483	26 250
1.01.1947	357 872	71 080	69 908	48 091	112 632	56 161
1.01.1947	424 453	82 699	90 433	71 117	121 020	59 184
1.06.1947	449 105	84 854	95 575	79 145	125 944	63 587
1.10.1947	487 913	91 891	106 773	84 648	134 945	69 656
1.01.1948	508 093	98 753	110 084	89 171	136 950	73 135
1.05.1948	520 134	97 872	109 093	94 683	139 301	79 185
1.12.1948	538 697	101 536	110 769	100 140	143 559	82 693
1.04.1949	556 841	106 715	110 154	104 674	146 983	88 315
1.07.1949	566 526	108 112	110 794	106 445	149 106	92 069

Tab. 7
Sozialstruktur der Mitglieder (Stand 1. April 1949)[341]

Differenzierung nach der Betriebsgröße	SBZ absolut	in %	Mecklenburg absolut	in %	Brandenburg absolut	in %	Sachsen absolut	in %	Thüringen absolut	in %	Sachsen-Anhalt absolut	in %
unselbständige Erwerbstätige	76 902	13,8	4 624	4,3	8 412	7,6	17 775	17,0	15 352	17,4	30 739	20,9
0,5– 5 ha	141 031	25,3	13 946	13,1	29 855	27,1	26 736	25,5	34 514	39,1	35 980	24,5
5–10 ha	202 958	36,5	64 669	60,6	38 951	35,4	31 106	29,7	21 195	24,0	47 037	32,0
10–20 ha	93 950	16,9	18 349	17,2	22 435	20,4	19 361	18,5	12 302	13,9	21 503	14,6
20–30 ha	22 191	4,0	2 766	2,6	4 894	4,5	6 162	5,9	3 172	3,6	5 197	3,6
30–50 ha	14 799	2,6	1 814	1,7	3 991	3,6	3 023	2,9	1 427	1,6	4 544	3,1
über 50 ha	4 893	0,9	547	0,5	1 499	1,4	511	0,5	353	0,4	1 983	1,3
	556 841	100 %	106 715	100 %	110 154	100 %	104 674	100 %	88 315	100 %	146 983	100 %

Bei den Bauern mit einer Betriebsgröße über 20 ha war der Organisationsgrad mit 91,6 % am höchsten. Die Besitzer von 10–20 ha erfaßte die VdgB 1949 zu 81,7 %, die Landwirte von 5–10 ha zu 79,5 % und die Betriebsinhaber von 0,5–5 ha zu 56,2 %.[342]
Nach Parteizugehörigkeit differenziert ergab dies folgendes Bild:
Die SED-Bauern dominierten in der bäuerlichen Massenorganisation. 1947 waren über 50 % der bäuerlichen SED-Mitglieder in der VdgB organisiert und stellten ca. 40 % der VdgB-Mitglieder.[343] Bis 1949 sank der Anteil der SED-Mitglieder in der VdgB auf ca. 30 %, absolut fiel die Zahl der SED-Mitglieder in der VdgB um 8 % zurück. Mit dem Mitgliederschwund einher ging, wie später noch zu zeigen sein wird, ein SED-Machtverlust in den VdgB-Orts- und Kreisleitungen.[344] Die bürgerlichen Parteien hingegen konnten ab 1947, nachdem sie sich zu verstärktem Engagement in der VdgB entschlossen hatten,[345] ihre Stellung in der bäuerlichen Massenorganisation kontinuierlich ausbauen. Von 1947 bis 1949 gelang es CDU und LDP, ihren Mitgliederanteil in der VdgB nahezu zu verdoppeln; 1949 waren über zwei Drittel der CDU- und LDP-Bauern in der VdgB organisiert.[346]
Der ab 1947 verstärkt einsetzende Zustrom von Alt- und Mittelbauern in die VdgB dürfte somit im wesentlichen auf die intensiveren Aktivitäten der bürgerlichen Parteien in der VdgB zurückzuführen gewesen sein.
Mitgliederentwicklung und -struktur zeigen, daß es der VdgB innerhalb kurzer Zeit gelungen war, drei Viertel der Bauernschaft zu organisieren. Der hohe und ständig wachsende Anteil parteipolitisch nicht organisierter Mitglieder in der VdgB, der 1947 bei 53 % und 1949 bei 64 % lag,[347] spricht für den Erfolg der Bauernvereinigung, vor allem die über die Parteien nicht anzusprechenden bäuerlichen Bevölkerungsteile zu integrieren.
Über den Organisationsgrad der Bauernjugend in der VdgB sowie den Anteil der Jugendlichen unter den Mitgliedern konnten keine Angaben ermittelt werden. Es ist jedoch anzunehmen, daß der Jugendanteil gering war und nicht den Vorstellungen der Verbandsführung entsprach, denn sie senkte auf ihrem zweiten Bauerntag das Eintrittsalter von 18 auf 16 Jahre, um – so die offizielle Begründung – »auch die Jugendlichen in der Landwirtschaft in größerer Zahl an der Tätigkeit der VdgB teilnehmen zu lassen«.[348] Der Bäuerinnenanteil betrug zum 1. April 1949 13,5 %.[349]

Tab. 8
Soziale und parteipolitische Zusammensetzung der VdgB-Mitglieder von 1946 bis 1949[350]

	Mitglieder insgesamt	in %								
		Neubauern	Altbauern	Sonstige	SED	CDU	LDP	DBD	NDPD	Parteilos
1.7.1947	406 930	53,6	36,1	10,3	41,7	3,0	2,5	–	–	52,8
1.1.1948	477 522	38,6	47,9	13,5	31,1	3,5	3,2	–	–	62,3
1.7.1948	507 741	37,3	48,4	14,3	31,0	3,7	3,4	–	–	61,9
1.1.1949	528 993	36,7	47,9	15,4	29,7	3,6	3,1	–	–	63,6
1.1.1950	566 772	34,8	49,4	15,8	29,4	3,7	3,2	2,2	0,1	61,4

3.2 Verbandsstruktur und Organe

3.2.1 Deutsche Bauerntage

Der Deutsche Bauerntag wurde in der Satzung als das »oberste Organ«[351] bezeichnet, das sämtliche Angelegenheiten des Verbandes berät und die Tätigkeit der Landesverbände koordiniert. Die Bauerntagsdelegierten wählten den Hauptausschuß sowie die Revisionskommission der Zentralvereinigung, nicht jedoch den 1. Vorsitzenden, die übrigen Vorstandsmitglieder und den Generalsekretär.[352] Diese zentralen Funktionsträger wurden vom Hauptausschuß gewählt. Die Wahl des Hauptausschusses erfolgte im offenen Wahlgang en bloc.[353]
In der Satzung waren Delegiertenversammlungen auf der Zentral- und der Landesebene jährlich vorgesehen.[354] Mit der Begründung, eine kontinuierlichere und längere Arbeitsdauer der gewählten Organe zu gewährleisten, wurde durch eine auf dem zweiten Bauerntag beschlossene Satzungsänderung die Wahlperiode aller Organe auf zwei Jahre festgelegt.[355]
Die Deutschen Bauerntage hatten vorwiegend repräsentativen Charakter. Auf dem ersten Bauerntag waren 316 und auf dem zweiten Bauerntag 357 wahlberechtigte Delegierte vertreten,[356] obwohl der zweite Bauerntag zunächst einen weitaus kleineren personellen Umfang anzunehmen schien, denn die 1947 beschlossene Satzung sah vor, für je 5000 Mitglieder einen Delegierten zu entsenden,[357] was nach dem Mitgliederstand von 1949 nur ca. 110 Delegierten entsprochen hätte. Da diese Beschlußbasis als zu schmal angesehen wurde, entschied der Vorstand, auf je 1500 Mitglieder einen Delegierten zu entsenden.[358]

3.2.2 Zentrale Führungsgremien

Der Hauptausschuß war formal das »leitende Organ« des Hauptverbandes.[359] Er sollte satzungsgemäß mindestens vierteljährlich tagen.[360] 1947 setzte er sich aus 35 und 1949 aus 39 Mitgliedern zusammen.[361] Ungefähr 65 % bis 70 % der Hauptausschußmitglieder gehörten gleichzeitig den Leitungen der Landesverbände an.[362] Zur »Führung der laufenden Angelegenheiten« wählte der Hauptausschuß einen Vorstand, der monatlich tagte.[363] Als »ausführendes Organ« des Hauptausschusses fungierte das »Deutsche Bauernsekretariat«, dessen Leiter, der Generalsekretär, ebenfalls vom Hauptausschuß berufen wurde.[364] Das Sekretariat arbeitete formal nach den Richtlinien des Vorstandes,[365] faktisch hatte es jedoch aufgrund des Gewichts des Generalsekretärs in der Vorstandsführung einen größeren autonomen Entscheidungs- und Einflußbereich, als dies satzungsgemäß bestimmt war. In der Leitung des Sekretariats wurde der Generalsekretär von den geschäftsführenden Vorstandsmitgliedern unterstützt.[366]
Die Struktur des »Deutschen Bauernsekretariats« war in einem ständigen Wandel begriffen, so daß verläßliche Aussagen über den Organisationsaufbau des Sekretariats nicht möglich sind. Nach einem am 11. Mai 1949 vom Vorstand gebilligten Organisationsplan wurde das Sekretariat gestrafft und in sechs Hauptabteilungen gegliedert:[367]

I   Generalsekretariat
II Organisation
III Wirtschaft
IV Sozial- und Kulturarbeit
V   Innere Verwaltung
VI Forschungsstelle für Agrarpolitik und -wirtschaft

Organisationsplan der VdgB (1947)[368]

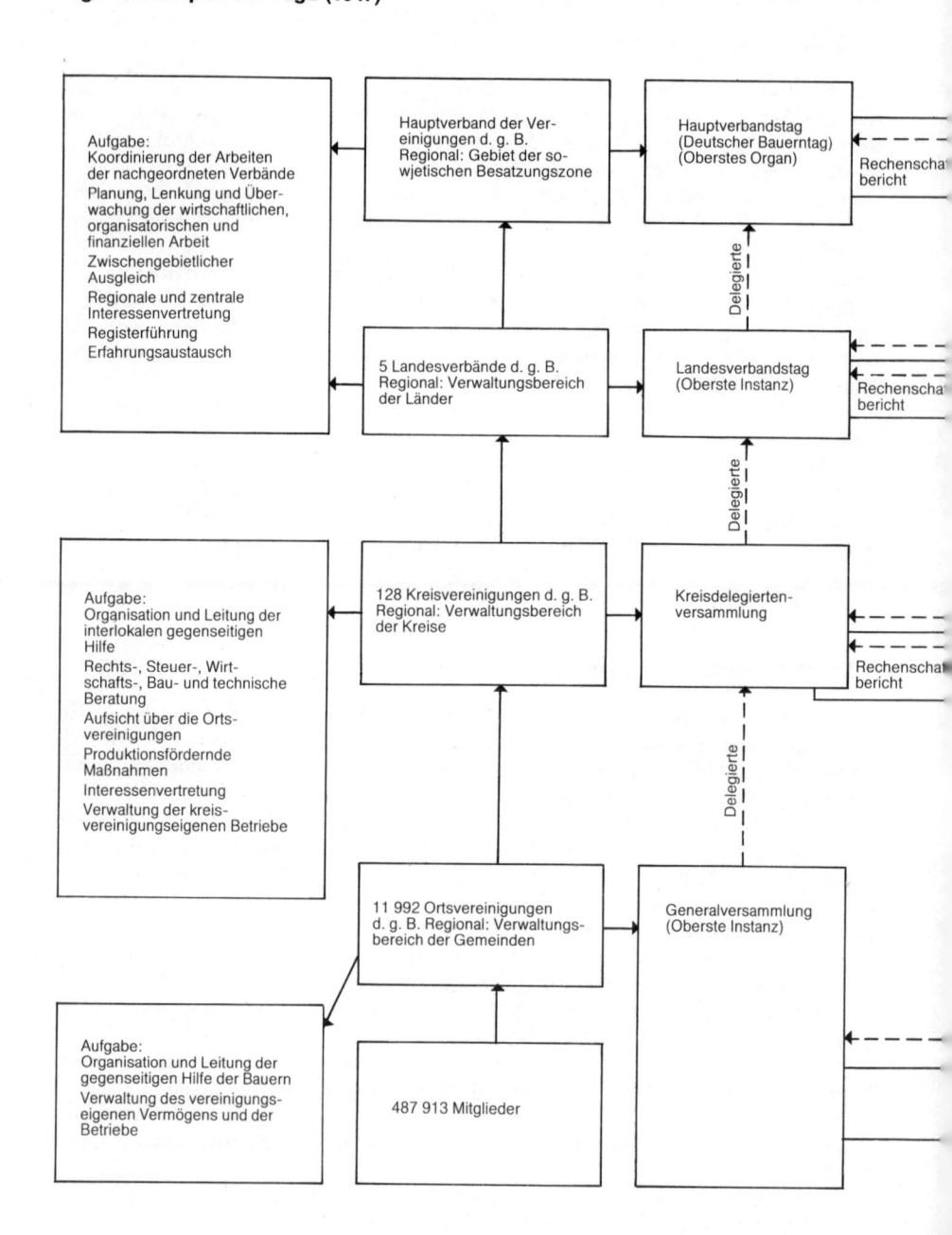

Aufgabe:		
Koordinierung der Arbeiten der nachgeordneten Verbände	Hauptverband der Vereinigungen d. g. B. Regional: Gebiet der sowjetischen Besatzungszone	Hauptverbandstag (Deutscher Bauerntag) (Oberstes Organ)
Planung, Lenkung und Überwachung der wirtschaftlichen, organisatorischen und finanziellen Arbeit	↑ Delegierte	↑ Rechenschaftbericht
Zwischengebietlicher Ausgleich		
Regionale und zentrale Interessenvertretung	5 Landesverbände d. g. B. Regional: Verwaltungsbereich der Länder	Landesverbandstag (Oberste Instanz)
Registerführung		
Erfahrungsaustausch	↑ Delegierte	↑ Rechenschaftbericht

Aufgabe:		
Organisation und Leitung der interlokalen gegenseitigen Hilfe	128 Kreisvereinigungen d. g. B. Regional: Verwaltungsbereich der Kreise	Kreisdelegiertenversammlung
Rechts-, Steuer-, Wirtschafts-, Bau- und technische Beratung		↑ Rechenschaftbericht
Aufsicht über die Ortsvereinigungen	↑ Delegierte	
Produktionsfördernde Maßnahmen		
Interessenvertretung	11 992 Ortsvereinigungen d. g. B. Regional: Verwaltungsbereich der Gemeinden	Generalversammlung (Oberste Instanz)
Verwaltung der kreisvereinigungseigenen Betriebe		

Aufgabe:	
Organisation und Leitung der gegenseitigen Hilfe der Bauern	487 913 Mitglieder
Verwaltung des vereinigungseigenen Vermögens und der Betriebe	

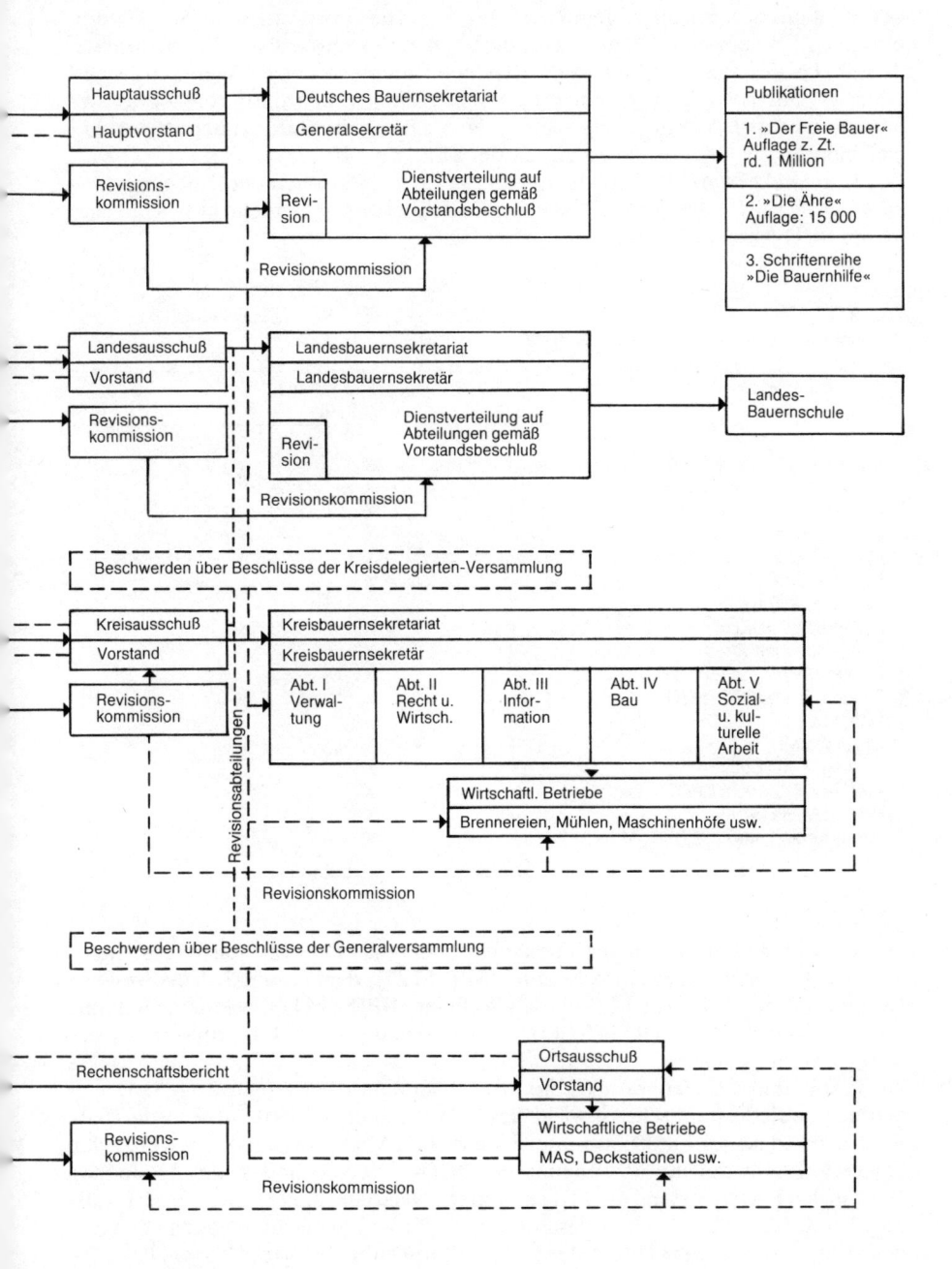

Hauptausschuß	Deutsches Bauernsekretariat		Publikationen
Hauptvorstand	Generalsekretär		1. »Der Freie Bauer« Auflage z. Zt. rd. 1 Million
Revisions-kommission	Revi-sion	Dienstverteilung auf Abteilungen gemäß Vorstandsbeschluß	2. »Die Ähre« Auflage: 15 000
	Revisionskommission		3. Schriftenreihe »Die Bauernhilfe«

Landesausschuß	Landesbauernsekretariat		
Vorstand	Landesbauernsekretär		Landes-Bauernschule
Revisions-kommission	Revi-sion	Dienstverteilung auf Abteilungen gemäß Vorstandsbeschluß	
	Revisionskommission		

Beschwerden über Beschlüsse der Kreisdelegierten-Versammlung

Kreisausschuß	Kreisbauernsekretariat					
Vorstand	Kreisbauernsekretär					
Revisions-kommission	Abt. I Verwaltung	Abt. II Recht u. Wirtsch.	Abt. III Information	Abt. IV Bau	Abt. V Sozial- u. kulturelle Arbeit	
			Wirtschaftl. Betriebe			
			Brennereien, Mühlen, Maschinenhöfe usw.			

Revisionskommission

Beschwerden über Beschlüsse der Generalversammlung

Rechenschaftsbericht

	Ortsausschuß
	Vorstand
Revisions-kommission	Wirtschaftliche Betriebe
	MAS, Deckstationen usw.

Revisionskommission

Der 2. Bauerntag beschloß die Errichtung eines »geschäftsführenden Sekretariats«, dem die Funktion zukam, zwischen den Tagungen des Vorstandes die Geschäfte zu führen und in »dringenden, nicht grundsätzlichen Fragen« selbständig zu entscheiden.[369] Das Vorstandsgremium sollte sich, von Routineentscheidungen weitgehend entlastet, nur noch auf fundamentale Entscheidungen konzentrieren. Mit dieser organisatorischen Veränderung vollzog die VdgB einen weiteren Schritt zur Angleichung an die Organisationsstruktur der SED.

Der Vorstand bestand 1947 aus neun und 1949 aus 14 Personen, die, mit einer Ausnahme, alle Mitglieder der SED bzw. der DBD (bei diesen handelte es sich um ehemalige SED-Mitglieder) waren.

Tab. 9
Vorstände der ZVdgB von 1947 bis 1949[370]

Vorstandsmitglieder	1. Bauerntag (1947)	2. Bauerntag (1949)
* Albrecht, Rudolf (SED/DBD)	X	X
* Biering, Walter (SED)	–	X
Brauer, Fritz (CDU)	X	X
Bunzel, Ernst (SED)	X	–
Demmig, Stanislawa (SED)	–	X
Hansch, Ernst (SED)	–	X
* Jadasch, Anton (SED)	X	–
* Körting, Otto (SED)	X	X
* Lotz, Georg (SED)	X	X
* Neddermeyer, Robert (SED)	–	X
Pilarski, Franz (SED/DBD)	–	X
Rabetge, Paula (SED)	X	–
Silze, Walter (SED)	–	X
* Vieweg, Kurt (SED)	X	X
* Wehmer, Friedrich (SED)	X	X
Wilske, Maria (SED)	–	X
Zimmermann, Max (SED)	–	X

Das Entscheidungszentrum des Vorstandes bildete die Führungsspitze, bestehend aus dem 1. Vorsitzenden Otto Körting (SPD/SED), dem 2. und 3. Vorsitzenden Georg Lotz (KPD/SED) und Friedrich Wehmer (KPD/SED) sowie dem Generalsekretär Kurt Vieweg, (KPD/SED), dem innerhalb dieses Führungskreises die stärkste Stellung zukam.

Die Einbindung des Generalsekretärs in den hauptamtlichen Apparat der SED verdeutlicht, welches politische Gewicht dieser Amtsträger im Vorstand der VdgB hatte. Aufgrund seiner Funktion in der bäuerlichen Massenorganisation wurde der Generalsekretär auf der 30. Tagung des SED-Parteivorstandes, am 24. Januar 1949, in den Parteivorstand der SED kooptiert. Nach dem 3. Parteitag der SED (20. bis 24. Juli 1950) übernahm er das Sekretariat für Landwirtschaftsfragen beim ZK der SED, das er bis 1953 leitete. Dem ZK gehörte er bis 1954 an. Ulbricht hatte jedoch schon vor 1950 unter Ausschaltung der für die Anleitung der VdgB zuständigen Abteilung des Sekretariats seiner Partei direkt mit Kurt Vieweg zusammengearbeitet, um stärkeren Einfluß auf die Entwicklung der VdgB nehmen zu können.[371] Neben Vieweg waren auch weitere zentrale Funktionsträger der VdgB in den Apparat der SED einbezogen und übten dort haupt- oder nebenamtliche Funktionen aus.[372]

Die Abberufung Körtings als 1. Vorsitzender, die der Vorstand Anfang März 1950 selbst einleitete, noch ehe der Hauptausschuß diese Maßnahme gebilligt hatte,[373] stellte die erste entscheidende personalpolitische Veränderung im Vorstand dar. An die Stelle Körtings wurde Friedrich Wehmer berufen. Wehmer, der sich 1946 als SPD-Mitglied für die Fusion mit der KPD eingesetzt und sich zusammen mit Ernst Goldenbaum beim Aufbau sowie in der Führung des VdgB-Landesverbandes Mecklenburg bewährt hatte, fungierte bereits seit dem 1. Bauerntag als einer der stellvertretenden Vorsitzenden des Zentralverbandes. In der Position des 1. Vorsitzenden war er bis zu seinem Tode im Jahre 1964 tätig. Körting wurde wenige Monate nach seiner Demission seiner Mitgliedschaft im Vorstand und aller weiteren Funktionen in der VdgB enthoben und aufgefordert, sein Volkskammermandat zur Verfügung zu stellen.[374] Den Ausschluß Körtings, dem auf dem 2. Bauerntag noch ausdrücklich »verantwortungs- und zielbewußte Leitung«[375] des Vorstandes bescheinigt worden war, begründete der Hauptausschuß mit Körtings angeblich »verständnisloser« Einstellung zu den Fragen der »Demokratisierung des Dorfes, insbesondere der Genossenschaften« und seiner mangelnden Unterstützung für die von der VdgB empfohlenen »fortschrittlichen Maßnahmen« zur Hilfe der »werktätigen Bauern« sowie damit, daß er »fortgesetzt den Beschlüssen des Vorstandes und des Hauptausschusses zuwidergehandelt habe«.[376]

3.2.3 Organe der Landesverbände

Die leitenden Organe der Landesverbände waren entsprechend der Führungsstruktur des Zentralverbandes gegliedert. Die Landesausschüsse setzten sich, je nach Mitgliederstärke der jeweiligen Landesverbände, aus 25 bis 35 Mitgliedern zusammen.[377] Die Einberufung der Ausschüsse konnte »nach Bedarf«, mußte aber mindestens vierteljährlich erfolgen.[378] Aus seiner Mitte wählte der Landesausschuß den Landesvorstand, der aus fünf bis sieben Personen und zwei bis drei Ersatzkandidaten bestand.[379] Zur Erledigung der laufenden Geschäfte und zur Leitung der wirtschaftlichen Einrichtungen der Landesverbände errichtete der Ausschuß ein Sekretariat und bestellte einen »Landesbauernsekretär«, der nach den Weisungen des Vorstandes arbeitete.[380] Bis 1948/49 waren Struktur und personeller Umfang der Landessekretariate, bedingt durch unterschiedliches regionales Wachstum der einzelnen Verbände, sehr heterogen.[381] Mit der Reorganisation des zentralen Sekretariats Mitte 1949 wurde auch das organisatorische und personelle Gefüge[382] der Landessekretariate vereinheitlicht und gestrafft und deren Organisationsaufbau aus Gründen der Durchsetzung zentralistischer Leitungsprinzipien an den des »Deutschen Bauernsekretariats« angepaßt.[383]

3.2.4 Organe der Kreisvereinigungen

Der Kreisausschuß sollte 9 bis 15 Personen umfassen, darunter, »außer den besten bäuerlichen Vertretern der örtlichen Vereinigungen«, auch »einige Fachleute und Spezialisten, die sich bei der Durchführung der Bodenreform bewährt« hatten.[384] Aus seiner Mitte wählte der Ausschuß den Kreisvorstand, bestehend aus 1. und 2. Vorsitzenden, Schriftführer und Kassierer.[385] Zur Durchführung der täglichen Geschäfte bildete der Kreisausschuß ein Sekretariat und wählte einen »Kreisbauernsekretär«.[386] Die Abteilungsleiter des Sekretariats wurden vom Sekretär vorgeschlagen und bedurften der Bestätigung des Kreisvorstandes und -ausschusses.[387]

Tab. 10
Personelle Zusammensetzung der VdgB-Kreissekretariate 1947 und 1948[388]

Landesverband	1. Okt. 1947 Σ Personal		31. Dezember 1948						
		Sekretariate	Σ Personal	davon sind tätig als:					
				Sekretäre	Abt.-Leiter	Referenten	Sachbearbeiter	Stenotyp. u. Sonstige	
Mecklenburg	137	21	236	21	28	11	55	121	
Brandenburg	152	27	213	27	15	9	53	109	
Sachsen	159	29	361	29	68	3	103	158	
Thüringen	125	22	214	22	36	6	61	89	
Sachsen-Anhalt	186	34	194	34	10	5	56	89	
Σ	759	133	1218	133	157	34	328	566	

Zum 31. Dezember 1948 bestanden 133 Kreisbauernsekretariate, die insgesamt 157 Abteilungsleiter, 34 Referenten und 328 Sachbearbeiter beschäftigten. (vgl. Tab. 10). Aus dieser personellen Gliederung erkennt man bereits, daß auf Kreisebene kaum Abteilungen gebildet wurden, obwohl das Statut die Errichtung »verschiedener Abteilungen« vorsah.[389] Vergleicht man den Personalstand der Kreisverbände mit den Mitgliederzahlen der jeweiligen Landesorganisationen, so zeigt sich, daß der mitgliederstärkste Landesverband Sachsen-Anhalt die geringste Personalquote pro Kreisgeschäftsstelle aufwies, während diese Quote beim mitgliederschwächsten Landesverband Sachsen doppelt so groß war.[390]
Solche Unterschiede ließen eine Überprüfung der Organisations- und Stellenpläne der Kreisbauernsekretariate dringlich erscheinen.
Nach den Vorschlägen des »Deutschen Bauernsekretariats« wurden im Rahmen der gesamten Reorganisation des VdgB-Apparates Mitte 1949 die Organisations- und Stellenpläne in den Kreissekretariaten nach der Zahl der Mitglieder, der Ortsvereinigungen des Kreisverbandes und der landwirtschaftlichen Betriebe im Kreisgebiet differenziert.[391]
Bei einer auf dem Lande agierenden Organisation wie der VdgB, die schwerpunktmäßig in den Dörfern wirkte, kam der Anleitung der Ortsvereinigungen sowie der Koordinierung der Arbeit in den unteren Gliederungen eine sehr wichtige Bedeutung zu. Diese Aufgabe fiel in den Tätigkeitsbereich der Kreissekretariate, die

gleichzeitig die Organisationsarbeit für die Ortsvereinigungen verrichteten. Aufbau, personelle Besetzung und Tätigkeit der Kreissekretariate standen daher ständig im Mittelpunkt der Kritik, weil die Funktionsweise dieser Organe gleichsam als Gradmesser für den Erfolg der gesamten Organisation galt.
Mit der vom Hauptausschuß auf seiner Sitzung am 11./12. Juli 1950 getroffenen Feststellung, »die Hauptschwäche unserer Organisation liegt in der Arbeitsmethode der Kreissekretariate«,[392] sprach die Verbandsführung die Schwachstellen ihrer Organisationsarbeit offen an. Auf dem ersten Bauerntag hatte der 1. Vorsitzende, Otto Körting, zur Entlastung der Kreissekretariate die Schaffung von aus je sechs bis zehn örtlichen Vereinigungen zusammengesetzten ehrenamtlich geleiteten, Bezirksgruppen gefordert.[393] Durch diese Zwischeninstanzen sollten die »qualitativ bewährten Kreissekretariate vom Kleinkram ihres täglichen Arbeitspensums befreit werden und Zeit gewinnen, eine propagandistische, organisatorische und wirtschaftspolitische Tätigkeit zu entwickeln«.[394] Die Kreisbauernsekretariate wurden angewiesen, ihre Tätigkeit besonders auf die politische und ideologische Ausrichtung der gesamten Kreisorganisation zu konzentrieren.[395]
Auf einer für den 17. Juni 1948 einberufenen Arbeitstagung mit den Kreisvorsitzenden und -sekretären kritisierte der Generalsekretär Kurt Vieweg Tätigkeit und Aufbau der Kreissekretariate. Er monierte die mangelnde Fähigkeit eines großen Teils der Sekretariate, die Ortsvereinigungen konkret anzuleiten und in diesen ein »eigenes Organisationsleben zu entfalten«.[396] In einer einstimmig angenommenen Entschließung verpflichteten sich die Kreisvorsitzenden und -sekretäre, »alle ihre Kraft daranzusetzen, um in den Kreisen arbeitsfähige, gut durchorganisierte Kreissekretariate erstehen zu lassen«.[397] In einem Grundsatzartikel, »Fehler und Schwächen unserer Arbeit«,[398] wiederholte der Generalsekretär im November 1948 seine Kritik an der Arbeit der Kreissekretariate; jetzt allerdings in weitaus schärferer Form. Er warf ihnen »schematische« und »bürokratische« Arbeitsweise vor. Auch der 2. Deutsche Bauerntag unterzog die Arbeitsweise der Sekretariate einer herben Kritik und beschloß entsprechende organisatorische Maßnahmen.[399]

3.2.5 Organe der Ortsvereinigungen

Die drei bis sieben Mitglieder umfassenden Ausschüsse der Ortsvereinigungen wurden von der Generalversammlung für ein Jahr gewählt. Ihre Aufgaben bestanden vor allem in der Organisierung der praktischen Bauernhilfe, der Mitwirkung bei der Erfüllung der Ablieferungspflichten ihrer Mitglieder, der Vorbereitung und Durchführung der landwirtschaftlichen Erzeugungs- und Lieferpläne sowie in der Teilnahme bei der betrieblichen Aufschlüsselung der Anbau- und Abgabepflichten.[400] Die Ortsausschußmitglieder waren grundsätzlich ehrenamtlich tätig, ebenso die vom Ausschuß gewählten Vorstandsmitglieder.[401] Der Ortsvorstand hatte vierteljährlich und jährlich Arbeitspläne aufzustellen und war der Mitgliederversammlung gegenüber zu Jahres- und Quartalsberichten verpflichtet.[402] Für zusätzliche Aufgaben konnte der Ausschuß auch eine »Anzahl ständiger Mitarbeiter aus der Mitgliedschaft«[403] heranziehen. Die Organisationsarbeit der Ortsverbände leisteten im wesentlichen jedoch die Kreisleitungen.

3.2.6 Delegierten- und Generalversammlungen

Die Delegiertenversammlungen auf Landesebene waren satzungsgemäß einmal im Jahr, die auf Kreisebene mindestens halbjährlich und die Generalversammlungen[404] auf Ortsebene mindestens vierteljährlich durchzuführen.[405] Für die Delegiertenkonferenzen und die Mitgliederversammlungen war die Tagesordnung und somit der inhaltliche Ablauf der Versammlungen durch zentrale Richtlinien vorgegeben.[406] Die Themen, die in Referaten und Entschließungen vorrangig behandelt werden mußten, lagen ebenfalls fest. Das Hauptreferat auf den 1949 durchgeführten Kreisdelegiertenkonferenzen lautete einheitlich: »Der Zweijahrplan und die Aufgaben der VdgB«.[407] Den Referenten hierzu hatte der jeweilige Landesverband zu stellen.

Im Mittelpunkt der Tagungen standen vorwiegend Fragen der Agrarpolitik und -wirtschaft, aber auch aktuelle politische Ereignisse.[408]

Mit der Wahl der Ausschüsse, der Revisionskommissionen und der Kandidaten für die jeweils übergeordneten Delegiertenkonferenzen erfüllten die Generalversammlungen[409] und Delegiertenkonferenzen ihre wichtigste Funktion.

3.3 Struktur der Leitungsorgane

Den Einfluß der Parteien in der VdgB einschätzend stellte Kotow 1949 zutreffend fest:

> »Die führende Stellung in allen leitenden Organen hat [...] die SED inne. Der Einfluß der anderen demokratischen Parteien ist nicht groß, er darf aber nicht unterschätzt werden.«[410]

Die SED-Mitglieder waren in allen Leitungsgremien stärkste parteipolitische Kraft, wobei ihre Dominanz entsprechend der Leitungshierarchie wuchs. Nach den Organisationswahlen von 1949 gehörten 37,4 % der Ortsausschuß-, 62 % der Kreisausschuß- und 79 % der Landesausschußmitglieder der SED an. Von den Ortsvorsitzenden waren 47,0 % und von den Kreisvorsitzenden 84,1 % Mitglieder der SED.[411] Von den 133 Kreisbauernsekretären hatten 130 das Parteibuch der SED.[412]

Vor 1947 war die Stellung der SED in den einzelnen Organen auf Orts- und Kreisebene fester verankert gewesen, doch die Partei verlor im Zuge der Organisationswahlen von 1947 und 1949 an Positionen, die auf Ortsebene auch von der DBD nicht ausgeglichen werden konnten.[413]

Obwohl den bürgerlichen Parteien in ihrem Bestreben, größeren Einfluß in der bäuerlichen Massenorganisation zu erlangen, von seiten der SED Widerstand entgegengesetzt wurde,[414] gelang es CDU und LDP in beiden Wahlen, ihre Positionen in den Ortsausschüssen auszubauen.

Gemessen an der Zahl ihrer Mitglieder in der VdgB waren die bürgerlichen Parteien in den Leitungsorganen der Orts- und Kreisvereinigungen überrepräsentiert, d. h., ihre Kandidaten wurden bei diesen Gremienwahlen auch von den parteilosen Mitgliedern unterstützt.

Mit den Organisationswahlen von 1947 konnten CDU und LDP ihren Stimmenanteil in den Ortsausschüssen von 7,7 % auf 9,4 % erhöhen.[415] Nach den Wahlen von 1949 stellten die bürgerlichen Parteien 9,5 % Ortsausschuß- und 9,8 % Kreisausschußmitglieder, darüber hinaus 10,3 % der Ortsvorsitzenden.[416]

Tab. 11
Politische und soziale Struktur der Orts- und Kreisleitungen der VdgB von 1947 bis 1949[417]

Stand	Mitglieder	Parteizugehörigkeit in %					Betriebsgröße in ha						
		SED	CDU	LDP	DBD	Partei-lose	0–0,5	0,5–5	5–10	10–20	20–50	über 50	unbe-kannt
Ortsausschüsse													
1.5.1947	46 583	46,8	4,2	3,5	–	45,5							
1.7.1947	59 327	43,0	5,1	4,3	–	47,6							
1.9.1948	65 383						7,1	14,0	38,1	26,5	10,2	1,3	2,8
1.4.1949	66 881*	37,4	5,0	4,5	3,6	49,5	8,8	16,4	40,6	24,5	9,0	0,7	–
Ortsvorsitzende													
1.9.1948	12 342						5,1	11,7	37,4	28,1	12,7	1,9	3,1
1.4.1949	12 358**	47,0	5,4	4,9	4,8	37,9	5,8	13,6	42,8	27,2	10,1	0,5	–
Kreisausschüsse													
1.7.1947	1 347	69,0	–	–	–	–							
1.9.1948	1 460						10,8	14,6	31,5	26,4	12,8	2,7	1,2
1.4.1949	1 761	62,8	5,4	4,4	12,6	14,8	12,6	16,1	39,6	25,2	6,2	0,3	–
Kreisvorsitzende													
1.9.1948	132	84,1	–	2,3	11,0	2,6	13,6	10,6	34,9	25,7	11,4	2,3	1,5
1.4.1949	133						10,7	13,5	45,1	27,7	3,0	–	–

* Darunter waren 35 112 Alt- und 23 824 Neubauern.
** Darunter waren 6722 Alt- und 4747 Neubauern.

Die Gruppe der parteilosen Mitglieder war besonders stark in den Ortsleitungen vertreten, in denen sie noch nach den Wahlen von 1949 49,5 % der Ortsausschußmitglieder und 37,9 % der Ortsvorsitzenden stellten.
Die Zahlen zeigen, daß nur ein kleiner Teil der Parteilosen bei Wahlen die Kandidaten der Parteien unterstützte. Vor allem aber sprechen diese Zahlenverhältnisse für die Erfolglosigkeit der Bemühungen der SED, die parteilosen VdgB-Mitglieder zu einem Votum für die SED-Kandidaten zu bewegen.
Die VdgB interpretierte die mit den Organisationswahlen vom Frühjahr 1949 erfolgten Veränderungen in der sozialen Zusammensetzung der Leitungsorgane auf Orts- und Kreisebene als »Sieg« auf dem Wege der »weiteren Entwicklung und Festigung der VdgB als Interessenvertretung der Neubauern, Klein- und Mittelbauern«.[418]
Wenngleich diese Wahlen deutlich im Zeichen des »Klassenkampfes auf dem Lande« standen, wurde die soziale Struktur der VdgB-Leitungsorgane jedoch nicht wesentlich verschoben. Die als »Großbauern« eingestuften Betriebsinhaber über 20 ha Land hatten zwar in den Orts- und insbesondere in den Kreisleitungen Einbußen zugunsten der Neu- und Kleinbauern (bis 10 ha) hinnehmen müssen, waren aber in diesen Organen immer noch überrepräsentiert (vgl. Tab. 7 und 11).

3.4 Schulung der Funktionäre

Der größte Teil der VdgB-Kader war von der SED ausgebildet von ihr gestellt worden. Mit steigendem Funktionärsbedarf war die Bauernvereinigung jedoch gefordert, einen eigenen Beitrag zur Kadererschließung und -entwicklung zu leisten. Auf der »Deutschen Bauernhochschule«, ihrer zentralen Schulungsstätte, bildete die VdgB ab 1949 Funktionärsnachwuchs für die Apparate bis hinauf zur Landesverbandsebene heran. Angesichts des hohen Anteils parteiloser Mitglieder in den unteren Leitungsorganen kam der ständigen fachlichen sowie politisch-ideologischen Qualifizierung des bestehenden Funktionärsapparates primäre Bedeutung zu. Verantwortlich hierfür waren die Schulungseinrichtungen der Landesverbände.
Im Jahre 1947 schuf die VdgB mit der Errichtung eigener Ausbildungsstätten die materiellen Grundlagen für eine eigenständige Schulungsarbeit. Auf dem ersten Bauerntag konnte der scheidende Generalsekretär, Anton Jadasch, den Delegierten mitteilen, daß inzwischen jeder Landesverband seine eigene Schulungsstätte eröffnet habe.[419] Jede der fünf »Landesbauernschulen« besaß eine durchschnittliche Aufnahmekapazität von 36 Schülern pro Kurs.[420] Bis Mitte 1948 hatten 1300 und bis Mitte 1949 4017 Teilnehmer auf diesen Schulen Lehrgänge besucht.[421] In erster Linie wurden haupt- und ehrenamtliche Funktionäre aus den Orts- und Kreisvereinigungen auf die Landesschulen entsandt.[422]
Der Schwerpunkt der Lehrpläne lag in der fachlichen Ausbildung. Ebenso zum Schulungsprogramm zählten geschichtliche Themen (»Kämpfe des deutschen Bauerntums um seine Freiheit«) sowie Politik und Gesellschaftslehre (»Zusammenhänge zwischen Wirtschaft, Gesellschaft und Politik«; »Aufklärung über die Rolle der Großgrundbesitzer und die Bedeutung der Bodenreform«).[423]
Im Juni 1949 beschloß der Vorstand, das Lehrprogramm sowie die Lehrpläne der Landesbauernschulen zu vereinheitlichen. Danach wurden ab sofort nur noch drei Lehrgangstypen durchgeführt:[424]

- Grundkurse (2 Wochen) für Ortsausschuß-Mitglieder, Dorfwirtschaftspfleger und Bäuerinnen;
- Fortbildungskurse (4 Wochen) für Kreissekretäre, Ortsausschuß-Mitglieder, leitende Angestellte der Kreissekretariate und Landesausschuß-Mitglieder;
- Vorschulungskurse (3 Wochen) für Angestellte der Kreissekretariate, Wirtschaftsberater, Leiter von in Regie der VdgB geführten Betrieben, Bäuerinnen und die Landjugend.

Bereits auf dem ersten Bauerntag hatte Vieweg die Errichtung einer zentralen Ausbildungsstätte der VdgB gefordert.[425] Die für Mitte 1948 angekündigte Eröffnung der »Deutschen Bauernhochschule« (Paretz/Osthavelland)[426] erfolgte allerdings erst am 21. Dezember 1948.[427] Am 3. Januar 1949 nahm sie den Lehrbetrieb auf.[428] Bis Ende 1949 verfügte sie über 30, danach über 80–100 Ausbildungsplätze.[429] Die zentrale Schulungsstätte bildete Kader für den Apparat der Kreis- und Landesvereinigungen aus. In Lehrgängen von drei Monaten bis zu einem Jahr wurden Schüler, die bereits Fortbildungskurse der Landesbauernschulen mit Erfolg absolviert hatten, sowie leitende Angestellte und Funktionäre der Landesverbände geschult.[430] Der erste Vierteljahreslehrgang lief im April 1949 mit »bewährten Kräften« an, die als »Nachwuchs für die noch offenstehenden Funktionen im Landes- und Kreismaßstab«[431] zum Einsatz kommen sollten.

3.5 Finanzen

Ihren pekuniären Bedarf deckte die VdgB aus zwei Einnahmequellen, den Mitgliederbeiträgen und den staatlichen Zuschüssen.[432]
Bis 1947 zahlte jedes Mitglied einen monatlichen Betrag von 1 RM. Die vom ersten Bauerntag angenommene Satzung sah für selbständig erwerbstätige Mitglieder eine nach der Größe des Grundbesitzes differenzierte Beitragsordnung vor.[433] Unter Zugrundelegung eines de facto nie erreichten 100prozentigen Kassierungserfolges[434] entsprach dies, bezogen auf den Mitgliederstand vom April 1949, einer monatlichen Einnahme von ca. 1,1 Mio. Mark. Ab Januar 1949 wurde das Beitragsaufkommen auf die Organisationseinheiten nach folgendem Schlüssel verteilt: Die Ortsverbände erhielten 28 %, die Kreisverbände 38 %, die Landesverbände 29 % und der Zentralverband 5 %.[435] Um die Kreisverbände, auf denen die Bürde der organisatorischen Arbeit lastete, finanziell zu stärken, wurde die Aufteilung ab Januar 1950 zu ihren Gunsten verändert; ihnen wurden jetzt 45 % zugeteilt, den Ortsverbänden wurden 20 % und den Landesverbänden 30 % des Beitragsaufkommens zugesprochen.[436]
Die staatlichen Zuschüsse waren die größte Einnahmequelle der VdgB. Diese Zuschüsse wurden der VdgB als Gegenleistung für die von ihr im staatlichen Auftrag auszuführenden Aufgaben wie Organisation und Verwaltung der MAS, der Wirtschaftsberatung oder ähnlicher wirtschaftsorganisatorischer Tätigkeiten gewährt. Offiziell durften diese Zuschüsse jedoch nur zur Abdeckung von Kosten eingesetzt werden, die der VdgB aus ihrer quasi-staatlichen Tätigkeit heraus entstanden waren.[437] Sie wurden aber auch für die Aufrechterhaltung des VdgB-Apparates eingesetzt.[438]
Im Dezember 1948 forderte die SMAD die VdgB-Führung auf, »Maßnahmen zur Erzielung eines maximalen Sparregimes zu treffen«,[439] und kündigte an, daß die

VdgB ihren Apparat künftig aus eigenen Mitteln unterhalten müsse. Mit den von der Zentralvereinigung Mitte 1949 beschlossenen Reorganisationsmaßnahmen sollten deshalb durch Abbau des Personalbestandes sowie durch Zentralisierung und Vereinheitlichung der Personalorganisation (z. B. Einführung von Stellenplänen und Tarifordnung) Personalkosten eingespart werden.[440]
Die VdgB hatte bis zu diesem Zeitpunkt einen jährlichen Zuschuß in Höhe von 25 bis 30 Mio. Mark erhalten, der nunmehr erheblich gekürzt wurde.[441] Zwischen den Jahren 1952 und 1958 sollen der VdgB nach Auskunft des ehemaligen Leiters der zentralen Revisionskommission der VdgB noch insgesamt 35 Mio. Mark aus der Staatskasse zugeflossen sein,[442] was jedoch bei weitem nicht ausreichte, den hohen Schuldenberg[443] abzutragen.

3.6 Verbandspresse

Das Publikationsorgan der Deutschen Verwaltung für Land- und Forstwirtschaft, die ab November 1945 erscheinende Wochenzeitung »Der Freie Bauer«, wurde ab März 1946 auch Organ der VdgB und entwickelte sich in den folgenden Jahren zunehmend zum Sprachrohr der bäuerlichen Massenorganisation.[444] Das VdgB-Organ verstand sich als »überparteiliche, antifaschistische Bauernzeitung« und wollte die »breite Masse der Landbevölkerung ansprechen«.[445] Die Auflagenzahlen der ersten Jahre belegen, daß dies der VdgB auch gelungen war. Von 1946 bis 1949 betrug die Auflage der mit jeweils fünf auswechselbaren Landesseiten im Deutschen Bauernverlag herausgegebenen Zeitung annähernd eine Million.[446] Ab 1951 sank die Auflage unter die Mitgliederzahl (Januar 1951: 535 000; Dezember 1951: 516 000; Mai 1954: 419 000).[447] Die bezahlte Auflage, die ca. 95 % der gedruckten Auflage ausmachte, setzte sich 1951 zu 62 % aus Abonnenten und zu 38 % aus Einzelverkäufen zusammen.[448] Von den anzusprechenden rd. 640 000 Bauernfamilien in der SBZ wurden somit 80 % mit der Zeitung erreicht. Für den Rückgang der Auflage trotz Mitgliederanstiegs dürften vor allem finanzielle Schwierigkeiten bestimmend gewesen sein.[449] Darüber hinaus verlor »Der Freie Bauer« an Attraktivität, weil das ebenfalls vom Bauernverlag edierte »Bauern-Echo« der DBD, das ab November 1949 täglich erschien, ausführlicher und aktueller berichtete.
Redaktionell geleitet wurde das VdgB-Blatt von SED-Mitgliedern, von dem Chefredakteur Walter Plitt[450] und von seinem Stellvertreter Paul Scholz.[451] Als beratende und gleichsam kontrollierende Organe wurden Mitte 1947 in der Zentralredaktion in Berlin sowie in den Lokalredaktionen der Länder in Halle, Dresden, Weimar, Schwerin und Potsdam »Redaktionsbeiräte«[452] gebildet.
Bauern-Korrespondenten sollten die »Massenverbundenheit« des Organs gewährleisten. Ihre Aufgabe war es, regelmäßig über alle bäuerlichen Fragen zu berichten sowie den Redaktionen Meinungen und Stimmungen der Landbevölkerung zu signalisieren. Die Korrespondenten wurden von einem, eigens bei der Berliner Redaktion eingerichteten, Bauernkorrespondenten-Sekretariat betreut.
Ab 1947 erschien »Der Freie Bauer« mit einer Westausgabe, die im ersten Jahr mit ca. 100 000 Exemplaren[453] aufgelegt wurde. Die 24 Nummern der Westausgabe von 1951 erreichten eine Auflage von 267 000.[454] Diese Größenordnung der Auflage läßt vermuten, daß die Westausgabe für die VdgB ein wichtiges Instrument im Rahmen ihrer Westarbeit darstellte.

Der Versand der Zeitung in die Westzonen erfolgte in verschlossenen Umschlägen. Als Absender wurden Deckadressen angegeben. Vermutlich aus Kostengründen – der Bauernverlag mußte in den Jahren 1950/51 für die Westausgabe 315 000 Mark zuschießen – wurde diese 1951 eingestellt.[455]
Als Mitteilungsblatt für die Funktionäre erschien ab April 1947 die Monatszeitschrift »Die Ähre«[456] mit einer anfänglichen Auflage von 150 000 Exemplaren.[457] 1949 betrug die Auflage 200 000.[458] Chefredakteur des Funktionärsorgans war Ernst Hansch. Das Funktionärsorgan, das über wichtige Beschlüsse der Verbandsleitung informierte sowie zu organisatorischen und politischen Fragen allgemein Stellung bezog, wurde 1951 in »Das demokratische Dorf« umbenannt.
Ab 1947 edierte die VdgB im Bauernverlag die Schriftenreihe »Die Bauernhilfe«, die in ihren einzelnen Heften unterschiedliche landwirtschaftliche Fachthemen aufgriff und organisatorisch-praktische Hilfestellung bieten sollte.
Mit diesen Publikationen standen der VdgB differenzierte Möglichkeiten der Einflußnahme auf Funktionäre, Mitglieder und auch Nicht-Mitglieder zur Verfügung.
Dem Funktionärsblatt »Die Ähre« kam angesichts des überwiegend ehrenamtlich tätigen Funktionärsapparates große Bedeutung für die Umsetzung der Verbandspolitik zu.[459] Mit der VdgB-Wochenzeitung wurden alle Mitglieder und darüber hinaus auch Kreise der unorganisierten Landbevölkerung erreicht.

4. Die VdgB in Verwaltung und Parlament

Die VdgB gelangte im Zuge der Wahlen vom Herbst 1946 als einzige Massenorganisation in größerem Umfange in die Gemeinde-, Kreis- und Landesparlamente. Zusammen mit dem FDGB war sie gleichberechtigt mit den Parteien in der 1947 gebildeten Deutschen Wirtschaftskommission (DWK), dem damals höchsten zentralen Verwaltungsorgan der SBZ, vertreten.
Mit der Etablierung der Massenorganisationen in den repräsentativen und administrativen Organen des politischen Systems verband die Einheitspartei die Absicht:
– die Massenorganisationen als politische Organisationen aufzuwerten;
– für ihre Politik eine breitere Legitimationsbasis zu schaffen;
– den politischen Einfluß der bürgerlichen Parteien zurückzudrängen;
– ihre eigene Position im Parteiensystem und Staatsapparat zu stärken.
In den folgenden Ausführungen soll untersucht werden, inwieweit sich die VdgB für die Realisierung dieser Ziele instrumentalisieren ließ.

4.1 VdgB und Beratende Versammlungen

In der SBZ entstanden Mitte 1946 auf regionaler und lokaler Ebene beratende Körperschaften, die bis zur Etablierung der aus Wahlen hervorgehenden Parlamente Ende 1946 quasi-parlamentarische Funktionen wahrzunehmen und die Verwaltungsorgane in der Durchführung ihrer Aufgaben zu beraten und zu unterstützen hatten. In diese Beratenden Versammlungen wurden alle Parteien und Massenorganisationen sowie weitere gesellschaftliche Kräfte einbezogen, wobei der beratenden Tätigkeit der VdgB gerade in den Landgemeinden eine wichtige Funktion zukam.

Die Initiative zur Bildung Beratender Versammlungen ging von der SED aus.[460] Nach ihren Vorstellungen sollten die beratenden Körperschaften im Rahmen der zunehmenden staatlichen Tätigkeit die Funktion als fachkompetente Beratungsorgane übernehmen und zur Effizienzsteigerung der Verwaltungsarbeit beitragen, gleichzeitig jedoch auch einer Verselbständigung des Verwaltungsapparates entgegenwirken.[461] Darüber hinaus sollten sie die »Verbindung zwischen Selbstverwaltung und Volk vertiefen« und die »Heranführung aufbauwilliger Kräfte aller Volksschichten zur aktiven Mitarbeit« fördern.[462]
Neben den Parteien waren auch die gesellschaftlichen Organisationen als Träger in diese Körperschaften einbezogen.[463] Die bürgerlichen Parteien wandten sich grundsätzlich gegen eine Beteiligung der Massenorganisationen an den Beratenden Versammlungen, konnten sich jedoch mit ihrer Meinung nicht durchsetzen.[464]
Zwischen Juni/Juli 1946 konstituierten sich bei den Landesverwaltungen Beratende Versammlungen,[465] die in Struktur und Aufgabenstellung den Verwaltungen angeglichen waren. Auch auf Kreis- und Ortsebene entstanden diese Körperschaften. Laut Verordnung der Landesverwaltungen über die Errichtung der Beratenden Versammlungen[466] war diesen Organen die Aufgabe gestellt, durch Vorschläge und gutachterliche Stellungnahmen bei allen Entscheidungen der Verwaltung mitzuwirken. In Anlehnung an Verwaltungsaufbau und -organisation unterhielten die Beratenden Versammlungen zur Erfüllung ihrer Aufgaben entsprechende Fachausschüsse.[467]
Im Plenum sowie in den Ausschüssen dieser Organe waren die Massenorganisationen in einem Umfange vertreten, der es der SED ermöglichte, zusammen mit den Delegierten dieser Organisationen die beratenden Körperschaften auf allen Ebenen personell und damit politisch zu dominieren.[468] Die Verordnung der Landesverwaltung Mecklenburg z. B. sah für die Beratende Versammlung auf Landesebene folgende Zusammensetzung vor: Je 10 Personen von den drei Parteien, weitere 30 von den Massenorganisationen und 10 von Organisationen und Gruppen aus dem öffentlichen und wirtschaftlichen Bereich. Nach der parteipolitischen Zugehörigkeit waren 36 Personen Mitglieder der SED, 26 Mitglieder der bürgerlichen Parteien und acht parteilos.[469]
Die Beratenden Versammlungen waren für die kurze Zeit ihrer Existenz bis zur Konstituierung der Parlamente im Herbst 1946 ein parlamentarischer Ersatz. Nach außen gewährten sie eine breite Legitimation, nach innen sicherten sie die Vorherrschaft der SED und demonstrierten somit Arbeitsweise und Funktion eines von der SED dominierten quasi-parlamentarischen Gremiums.[470]
Mit der Einbeziehung der VdgB in die Beratenden Versammlungen boten sich der VdgB Möglichkeiten, insbesondere auf Kreis- und Ortsebene, ihre Befähigung für die Übernahme administrativer Verantwortung unter Beweis zu stellen. In Gemeinden, in denen es nicht zur Bildung beratender Körperschaften kam, weil neben der SED nur die VdgB oder diese gar als einzige organisierte Kraft existierte,[471] versuchten die Ortsausschüsse der VdgB mit ihren Kommissionen – sie unterhielten ab Anfang 1946 Gemeindeboden- und Wohnungskommissionen sowie Umsiedler- und Gemeindeausschüsse – Aufgaben der Beratenden Versammlungen in einigen Teilbereichen wahrzunehmen.
Woderich kommt aufgrund seiner Untersuchungen in den Kreisen Neubrandenburg und Neustrelitz zu der m. E. kühnen Einschätzung, daß mit der im schnellen Aufbau begriffenen VdgB eine Organisation im Dorfe existierte, welche die »Funk-

tionen der Beratenden Versammlungen in mancher Hinsicht noch wesentlich erweiterte«.[472]
Eine ebenfalls beratende Funktion hatten die auf Anregung der SED Anfang 1947 auf Landes-, Kreis- und Ortsebene gebildeten Landwirtschaftlichen Beiräte (Ernährungsausschüsse), die sich aus Vertretern der Parteien, der VdgB, des FDGB und der jeweiligen Parlamente zusammensetzten.[473] Sie sollten, wie die Beratenden Versammlungen, »Bindeglied« und »Vertrauensapparat« zwischen den »Massen der Werktätigen und den Selbstverwaltungsorganen«[474] sein und »halbamtliche Funktionen«[475] wahrnehmen. Ihre Aufgabe bestand darin, die amtlichen Stellen in allen Fragen der Anbauplanung und der Ablieferung zu beraten sowie den Bauern bei der Beschaffung von landwirtschaftlichen Geräten, Maschinen, Ersatzteilen, Saatgut und Düngemittel behilflich zu sein, bei der Lebensmittelkarteneinstufung mitzuwirken und die Bekämpfung des Schwarzhandels zu unterstützen.[476]

4.2 Die »Bauernhilfe« bei den Wahlen von 1946

Die Teilnahme der Massenorganisationen an den Wahlen von 1946 – nach der Wahlordnung waren neben den Parteien auch die gesellschaftlichen Organisationen berechtigt, eigene Wahlvorschläge einzureichen[477] – ließ deren politische Instrumentalisierung als »Wahlhelfer« der SED deutlich werden.
Allerdings beteiligte sich nur die VdgB in größerem Umfang an den Gemeindewahlen (1. bis 15. September 1946) sowie an den Kreis- und Landtagswahlen (20. Oktober 1946).[478] Auf der 3. Sitzung des Parteivorstandes der SED (18. bis 20. Juli 1946) erklärte Ulbricht:
»Wenn man Wahlen mit Erfolg durchführen will, muß man die Mehrheit der Bauernschaft gewinnen. Aber ich frage Euch: Wen haben wir bisher als Verbündete auf dem Lande gewonnen? Wir haben vor allem einen sehr großen Teil der Neubauern gewonnen, aber nicht die Altbauern, abgesehen von den besonders fortschrittlichen Gebieten. [. . .] Die Genossen in den einzelnen Ländern und Provinzen müssen die Vereinigungen der gegenseitigen Bauernhilfe in kürzester Frist zu der führenden wirtschaftlichen und politischen Kraft im Dorfe entwickeln. Das ist deshalb notwendig, weil wir bei den Wahlen zweifellos in einer Reihe von Orten auch Kandidatenlisten der Vereinigung der gegenseitigen Bauernhilfe aufstellen werden. Damit uns das gelingt, müssen wir in der Partei die gegenwärtig weitverbreitete bauernfeindliche Einstellung überwinden.«[479]
Im Rundschreiben des Zentralsekretariats der SED vom 17. August 1946 wurden die Landes- und Provinzialvorstände der Partei angewiesen, dort, wo bislang nur eine Liste zur Wahl stand, »eine zweite Liste – Bauernliste bzw. Frauenliste – aufzustellen«.[480]
Aufgabe der VdgB sollte es sein, die bäuerlichen Wählerpotentiale der bürgerlichen Parteien für die SED zu erschließen. CDU und LDP waren bei den Gemeindewahlen, insbesondere auf dem Lande, großen Behinderungen und Benachteiligungen ausgesetzt und konnten aufgrund der Weigerung der örtlichen SMA-Kommandanturen, die Ortsgruppen der bürgerlichen Parteien rechtzeitig vor den Wahlen zu registrieren, in vielen Gemeinden keine Listen aufstellen.[481] Diese Situation

erleichterte die Kandidaturbedingungen der VdgB, die hauptsächlich dort mit eigenen Listen antreten sollte, wo die Konkurrenz von CDU und LDP fehlte.
Darüber hinaus hatte die VdgB das Parteiensystem vereinzelt auch in den Landgemeinden zu »repräsentieren«, wo die bestehenden Parteien nicht vertreten waren. Zwar gab es in den Reihen der SED, gerade bei ehemaligen Sozialdemokraten und der Mehrzahl der illegal in Deutschland tätig gewesenen KPD-Funktionären, erhebliche Bedenken[482] gegen das von Ulbricht favorisierte Konzept der Beteiligung der gesellschaftlichen Organisationen an den Wahlen. Doch waren es vor allem die bürgerlichen Parteien, die sich aus grundsätzlichen Erwägungen gegen die Teilnahme von Nicht-Parteien aussprachen.
CDU und LDP lehnten einen Wettbewerb zwischen Wahllisten von gesellschaftlichen Organisationen und Parteien generell ab, weil sie ausschließlich die Parteien als Träger der Willensbildung akzeptierten. Bereits auf der Blocksitzung vom 29. Mai 1946 wurde im Rahmen der Diskussion um die Zusammensetzung der Beratenden Versammlungen die Frage nach der grundsätzlichen Beteiligung der Massenorganisationen an den Parlamentswahlen durch eigene Wahllisten angeschnitten.[483] Auf der Blocksitzung vom 9. Juli 1946 wies die SED die Vorstellungen Kaisers (CDU) zunächst zurück, eigene Listen der Massenorganisationen nur dort zuzulassen, wo die Kandidatur von mindestens zwei der bestehenden Parteien nicht gewährleistet sei.[484] In bezug auf den FDGB, die FDJ und den Kulturbund kam es dann zwischen den Parteien zu einer Einigung im Sinne der CDU-Vorstellungen. Für die VdgB und die Frauenausschüsse lehnte die SED eine ähnliche Regelung mit der Begründung ab, diese Organisationen repräsentierten »eng begrenzte Sonderinteressen«, die von den Parteien nicht in ausreichendem Maße wahrgenommen werden könnten, weil sich die Bauern und die Frauen in der Mehrzahl noch nicht politisch entschieden hätten.[485] Da jedoch über diese Frage auf der Blocksitzung vom 9. Juli 1946 und auch in nachfolgenden Gesprächen der Parteienvertreter im »kleinen Kreis« keine Einigung erzielt werden konnte, wurde die CDU aktiv. Am 26. Juli 1946 legte sie auf der Blocksitzung einen Antrag vor, in dem sie an die gesellschaftlichen Organisationen appellierte, von der Möglichkeit, eigene Kandidaten aufzustellen, nur dort Gebrauch zu machen, wo die Durchführung der Wahlen durch die politischen Parteien nicht gewährleistet sei.[486] Der Antrag wurde im Block nicht angenommen, weil die SED ihre Zustimmung verweigerte.[487] Die Aufstellung von VdgB- und Frauenlisten konnten die bürgerlichen Parteien somit nicht verhindern.[488]
Anfang August 1946 gab das Zentralsekretariat der VdgB bekannt, in all den Gemeinden, in denen die bestehenden Parteien »keine Ortsgruppen und Mitglieder haben«, eigene Listen zu den Gemeindewahlen einzureichen.[489] Gleichzeitig wandte sich die VdgB mit einer Empfehlung an die Parteien, in den Dorfgemeinden nur solche Kandidaten vorzuschlagen, die die sozialökonomische Entwicklung auf dem Lande, d. h. die Bodenreform, unterstützten und sich aktiv für das Arbeiter-Bauern-Bündnis einsetzten.[490] Wieviel Mitglieder der VdgB auf Parteilisten kandidierten, war nicht zu ermitteln. VdgB-Listen existierten jedoch nur vereinzelt: In Brandenburg in 267, in Sachsen-Anhalt in ca. 500 und in Sachsen in 137 Landgemeinden.[491]
Die »überparteiliche« Bauernorganisation sollte gerade in Orten, in denen die bürgerlichen Parteien nicht kandidierten, deren bäuerliches Wählerpotential gewinnen.

Da die VdgB aus organisatorischen und personellen Gründen bei weitem nicht in allen Landgemeinden einspringen konnte, gelang ihr dies nur ansatzweise.[492] Sie erzielte hohe, zum Teil die SED übertreffende Ergebnisse in Dorfgemeinden, in denen die Konkurrenz der bürgerlichen Parteien fehlte.[493] In Dorfgemeinden, in denen nur die VdgB kandidierte, konnte die Bauernvereinigung in der Regel über 50 % der abgegebenen Stimmen auf sich vereinigen.[494] Dies kann als Indiz dafür gewertet werden, daß ein Teil der dem bürgerlichen Lager nahestehenden bäuerlichen Wähler die scheinbar unabhängige VdgB wählte.

Im Zonenmaßstab zog sie mit 6963 Vertretern (= 5,2 % der Mandate) in die Gemeindeparlamente ein. In Brandenburg, wo sie ihr bestes Ergebnis erzielte, stellte sie mit 2186 (= 9,2 % der Mandate) sogar mehr Vertreter als die LDP (7,2 %) und erreichte nahezu so viele Mandate wie die CDU (9,4 %).[495]

Darüber hinaus gelang es der VdgB, auch Exekutivfunktionen zu besetzen. Im Landkreis Stadtroda (Thüringen) z. B. gewann sie in 22 Gemeinden die absolute Mehrheit und konnte demzufolge in diesen Gemeinden den Bürgermeister stellen.[496]

Zu den Kreis- und Landtagswahlen kündigte die VdgB ihre Kandidatur in allen Kreisen und Ländern an.[497] Da auch die bürgerlichen Parteien in allen Kreisen und Ländern kandidierten, befürchtete die SED, auf dem Lande Stimmenverluste hinnehmen zu müssen, denn CDU und LDP schnitten bei den Gemeindewahlen trotz der starken Behinderungen und Benachteiligungen relativ gut in den Landkreisen ab.[498] Die SED sah deshalb insbesondere die Gewinnung der bäuerlichen Wähler als wichtig an[499] und forderte in einem am 14. Oktober 1946 ergangenen »Aufruf an alle Neubauern und Umsiedler«[500] zur Stimmabgabe für die SED bei den kommenden Kreis- und Landtagswahlen auf. Der VdgB kam auch bei diesen Wahlen die Funktion zu, Stimmen aus dem bürgerlichen Lager auf sich zu ziehen. Sie konnte ihren Stimmenanteil vom September 1946 nahezu verdoppeln und erreichte 3,26 %, wobei sie in den typisch bäuerlich strukturierten Ländern Brandenburg mit 4,9 % und Mecklenburg mit 3,9 % über dem Zonendurchschnitt lag. Die VdgB erhielt 374

Tab. 12
VdgB in den Gemeinde-, Kreis- und Landtagswahlen[501]

	Gemeindewahlen				Kreistagswahlen				Landtagswahlen	
	Stimmen in		Mandate in		Stimmen in		Mandate in		Mandate in	
	absolut	%	absolut	%	absolut	%	absolut	%	absolut	%
Mecklenburg	18 185	1,70	487	2,0	43 260	3,9	101	10,1	3	–
Brandenburg	38 062	2,50	2186	9,2	70 629	4,9	79	7,9	5	–
Sachsen	29 493	0,89	1104	3,7	57 229	1,8	53	3,6	2	–
Sachsen-Anhalt	25 136	1,10	1078	3,6	56 630	2,4	91	6,0	2	–
Thüringen	51 810	3,20	2108	8,7	55 093	3,3	50	4,7	3	–
SBZ	162 686	1,88	6963	5,2	282 841	3,26	374	6,2	15	2,88

Kreistagsmandate (6,2 %) und 15 Landtagsmandate (2,88 %).[502] Diese Mandate reichten auf lokaler und regionaler Ebene teilweise aus, der SED zu absoluten Mehrheiten zu verhelfen, bzw. die SED-Dominanz zu verstärken, denn der überwiegende Teil der VdgB-Mandatsträger gehörte der Einheitspartei an. Über die von der VdgB errungenen 15 Landtagssitze zogen 14 SED-Mitglieder in die Landesparlamente ein, so daß die relativen Mehrheiten der Einheitspartei in Mecklenburg, Thüringen und Sachsen mit der »Wahlhilfeorganisation« VdgB zur absoluten Mehrheiten ausgebaut werden konnten.[503] Auch die Ausschüsse versuchte die SED mit Unterstützung der VdgB zu majorisieren. In den Landesparlamenten, in denen die VdgB Fraktionsstatus hatte, setzte sich die SED für die Einbeziehung der VdgB in möglichst alle Ausschüsse ein. So war die VdgB im Mecklenburger Landtag, wo sie drei Sitze innehatte, mit je einem Abgeordneten in allen 14 Landtagsausschüssen vertreten. Auf lokaler Ebene bewährte sich die VdgB ebenfalls als »Mehrheitsbeschaffer« der SED. In den 22 Kreisen Thüringens errang die SED in 13 Kreistagen die absolute Mehrheit. Mit den Sitzen der VdgB konnte sie ihre Majorität in weiteren fünf Kreisparlamenten behaupten.[504] In den 21 Kreisen Mecklenburgs erreichte die SED in 11 Kreisparlamenten die absolute Mehrheit. Mit Hilfe der VdgB konnte sie ihre Majorität in weiteren 8 Kreisparlamenten behaupten. Auch hier zeigte sich, daß die VdgB die größten Stimmengewinne dort errang, wo die bürgerlichen Parteien CDU und LDP nicht kandidierten (vgl. Tab. 13).

Tab. 13
Politische Zusammensetzung der Kreistage in Mecklenburg nach den Wahlen von 1946[505]

Landkreise	SED	LDP	CDU	VdgB	Insgesamt
Anklam	28	–	–	12	40
Demmin	33	–	–	17	50
Greifswald	24	–	24	2	50
Grimmen	30	16	–	4	50
Güstrow	26	–	21	3	50
Hagenow	24	–	22	4	50
Ludwigslust	24	–	24	2	50
Malchin	26	4	18	2	50
Neubrandenburg	34	–	–	16	50
Neustrelitz	24	11	12	3	50
Parchim	35	–	–	15	50
Randow	22	–	–	8	30
Rostock	25	6	18	2	51
Rügen	26	–	22	2	50
Schönberg	23	–	25	2	50
Schwerin	24	5	18	3	50
Stralsund	27	–	21	2	50
Ueckermünde	29	–	20	1	50
Usedom	14	–	15	1	30
Waren	24	10	14	2	50
Wismar	25	–	21	4	50
Insgesamt	547 = 54,6 %	52 = 5,2 %	295 = 29,5 %	107 = 10,7 %	1001

Da sich die bürgerlichen Parteien in der Frage der Zulassung der Massenorganisationen zu den Wahlen mit ihren Vorstellungen nicht durchsetzen konnten, versuchten sie nunmehr, die in die Parlamente gelangten Organisationen von der Teilnahme an der Regierungsmacht und an der Parlamentsarbeit weitgehend auszuschließen. Als auf Vorschlag der SED jeder Parlamentsfraktion ein Mitglied in der 1949 neugeschaffenen Länderkammer zugestanden werden sollte, kam es im Brandenburger Landtag zu Auseinandersetzungen um die Entsendung eines Mitglieds der VdgB-Fraktion.[506] Die CDU protestierte gegen die Entsendung eines VdgB-Mitglieds, woraufhin sich die VdgB-Fraktion im Oktober 1949 auflöste und in der SED-Fraktion aufging. Die SED trat den ihr zufallenden Sitz in der Länderkammer an die VdgB ab, die den 1. Vorsitzenden des Landesverbandes Brandenburg, Robert Neddermeyer (SED), in die Länderkammer entsandte. Neddermeyer wurde als Vertreter der VdgB von allen 34 Mitgliedern der Kammer in das Präsidium dieses Organs gewählt. In der Frage der Einbeziehung der VdgB in die Ausschüsse des Brandenburger Landtages kam es zwischen den bürgerlichen Parteien und der SED ebenfalls zu Auseinandersetzungen. Obwohl CDU und LDP im Plenum über die Stimmenmehrheit verfügten, gelang es ihnen nicht, die Ausschüsse zu majorisieren. Nach mehrmaligen, ergebnislos verlaufenden Verhandlungen einigten sich alle Parteien schließlich auf folgende Sitzverteilung: SED fünf, CDU drei, LDP zwei Sitze und VdgB einen Sitz.[507]

Obwohl das Wahlergebnis der VdgB insgesamt enttäuschte, verhalfen die VdgB-Mandate der SED in Einzelfällen zu parlamentarischen Mehrheiten. Die Bauernvereinigung trug zur Stärkung und Festigung der Position der SED in den Parlamenten bei, und dieser gelang es über die VdgB, den parlamentarischen Einfluß der bürgerlichen Parteien zu beschneiden.

Die offizielle Geschichtsschreibung der DDR würdigt die parlamentarische Teilhabe der gesellschaftlichen Organisationen vorwiegend ideologisch, wenn sie feststellt:

> »Die Beteiligung der VdgB und des Kulturbundes, die mit der Partei der Arbeiterklasse eng zusammenarbeiteten, am Wirken der Landtage festigte nicht nur die Position der SED als stärkste Fraktion, sondern gab auch den Landtagen eine größere Massenbasis und trug so dazu bei, die für den bürgerlichen Parlamentarismus typische Kluft zwischen Volk und Parlament zu beseitigen.«[508]

Die SED konnte mit der Zusammensetzung der Parlamente jedoch nicht zufrieden sein, weil die Beteiligung aller oder wenigstens der wichtigsten Massenorganisationen, die bereits in den Beratenden Versammlungen gegeben war, nicht realisiert werden konnte.

4.3 Einbeziehung in den Parteienblock

Der SED war es nicht gelungen, alle gesellschaftlichen Organisationen im Zuge der Wahlen von 1946 über die Parlamente und Verwaltungsorgane am politischen Entscheidungsprozeß zu beteiligen. Sie versuchte deshalb, die Massenorganisationen über den Parteienblock einzubeziehen.

Ab Ende 1946 forcierten führende Mitglieder der SED unter Hinweis auf die wachsende Bedeutung der Massenorganisationen als künftige Träger der neuen Gesell-

schaftsordnung wiederholt die gleichberechtigte Aufnahme dieser Organisationen in den zentralen Block sowie in die regionalen und lokalen Blockausschüsse.
Im Oktoberheft der »Einheit« von 1946 hatte Ulbricht zur intensiveren Einbeziehung der Massenorganisationen in die Blockpolitik folgendes ausgeführt:
> »Oftmals wird die Blockpolitik nur als Arbeitsgemeinschaft von SED, LDP und CDU aufgefaßt. Das bedeutet, die Gestaltung der antifaschistisch-demokratischen Kräfte zu eng sehen. Die Durchführung einer demokratisch-antifaschistischen Blockpolitik ist mehr. Sie ist die engste Zusammenarbeit der SED mit LDP und CDU, aber zugleich auch mit den Freien deutschen Gewerkschaften, den Vereinigungen der gegenseitigen Bauernhilfe, den Frauenorganisationen [und] der Freien deutschen Jugend. Einige Führer der LDP und CDU mißachten diese Massenorganisationen und wenden sich gegen ihre gleichberechtigte Mitarbeit. Die Entfaltung der vollen Initiative dieser Organisationen ist jedoch von größter Bedeutung. Denn in diesen Vereinigungen sind breite Kreise unseres Volks organisiert, die den ernsten Willen haben, am demokratischen Aufbau mitzuarbeiten, wenn sie auch noch nicht parteipolitisch organisiert sind.«[509]

Das von der SED verfochtene Bündniskonzept einer, neben den Parteien, alle Massenorganisationen umfassenden Blockpolitik stieß auf Widerstand der bürgerlichen Parteien. CDU und LDP stellten in ihren 1947 herausgegebenen Richtlinien zur Zusammenarbeit mit den Parteien und Massenorganisationen in übereinstimmenden Formulierungen fest, daß allein die politischen Parteien »Träger und Organe der politischen Willensbildung des Volkes«[510] sind. Den Massenorganisationen räumten sie lediglich, auf die beratende Funktion begrenzte Mitspracherechte ein. Doch mit diesem Zugeständnis hatten CDU und LDP im Prinzip eine Aufwertung der Massenorganisationen bejaht.

Bereits im November 1946 war die VdgB in der Provinz Brandenburg in den Landesblockausschuß aufgenommen worden.[511] Im Blockausschuß des Landes Thüringen waren VdgB, FDGB, FDJ und die Frauenausschüsse seit Januar 1947 vertreten und bekamen ab Februar/März des selben Jahres je zwei stimmberechtigte Sitze zugesprochen.[512] Während des Jahres 1947 gelang es der SED in Übereinkunft mit den bürgerlichen Parteien, die VdgB, den FDGB und weitere Massenorganisationen als beratende Mitglieder auch in die übrigen regionalen Blockausschüsse aufzunehmen.

Die Landesblockausschüsse verabschiedeten 1947 organisatorische Richtlinien, in denen die Stellung der Massenorganisationen im Block rechtlich verankert wurde. So z. B. sahen die Blockrichtlinien in Sachsen vor, daß zu den Sitzungen des »erweiterten Ausschusses« auf Beschluß des »engeren Ausschusses«, dem die Vorsitzenden der Parteien und des FDGB angehörten, je zwei Vertreter der Organisationen VdgB, Kulturbund, FDJ und DFD hinzugezogen werden konnten.[513] Die VdgB war daraufhin ab Juni/Juli 1947 im erweiterten Ausschuß des Landesblocks in Sachsen vertreten.[514]

Günther Großer interpretiert dies als den Beginn eines qualitativ neuen Verhältnisses zwischen Parteien und gesellschaftlichen Organisationen, wenn er feststellt:
> »Die Landesblockkongresse des Jahres 1947, auf denen außer den Parteien auch die Massenorganisationen anwesend waren, leiteten eine neue Etappe in der Zusammenarbeit der Parteien und Organisationen in den Ländern ein, indem sie die Massenorganisationen in die Zusammenarbeit einbezogen, den

Aufgabenbereich der Blockausschüsse festlegten und klare Richtlinien für die Zusammenarbeit schufen.«[515]
Trotz dieser übereinstimmenden Regelung auf Landesebene waren damit keine Präjudize für die Beteiligung der Massenorganisationen an den Blockausschüssen der Kreise und Städte verbunden. Dort konnten die bürgerlichen Parteien ihre Boykottpolitik erfolgreich durchsetzen.[516] Ebenso konnten sie mit Hinweis auf die zwei Jahre später, am 19. April 1949, verabschiedeten zentralen Blockgrundsätze die gleichberechtigte Aufnahme der Massenorganisationen zurückweisen.[517]

4.4 Die VdgB in der Deutschen Wirtschaftskommission (DWK)

Der SMAD-Befehl Nr. 138 vom 4. Juni 1947[518] verfügte die Bildung der DWK,[519] die sich im System der administrativen Leitungsorgane bald zu einer Institution mit zentralstaatlichen Kompetenzen entwickelte und die ab 1948/49 faktisch Regierungsfunktion wahrnahm.[520]
Erster Ansatzpunkt der DWK-Tätigkeit war die Umstrukturierung des Wirtschaftssystems. Als wirtschaftsleitendes Organ war ihr zunächst eine zonale Koordinierungsbefugnis hinsichtlich der Planung, Lenkung und Kontrolle der jeweils von den Zentralverwaltungen in Abstimmung mit den Landesregierungen zu erstellenden und durchzuführenden Produktions- und Verteilungsplänen übertragen worden. Den wohl bedeutendsten Machtzuwachs erfuhr die Kommission mit der Übertragung der Rechtsetzungsbefugnis durch die SMAD am 20. April 1948.[521] Die DWK war nunmehr ermächtigt, Verordnungen, Anordnungen und Anweisungen zu erlassen.
Im Zuge der Ausweitung und der Stärkung der zentralstaatlichen Kompetenzen sowie des Ausbaus des Organisationsapparates der DWK versuchte die SED durch die Einbeziehung weiterer politischer und gesellschaftlicher Kräfte den repräsentativen Charakter der DWK zu erhöhen,[522] ohne dabei die kommunistische Dominanz im Apparat anzutasten. Diese wurde vielmehr mit Hilfe der Massenorganisationen, insbesondere des FDGB und der VdgB und später durch die Einbeziehung der Parteien DBD und NDPD ausgebaut und gefestigt.
VdgB und FDGB waren im Plenum und im Sekretariat der DWK gleichberechtigt neben den Präsidenten der einzelnen Zentral- bzw. Hauptverwaltungen vertreten und in die Tätigkeit der Kommission[523] einbezogen. Hierfür dürften – neben dem bereits genannten Motiv, Ausdehnung des kommunistischen Führungsmonopols – vor allem auch Erwägungen ausschlaggebend gewesen sein, den spezifischen Sachverstand dieser Organisationen für administrative Entscheidungen nutzbar zu machen und angesichts der Zunahme staatlicher Aufgaben, etwa im Zusammenhang mit der zentralen Wirtschaftsplanung, den beiden, Berufsgruppen organisierenden Verbänden VdgB und FDGB, gewisse Teilbereiche eigenverantwortlich zu übertragen.[524]
Obwohl VdgB und FDGB seit Gründung der DWK angehörten, unterschieden sich beide Organisationen hinsichtlich ihrer Rechtsstellung im staatlichen Gefüge. Die Gliederungen der Bauernvereinigung wurden als »Körperschaften des öffentlichen Rechts« gegründet und unterlagen somit von Anfang an einer staatlichen Kontrolle.[525] Diese organisationsspezifische Besonderheit der VdgB mag erklären, warum die VdgB auch in den Apparat der DWK einbezogen wurde.

Mit der Verordnung des Präsidenten der DVLF vom 30. März 1948 wurde die Aufsicht über die Landes-, Kreis- und Ortsvereinigungen den zuständigen Landesregierungen übertragen.[526] Die Gesamtaufsicht über die VdgB, die bisher in den Händen des DWK-Vorsitzenden lag, wurde an die Hauptverwaltung Land- und Forstwirtschaft der DWK delegiert.[527] Bemerkenswert an diesem Vorgang ist die Form der Kompetenzübertragung, die auf dem Wege einer offiziellen Anordnung der Besatzungsmacht, nämlich durch SMAD-Befehl Nr. 61 vom 14. April 1948, erfolgte.

Für den Kontakt mit der VdgB war eine Abteilung der Hauptverwaltung Land- und Forstwirtschaft zuständig. Über die Aufgaben dieser Abteilung heißt es in den entsprechenden Richtlinien:

»1. Die Abteilung III/B bei der HV Land- und Forstwirtschaft hat die Aufgabe, alle Maßnahmen, die von der ZVdgB getroffen werden, darauf zu überprüfen, ob diese im Einklang mit den Statuten der VdgB und den allgemeinen volkswirtschaftlichen Interessen im Rahmen des gesamtgesellschaftlichen Aufbaus der Volkswirtschaft der SBZ stehen.

2. Demgemäß wird die Abt. III/B in engster Verbindung mit der ZVdgB alle Belange der VdgB in der DWK vertreten in dem Sinne, daß die besonderen Notwendigkeiten, welche für die VdgB stehen, im Rahmen der der DWK obliegenden volkswirtschaftlichen Gesamtaufgaben durchgesetzt werden.«[528]

Darüber hinaus enthielten diese Richtlinien Regelungen über die Abstimmung der Arbeitspläne, den Informationsaustausch und die Bildung entsprechender Referate auf Länderebene.[529]

Zu ihrer offiziellen Vertretung im Plenum und im Sekretariat war die VdgB somit auch über den Apparat in die DWK integriert. Dies ermöglichte es der Bauernvereinigung, ihren Vorstellungen auf doppelte Weise Nachdruck zu verleihen, begrenzte aber auch von vornherein ihren Aktionsradius, da sie nur in Abstimmung mit den Staatsorganen handeln konnte.

5. Aufgaben und Funktionsbereiche

5.1 Unterstützung der Agrar- und Bauernpolitik der SED

In einer Vielzahl landwirtschaftlicher Verordnungen und Gesetze, die teilweise unter Mitarbeit der Bauernvereinigung entstanden waren, wurden der VdgB wichtige Funktionsbereiche im Landwirtschaftssektor zugewiesen. Diese betrafen vor allem die Rolle der VdgB als:

– Bäuerliche Berufsvereinigung in ihrer Doppelfunktion als »Transmissionsriemen« der SED-Landwirtschafts- und Bauernpolitik einerseits und als Interessenvertreter insbesondere der Neu- und Kleinbauern andererseits;
– Träger landwirtschaftlicher Produktionseinrichtungen (z. B. Versuchsfelder, Viehzuchtstationen), Verarbeitungs- und Dienstleistungsbetriebe (z. B. Reparaturwerkstätten, MAS);
– Organisator der Landwirtschaftspläne und aller damit verbundenen Aufgaben der Aufschlüsselung des Anbau- und Ablieferungssolls sowie der Planagitation, Plandurchführung und Plankontrolle.

Die VdgB bekannte sich vorbehaltlos zur Wirtschaftsplanung.[530] Der Bauer, so forderte sie, »muß den Anbau- und Ablieferungsplan als sein berufliches Glaubensbe-

kenntnis ansehen, denn nur so wird er imstande sein, sein Ablieferungssoll zu erfüllen«.[531]
Ihren Beitrag zur Planverwirklichung sah die VdgB darin, »aktiv Anteil an der Vorbereitung und Durchführung der notwendigen landwirtschaftlichen Erzeugungs- und Lieferpläne und an der gerechten Aufschlüsselung der Anbau- und Abgabepflichten auf die einzelnen Kreise, Gemeinden und Einzelwirtschaften«[532] zu nehmen.[533]
Auf der außerordentlichen Hauptausschuß-Sitzung am 22. Juli 1948 stimmte die Verbandsführung dem Zweijahrplan in allen Punkten zu und kündigte an, ihre gesamte Tätigkeit in den Dienst der Planaufgaben zu stellen. Die auf dieser Sitzung gebildete »Planungskommission« überreichte der DWK Ende 1948 mit den »Ergänzungsvorschlägen der ZVdgB zum Zweijahrplan« eine Reihe praktischer Vorschläge zur Verwirklichung der Planaufgaben in der Landwirtschaft, die sich neben allgemeinen Maßnahmen zur Steigerung der landwirtschaftlichen Produktion vor allem mit der Reorganisation und dem Ausbau der MAS, der Wirtschaftsberatung sowie mit der Intensivierung von wirtschaftlichen Hilfs- und Fördermaßnahmen für Neu- und Kleinbauern beschäftigten.[534] Der Generalsekretär, Kurt Vieweg, versicherte, daß die VdgB bei der »Durchführung des Plans vorangehen, die Initiative ergreifen«[535] und der Bauernschaft die für die Planerfüllung notwendigen Einsichten vermitteln werde. Einen Schlüssel zur Produktionserhöhung und zur Erfüllung der Pläne sah die VdgB in der Steigerung der Arbeitsproduktivität, die durch eine »höchstmögliche Ausnutzung aller Reserven« und die Entfaltung einer breiten »Masseninitiative« erreicht werden sollte.[536] In diesem Zusammenhang erlangten vor allem die von der VdgB vorgeschlagenen modifizierten Anbau- und Abgabeverfahren sowie die von ihr eingeführten und getragenen Dorfwettbewerbe, die »Aktivistenbewegung« und die »Bewegung der Meisterbauern« Bedeutung.
In Zusammenarbeit mit den zuständigen Verwaltungsstellen entwickelte die VdgB ein neues Differenzierungsverfahren, das bei einer flexibleren Gestaltung der Ablieferungspolitik Produktionserhöhungen ermöglichen sollte. Dieses, von der DWK am 24. März 1948 gesetzlich verankerte Verfahren[537] kam im selben Jahr noch zur Anwendung und wurde unter maßgeblicher Beteiligung der VdgB, die in den Dörfern und auf Kreisebene sogenannte »Differenzierungsausschüsse« bildete, durchgeführt.[538] Im Vergleich zur bisherigen Abgabeordnung, die nur die Betriebsgröße zum Maßstab für die Einstufung zur Pflichtablieferung kannte, sah die modifizierte Form eine Unterscheidung nach weiteren Kriterien, wie z. B. landwirtschaftliche Nutzfläche, Bodenqualität und betriebliche Leistungsfähigkeit, vor.
Die von der DWK mit Beschluß vom 13. Dezember 1948[539] gesetzlich verordnete Einführung sogenannter »Wunschanbaupläne« in der Anbauplanung ging ebenfalls auf eine Anregung der VdgB zurück. Auf der Basis betriebsindividueller Produktionswünsche sollten die Bauern Anbaupläne errichten, die, zu territorialen Plänen zusammengefaßt, mit dem amtlichen Anbauplan abzustimmen waren.
In einem 1978 erschienenen agrargeschichtlichen Lehrbuch der DDR heißt es hierzu:
> »Der Wunschanbauplan war ein Ausdruck des demokratischen Charakters der Planung unter den Bedingungen der einfachen Warenproduktion. Die Bauern einer Gemeinde gaben ihren Wunschanbauplan an die Gemeinde-Anbauplankommission. Sie hatte die Aufgabe, die staatliche Planauflage der Gemeinde aufzuschlüsseln und eine Übereinstimmung mit dem Wunschanbau-

plan des einzelnen Bauern zu erreichen. Das war möglich, wenn die staatlichen Organe und die VdgB bereits vor Aufstellung der Wunschanbaupläne die notwendige Aufklärungs- und Überzeugungsarbeit geleistet hatten.«[540]
Auch die flexiblere Gestaltung der Anbauplanung galt vorwiegend dem Produktionsinteresse und ist als Versuch zu werten, die Plananordnung von »oben« nachträglich als Initiative von »unten« zu bestätigen.
Mit der »Verordnung über die Reorganisation der landwirtschaftlichen Wirtschaftsberatung«[541] vom 28. April 1948 wurde die bislang amtlich betriebene Wirtschaftsberatung der VdgB übertragen. Der VdgB war die Aufgabe gestellt, die Wirtschaftsberatung zu vereinheitlichen[542] und den neuen agrarpolitischen und -sozialen Verhältnissen (Planwirtschaft; Ausrichtung auf die Neu- und Kleinbauern) anzupassen.[543] Die VdgB gliederte die Wirtschaftsberatung in eine Grund-, Aufbau-, Sonder- und Spezialberatung.[544] Während die Grund- und Aufbauberatung darauf abzielte, die Bauernbetriebe zur Erfüllung oder gar Übererfüllung der staatlichen Agrarleistungspläne anzuhalten, somit also ausnahmslos alle Betriebe einbezog, hatte die Sonderberatung Spitzenbetriebe zu fördern und herauszustellen, mit dem Ziel, eine »Nacheiferungs-Dynamik«[545] zu entfachen. Die Wirtschaftsberatung sollte zu einer »möglichst großen Leistungssteigerung«[546] beitragen, die Bauern mit der Agrarpolitik der SED vertraut machen und erzieherisch wirken. Dies erforderte einen Typ von Wirtschaftsberater, der nicht nur das Vertrauen der Bauernschaft besaß und eine durch praktische Erfahrung fundierte Sachkenntnis nachweisen konnte, sondern vor allem fest zu den Grundsätzen des politischen Systems[547] stand.
Mitte 1949 verfügte die VdgB über fünf Landwirtschaftsberater, je 126 Kreiswirtschafts-, Saatbau- und Viehwirtschaftsberater.[548] Auf Zonen- und Landesebene existierten insgesamt 30 Fachausschüsse mit je 12 Mitarbeitern. In den Landkreisen unterhielt die VdgB 756 Fachausschüsse für die Sparten Acker- und Pflanzenbau, Vieh-, Betriebs-, Forstwirtschaft, Erwerbsgartenbau und Genossenschaftswesen. In den Dörfern wirkten zudem rund 10 000 ehrenamtliche Dorfwirtschaftsberater.
Wichtige »Hebel« zur Mobilisierung des bäuerlichen Leistungsvermögens und mithin zur Verwirklichung der verordneten Produktionsziele und zur Ertragssteigerung waren die unter maßgeblicher Trägerschaft der VdgB organisierten Wettbewerbskampagnen und die Aktivistenbewegung auf dem Lande.
Die Wettbewerbe erstreckten sich auf alle Gebiete landwirtschaftlicher Tätigkeit, wie Frühjahrsbestellung, Saatenpflege, Ernte, Schädlingsbekämpfung etc. Sie kamen in der Regel dadurch zustande, daß eine oder mehrere Ortsvereinigungen die »Initiative« ergriffen, sich in Resolutionen zu produktionssteigernden Arbeitsleistungen verpflichteten und benachbarte Orte zur Nachahmung aufforderten.[549] Die VdgB initiierte erstmals Mitte 1948 Leistungswettbewerbe auf Dorf- und Kreisebene zur vorfristigen Erfüllung des landwirtschaftlichen Halbjahrplans 1948.[550]
Der Zweijahrplan 1949/50 sah eine Erweiterung der Anbauflächen auf 97,4 % der Flächen von 1938 vor und hatte damit das Ziel gesetzt, die landwirtschaftlichen Vorkriegserträge zu erreichen.[551] Der zweite Bauerntag forderte die »Entfaltung einer Bewegung zur vorfristigen Erfüllung des Zweijahrplans im Jahre 1950«.[552] Unter der Losung »Heran an die Vorkriegserträge« klärte die VdgB die Landbevölkerung über die Ziele dieser Bewegung auf.[553] Die »Initiative« für diese Wettbewerbskampagne ging von der Ortsvereinigung Kampehl (Kreis Ruppin) aus, die im Juli 1949 die gesamte Bauernschaft zum »Kampf um die Vorkriegserträge« auf-

rief.[554] Am 3. August 1949 wies der Zentralvorstand die Ortsvereinigungen an, diese Bewegung mit »allen Kräften durchzuführen«.[555] Auf seiner Sitzung am 16. September 1949 stellte der Hauptausschuß mit Genugtuung fest, daß die Bewegung »Heran an die Vorkriegserträge« bereits überall großen Widerhall gefunden habe, und beschloß, zusätzliche wettbewerbsfördernde Maßnahmen.[556] Neben der kollektiven Form des Wettbewerbs wurden auch auf individuelle Bestleistungen abzielende Wettbewerbskampagnen organisiert. Um möglichst viele Bauern zur Übernahme von Selbstverpflichtungen zu bewegen, förderte die VdgB nach dem Vorbild aus der Industrie die »Aktivistenbewegung«[557] auf dem Lande und führte Mitte 1951 die Bewegung der »Meisterbauern«[558] ein. Auf dem 3. Deutschen Bauerntag (8./9. Dezember 1951) wurden erstmals 500 Bauern und Bäuerinnen mit dem Ehrentitel »Meisterbauer« ausgezeichnet und prämiert.[559] Die staatlichen Auszeichnungen »Aktivist«, »Meisterbauer« oder später »Neuerer des Dorfes« sollten nicht nur die persönlichen Leistungen der Betreffenden hervorheben und das Interesse des Staates an der Arbeitsleistung jedes einzelnen symbolisieren, sondern vor allem Ansporn zur Nachahmung sein.

Wenn in den folgenden Ausführungen auf die Entwicklung der MAS, eine der wichtigsten in Regie der VdgB geführten landwirtschaftlichen Dienstleistungseinrichtung, näher eingegangen wird, dann vor allem deshalb, um Anteil und Rolle der VdgB bei der Herausbildung des volkseigenen Sektors der Landwirtschaft aufzuzeigen.

Mit der Entwicklung der 1945/46 von der VdgB organisierten Maschinen-Ausleih-Stationen[560] zu zentral verwalteten »staatlich-genossenschaftlichen« (1949) und »staatlich-sozialistischen« (1950) Betrieben leistete die Bauernvereinigung einen ihrer »wertvollsten« Beiträge im Prozeß der Herausbildung des volkseigenen Sektors der Landwirtschaft.[561]

Die Konzeption der Zusammenfassung aller vorhandenen Landwirtschaftsgeräte und -maschinen in Ausleihstationen war angesichts des Mangels technischer Ausrüstung in den Nachkriegsjahren aus ökonomischer Sicht durchaus sinnvoll. Eine gemeinschaftliche Verwaltung und Nutzung der vorhandenen Ressourcen erlaubte eine intensivere Nutzung der knappen Produktionsmittel und stellte, insbesondere für die mit landwirtschaftlichem Gerät nur sehr unzureichend ausgestatteten Neubauern, eine wesentliche Produktionshilfe dar.

Die monopolähnliche Stellung der MAS, die den Großteil des bestehenden landwirtschaftlichen Maschinenparks besaß und der alle künftig in der SBZ produzierten Maschinenkapazitäten zur Verfügung gestellt wurden, ermöglichte es, diese Dienstleistungseinrichtung als wirkungsvolles Instrument zur Unterstützung und praktischen Durchsetzung der SED-Bauernpolitik einzusetzen; und zwar als wirtschaftliches Druckmittel sowohl gegen die Großbauern (1948), und mit Gründung der LPG (1952) auch gegen die Mittel- und Kleinbauern.[562]

In der zentral geplanten Wirtschaftsordnung, das hatte Ulbricht in seiner Rede zur Begründung des Zweijahrplans vom 29. Juni 1948 und stärker noch auf der 1. Parteikonferenz der SED (25. bis 28. Januar 1949) deutlich gemacht, sollte den MAS als Hilfseinrichtungen der Bauern, mehr aber noch als Motor zur Produktionssteigerung und zur Planerfüllung, eine wachsende Bedeutung zufallen.[563] Diese funktionale Aufwertung der MAS hatte organisatorische Konsequenzen.

Im August und September 1948 beriet die Partei mit Vertretern der VdgB und den zuständigen Verwaltungsstellen über die Umstrukturierung der MAS.[564] Schon we-

nige Wochen später legte die VdgB einen in Zusammenarbeit mit der Hauptabteilung Land- und Forstwirtschaft der DWK erarbeiteten Plan zur Reorganisation der MAS vor, auf dessen Grundlage die DWK am 10. November 1948 die »Anordnung über die Gründung der Verwaltung der Maschinen-Ausleih-Stationen«[565] erließ. Die MAS wurde nunmehr aus der VdgB ausgegliedert und, organisatorisch verselbständigt, der Aufsicht der DWK unterstellt.
Bereits am 17. Februar 1949 forderte das Politbüro der SED »im Interesse der Erhöhung der Hektarerträge« eine Verbesserung der Arbeit der MAS sowie deren weiteren Ausbau auch als »kulturelle Zentren« im Dorf.[566] Wieder war es die VdgB, die der DWK am 4. März 1949 entsprechende Vorlagen unterbreitete, die dann in der am 9. März 1949 ergangenen »Anordnung über die Verbesserung der Arbeit der Maschinen-Ausleih-Stationen und Erweiterung der Hilfe für die Bauern mit Traktoren und landwirtschaftlichen Maschinen«[567] mündeten. Die MAS wurden jetzt als »gemischt staatlich-genossenschaftliche« Betriebe durch die bei der DWK gebildete »Verwaltung der MAS« zusammengefaßt und waren somit vollkommen unter staatliche Kontrolle gestellt.
Seinen vorläufigen Abschluß fand der Prozeß der verwaltungstechnischen Zentralisierung der MAS mit deren Eingliederung als »volkseigene« Einrichtungen in den Staatsapparat der DDR 1950.[568]
Auch die Forderungen der SED nach Ausbau und Entwicklung der MAS zu politischen Stützpunkten[569] der Partei unterstützte die VdgB. Um in diesen »Stützpunkten« die Führungsrolle der Partei auch personell abzusichern, hatte die SED im Frühjahr 1949 beim Zentralsekretariat eine Sonderkommission unter Leitung von Paul Merker gebildet, die den Auf- und Ausbau der MAS anleitete und insbesondere die Kadereinsatzplanung in den MAS koordinierte.[570] Alle Maßnahmen, die zur Zentralisierung und Umwandlung der MAS führten, waren von der VdgB mit der Begründung mitvorbereitet und gefördert worden, die Bauern stärker und effektiver zu unterstützen.[571]
Noch im Januar 1949 hatte Vieweg auf einer Arbeitstagung vor MAS-Leitern gesagt:

»Wer behauptet, die Einführung der MAS bedeute den Beginn der Kollektivierung, der lebt entweder auf dem Monde oder er ist ein Bauernfeind. Die MAS sind eine genossenschaftliche und gesellschaftliche Hilfe für die Klein- und Mittelbauern. Die neue Organisation ist [. . .] nicht als Übergangslösung zu betrachten.«[572]

Mit Hilfe der MAS, deren Entwicklung die VdgB als zeitweiliger Träger dieser Einrichtung beeinflußt und mitgeprägt hatte, wurde jedoch die Kollektivierung der Landwirtschaft sowohl wirtschaftlich als auch politisch-ideologisch vorbereitet.[573]
Charakteristisch für das Wirken der VdgB im wirtschaftsorganisatorischen Bereich war ihr Bestreben, einen eigenständigen Beitrag zur Transformation des Landwirtschaftssektors zu leisten. Die VdgB übernahm die Aufgabe, die in der Landwirtschaft tätigen Produktions- und Dienstleistungsrichtungen den gewandelten Produktions-, Eigentums- und Organisationsbedingungen entsprechend umzustrukturieren und in die gewünschte Form einer zentralisierten, staatlich verwalteten Einrichtung »gesellschaftlich höherwertigen Eigentums« zu überführen.
So wurde neben der MAS auch die Wirtschaftsberatung, nachdem sie von der VdgB reorganisiert und inhaltlich den neuen Erfordernissen angepaßt worden war, wieder in administrative Hände gelegt.[574]

Auch an der Bildung der »Volkseigenen Erfassungs- und Aufkaufbetriebe« (VEAB) im März 1949[575] sowie an der Schaffung der »Vereinigung Volkseigener Güter« (VVG) im Juni 1949,[576] wodurch alle im Zuge der Bodenreform gebildeten Landes- und Mustergüter und alle in Kommunalbesitz befindlichen land- und forstwirtschaftlichen Betriebe in VEG umgewandelt wurden, hatte die VdgB großen Anteil.[577]

5.2 Gleichschaltung des landwirtschaftlichen Organisationswesens

Neben der VdgB existierten noch eine Reihe weiterer selbständiger landwirtschaftlicher Organisationen und Verbände wie z. B. die Raiffeisengenossenschaften, die Züchterverbände, die Deutsche-Landwirtschafts-Gesellschaft, die Organisation der Erwerbsgärtner und die Kleintierzüchtervereine. Mit dem Übergang zur zentralorganisierten Wirtschaftsplanung mußten auch diese Organisationen stärker in den Wirtschaftsapparat einbezogen, dem Einfluß von Partei und Administration zugänglich sowie in ihrer Aufgabenstellung und Tätigkeit den planwirtschaftlichen Zielsetzungen entsprechend umfunktionalisiert werden. Da sich die von bürgerlichen Kräften dominierten Verbände und Einrichtungen, insbesondere die Raiffeisengenossenschaften und die Züchterverbände, vielfach zu Widerstandszentren gegen die SED-Agrarpolitik entwickelt hatten,[578] und sich auch beharrlich einer engeren Kooperation mit der VdgB verschlossen, sollten sie zunächst so umstrukturiert werden, daß sie ihre Autonomie weitgehend einbüßten, um sie dann in einem zweiten Schritt in die VdgB einzugliedern.
Mit dieser Aufgabe betraut wurde die VdgB, die im Ergebnis des Wandlungsprozesses des landwirtschaftlichen Organisationswesens alle übrigen bäuerlichen Berufs- und Wirtschaftverbände unter ihre Kontrolle brachte.
Die Forderung nach Eingliederung der Erwerbsgärtner und Züchterverbände hatte Vieweg bereits auf dem 1. Deutschen Bauerntag erhoben.[579] Mitte 1948 war die Eingliederung der Erwerbsgärtner vollzogen.[580] Die Sparte »Erwerbsgartenbau« in der VdgB zählte zur Jahreshälfte 1949 13 500 Gärtner in 130 Fachgruppen.[581]
Ab 1949, nachdem Ulbricht auf der 1. Parteikonferenz der SED die Tätigkeit der Züchterverbände heftig kritisiert und die VdgB aufgefordert hatte, die Leitungen dieser Einrichtungen zu übernehmen,[582] betrieb die Bauernvereinigung zielbewußt den organisatorischen Anschluß auch dieser Verbände.[583]
Am 22. Juli 1949 akzeptierten die Vertreter der ca. 260 000 Mitglieder umfassenden Kleintierzüchtervereine ein von der VdgB vorgelegtes Konzept, das ihre Angliederung an die Bauernvereinigung vorsah.[584]
Seinen Abschluß fand der Umstrukturierungsprozeß des bäuerlichen Organisationswesens mit der Eingliederung der landwirtschaftlichen Genossenschaften in die VdgB im November 1950.
In den folgenden Ausführungen sollen das Verhältnis zwischen der VdgB und den landwirtschaftlichen Genossenschaften sowie die wesentlichsten Schritte bis zur Vereinigung beider Organisationen skizziert werden.[585]
Die Wiederzulassung der landwirtschaftlichen Genossenschaften vom Raiffeisen-Typ begründete die SMAD mit der »außerordentlichen Wichtigkeit des Genossenschaftswesens für die maximale Leistungssteigerung der Produktion in der Landwirtschaft«.[586] Mit Hinweis auf diese übergeordnete Zielsetzung wurde die Bedeu-

tung von VdgB und Genossenschaften als arbeitsteilige, komplementäre Organisationen mit jeweils spezifischen Funktionen im Landwirtschaftssektor – die Genossenschaften im Distributionsbereich (Geldverkehr und Warenhandel), die VdgB im Produktionsbereich – betont. Im Bericht des Parteivorstandes der SED an den 2. Parteitag wurden die Genossenschaften neben der VdgB als »zweite tragende Säule des bäuerlichen Lebens«[587] bezeichnet; beide Organisationen sollten »tragende Pfeiler«[588] bei der Entwicklung neuer Lebens- und Arbeitsformen auf dem Lande sein.

Ansatzpunkte für die Entstehung möglicher Konkurrenzbeziehungen und Auseinandersetzungen zwischen VdgB und Genossenschaften waren jedoch mit Gründung beider Organisationen bereits angelegt worden:

– Die VdgB betrieb konkurrierende genossenschaftliche Einrichtungen (MAS und sonstige landwirtschaftliche Einrichtungen).
– Die VdgB übte in Teilbereichen Einfluß auf die genossenschaftliche Wirtschaftstätigkeit aus (z. B. Kreditwesen).[589]
– Die VdgB-Satzung bestimmte, daß die Bauernvereinigung unter ihren Mitgliedern eine »systematische Werbung für den Eintritt in die Genossenschaften und für die Demokratisierung des Genossenschaftslebens« durchzuführen und selbst als »kollektives Mitglied den lokalen wie zentralen Organisationen der Genossenschaften« beizutreten habe.[590]
– In ihrer Satzung hatte die VdgB auch festgelegt, daß sie sich zur materiellen Unterstützung ihrer Mitglieder der Genossenschaften »bedient«, womit sie zum Ausdruck brachte, daß sie die Genossenschaften als eine ihr untergeordnete Organisation betrachtete, die sie zur Verwirklichung ihrer Aufgaben entsprechend instrumentalisieren konnte.[591]

Die VdgB hatte von Gründung an versucht, ihren Einfluß in den auf dem Lande fest verankerten Raiffeisengenossenschaften[592] personell (Mitglieder in Leitungsfunktionen) und organisatorisch (lose Kooperationsformen) zu verstärken. Nachdem die SED der VdgB Mitte 1948 das Startzeichen gegeben hatte, sich der Leitung der Raiffeisengenossenschaften zu bemächtigen, betonte die VdgB offen ihren Führungsanspruch gegenüber den Genossenschaften und begnügte sich nicht mehr nur mit der Entsendung ihrer Vertreter in die Vorstände und Aufsichtsräte der Genossenschaftsorganisationen, sondern griff auch aktiv in die Personalpolitik ein, indem sie z. B. durchzusetzen versuchte, die Nominierung von Kandidaten für Genossenschaftsorgane von der VdgB und den Raiffeisenverbänden gemeinsam vorzunehmen.[593] Walter Scholz, der Leiter der Genossenschaftsabteilung im Sekretariat der VdgB, sprach bereits im April 1948 von einem in »absehbarer Zeit« zu vollziehenden Zusammenschluß beider Bauernorganisationen.[594]

Bevor die organisatorische Fusion vollzogen werden konnte, mußten hierfür jedoch zunächst die ideologischen, organisatorischen und personellen Voraussetzungen geschaffen werden:[595]

– Ausrichtung der landwirtschaftlichen Genossenschaften von einer der Raiffeisenideologie anhängenden Interessen- zu einer Transmissionsorganisation sozialistischen Typs;
– Aufbau der Organisation nach dem territorialen Prinzip, Bildung eines Zentralverbandes sowie Vereinheitlichung und Zentralisierung der Organisationsstrukturen;
– »Säuberung« der Genossenschaftsleitungen.

Am 17. August 1948 legte die von Edwin Hoernle geleitete Hauptverwaltung für Land- und Forstwirtschaft der DWK, der die Genossenschaften direkt unterstellt waren,[596] einen Plan zur »Reorganisation« der Raiffeisengenossenschaften vor und berief ein »Organisationsbüro zur Durchführung einer Kampagne zur Reorganisation der landwirtschaftlichen Genossenschaften« unter der Leitung von Ernst Busse (SED).[597]
Als wichtigste organisatorische Veränderungen waren vorgesehen:[598]
– Vereinigung aller im Dorf existierenden Genossenschaften unter einem organisatorischen Dach. Die genossenschaftlichen Grundorganisationen, bisher bestehend aus einer Vielzahl von Spezialgenossenschaften vor Ort, waren als Universalgenossenschaft zur »Dorfgenossenschaft« zusammenzufassen;
– Bildung von im bisherigen Genossenschaftsaufbau nicht vorgesehenen Kreisgenossenschaften, die mit dem Übergang zu einem auf der territorialen Struktur aufbauenden gesamtwirtschaftlichen Planungssystem notwendig geworden waren;
– Etablierung eines »Zentralverbandes der ländlichen Genossenschaften«.
Sanktioniert werden sollte das neue Genossenschaftskonzept von dem »Kongreß der ländlichen Genossenschaften Deutschlands«, der für den November 1948 geplant war, aufgrund massiven Widerstandes der unteren Genossenschaftsverbände gegen die beabsichtigte Gleichschaltung jedoch mehrmals verschoben werden mußte und somit erst für den 16. bis 18. März 1949 einberufen werden konnte.[599]
Auf diesem von den Kommunisten vorbereiteten und beherrschten Kongreß etablierte sich ein ausschließlich von SED-Mitgliedern geführter Zentralverband,[600] der die geplanten organisatorischen Maßnahmen von oben im Genossenschaftsverband durchzusetzen versuchte.
Zur Verwirklichung des Genossenschaftskonzepts stützte sich die SED maßgeblich auf die VdgB, die ihren Auftrag in dieser Sache eindeutig formulierte:
»Die VdgB brauchen wir [...] dazu, unsere Genossenschaften umzuformen [... und] um die besten Menschen unserer Organisation an die Spitze der örtlichen Genossenschaften zu stellen. Unsere Aufgabe besteht daher heute nicht mehr darin, die Schwächen und Fehler unserer Genossenschaften zu kritisieren, sondern praktisch die Schwächen zu beseitigen, d. h. als gute Genossenschafter zu arbeiten.«[601]
Wenngleich es zwischen der VdgB-Führung und der neuen genossenschaftlichen Verbandsspitze auf der Zentralebene zu engen organisatorischen Verschränkungen kam[602] – so z. B. sicherte sich die VdgB das Schulungsmonopol für beide Organisationen, was sie in die Lage versetzte, entscheidend auf die Personalpolitik der Genossenschaften einzuwirken[603] –, widersetzten sich die Genossenschaftsorgane auf lokaler und regionaler Ebene weitgehend den Eingriffen seitens der VdgB. Wie sehr die SED die Umsetzung ihres Genossenschaftskonzept durch den anhaltenden innergenossenschaftlichen Widerstand[604] gefährdet sah, mag an ihrer Reaktion bewertet werden. Vom 10. bis 15. Juli 1950 inszenierte sie in Güstrow und vom 16. bis 18. Juli 1950 in Greifswald einen Prozeß gegen nahezu alle führenden Genossenschaftsfunktionäre der Mecklenburgischen Landesorganisation, womit sie ihre Entschlossenheit demonstrierte, die Unterordnung der Genossenschaften mit allen Mitteln, auch denen des Terrors, durchzusetzen.[605]
Noch vor Abschluß des Güstrower Prozesses hatte Vieweg auf einer Hauptausschußsitzung der VdgB am 11./12. Juli 1950 die »Lehren aus Güstrow« gezogen und

der VdgB die Aufgabe gestellt, den Genossenschaftsapparat »gründlich zu reinigen«, die Führung durch fortschrittliche Kräfte zu sichern[606] sowie sofort einen »Plan zur Reorganisation der Genossenschaften und des Zentralverbandes« auszuarbeiten.[607]
Daß bereits zu diesem Zeitpunkt die baldige Eingliederung der Genossenschaften in die VdgB beschlossene Sache war, wurde wenige Tage später auf dem vom 20. bis 24. Juli 1950 tagenden dritten Parteitag der SED offenkundig. Auf dem Parteitag forderte Ulbricht eine »systematische strenge Kontrolle der Genossenschaften«[608] durch die VdgB und gab zugleich das Startzeichen für die Angliederung der Dorfgenossenschaften an die VdgB. Ein Zusammenschluß würde, so führte er weiter aus, »eine wesentliche Vereinfachung der Arbeit bedeuten, denn wir brauchen nicht zwei wirtschaftliche Vereinigungen im Dorfe nebeneinander«.[609] Am 20. November 1950 gaben der Hauptausschuß der VdgB und der Beirat des Zentralverbandes der landwirtschaftlichen Genossenschaften den Zusammenschluß zu einer »einheitlichen Bauernorganisation«, die sich nunmehr »Vereinigung der gegenseitigen Bauernhilfe (Bäuerliche Handels-Genossenschaft)« nannte, bekannt.[610]

5.3 Bäuerliche Interessenvertretung

Nach dem Selbstverständnis der VdgB war bäuerliche Interessenvertretung nur in Übereinstimmung mit den gesamtgesellschaftlichen Zielen möglich und mit diesen in der Weise gekoppelt, daß sie zu deren Erreichung beizutragen hatte.[611] Eine diesen Maximen untergeordnete Interessenpolitik implizierte prinzipiell den Auftrag, die spezifischen Belange und Wünsche der Bauern mit den von der Hegemonialpartei definierten Gesamtinteressen zu harmonisieren.
Eine weitere Reduzierung erfuhr das Interessenvertretungsmoment dadurch, daß sich die Interessenvertretung der VdgB in der politischen Praxis ausschließlich an den Belangen der als »werktätig« bezeichneten Bauerngruppen orientierte. Die instrumentelle Handhabung des Prinzips der »gegenseitigen Hilfe« erlaubte es, eine zielgerichtete, auf die Verbesserung der wirtschaftlichen und sozialen Stellung der Neu-, Klein- und auch Mittelbauern gerichtete Interessenpolitik zu betreiben und hierfür die ökonomischen Potenzen der wirtschaftlich bessergestellten Groß- und zum Teil auch Mittelbauern geschickt zu nutzen.
In Verwaltung und Parlament engagierte sich die VdgB für die fundamentalen Interessen der Neu-, Klein- und Mittelbauern, so z. B. für die Versorgung der kleineren Bauernwirtschaften mit Produktions- und Betriebsmitteln (technischem Gerät, Vieh, Saatgut, Düngemittel, Bindegarn etc.), für die Errichtung und den Ausbau dörflicher Gemeinschaftseinrichtungen sowie für die wirtschaftliche und soziale Besserstellung der Landarbeiter, Neu- und Kleinbauern (Kredithilfe, Sozialversicherung etc.).[612] Auf Initiative der VdgB sind in diesem Zusammenhang bis Mitte 1949 folgende Maßnahmen beschlossen und durchgeführt worden:[613]
Auf Antrag der VdgB wurde die pro Bauernwirtschaft einheitlich bemessene Veranlagung zur Pflichtablieferung tierischer Erzeugnisse durch die Hektarveranlagung ersetzt; gleichzeitig sind Erleichterungen für kleinere Betriebe und Neubauern geschaffen worden.
Zur Entlastung der Neubauern konnte sie durchsetzen, daß die bislang höheren Feuerversicherungsprämien für Weichdächer den Prämien der Hartdächer angegli-

chen wurden. Zur Unterstützung wirtschaftsschwacher Betriebe bekam die VdgB 2 Mio. Mark als Beihilfen für den Aufkauf von Handelsdünger bewilligt. Für den Ausbau der MAS erhielt sie von der DWK 100 Mio. Mark zur Verfügung gestellt und konnte darüber hinaus erreichen, daß die MAS-Gebühren und Tarife für die kleinen und mittleren Bauern gesenkt wurden. Auch für den Erwerbsgartenbau, der innerhalb der VdgB eine eigene Sparte bildete, erwirkte sie größere Materialsonderzuteilungen an Gas, Dünger und Kohle.

Am 3. August 1948 beschloß der Zentralverband der VdgB die Errichtung eines »Naturalfonds«, durch den unverschuldet in Not geratene und wirtschaftsschwache Betriebe – der strenge Winter 1946/47 und die Dürre im Sommer 1947 hatte viele Neu- und Kleinbauern in eine existenzbedrohende Lage gebracht – Unterstützung erhielten.[614] Die VdgB rief alle Bauern auf, »nach Maßgabe ihrer Möglichkeiten einen freiwilligen Beitrag für diesen Fonds zu leisten«.[615] Da sich diese Einrichtung auf freiwilliger Basis jedoch nicht trug,[616] wurde in Verhandlung mit der DWK eine gesetzliche Regelung erreicht. Am 7. September 1949 erging von der DWK eine, nach Auffassung der VdgB »reichlich spät«[617] verabschiedete Verordnung für einen Naturalfonds,[618] die für alle ablieferungspflichtigen Wirtschaften eine Naturalzahlung von 2 % des Ablieferungssolls vorsah. Träger und Verwalter dieser Selbsthilfeeinrichtung blieb die VdgB, die über die Anträge notleidender Bauern und die Zuteilung der Mittel selbständig entschied.[619]

Am 25. Mai 1949 beschloß die DWK auf Anregung der VdgB die »Anordnung über die Sozialversicherung in der Landwirtschaft«,[620] die den Klein- und Mittelbauern finanzielle Erleichterungen brachte. Die Beiträge wurden künftig nach dem Einheitswert der Betriebe berechnet, für mitarbeitende Familienangehörige über 21 Jahre wurden die Beiträge herabgesetzt, und in bäuerlichen Betrieben bis zu 20 ha waren Familienangehörige bis 21 Jahre grundsätzlich von der Beitragspflicht befreit.

Ihre Vorschläge zu dem am 12. Dezember 1949 von der DWK verabschiedeten Landarbeiterschutzgesetz[621] fanden jedoch keine Berücksichtigung.

Die Initiative zur wirtschaftlichen und sozialen Absicherung der Landarbeiter (Regelung des Arbeitslohnes, des Arbeitstages, der Wohnbedingungen und ähnlicher Fragen) ging von der SED aus, die auf ihrer 1. Parteikonferenz den Parteivorstand beauftragt hatte, »Maßnahmen zu treffen, um in nächster Zeit die Herausgabe eines Gesetzes zum Schutze der landwirtschaftlichen Arbeiter zu erwirken«.[622] Erste Entwürfe waren bereits in Vorbereitung der Parteikonferenz von der Abteilung Landwirtschaft des Zentralsekretariats der SED zusammen mit den entsprechenden Stellen der Gewerkschaften und der DWK ausgearbeitet worden. Die Verhandlungen um die Erstellung des endgültigen Entwurfs, an denen neben Vertretern der Parteien auch Mitglieder der VdgB beteiligt waren, dauerten fast noch ein Jahr.[623]

Bei den Diskussionen zu diesem Gesetz, das am 28. Juli 1949 im Entwurf dem Plenum der DWK vorlag, gab es erhebliche Einwände. Nicht nur von seiten der bürgerlichen Parteien, auch von der VdgB wurden Vorbehalte und Bedenken insbesondere gegen jene Punkte vorgetragen, die auf Kosten der bäuerlichen Betriebe Vorteile für die Landarbeiter vorsahen.

Auf seiner Sitzung am 6. September 1949 beschloß der Zentralvorstand der VdgB im »Interesse der Aufrechterhaltung einer geordneten Wirtschaftsführung der bäuerlichen Betriebe«, der DWK eine »Reihe von Abänderungen« zu diesem Entwurf

vorzuschlagen, so zu Fragen der Kündigungsfrist, des Arbeitslohnes, der täglich zulässigen Höchstzahl der Überstunden und der Wohnverhältnisse der Landarbeiter.[624] Die Realisierung des Gesetzes in diesen Punkten sah sie mit ungerechtfertigt hohen finanziellen Belastungen der Bauern verbunden. Die VdgB drang jedoch mit ihren Vorstellungen nicht durch. Von seiten der Mitglieder und Funktionäre der unteren Ebene mehrte sich offene Kritik, vor allem zur Regelung des Achtstundentages für die Landarbeiter und deren Bezahlung nach Tariflohn, so daß sich die Verbandsführung wiederholt veranlaßt sah, zur Einhaltung des Landarbeiterschutzgesetzes aufzurufen.[625]
Wenngleich der VdgB in den administrativen und repräsentativen Organen primär die Funktion zukam, die Agrar- und Bauernpolitik der SED zu unterstützen, so gelang es der Bauernorganisation mit ihren ausschließlich auf landwirtschaftliche Fragen und Detailprobleme gerichteten Initiativen doch, partielle Interessen ihrer Zielgruppen aufzugreifen, in den politischen Entscheidungsprozeß einzubringen und in enger Abstimmung mit den Verwaltungsorganen, vor allem der DWK, auch durchzusetzen. Solange die VdgB korrigierend dort eingriff, wo durch generalisierende Regelungen partielle Härten für bestimmte bäuerliche Gruppen drohten, wurde sie sicherlich als Interessenvertreter von einem Teil der Bauernschaft anerkannt.

5.4 Agitation für eine gesamtdeutsche Agrareinheit

Mit der sich abzeichnenden separaten Entwicklung beider Teile Deutschlands und ihrer Integration in die Machtblöcke des Ostens und Westens wuchs für die SED die Notwendigkeit, das nationale Moment für die Rechtfertigung des eigenen politischen Weges zu okkupieren.
Der VdgB kam im Rahmen dieses Konzepts, mit dem die SED einmal mehr beweisen wollte, daß die Interessen der Nation in ihrem System am besten aufgehoben seien, die Funktion zu, die agrarsoziale Transformation in der ostdeutschen Gesellschaft als nationale Tat zu propagieren. Die nationale Agitation der SED unterstützte die VdgB mit der Forderung nach Wiederherstellung einer gesamtdeutschen Agrarwirtschaft. Die Durchführung einer Bodenreform in Westdeutschland sowie die Herstellung einer »einheitlichen Wirtschaftsplanung« in ganz Deutschland betrachtete sie als Voraussetzung einer nationalen Agrarpolitik.[626]
Über welche Wege und Kanäle versuchte die VdgB diese politischen Ziele den Bauern Westdeutschlands näherzubringen? Hier boten sich besonders Kontakte auf der Führungsebene zwischen der VdgB und den westdeutschen Bauernverbänden, persönliche Kontakte und Korrespondenzen zwischen den Mitgliedern sowie Einwirkungsmöglichkeiten durch den Vertrieb eigener Presseerzeugnisse in den Westzonen an. Anläßlich offizieller Tagungen in der SBZ/DDR, z. B. zu den Volkskongreßtagungen oder zu den Bauerntagen, versuchte die VdgB die westdeutschen Bauernverbände zur Entsendung von Delegierten zu veranlassen.[627] Selbstverständlich nahm die VdgB auch an Bauernveranstaltungen der Westzonen teil. Auf dem von der »Arbeitsgemeinschaft SED–KPD Hessen« veranstalteten Hessischen Bauerntag am 15. November 1947 waren auch Delegierte der VdgB-Landesverbände vertreten.[628] Mit der Westausgabe des Organs »Der Freie Bauer«, die zeitweilig eine Auflage von über 250 000 erreichte, besaß die VdgB zudem ein hervorragen-

des Agitationsinstrument. Die Zeitung wurde zum Jahresende 1951 jedoch aus finanziellen Gründen eingestellt.[629]
Ab 1950 versuchte die VdgB über den Gesamtdeutschen Arbeitskreis für Land- und Forstwirtschaft ihre Agitation zu intensivieren. Dieses Gremium war am 18./ 19. Februar 1950 in Schierke (Harz) von der SED bzw. der West-KPD nahestehenden Agrarwissenschaftlern, Bauernfunktionären und Bauern aus Ost und West gegründet worden.[630] Als ständige Mitglieder umfaßte es 34 Personen, je 17 aus Ost- und Westdeutschland. Von den die DDR vertretenden Teilnehmern gehörten allein 7 dem Hauptvorstand und -ausschuß der VdgB an.[631] Zum geschäftsführenden Leiter des Sekretariats, das in Ostberlin seinen Sitz hatte, wurde Harry Schmelzer (DBD/VdgB) gewählt.[632] Auch in der Bundesrepublik Deutschland unterhielt der Gesamtdeutsche Arbeitskreis einen Apparat. In Frankfurt am Main bestand ein Sekretariat, und in neun Bundesländern existierten eigene Geschäftsstellen.[633] Finanziert wurde die Organisation nach übereinstimmenden Berichten von östlicher Seite.[634] Über regelmäßige Einnahmen – Mitgliederbeiträge wurden keine erhoben – verfügte der Gesamtdeutsche Arbeitskreis nicht.
Die Ziele des Arbeitskreises waren primär politischer Art: Aufklärung der westdeutschen Bauern über die »verhängnisvolle Politik der Westzonen und ihrer Verbündeten« sowie Propagierung einer einheitlichen gesamtdeutschen Landwirtschaft in einem, unter dem Vorzeichen des östlichen Modells, geeinten Deutschland.[635]
Die wirtschaftlichen Ziele betrafen allgemeine Fragen der Zusammenarbeit und des fachlichen Erfahrungsaustausches auf dem Gebiet der Agrarwirtschaft, -technik und der -wissenschaft sowie der Entwicklung von Maßnahmen zur Überwindung bestehender Schwierigkeiten im gegenseitigen Handel.
Um dem Arbeitskreis die nötige Legitimation zu verleihen, sollten große Gesamtdeutsche Beratungen zu agrarpolitischen und -wirtschaftlichen Problemen organisiert werden. Die erste große Tagung wurde für den 18. bis 21. März 1950 nach Eisenach einberufen. Insgesamt waren 1000 Teilnehmer geladen, die in 17 Arbeitskreisen über alle Einzelgebiete der Landwirtschaft berieten.[636] Die Eisenacher Tagung beschloß ein 12-Punkte-Programm zur »Rettung der deutschen Landwirtschaft«,[637] in dem gemeinsame Aktionen vereinbart und Forderungen aufgestellt wurden, die sich einseitig an die westliche Seite richteten. Zur Linderung der chronischen Versorgungsschwierigkeiten der DDR mit landwirtschaftlichen Betriebsmitteln wurde u. a. auch vereinbart, den Interzonenhandel auszuweiten.
Die zweite und letzte große Tagung fand anläßlich der Landwirtschaftsausstellung in Leipzig vom 15. bis 16. September 1950 statt. Nach östlichen Angaben nahmen an ihr 961 Vertreter aus der DDR und 934 aus der Bundesrepublik Deutschland teil. 290 Teilnehmern aus der Bundesrepublik Deutschland war die Aushändigung von Interzonenpässen verweigert worden. Sie überschritten die Zonengrenze illegal.[638]
Nach der Leipziger Tagung wurde die Tätigkeit des Arbeitskreises in der Bundesrepublik erschwert. Die Bundesregierung erließ am 19. September 1950 einen Beschluß, der es ihr ermöglichte, gegen alle im Staatsdienst beschäftigten Arbeitskreismitglieder Maßnahmen mit dem Ziel der Amtsenthebung einzuleiten. Auf der 7. Tagung des Arbeitskreises, die vom 19. bis 21. Januar 1951 in Hannover stattfand, wurden die eintreffenden Teilnehmer aus der DDR mit Polizeigewalt wieder zurück an die Grenze gebracht.[639]

Wenngleich der ständige Gesamtdeutsche Arbeitskreis erklärte, daß das Vorgehen der westlichen Seite den »Einfluß und die wachsende Autorität des Arbeitskreises nicht beeinträchtigen«[640] könne, und der Hauptausschuß der VdgB in einer Protesterklärung zu den Hannover-Ereignissen ankündigte, die Verbindungen zu den im Westen tätigen Mitgliedern des Arbeitskreises »noch enger zu gestalten«,[641] so muß der Plan, über den gesamtdeutschen Arbeitskreis für Land- und Forstwirtschaft in der westdeutschen Bauernschaft für die gesamtdeutschen Ziele der SED zu agitieren, schon ein Jahr nach dessen Gründung als gescheitert angesehen werden.

6. Wirtschaftliche und politische Bedeutung der bäuerlichen Massenorganisation

Die VdgB war 1945/46 mit der Zielsetzung gegründet worden:
- als Transmissionskraft der SED zu den bäuerlichen Schichten zu fungieren, um diesen Ziele und Mittel der SED-Politik, speziell die Agrarpolitik, zu vermitteln und insbesondere die Neu-, Klein- und Mittelbauern aktiv in diese Politik einzubeziehen;
- als Trägerorganisation der kommunistischen Landwirtschaftspolitik eigenverantwortlich agrarwirtschaftliche und -politische Aufgaben zu lösen und die Partei von organisatorisch-praktischen Tätigkeiten zu entlasten.

Im Rahmen des Aufbaus der Landwirtschaft und der Veränderung ihrer Strukturen bis 1950 im Sinne der agrarpolitischen Zielsetzungen der sowjetischen Besatzungsmacht und der SED hatte die VdgB maßgeblichen Anteil an der:
- Durchführung der Bodenreform und der Festigung der durch diese Umwälzung geschaffenen sozialen und ökonomischen Verhältnisse;
- Wiederherstellung der Produktionsgrundlagen, der Ingangsetzung und Steigerung der Produktion sowie der Steuerung und Kontrolle des landwirtschaftlichen Produktionsablaufs;
- Durchsetzung zentraler Organisationsprinzipien und Planungsmechanismen;
- Herausbildung kollektiver Eigentumsformen in der Landwirtschaft;
- Umstrukturierung und Zentralisierung des landwirtschaftlichen Selbstverwaltungs- und Verbändewesens.

Aufgrund ihrer wirtschaftlichen Machtstellung auf dem Lande, zu der ihr SED und Staat verholfen hatten, gelang es der VdgB, die Mehrheit der bäuerlichen Bevölkerung organisatorisch zu erfassen. Rund 78 % der Bauernland Besitzenden[642] der SBZ/DDR waren 1949 Mitglied der VdgB:[643] 91,6 % der Bauern mit Wirtschaften von 5 bis 10 ha und 56,2 % mit Wirtschaften von 0,5 bis 5 ha. Die Neubauern waren zu über 90 % in der Bauernvereinigung organisiert.[644] Der überwiegende Teil der VdgB-Mitglieder, ca. 60 %,[645] gehörte keiner Partei an, d. h., ein Großteil der Bauern war über die bäuerliche Massenorganisation für die SED erst ansprechbar und somit auch beeinflußbar geworden. Der hohe Organisationsgrad der Bauern darf jedoch nicht als Parameter für deren freiwilliges Engagement gewertet werden. Die Mehrheit der Klein- und Mittelbauern dürfte der VdgB vor allem aus Sicherheitsbedürfnissen und materiellen Motiven beigetreten sein, denn Einrichtungen und Tätigkeit der VdgB schufen vielfach erst die Voraussetzungen für eine existenzsichernde Arbeitsfähigkeit der bäuerlichen Einzelwirtschaften. Zahlreiche gesetzliche Maßnahmen zur wirtschaftlichen und sozialen Verbesserung der Produktions-

und Lebensbedingungen der klein- und mittelbäuerlichen Schichten sind auf Initiative der VdgB entstanden, bzw. viele Vorschläge der VdgB zu diesen Bereichen dienten als Grundlage für staatliche Entscheidungen.

Stärksten Einfluß hatte die VdgB auf die Neubauern, die aufgrund ihrer wirtschaftlichen Situation in großem Maße von der Tätigkeit der VdgB und ihren Einrichtungen abhängig waren. Andererseits dürften durch das Wirken der VdgB die Existenzchancen der Neubauern unter den gegebenen Bedingungen verbessert worden sein. Durch ihre vorwiegend an den Bedürfnissen dieser Bauernschichten orientierten Interessenpolitik trug sie wesentlich zum Abbau wirtschaftlicher und sozialer Unterschiede und Vorbehalte zwischen Alt- und Neubauern bei und förderte die Integration der Neubauern in das gesellschaftliche System. In diesem Zusammenhang sind auch ihre Bemühungen um die Integration der in der Landwirtschaft beschäftigten nominellen »Pg« zu erwähnen, die sie aufforderte, tatkräftig in ihrer Organisation mitzuarbeiten sowie am gesellschaftlichen und politischen Leben teilzunehmen.[646]

Die VdgB entwickelte vielfältige Initiativen, um die bäuerliche Bevölkerung für die Erfüllung und Übererfüllung der Planziele zu aktivieren und sie für die Agrar- und Bauernpolitik der SED zu gewinnen. Ihre Bemühungen um die Einbeziehung der Bauernschaft in das planwirtschaftliche System mußten jedoch um so erfolgreicher sein, je besser es die VdgB verstand, ihre Mitglieder auch politisch zu motivieren und zu mobilisieren.

Selbstverständlich fühlte sich die VdgB als »Schule der demokratischen Erneuerung auf den Dörfern«,[647] wie sie sich selbst bezeichnete, auch dem politischen Auftrag verpflichtet, die dem politischen Geschehen fernstehenden Bauern »systematisch und beharrlich durch Überzeugung«[648] für die Politik der SED zu interessieren. Sie vermochte es jedoch nicht, die Bauernschaft auf Dauer politisch zu aktivieren, und zwar aus zweierlei Gründen:
1. gelang es nicht, der VdgB als politische Vertretung der Bauernschaft die notwendige Anerkennung zu verschaffen und sie stärker in Verwaltung, Regierung und Parlament und vor allem in den Block einzubeziehen;
2. erforderte die Neuorganisierung des Wirtschaftssystems ab 1948 eine stärkere Funktionalisierung der VdgB als wirtschaftspolitische Organisation mit eigenständigen Aufgabenbereichen.

Die SED hatte die VdgB schon bald nach deren Gründung in das Parteien- und Regierungssystem als ein von ihr kontrollierter Partner einzuschalten versucht. Als einzige Massenorganisation beteiligte sich die VdgB in größerem Umfang bei den Wahlen von 1946. Eine politische Aufwertung der Bauernvereinigung durch deren Aufnahme in den zentralen Block sowie eine stärkere Einbeziehung in die administrativen und repräsentativen Organe des politischen Systems scheiterten jedoch 1947/48 am Widerstand der bürgerlichen Parteien.

Für die Erreichung des strategischen Zieles der SED, ihre Position im politischen System auszubauen und zu festigen, war die VdgB bis Mitte 1948 somit nur beschränkt einsetzbar gewesen.

Ihre Bedeutung als Träger wirtschaftspolitischer und staatlicher Aufgaben hingegen war schon ab 1947 durch ihre feste Verankerung in der DWK dokumentiert worden, und in dieser Funktion sollte ihr mit dem Übergang zur längerfristigen Wirtschaftsplanung Mitte 1948 noch größeres Gewicht zukommen.

Es ist dem VdgB-Generalsekretär Vieweg durchaus zuzustimmen, der im Juni 1948 feststellte, die VdgB habe sich zum »Träger von wirtschaftspolitischen Aufgaben erster Ordnung«[649] entwickelt.

Im Zuge der weiteren Vervollkommnung des zentralplanwirtschaftlichen Systems und des volkseigenen Sektors in der Landwirtschaft sowie der Zentralisierung des landwirtschaftlichen Verbände- und Organisationswesens wuchs die bäuerliche Massenorganisation immer stärker in staatliche Aufgabenbereiche hinein und wurde zunehmend mit der eigenverantwortlichen Lösung wirtschaftspolitischer Aufgaben betraut, so vor allem mit der:

1. Steuerung der landwirtschaftlichen Planungs-, Produktions- und Absatzprozesse und den damit verbundenen Aufgaben der Ausarbeitung, Durchführung und Kontrolle der staatlichen Wirtschaftspläne für den Agrarbereich;
2. Durchsetzung zentraler Organisationsstrukturen und Planungsmechanismen in der Landwirtschaft;
3. Transformation des landwirtschaftlichen Organisations- und Verbändewesens.

Die Demokratische Bauernpartei Deutschlands bis 1952

IV

1. Motive für die Gründung einer Bauernpartei

Unter den Bedingungen der Formierung und Festigung der Machtblöcke in Ost und West war die SBZ vor die Aufgabe gestellt, sich stärker in das von der Sowjetunion geführte östliche Lager zu integrieren. Für die innenpolitische Entwicklung hatte dies zur Konsequenz, daß der 1945 eingeleitete Prozeß der politischen, ökonomischen und gesellschaftlichen Umwälzung nunmehr forciert vorangetrieben und die neu entstehenden Strukturen in Staat, Wirtschaft und Gesellschaft institutionell fundiert werden mußten.[650]

Im ökonomischen Bereich waren mit dem Übergang zur zentral organisierten längerfristigen Wirtschaftsplanung sowie mit der Herausbildung neuer Eigentumsverhältnisse und kollektiver Produktionsformen die Weichen für eine neue Wirtschaftsordnung gestellt. In Staat und Verwaltung zeichnete sich seit der Gründung der DWK Mitte 1947 eine zunehmende Hierarchisierung und Zentralisierung der Organisations- und Entscheidungsstrukturen ab.

Die Durchsetzung dieser strukturverändernden Maßnahmen und Prozesse erforderte es, auch das Parteiensystem zu transformieren, und zwar dergestalt, daß es künftig als ein von der SED instruierter und geführter Transmissionsmechanismus fungierte.

Wichtigste Voraussetzung für die Umstrukturierung der SBZ/DDR nach dem sowjetischen Modell war die Mitte 1948 beschlossene und Anfang 1949 im wesentlichen vollendete Wandlung der SED in eine marxistisch-leninistische Kaderpartei stalinistischen Typs.

Mit der Konkretisierung und Umsetzung des Konzeptes zum Umbau der SED-Gesellschaft drohte das bisher praktizierte Blockprinzip jedoch auseinanderzubrechen, weil die bürgerlichen Parteien der SED die Gefolgschaft verweigerten und deren Führungsrolle nicht anerkannten.

Die Auseinandersetzungen um die Teilnahme an der von der SED initiierten Volkskongreßbewegung – am Widerspruch der CDU scheiterte eine gemeinsame positive Entscheidung des Blocks – ließen erste Risse im Blocksystem deutlich werden. Die CDU, die es auch zuvor schon vereinzelt abgelehnt hatte, Entscheidungen mit den anderen Parteien gemeinsam zu tragen, erklärte auf ihrem 2. Parteitag (6. bis 8. September 1947) durch ihren ersten Vorsitzenden Jakob Kaiser, daß sie die Blockpolitik als »eine der möglichen Formen für loyale Zusammenarbeit der Parteien in außerordentlicher Zeit« betrachtete, die sie künftig nur unter der Bedingung bejahen wollte, daß allein die Parteien politischer Willensträger sind und die Blockpolitik von der SED nicht dazu benutzt werde, sich eine »ideologische und praktische Vorherrschaft zu sichern«.[651] Die unter der Führung von Wilhelm Külz eher kooperationswillige LDP drohte Ende 1947 gar mit ihrem Austritt aus dem Block.[652]

Die Kritik der bürgerlichen Parteien an der Enteignungspolitik in der Industrie und an der Wirtschaftsplanung sowie ihre Vorstöße und Initiativen zur Revision der Bodenreform und zur Überprüfung von Enteignungsmaßnahmen machten deutlich, daß sie entschlossen waren, an ihren politischen Grundsatzpositionen festzuhalten. In den Landtagen, insbesondere in jenen, in denen bürgerliche Mehrheitsverhältnisse herrschten, konnten CDU und LDP ihre Vorstellungen teilweise durchsetzen, was ihnen seitens der SED den Vorwurf einbrachte, die Blockpolitik sabotieren oder gar sprengen zu wollen.[653]

Die politischen Konfrontationen führten zur Verhärtung der Blockpolitik und ließen die Blockarbeit stagnieren. In der Zeit vom 13. Februar bis 5. August 1948 trat der zentrale Blockausschuß in Berlin nicht zusammen, und auch auf regionaler und lokaler Ebene kam es zu zeitweiligen Unterbrechungen der Blocksitzungen.[654]

Die offizielle DDR-Historiographie interpretierte die von ihr als »Krise des Demokratischen Blocks«[655] bezeichnete Phase übereinstimmend als Folge von in den bürgerlichen Parteien auftretenden Auseinandersetzungen. So bemerkt Großer:

»Diese Spannungen und Schwierigkeiten beruhten vor allem darauf, daß in den bürgerlichen Parteien die reaktionären blockfeindlichen Kräfte die Oberhand gewannen, [...] und die demokratischen Kräfte in diesen Parteien eine neue Orientierung nur unter großen Schwierigkeiten fanden. [...] Durch das zeitweilige Überhandnehmen der reaktionären Kräfte in den bürgerlichen Parteien im Jahre 1948 war die demokratische Sicherheit und Weiterentwicklung dieser Parteien in Frage gestellt und das Weiterbestehen des demokratischen Blocks gefährdet.«[656]

Die bürgerlichen Parteien profilierten sich durch ihre teilweise Verweigerung an der Mitarbeit und -verantwortung zunehmend als Oppositionsparteien und drohten somit die Funktionsfähigkeit der Blockpolitik in Frage zu stellen.

Die SED sah in dieser Situation in der Erweiterung der Legitimationsbasis durch loyale Bündnispartner offensichtlich den einzig erfolgversprechenden Weg, die Durchsetzung ihrer politischen Ziele sicherzustellen, denn – so die Feststellung der offiziellen DDR-Geschichtsschreibung – »die Alternative, daß sonst eine zumindest sehr starke Isolierung [der SED] hätte folgen können, lag zu deutlich auf der Hand«.[657]

Zu erreichen war dies zum einen durch Aufnahme der Massenorganisationen in die Blockausschüsse, Parlamente und Verwaltungsorgane, zum anderen aber auch durch Gründung neuer, systembejahender Parteien, die der SED die nötige Unterstützung gewährten. Eine stärkere Integration der Massenorganisationen in den Block schied jedoch vorläufig aus, weil CDU und LDP die Zusammenarbeit auf politischer Ebene grundsätzlich auf die Parteien beschränkt wissen wollten. In diesem Punkt war es zwischen der SED und den bürgerlichen Parteien bereits mehrmals zu Auseinandersetzungen gekommen.[658]

Eine Erweiterung des bestehenden Parteienspektrums durch eine Bauernpartei bot sich aus vielerlei Gründen an. Bei der Durchsetzung ihrer Vorstellungen im Bereich der Agrarpolitik und -wirtschaft – wie etwa Verwirklichung planwirtschaftlicher Methoden im Produktions- und Distributionsbereich, Veränderung der betrieblichen Eigentumsstrukturen, Umstrukturierung und Zentralisierung des landwirtschaftlichen Selbstverwaltungs- und Organisationswesens – war die SED auf einen stark in der bäuerlichen Bevölkerung verankerten und im Parteiensystem gleichermaßen fest organisierten loyalen Bündnispartner angewiesen. Auch bei der Festigung der Bündnisbeziehungen zu den Neu-, Klein- und Mittelbauern, die stärker in die antifaschistisch-demokratische Ordnung eingebunden werden sollten,[659] konnte eine Bauernpartei hilfreich sein.

Die bürgerlichen Parteien, vor allem die CDU, waren solide in der Bauernschaft verankert[660] und hatten sich, indem sie die Bodenreform- und Neubauernpolitik kritisierten und teilweise boykottierten, insbesondere als Sprecher und Interessenvertreter der wirtschaftlich bessergestellten Altbauern profiliert.[661] Mit dem Widerstand der bürgerlichen Parteien gegen eine weitere Transformation der agrarsozialen Strukturen mußte die SED rechnen und war deshalb auf Unterstützung in dieser Auseinandersetzung angewiesen.

Die VdgB vermochte es nicht, die Bauernschaft auf Dauer politisch zu aktivieren und zu moblisieren und hatte sich als politische Kraft nicht tragfähig erwiesen. In den parlamentarischen Gremien sowie in den Verwaltungsorganen war sie nicht stark genug repräsentiert. Dem Koordinationszentrum des Parteiensystems, dem Demokratischen Block, gehörte sie auf lokaler und auch auf regionaler Ebene nur vereinzelt an, im zentralen Blockausschuß hingegen war sie nicht vertreten. Ihr sollte mit dem Übergang zur längerfristigen zentralen Wirtschaftsplanung mehr und mehr wirtschaftspolitische, -organisatorische und planmobilisierende Funktion zukommen. Organisationstyp und Funktionscharakter der VdgB erlaubten eine stärkere politische Instrumentalisierung der Bauernvereinigung zum damaligen Zeitpunkt nicht.

Die SED hatte in der VdgB an Einfluß eingebüßt und Mitgliederverluste hinnehmen müssen. Einer Bauernpartei konnte es am ehesten gelingen, die über 60 % parteipolitisch nicht gebundenen Mitglieder der VdgB zu organisieren und dazu beizutragen, den Machtverlust der SED in der bäuerlichen Massenorganisation zumindest auszugleichen.

Verstärkt mußte die SED in den Jahren ab 1946/47 ihre Anstrengungen darauf verwenden, ihre ideologisch sowie politisch-taktisch motivierte Bauernpolitik (Festigung der Beziehungen zu den klein- und mittelbäuerlichen Schichten; weitgehende Neutralisierung der Großbauern) in der Partei durchzusetzen. Zunehmend artikulierte sich innerparteiliche Kritik gegen diese differenzierte Bauernpolitik, verbunden mit Forderungen, die insbesondere auch durch die schwierige ernährungswirtschaftliche Situation Auftrieb erhielten, zu einer einheitlichen Zwangsbewirtschaftung für alle Bauern, ohne Rücksicht auf ihre sozial-ökonomische Situation überzugehen.[662]

Der SED-Landesvorstand Sachsen bemerkte hierzu am 6. Juli 1948:

»Manche unserer Genossen verstehen nicht die Notwendigkeit der *Klassendifferenzierung auf dem Dorfe,* so daß ihr Verhalten oft zur Stärkung der Großbauern führt. Die Ablehnung unseres landwirtschaftlichen Erfassungssystems mit Abgabesoll und freien Spitzen durch eine Reihe von Genossen muß als Schwanken in unserer Bündnispolitik betrachtet werden, welche eindeutig auf die Schaffung des Bündnisses der Arbeiter mit den Kleinbauern und Mittelbauern gerichtet ist.«[663]

Das Zentralsekretariat des SED-Parteivorstandes hatte bereits am 23. Januar 1947 mit Schreiben an die Landes- und Provinzialverbände moniert, »daß viele Parteimitglieder und Funktionäre [. . .] die eminente Bedeutung [der] Agrar- und Bauernpolitik« der Partei und »besonders eines Bündnisses der Arbeiter mit den Bauern noch nicht erkannt«[664] hätten und vielerorts »Unklarheiten und Vorbehalte zum Hauptbündnispartner«[665] bestünden.

Auf dem 2. Parteitag der SED rief Wilhelm Pieck dazu auf, »die Mitglieder der Partei von der Notwendigkeit einer *engen Zusammenarbeit mit der Bauernschaft* zu überzeugen und der vielfach noch vorhandenen Gleichgültigkeit – wenn nicht gar Feindschaft – gegenüber der Bauernschaft energisch entgegenzuwirken«.[666]

Angesichts dieser Widerstände in den eigenen Reihen war die Durchsetzung der Agrar- und Bauernpolitik der SED sowie die politisch-organisatorische Fundierung des Bündnisses mit der Bauernschaft am ehesten mit Hilfe einer von der SED kontrollierten Bauernpartei zu erreichen.

Eine Bauernpartei sollte zum einen Mitglieder von CDU und LDP abwerben bzw. verhindern, daß sich Mittel-, Klein- und Neubauern diesen Parteien anschlossen sowie die, der SED ablehnend gegenüberstehenden Gruppen und die, weder von der SED noch von den bürgerlichen Parteien zu erreichenden, politisch indifferenten Schichten organisieren und in den gesellschaftlichen Transformationsprozeß einbeziehen. Die zu gründende Partei mußte demnach primär als Partei der Neu-, Klein- und Mittelbauern konzipiert sein, gleichzeitig jedoch nach außen als Repräsentant und Interessenvertreter aller Bauern auftreten. Nur so konnte den bürgerlichen Parteien der Volksparteicharakter streitig gemacht und ihr soziales Rekrutierungspotential eingeengt werden.

Mit einer vorwiegend in ländlichen Gebieten beheimateten »Partei des Dorfes« konnte vor allem eine Verschiebung der politischen Kräfteverhältnisse in den von den bürgerlichen Parteien majorisierten Parlamenten, Regierungs- und Verwaltungsorganen in den Gemeinden und Kreisen zugunsten der SED erreicht werden.

Darüber hinaus ließ sich eine Bauernpartei auch im Rahmen der nationalen Agitation für eine gesamtdeutsche Wirtschafts- und Agrareinheit, mit dem Endziel einer auch in Westdeutschland durchzuführenden Bodenreform einsetzen.

Eine Partei mit diesem Auftrag hatte in programmatischer, organisatorischer und personeller Hinsicht bestimmte Anforderungen zu erfüllen und bedurfte eines entsprechenden Profils.

Sie mußte ein Programm aufweisen, das einerseits Wünsche, Erwartungen und Stimmungen der bäuerlichen Schichten aufgriff, in deren Sprache formulierte und spezifische Interessenvertretung versprach. Auf der anderen Seite mußte sie klarlegen, daß unter Anerkennung der politisch-gesellschaftlichen Systemnormen spezifische Interessenvertretung nur im Rahmen der von der SED als gesamtgesellschaftlich definierten Interessen möglich sein konnte. Darüber hinaus mußte sie von loyalen und ergebenen Führungskadern getragen werden, die als Garanten des von der SMAD/SED vorgegebenen Parteikurses gelten konnten, und bedurfte einer Organisationsstruktur, die eine zentralistische Willensbildung von oben nach unten und direkte Einfluß- und Kontrollmöglichkeiten der übergeordneten Parteileitungsorgane auf die unteren Parteigliederungen sicherstellte sowie die Reglementierung der Mitglieder durch abgestufte Sanktionsmechanismen ermöglichte.

Bereits Ende 1947 hatte die SMAD die Chancen neuer Parteien geprüft und in einer Besprechung mit Offizieren der politischen Abteilung der Militärverwaltungen der Länder unter Vorsitz Tulpanows, des Leiters der Informationsabteilung der SMAD, die Bildung einer nationaldemokratischen und bäuerlich orientierten Partei in Grundzügen beschlossen.[667]

Am 16. April 1948 deutete Ulbricht in einem Instruktionsreferat vor Lehrern der SED-Parteihochschule eine Veränderung der »Blockpolitik ihrem Wesen nach«[668] an und brachte die Gründung neuer Parteien ins Gespräch. In diesem Zusammenhang erwähnte er auch die Bildung einer Bauernpartei, die als Organisation der klein- und mittelbäuerlichen Schichten zur Zurückdrängung des wachsenden Einflusses der Großbauern geschaffen werden sollte.

Am 18. April sprach Wilhelm Pieck auf einer SED-Kundgebung im Berliner Mercedes-Palast erstmals öffentlich über eine mögliche Erweiterung des bestehenden Parteiensystems.[669] Der SED-Vorsitzende begründete die Notwendigkeit neuer Parteien mit der Unelastizität des bestehenden Dreiparteiensystems, das angesichts der ständigen Veränderungen in der Bevölkerungsstruktur (Zustrom von Umsiedlern und Kriegsheimkehrern sowie Eingliederung ehemaliger Nazis) nicht in der Lage sei, alle Bevölkerungsteile aktiv am gesellschaftspolitischen Entwicklungsprozeß teilhaben zu lassen. Seiner Ansicht nach könnten die bestehenden Parteien diesen Umständen nur dadurch Rechnung tragen, indem sie die Bestrebungen dieser Schichten, sich in einer »ihren Anschauungen entsprechenden Partei« zu organisieren, förderten und unterstützten. Deutlich gab er jedoch zu verstehen, daß die Existenzberechtigung dieser Parteien zu messen sei an deren antifaschistisch-demokratischem Charakter, ihrer Einstellung zur »Sache des werktätigen Volkes« und ihrer Zusammenarbeit mit der SED in Block, Volkskongreß, Verwaltung und Parlament.

2. Gründung und Formierung der DBD

2.1 Gründungsablauf

Am 25. April 1948 veröffentlichte das VdgB-Organ »Der Freie Bauer« einen an »alle Bauern Mecklenburgs« gerichteten Brief, der zur Bildung einer »selbständigen demokratischen Bauernpartei« aufrief.[670] Unterzeichnet war der Brief vom »Gründungskomitee des Kreises Wismar«, deren neun Mitglieder, darunter der VdgB-Kreisvorsitzende von Wismar, Hans-Joachim Friedländer,[671] und der Vorsitzende des VdgB-Landesverbandes Brandenburg, Rudolf Albrecht,[672] sich alle als »Bauern« auswiesen. Zur Entstehungsgeschichte dieses Briefes erklärte das Gründungskomitee in einer Zuschrift[673] an den Chefredakteur des VdgB-Blattes, daß in einer vom VdgB-Kreisvorstand Wismar für den 17. April 1948 einberufenen Sitzung[674] zur Erörterung von Fragen zur Frühjahrsbestellung – nach Meldung der »Täglichen Rundschau« handelte es sich um eine »Bauernaktiventagung«[675] – »eine Gruppe von Bauern« die Forderung nach einer eigenen Bauernpartei erhoben und eine entsprechende Vorlage eingebracht habe. Die Konferenz habe das auf dieser Tagung gebildete Gründungskomitee beauftragt, »einen Brief an die Bauern zur Frage der Schaffung einer demokratischen Bauernpartei zu richten«.

In diesem Brief kritisierten die Unterzeichner das mangelnde Engagement der administrativen Organe und Parteien für die Belange der Bauern, insbesondere der Neu- und Kleinbauern, sowie für Fragen und Probleme der Landwirtschaft. Mit einer Bauernpartei galt es nach Meinung der Unterzeichner des Gründungsaufrufs dreierlei zu erreichen:

1. eine raschere wirtschaftliche und soziale Besserstellung der Neu- und Kleinbauern, womit die Autoren signalisierten, vorwiegend diese Bauerngruppen als Träger der zu gründenden Bauernpartei anvisieren zu wollen;
2. eine umfassendere Beteiligung der Bauern bzw. ihrer Vertreter bei der »Ausarbeitung der Landwirtschaftspolitik« sowie der Aufstellung der Anbaupläne und Festlegung der Ablieferungsbestimmungen;
3. eine stärkere Repräsentation der Bauern in den administrativen und repräsentativen Organen des Staates.

Grundsätzliche, den Rahmen der vorgegebenen Agrarpolitik sprengende Forderungen erhoben die Autoren nicht. Vielmehr war es ihr Anliegen, die Bauern unter den Systembedingungen stärker in das ökonomische und politische System zu integrieren.

Zur Einordnung der Bauernpartei in das Parteiensystem heißt es:

> »Eine solche demokratische Bauernpartei würde in *keinem Gegensatz* zu den anderen demokratischen Parteien stehen, besonders nicht zur Arbeiterpartei, da wir von dem Grundsatz ausgehen, *daß Arbeiter und Bauern beim Neuaufbau unzertrennliche Glieder sind. Wir würden in einer solchen Bauernpartei nur eine wertvolle Ergänzung der Tätigkeit des antifaschistischen Blocks erblicken und unsere entscheidende Aufgabe darin sehen, an der Festigung der Demokratie auf allen Gebieten mitzuwirken.*«[676]

Funktion einer Bauernpartei im Parteiensystem sollte es demnach sein, dies wurde nicht zuletzt durch die Anerkennung des spezifischen Gewichts der SED dokumentiert, die Politik der Arbeiter-und-Bauern-Partei zu unterstützen.

Auf Vorschlag des Gründungskomitees versammelten sich am 29. April 1948 im »Niederländischen Hof« zu Schwerin 126 »Bauerndelegierte« aus nahezu allen Kreisen Mecklenburgs,[677] um über die zur Bildung einer Bauernpartei notwendigen Schritte zu beraten. Auf dieser Tagung wurde ein aus 14 Alt- und Neubauern zusammengesetzter Gründungsausschuß gewählt, der ein 7köpfiges geschäftsführendes Sekretariat mit Sitz in Schwerin bildete. Dem Sekretariat wurde die Aufgabe übertragen, alle vorbereitenden Maßnahmen zur Gründung und Genehmigung der Bauernpartei in Mecklenburg in die Wege zu leiten. Ernst Goldenbaum berichtet über den Verlauf dieser Konferenz:

> »Als damaliger Landesvorsitzender der VdgB und Vorsitzender der Fraktion der VdgB im mecklenburgischen Landtag nahm ich an dieser Tagung teil [...]. Die Tagungsteilnehmer richteten an mich den Antrag, den Vorsitz des Gründungsausschusses für das Land Mecklenburg-Vorpommern zu übernehmen, dem ich Folge leistete. Am Abend des gleichen Tages wurde der Gründungsausschuß von den Vertretern der SMAD empfangen. Die Mitglieder des Gründungsausschusses berichteten über den Verlauf und den Inhalt der Konferenz. Der Chef der Sowjetischen Militäradministration in Mecklenburg erteilte nach einer Aussprache seine Zustimmung zur Bildung der Demokratischen Bauernpartei Deutschlands im Lande Mecklenburg-Vorpommern. Er ließ auch die entsprechende Urkunde über die Zulassung der DBD anfertigen.«[678]

Auf seiner ersten Sitzung beschloß der geschäftsführende Ausschuß umgehend mit der Gründung von Kreisausschüssen zu beginnen.[679]

In den Monaten Mai bis Juni 1948 entstanden in den übrigen Ländern der SBZ ebenfalls Kreis- und Landesgründungsausschüsse.

Rudolf Albrecht initiierte die Gründung der DBD in Brandenburg. Am 25. Mai 1948 etablierte sich in Potsdam ein Landesverband. Lizenziert wurde die DBD in Brandenburg am 12. Juli 1948.[680]
In Thüringen formierte sich am 13. Juni 1948 ein Landesausschuß. Der Chef der SMA Thüringen, Garde-Generalmajor Kolnesnitschenko, erteilte dem Landesverband am 18. Juni 1948 die Zulassung.[681]
In Sachsen-Anhalt erging die Genehmigung ebenfalls Mitte Juni.[682]
Über den Gründungsvorgang der DBD in Sachsen berichtet Friedrich Martin:
»Am 21. Juni 1948 wurde der Landesverband der DBD Sachsen im Haus der VdgB in Dresden aus der Taufe gehoben. Etwa 40 Kollegen aus allen Kreisen des Landes Sachsen waren zusammengekommen [. . .]. Sie wählten einen vorläufigen Landesausschuß [. . .]. Dieser wurde beauftragt, die weiteren Maßnahmen zum Aufbau der Partei zu ergreifen. Ich wurde als 1. Vorsitzender des Landesverbandes gewählt. Meine erste Aufgabe war es, sofort ein geschäftsführendes Sekretariat einzurichten.«[683]
Parallel zum Aufbau der Kreis- und Landesorganisationen erfolgte die Gründung des Zonenverbandes.
Am 26. Mai 1948,[684] nachdem die Partei im Landesmaßstab erst in Mecklenburg lizenziert worden war und sich in Brandenburg gerade zu formieren begann, konstituierte sich in Brandenburg/Havel ein provisorischer Zentralvorstand mit Ernst Goldenbaum als 1. und Rudolf Albrecht als 2. Vorsitzender sowie ein vorläufiger Zonenausschuß, dem je zwei Vertreter pro Landesverband angehörten.[685] Die von der Mecklenburger Delegation unter Goldenbaum vorgelegten »Grundsätze und Forderungen« verabschiedete der Zonenausschuß als vorläufiges Parteiprogramm.[686]
Am 2. Juni 1948 stellte Goldenbaum bei der SMAD einen Antrag auf Zulassung der Bauernpartei für die ganze Zone.[687] Am 16. Juni, nach einem Empfang des Organisationsausschusses der DBD unter der Führung Goldenbaums und Albrechts durch den Leiter der Informationsabteilung der SMAD, Oberst Tulpanow, wurde die politische Tätigkeit der DBD im Gebiet der SBZ genehmigt und die Herausgabe eines Parteiorgans bewilligt.[688]
Der Zonenvorstand äußerte sich auf seiner ersten Sitzung am 10. Juli 1948 in Weimar erstmals öffentlich zu innenpolitischen Fragen. Die Parteiführung faßte eine Entschließung zum Zweijahrplan, den sie als geeignete Maßnahme für den »Aufstieg aus eigener Kraft« und zur »Hebung der Landwirtschaft« begrüßte und zu dessen Verwirklichung sie ihre aktive Mitarbeit anbot.[689]
In einer weiteren Resolution: »Bauernpartei gegen Separatstaat«[690] bezog sie Stellung zur nationalen Frage, bekannte sich zu den Zielen des Volkskongresses und erklärte ihre Bereitschaft, die Bauern für die nationale Idee zu mobilisieren.
Am 16./17. Juli 1948 tagte die erste Parteikonferenz in Schwerin. Sie legte die organisatorische und programmatische Basis für den Aufbau der Partei im Zonenmaßstab. Die Delegierten wählten einen aus 19 Mitgliedern bestehenden provisorischen Parteivorstand und einen geschäftsführenden Vorstand, bestehend aus dem 1. Vorsitzenden Ernst Goldenbaum, dem 2. Vorsitzenden Rudolf Albrecht, dem Hauptgeschäftsführer Paul Scholz und dem Chefredakteur des »Bauern-Echo« Leonhard Helmschrott.[691] In einer einstimmig verabschiedeten Resolution billigte die Tagung die vom Zonenausschuß vorgelegten »Grundsätze und Forderungen« und beschloß sie als »vorläufiges Programm«.[692] Auch das vorgelegte Parteistatut wurde

»vorerst verbindlich in Kraft« gesetzt, mit der Maßgabe, daß die bestätigten Gründungsausschüsse der Länder, Kreise und Gemeinden bis zum ersten Parteitag als Vorstände fungieren sollten.[693] Veröffentlicht wurde das Statut jedoch erst in der Ausgabe des »Bauern-Echo« vom 15. August 1948, nachdem es der Parteivorstand am 7. August 1948 »in neuer Fassung« bestätigt hatte. Der erste Parteitag sollte sowohl das Programm als auch das Statut endgültig beraten und beschließen.[694]
Goldenbaum rief zur Werbung »fortschrittlicher Kräfte« auf, ermahnte die Mitglieder zur Wachsamkeit vor »Karrieristen und politischen Spekulanten« und wies die Vorstände aller Parteigliederungen an, Vertreter in die Volkskongreßorgane und in die antifaschistisch-demokratischen Blockausschüsse zu entsenden.[695]
Die Delegierten billigten abschließend einstimmig einen vom Kreisverband Eisenach eingebrachten, an den Chef der SMAD, Marschall Sokolowskij, gerichteten Antrag zur Verschiebung der 1948 fälligen Gemeindewahlen auf einen günstigeren, späteren Termin.[696]

2.2 Initiatoren und Gründer

Die SMAD initiierte die Gründung der DBD, lizenzierte und finanzierte die Partei, überprüfte die Eignung und politische Zuverlässigkeit der künftigen Parteifunktionäre und traf letztinstanzlich alle Personalentscheidungen.
Aufgabe der SED und auch der VdgB war es, bewährte Kader aus ihren eigenen Reihen zur Verfügung zu stellen und den organisatorisch-technischen Gründungsablauf reibungslos zu gestalten.
Folgender Bericht des Gründungsmitglieds der zonalen Parteiorganisation und des Landesverbandes Sachsen, Friedrich Martin, verdeutlicht Zusammenspiel und Arbeitsteilung zwischen SMAD, SED und VdgB bei der Gründung der Bauernpartei:

»Im Frühjahr 1948 wurde ich von der SMA Leipzig zu einer Rücksprache bei dem Polit-Offizier, Hauptmann Brabbermann, vorgeladen. Bei dieser Rücksprache wurde ich befragt, warum sich die Bauern so wenig politisch betätigen würden und ob der Wunsch vorliege, daß die Bauern eine eigene Partei gründen wollten. Ich habe darauf erklärt, daß ich die Gründung einer Bauernpartei für wünschenswert hielte. Einige Tage darauf wurde ich zu dem damaligen ersten Vorsitzenden der Kreisleitung der SED in Leipzig, Lohagen, bestellt und mir mitgeteilt, daß ich zu einer Besprechung zwecks Gründung einer Bauernpartei nach Dresden zu dem ersten Sekretär der SED, Wilhelm Koenen, fahren solle. Als ich dort hinkam, befand sich im Zimmer von Koenen ein Major der sowjetischen Besatzungsmacht namens Nikodenkow. Ich wurde von diesem nach meiner Meinung über die Gründung einer Bauernpartei befragt.
Etwa 14 Tage später erhielt ich von dem Generalsekretär der ZVdgB, Vieweg, aus Berlin ein Telegramm, in welchem ich aufgefordert wurde, mich nach Brandenburg zur konstituierenden Sitzung der DBD zu begeben. Dies wird etwa Anfang Juni 1948[697] gewesen sein. Bei dieser Sitzung waren ausschließlich SED-Genossen, und zwar etwa 30 Personen, anwesend. Einige von ihnen waren mir bekannt, Goldenbaum, Paul Scholz und Richter, sind Namen, an die ich mich noch erinnern kann.

Goldenbaum hielt ein Referat über die Notwendigkeit der Gründung einer politischen Partei der Bauernschaft. Es wurden dann die Vorsitzenden der Landesverbände bestimmt, und zwar für
Thüringen: Herbert Hoffmann,
Sachsen-Anhalt: Richard Richter,
Brandenburg: Rudolf Albrecht,
Sachsen: Friedrich Martin,
Mecklenburg: nicht mehr bekannt.
Goldenbaum teilte mit, daß die notwendigen Genehmigungen der SMA zur Gründung eingehen würden.
Etwa 8 Tage danach wurde ich nach Dresden zu dem Major Nikodenkow in seiner sowjetischen Dienststelle bestellt. Bei dieser Besprechung beglückwünschte er mich, daß die SMA die Genehmigung zur Gründung der Bauernpartei erteilt habe. Bei diesem Besuch wurde mir gleichzeitig von Major Nikodenkow mein Geschäftsführer, ein gewisser Walter, vorgestellt.
Kurze Zeit darauf wurde dann die erste konstituierende Sitzung des Landesverbandes Sachsen in Dresden einberufen. Zu dieser Sitzung waren die Kreisvertreter seitens der SED und des jeweiligen Militärkommandanten der SMA ausgesucht und hinbestellt worden. Die endgültige Genehmigung, ob die ausgesuchten Personen in ihre Ämter eingesetzt wurden oder nicht, erteilte der Major Nikodenkow. Von ihm ist auch der Aufbau der Partei im Lande Sachsen finanziert worden.«[698]
Auch folgende, inhaltlich wiedergegebene Aussage eines Gründungsmitgliedes eines DBD-Ortsverbandes in Sachsen zeigt beispielhaft die Zusammenarbeit zwischen SMAD- und SED-Stellen bei der Gründung der Bauernpartei auf: Ein Neubauer in Pirna/Rottwerndorf (Sachsen), Mitglied der SED, hatte von seiner Partei den Auftrag erhalten, für den 20. Juli 1948 eine Versammlung zur Gründung der DBD einzuberufen. Da der angekündigte Referent nicht erschien, mußte die Gründungsbesprechung, zu der neben mehreren Bauern und Vertretern der VdgB auch zwei Angehörige der sowjetischen Kommandantur in Zivil gekommen waren, auf den 24. Juli verschoben werden. Für diesen zweiten Termin ergingen Einladungen, die vom SED-Kreisvorstand angefertigt worden waren. Der als Geschäftsführer vorgesehene Neubauer, der seine Richtlinien vom Politischen Offizier der örtlich zuständigen Militärverwaltung, Oberleutnant Skeipp, erhielt, hatte in den umliegenden Dörfern Versammlungen zu organisieren, auf denen parteilose Bauern sowie CDU- und LDP-Mitglieder geworben werden sollten. Zwischen dem 25. Juli und dem 15. August hatte er täglich über seine Werbeaktion auf der Kommandantur zu berichten. Als die Sowjets keinen Fortschritt sahen, bezeichneten sie den Bauern als Saboteur und drohten ihm die Verhaftung an.[699] Dieses Beispiel belegt darüber hinaus, daß die Besatzungsmacht selbst die Androhung massiven Drucks gegenüber den mit der Gründung beauftragten Personen nicht scheute, wenn der Aufbau der DBD auf dem Lande nicht ihren Vorstellungen entsprechend erfolgte.
Die VdgB unternahm große und vielseitige Anstrengungen zur Popularisierung der Bauernpartei.
Sie propagierte in ihren Verbandsorganen und auf ihren Versammlungen offen die Ziele der DBD, forderte ihre Mitglieder zum Beitritt in die Bauernpartei auf, ließ durch ihre örtlichen Vereinigungen selbst lokale DBD-Gründungen vornehmen und stellte bewährte Kader für die neue Partei zur Verfügung.[700]

Insbesondere taktische Gründe dürften dafür bestimmend gewesen sein, die VdgB als Plattform für die Gründung einer Bauernpartei zu instrumentalisieren. Eine von der VdgB offiziell unterstützte und von ihren Mitgliedern mitgegründete und mitaufgebaute Bauernpartei konnte deren Startchancen wesentlich erleichtern und ihr einen ansehnlichen Mitgliederzugang, vor allem aus den Reihen der parteipolitisch nicht organisierten VdgB-Mitglieder, sichern.

Welche Schwierigkeiten es bereitete, geeignete Funktionäre für die Besetzung der Spitzenfunktionen zu finden, geht aus einem am 18. Juni 1948 an die SED-Sekretariatsmitglieder Dahlem und Gniffke gerichteten vertraulichen Bericht des Majors Malisch von der Informationsabteilung der SMAD zur personellen Lage der Bauernpartei hervor. Danach wurde das Zentralsekretariat der SED von der SMAD angewiesen, dringend einen Geschäftsführer sowie einen Chefredakteur für das bereits lizenzierte Parteiorgan »Bauern-Echo« zur Verfügung zu stellen.[701]

Trotz der Gefahr, die DBD schon im Gründungsstadium als eine von der SED geführte Partei zu diskreditieren, griff die SED bei der Auswahl geeigneter Kader auf Funktionäre aus ihren eigenen Reihen zurück, die, durch einen formalen Austritt ihrer Mitgliedschaft entledigt, im SED-Auftrag die Bauernpartei gründeten. Die SED hatte die Kerngruppe des Gründerkreises und somit ein erstes Kadergerüst für die Bauernpartei bereitzustellen.

Unter den mit der Gründung der DBD beauftragten Personen lassen sich deutlich zwei Gründertypen unterscheiden:

1. Kommunisten, die zum Teil bereits vor 1933 der KPD angehörten und sich beim Aufbau der VdgB bewährt hatten. Diese Gruppe bildete die erste Führungsgarnitur der DBD und verkörperte gleichsam das Idealprofil des künftigen Funktionärs, denn aufgrund ihrer politischen Herkunft galten diese Personen als absolut ergebene Gewährsleute der SED. Diese für den politisch-ideologischen Kurs der Bauernpartei verantwortliche Funktionärsschicht wurde später verstärkt durch in der UdSSR ausgebildete Antifaschüler,[702] die unmittelbar nach ihrer Rückkehr nach Deutschland in die DBD eingeschleust wurden und wichtige Leitungsfunktionen im DBD-Apparat übernahmen.
2. In der VdgB hervorgetretene Sympathisanten der SED sowie örtlich beliebte und öffentlichen Einfluß ausübende Bauern, die bereit waren, mit der SED zu kooperieren. Dieser stärker in der Bauernschaft verankerte Gründertyp agierte primär auf Kreis- und Ortsebene und sollte die DBD vor allem sozial verankern.

Zum zentralen Führungskern der DBD zählten die ehemaligen KPD/SED-Mitglieder Ernst Goldenbaum[703] und Rudolf Albrecht,[704] die beide auch als Gründungsinitiatoren öffentlich in Erscheinung getreten waren. Vervollständigt wurde die Führung im Juni 1948 durch den ebenfalls aus der KPD/SED kommenden Paul Scholz,[705] der zum Hauptgeschäftsführer avancierte, und das ehemalige NKFD-Mitglied Leonhard Helmschrott,[706] der noch im Juni 1948, wenige Wochen vor seiner Berufung zum Chefredakteur des »Bauern-Echo«, die Parteihochschule der SED »Karl Marx« besucht hatte. Goldenbaum leitete den Parteiaufbau der zentralen Organisation. Von 1948 bis 1982 war er in der Funktion des ersten Vorsitzenden unangetastet. Albrecht gehörte dem Wismarer Gründungskomitee an. Er organisierte die Partei in Brandenburg und war bis 1950 stellvertretender Parteivorsitzender. Goldenbaum, Albrecht und Scholz hatten gleichfalls entscheidend am Aufbau der VdgB mitgewirkt und sich in der Führung der bäuerlichen Massenorganisation

bewährt. Auch die Gründung der übrigen Landesorganisationen der DBD wurde von ausgesuchten Mitgliedern der SED vorgenommen. Den Aufbau der Landesorganisation in Sachsen leitete Friedrich Martin.[707] In Thüringen organisierte Herbert Hoffmann[708] und in Sachsen-Anhalt Richard Richter[709] die Partei. Für eine Bauernpartei, die das politische Ziel verfolgte, die »bürgerliche Front« auf dem Lande aufzubrechen, mußte es von größter Wichtigkeit sein, daß besonders die Führungsfunktionen auf Kreis- und Gemeindeebene »unbedingt in den Händen einwandfreier Leute«, d. h. solchen, »die ein Bündnis mit der SED anstreben und aktiv unterstützen«, lagen.[710] Zwar stützte man sich beim Aufbau der unteren Parteiorganisationen vorwiegend auf VdgB-Mitglieder, doch griff die SED auch hier häufig auf erfahrene Funktionäre aus ihren eigenen Reihen zurück. Die Vorstellung folgender Kurzbiographien[711] – es wurden solche aus der KPD/SED kommenden DBD-Gründungsmitglieder ausgewählt, die später wichtige Funktionen im DBD-Parteiapparat bzw. für die Bauernpartei im Staatsapparat hatten – mag dies illustrieren.
Wilhelm Jendras, 1920 der KPD beigetreten, 1945/46 KPD/SED-Mitglied, gründete den Kreisverband Stralsund (Mecklenburg); Fritz Schenk, 1919 im Deutschen Landarbeiterverband, 1924 Mitglied der RGO und Roten Hilfe, 1930 KPD, nach 1933 mehrfach inhaftiert, 1945/46 KPD/SED-Mitglied, 1945 Bürgermeister der Gemeinde Klein-Krams, war Mitbegründer und Kreissekretär des DBD-Kreisverbandes Ludwigslust (Mecklenburg); Dietrich Besler, 1946 SED-Mitglied, gründete den Kreisverband Jüterbog (Brandenburg). Zum Zeitpunkt der Gründung war er Bürgermeister in Fröhde (Kreis Jüterbog) und Vorsitzender des dortigen VdgB-Kreisverbandes; Walter Dörner wurde 1927 Mitglied der SPD, 1945/46 wechselte er zur KPD/SED und gründete die Bauernpartei im Kreis Döbeln (Sachsen), wo er bereits Vorsitzender des Kreisverbandes der VdgB war; Hermann Gräfe, 1924–1935 in der KPD und im Fabrikarbeiterverband, nach 1933 drei Jahre Zuchthaus, 1945/46 KPD/SED, gründete als Vorsitzender der VdgB in Lützen die örtliche DBD-Organisation und den Kreisverband Merseburg (Sachsen-Anhalt).
In der Retrospektive stellt die DBD die Vorgänge um ihre Gründung und Etablierung als Werk einer »Gruppe von werktätigen Bauern« dar, die ihre Forderung nach »höherer politischer Mitverantwortung durch Gründung einer Bauernpartei«[712] zu verwirklichen suchte. Als Gründer nennt sie »Aktivisten der demokratischen Bodenreform«, »Mitgestalter der antifaschistisch-demokratischen Umwälzung« und »Widerstandskämpfer gegen den Hitlerfaschismus«,[713] überwiegend Personen, die sich beim Aufbau der neuen gesellschaftlichen Ordnung bewährt hatten und die absolut loyal zum politischen System standen. Hinweise auf die parteipolitische Herkunft der Gründungsmitglieder hat die Bauernpartei stets vermieden.

2.3 Die »Grundsätze und Forderungen« von 1948

Mit ihren »Grundsätzen und Forderungen« stellte die DBD am 18. Juli 1948 ein »provisorisches Programm« der Öffentlichkeit vor.[714]
In ihren »Grundsätzen« bekannte sich die DBD zum Bündnis mit der Arbeiterklasse und ihrer Partei, der SED, bejahte die antifaschistisch-demokratische Ordnung, bekräftigte ihre Bereitschaft, für die Verwirklichung der Volkskongreßziele einzutreten, und erklärte die politische und gesellschaftliche Integration der Bauern zu einem ihrer vordringlichsten und wichtigsten Ziele.

Als »Kind der Bodenreform«, wie sich die Bauernpartei selbst bezeichnete,[715] sah sie in der »Sicherung und Festigung der Bodenreform« ein wesentliches Betätigungsfeld ihrer Partei und forderte darüber hinaus die Durchführung der Bodenreform in ganz Deutschland. Ihre positive Einstellung zur zentralen Wirtschaftsplanung hatte sie bereits mit ihrer Zustimmung zum Zweijahrplan bekundet. Die in ihrem Programm eher als Appell an ihre Mitglieder aufzufassende Forderung nach »Teilnahme« der Bauern an der Aufstellung der Anbaupläne und Festlegung der Ablieferungsnormen ist daher vielmehr als eine gegenüber dem Staat abgegebene Versicherung aufzufassen, alle bäuerlichen Gruppen in die Planungsmechanismen des Landwirtschaftssektors einzubeziehen.

Unter Anerkennung dieser Systemnormen erhob die DBD in Einklang mit den Interessen des »gesamten werktätigen Volkes« stehende »Gegenwartsforderungen«, die sie als Interessenstandpunkte der Bauern offerierte.

Ihre wichtigste Forderung war die Beteiligung der Bauern am politischen Entscheidungsprozeß, denn nur die möglichst rasche Präsenz in den administrativen und repräsentativen Organen des Staates konnten der DBD öffentliche Anerkennung verschaffen. Die Forderung nach stärkerer Einbeziehung der Bauern in Verwaltung und Parlament verband sie mit auf die bürgerlichen Parteien gemünzter Kritik und machte so deutlich, daß sich der Prozeß der politischen Etablierung der DBD hauptsächlich in der Auseinandersetzung mit CDU und LDP werde vollziehen müssen:

> »Wir anerkennen die neugeschaffenen demokratischen Verwaltungen und schätzen die bisher geleistete Arbeit hoch ein, dennoch aber erstreben wir die stärkere Hinzuziehung der Bauern in alle Verwaltungsorgane, in denen die Fragen der Landwirtschaft beraten und beschlossen werden. Wir wollen eigene Bauernvertreter in den Parlamenten der Länder, der Kreise und der Gemeinden, in den Ausschüssen der Parlamente und den führenden Verwaltungsorganen. Durch die Hinzuziehung der Bauern in die gesetzgebenden Organe, in Zusammenarbeit mit den übrigen antifaschistischen demokratischen Parteien wollen wir mithelfen, den noch vorhandenen volksfeindlichen Bürokratismus zu beseitigen und für die Ausmerzung der oft als ›Fachleute‹ getarnten hemmenden Kräfte, insbesondere in den landwirtschaftlichen Abteilungen, sorgen.«

Die DBD verstand sich als »die selbständige politische Partei der werktätigen bäuerlichen Bevölkerung und der mit ihnen verbundenen Berufsschichten« und legte Wert auf die Feststellung, »keine engherzigen und einseitigen Berufsinteressen« zu vertreten. Der enge Zuschnitt des Programms sowie die Homogenität der angesprochenen Zielgruppen wiesen die DBD jedoch als einen berufs- und schichtenorientierten Parteityp aus. Sie gab vor, für »alle aufbauwilligen Bauern« offenzustehen, dokumentierte aber ihre enge Verbundenheit zu den »fortschrittlichen« und »werktätigen« Bauern, wie Landarbeiter, Neu-, Klein- und auch Mittelbauern und verstand sich primär als deren Interessenvertreter.

Das Programm war darauf ausgerichtet, die Bauern bei ihren unmittelbaren Interessen zu fassen. Die als Interessenvertretung angebotenen Kernforderungen lauteten:

1. Wahrung und Verteidigung des bäuerlichen Besitzstandes und Privateigentums.
   Sicherlich hoffte die DBD mit dieser Zusicherung Sympathien unter der bäuerlichen Bevölkerung und Anerkennung, gerade auch bei den um ihren Besitz-

stand besorgten mittleren und größeren Bauern gewinnen zu können. Der Versuch, sich als »Partei der kleinen Eigentümer«[716] zu profilieren, muß jedoch angesichts des zum damaligen Zeitpunkt in allen osteuropäischen Ländern angekündigten Übergangs zur Kollektivierung in der Landwirtschaft als ein, die langfristigen strategischen Ziele der SED-Agrarpolitik verschleierndes, taktisches Manöver gewertet werden.
2. »Schaffung eines einheitlichen Erbrechts unter voller Gleichberechtigung der zweiten und dritten Söhne oder Töchter« (Realteilung).
Mit diesem Programmpunkt verfocht sie ein Ziel, dessen schrittweise Realisierung zwangsläufig zu einer volks- und betriebswirtschaftlich nicht mehr vertretbaren Zersplitterung der Höfe führen mußte und so langfristig den Boden für die spätere Kollektivierung vorbereitete.
Die Neuregelung der Erbrechtsgesetze Ende 1948 sah unter Wegfall des Anerbenrechts die Erbberechtigung aller Kinder gleichermaßen vor. Ein Zusammenschluß von mehreren Wirtschaften im Erbgange war ausgeschlossen.[717] Damit war die kleinbäuerliche Wirtschaftsstruktur festgeschrieben worden.
3. Verwirklichung von Maßnahmen zur Förderung der Landwirtschaft sowie zur wirtschaftlichen, sozialen und rechtlichen Sicherung der Landarbeiter, Neu- und Kleinbauern.
Die DBD wollte vor allem eintreten für die rasche Durchführung des Neubauernprogramms, für den Schutz der werktätigen Bauern und Landarbeiter vor »Ausbeutung und Wucher«, für die Verhinderung der Spekulation mit Grund und Boden sowie für ein staatliches Vorkaufsrecht zugunsten der landarmen Bauern und Umsiedler.
Bäuerliche Interessenvertretung konnte nach dem Selbstverständnis der DBD nur in Einklang und unter Anerkennung des von der SED definierten Gemeinwohls erfolgen. Die Parteiführung erhob die Interessenkonformität mit der SED zur Maxime ihres politischen Handelns, was Goldenbaum treffend so formulierte:
»Bei all unseren Entscheidungen müssen wir uns [. . .] fragen, ob diese Entscheidung nicht den Interessen der Arbeiterschaft widerspricht.«[718]
Das von der I. Parteikonferenz verabschiedete »vorläufige Programm« ließ weder eine eigenständige politische Konzeption erkennen, noch konnten die Gegenwartsforderungen, wie behauptet, »Anleitung zum praktischen Handeln«[719] geben. Sie entsprachen eher formelhaften Verkürzungen, die erst noch einer inhaltlichen Konkretisierung bedurften.

2.4 Aufbau der Organisation

Für eine vorwiegend auf dem Dorf beheimatete und agierende Partei mußte der möglichst rasche Aufbau eines dichten Ortsgruppennetzes sowie die organisatorische und politische Festigung der unteren Parteieinheiten eine der vordringlichsten Aufgaben sein.
Auf der Parteivorstandstagung vom 7./8. Februar 1949 wurde die Gründung neuer, selbständiger und arbeitsfähiger Ortsgruppen in jeder Gemeinde mit mehr als fünf Mitgliedern zur Hauptaufgabe der Kreisverbände für die kommenden Monate erklärt und die Ortsgruppen angewiesen, Neugründungen in Nachbardörfern selbst vorzunehmen.[720] Ebenfalls zur Stärkung der organisatorischen Basis beschloß der

I. Parteitag in Verwirklichung der bereits auf den Landesparteitagen propagierten Losung: »In jedem Dorfe eine selbständige Ortsgruppe unserer Partei«[721] Richtzahlen, anhand derer sich die Entwicklung der Ortsgruppen in den fünf Landesverbänden bis Ende 1949 zu orientieren hatte. Für Mecklenburg, Sachsen und Sachsen-Anhalt war ein Zuwachs um 300, für Brandenburg um 320 und für Thüringen um 250 Ortsgruppen vorgesehen.[722] Orts- und Kreisvorstandsmitglieder hatten sich durch Parteiaufträge und Patenschaftsverträge zur Gründung bzw. Betreuung von Ortsgruppen persönlich zu verpflichten.[723] Gelang die Gründung eines Ortsverbandes nicht sofort, kam es zunächst zur Errichtung sogenannter »Stützpunkte«, die später dann zu Ortsgruppen umgewandelt oder zusammengefaßt wurden.[724] Alleinstehende Mitglieder in einem Ort wurden zu Vertrauensmännern ernannt und dem Bürgermeister als DBD-Vertreter namhaft gemacht.

Über das organisatorische Wachstum liegen nur sehr vage Angaben vor, so daß Aussagen über eine kontinuierliche Nachzeichnung der Parteientwicklung nicht möglich sind. Bis zum I. Parteitag hatte die Bauernpartei ihre Organisation in den Ländern und Kreisen etabliert,[725] während der personelle Ausbau und die politische Festigung der Landes- und Kreisverbände noch einige Zeit in Anspruch nahm.

Nach übereinstimmenden Berichten der Landesvorsitzenden verlief insbesondere die Gründung und organisatorische Festigung der Kreisverbände sehr unterschiedlich und war angesichts des enormen Mangels an politisch zuverlässigen Funktionären mit großen Schwierigkeiten verbunden.[726] Über die Probleme des Parteiaufbaus im ersten Jahr nach Gründung der DBD berichtet der 1. Vorsitzende des Landesverbandes Mecklenburg, Ernst Beer:

> »Besonders machte sich der Mangel an politisch geschulten Funktionären zur Bildung von arbeitsfähigen Leitungen in den Kreisen und im Landesmaßstab bemerkbar. Aber auch zu erwähnen ist der Mangel an finanziellen Mitteln und an Verkehrsmitteln [. . .].«[727]

Fritz Martin, 1. Vorsitzender des Landesverbandes Sachsen, berichtet:

> »Die Gründungen der Ortsgruppen gingen schleppend vor sich. Viele Kreisvorstände waren nicht arbeitsfähig. Politisch waren unsere Funktionäre noch nicht den Aufgaben gewachsen, die vor ihnen standen.«[728]

Ende Januar 1949 sollen über 1000 Ortsverbände bestanden haben und die Partei in mehr als 2000 Dörfern durch Vertrauensleute verankert gewesen sein.[729] Auf dem I. Parteitag verkündete der Hauptgeschäftsführer Paul Scholz, die Partei sei auf 2000 Ortsgruppen angewachsen.[730] Am 3. Februar 1949 hatte das »Bauern-Echo« die 249. Ortsgruppengründung im Landesverband Thüringen gemeldet. Über die Entwicklung der Ortsverbände in den übrigen Landesorganisationen konnten keine Daten ermittelt werden.

Nach Angaben der Partei stieg die Zahl der Ortsgruppen im Zeitraum zwischen dem ersten und dem zweiten Parteitag um 228 %,[731] zwischen dem zweiten und dem dritten Parteitag allerdings nur um 11,4 %[732] an.

Unter Zugrundelegung der auf dem I. Parteitag genannten Zahl von 2000 Ortsgruppen und unter Berücksichtigung der angeführten Wachstumsraten müßte die Partei somit fünf Jahre nach ihrer Gründung in jeder zweiten Gemeinde der DDR eine Ortsgruppe oder einen Stützpunkt unterhalten haben.

Ab 1949 bemühte sich die DBD, Parteiorganisationen in staatlichen Verwaltungsorganen,[733] landwirtschaftlichen Betrieben[734] sowie Fachschulen und Universitäten[735] zu errichten. Eine Bedeutung für die Parteiarbeit hatten die nur vereinzelt existierenden Parteiorganisationen jedoch nie erreicht. In den landwirtschaftlichen Produktionsgenossenschaften durfte die DBD keine Parteigruppen bilden; dies blieb ausschließlich der SED vorbehalten.[736]

2.5 Reaktionen im Parteiensystem auf die Neugründung

SED und VdgB begrüßten die Bildung einer Bauernpartei. Die bürgerlichen Parteien hingegen lehnten die Erweiterung des Parteiensystems durch eine standesorientierte Partei ab.

Die SED hielt sich mit öffentlichen Äußerungen zunächst zurück. Erst nachdem DBD und NDPD am 16. Juni 1948 von der SMAD offiziell zugelassen worden waren, erschien im »Neuen Deutschland« unter der Überschrift »Zwei neue Parteien in der Ostzone« ein Artikel, dem eine offizielle Stellungnahme zu entnehmen war.[737]

Das Bestreben, eine die bäuerlichen Schichten erfassende Partei zu bilden, liege »schon sehr weit zurück«, heißt es dort. Der Umschichtungsprozeß der Bevölkerung auf dem Lande habe die »Bedeutung der Bauernschaft als demokratischen Faktor außerordentlich verstärkt« und die Bildung einer Bauernpartei unumgänglich werden lassen. Ihr Verhältnis zur DBD und NDPD charakterisierend, erklärte die SED:

»Die neuen Parteien haben nun zu beweisen, ob sie Vertrauen in der Bevölkerung gewinnen können. Es ist klar, daß unsere Partei diesen neuen Gebilden abwartend gegenüber bleibt. Es ist ebenso klar, daß unsere Partei selbst die größten Anstrengungen machen wird, um sowohl in der Stadt wie auf dem Lande alle aufbauwilligen Kräfte in ihren eigenen Reihen zu vereinigen, nicht nur um diese Kräfte dem demokratischen Aufbau zuzuführen, sondern auch in Sozialisten zu verwandeln. Das ist selbstverständlich. Diese Aufgabe werden wir uns jetzt noch schärfer stellen angesichts der Genehmigung der Nationaldemokratischen Partei Deutschlands und der Demokratischen Bauernpartei.«[738]

Die »Tägliche Rundschau« berichtete ausführlich über die Gründungsvorgänge der Bauernpartei.[739] In ihrer Ausgabe vom 18. Juni 1948 stellte sie Programm und Ziele der DBD vor und bezeichnete die DBD aufgrund ihrer programmatischen Orientierung als eine »kämpferische Partei der neuen Demokratie«.[740]

Zahlreiche Anfragen von Mitgliedern und Ortsverbänden der VdgB veranlaßten den Zentralvorstand der VdgB das Verhältnis der Bauernvereinigung zur Bauernpartei zu klären.[741] Auf einer für den 21. Mai 1948 einberufenen außerordentlichen Tagung konnte sich der VdgB-Vorstand noch zu keiner einheitlichen Auffassung in dieser Frage durchringen.[742] Zwar sei – so ließ der Zentralvorstand durch die Pressestelle des Deutschen Bauernsekretariats mitteilen – die politische Vertretung der Interessen und Forderungen der Bauern in der Zone sehr unzureichend gesichert und der Mangel einer selbständigen Bauernpartei allerorts fühlbar, doch sollte erst nach eingehender Aussprache mit den führenden Vertretern der neuen Partei Klarheit über Ziele und Arbeitsweise der DBD gewonnen werden, die bis zu diesem Zeitpunkt mit ihrem Programm und Statut noch nicht an die Öffentlichkeit getreten war.

Nachdem sich der Zonenausschuß der DBD konstituiert hatte, gab auch die VdgB eine Stellungnahme[743] ab, in der sie die Bildung einer Bauernpartei grundsätzlich bejahte und sich für eine »gedeihliche Zusammenarbeit« mit dieser aussprach. Mit dem Votum für die DBD verband sie die Aufforderung an ihre Mitglieder, der Bauernpartei beizutreten. Gleichsam bekräftigte sie jedoch ihren »überparteilichen« Charakter und reklamierte für sich den Anspruch einer wirtschaftlichen Interessenorganisation der Bauern. DBD und VdgB vereinbarten eine Funktionsabgrenzung, nach der die VdgB künftig die wirtschaftlichen und die DBD die politischen Belange der Bauern wahrnehmen sollte. Die für die Praxis untaugliche, weil nicht näher spezifizierte Absprache, dürfte auch wohl eher unter dem Blickwinkel getroffen worden sein, die Vorbehalte eines Teils der VdgB-Funktionäre, die in der DBD einen ernsthaften Konkurrenten der Bauernvereinigung vermuteten, zu zerstreuen.[744]

Mit der Überschrift: »Demokratische Bauernpartei – ja oder nein?« eröffnete das VdgB-Organ »Der Freie Bauer« am 23. Mai 1948 die Diskussion um die Gründung der DBD und veröffentlichte in nachfolgenden Ausgaben eine Reihe von Leserzuschriften,[745] denen zu entnehmen war, daß die neue Partei von den Bauern unterschiedlich beurteilt wurde.[746]

Einige Bauern, darunter auch SED-Mitglieder,[747] sprachen einer Bauernpartei die Existenzberechtigung ab, da sie in den bestehenden Parteien und in der VdgB die Rechte der Bauernschaft ausreichend wahrgenommen und die Weiterentwicklung der eingeleiteten Reformen gewährleistet sahen. Sie befürchteten das Wiederentstehen einer Standespartei, die sich zu einem »Zentrum reaktionärer Umtriebe«[748] entwickeln könne.

Eine zweite Gruppe verhielt sich abwartend und wollte erst nach Vorliegen eines Programms eine endgültige Stellungnahme abgeben.

Der überwiegende Teil befürwortete die Notwendigkeit einer eigenständigen politischen Vertretung, angesichts der, wie übereinstimmend vorgebracht wurde: Unterrepräsentation der VdgB in Parlament, Verwaltung und im Demokratischen Block; politischen Machtlosigkeit der bäuerlichen Massenorganisation; mangelnde bäuerlichen Interessenvertretung durch die bestehenden Parteien sowie der »wachsenden Reaktion auf dem Lande« und sah in der Existenz einer Bauernpartei keineswegs einen Konkurrenten zur VdgB. Ein Neubauer aus Mecklenburg schrieb:

> »Obwohl ich ein Mitglied der VdgB bin, halte ich den Gedanken zur Schaffung einer Bauernpartei für richtig. Wir Bauern hätten dann vor allem die Möglichkeit, unsere Interessen direkt in den Kreis- und Landesparlamenten als Partei zu vertreten. Heute sitzen in vielen Stellen in den Behörden, die mit der Landwirtschaft zu tun haben, oft nur Leute, die keine Ahnung von dem wirklichen Leben der Bauern haben. Wenn wir in einer Bauernpartei organisiert sind, könnte hier wohl manchmal eher Wandel geschaffen werden, und viele Beschlüsse würden nicht mehr vom ›grünen Tisch‹ aus gefaßt werden. Gerade für uns Neubauern verspreche ich mir von einer Bauernpartei eine stärkere Förderung unserer Belange [...]. Natürlich müßte die neue Partei wirklich demokratisch sein [...]. Es kommt also darauf an, daß die Politik der Bauernpartei nur von den fortschrittlichen demokratischen Bauern getragen wird.«[749]

Die Redaktion des VdgB-Organs vermied eine Stellungnahme, obwohl sie angekündigt hatte, die Bauernpartei »gehörig unter die Lupe« nehmen zu wollen.[750]

Primäres Ziel der DBD war es, die bisher parteipolitisch nicht organisierten Bauern und darüber hinaus zusätzliche Kräfte aus den Reihen der Sympathisanten und Mitglieder der bürgerlichen Parteien zu gewinnen. Die relativ stark in der bäuerlichen Bevölkerung verankerten Parteien CDU und LDP faßten deshalb die Gründung der DBD als eine gegen sie gerichtete Kampfansage auf.
In einem Artikel des LDP-Organs »Der Morgen« vom 4. Mai 1948 mit der Überschrift »Parteigründerei« bekannten sich die Liberalen grundsätzlich zur »Freiheit der Parteibildung«, doch lehnten sie die politische Etablierung einer »reinen Interessengruppe auf ständischer Grundlage« wie die Bauernpartei ab, da sie in einem »Interessentenhaufen ohne echten politischen Gehalt« die Gefahr einer die Parteimüdigkeit fördernden Entpolitisierung der Bevölkerung sahen.[751] Die LDP hegte von Anfang an Zweifel an der politischen Selbständigkeit der DBD und stufte sie als SED-gesteuerte Organisation ein, einzig und allein zu dem Zweck gegründet, »die Bauern von den nichtmarxistischen Parteien abzudrängen und diese dadurch zu schwächen«.[752] Die Veröffentlichung des DBD-Programms am 18. Juli 1948 kommentierte sie folgendermaßen:
»Sollte jemand noch irgendwelche Zweifel gehabt haben, daß diese neue Demokratische Bauernpartei im Fahrwasser der SED zu segeln gedenkt, so werden diese Zweifel gründlich zerstreut beim Studium dieser ersten Verlautbarung [...]. Wir glauben nicht, daß ihre Ziele dem wirtschaftlichen und politischen Fühlen und Wollen des Bauern [...] entsprechen, denn diese Ziele müssen schon heute als die der SED angesehen werden.«[753]
Um möglichen Abwanderungstendenzen aus den eigenen Reihen entgegenzuwirken, kündigte die LDP an, ihre Mitgliederwerbung in der Bauernschaft zu intensivieren und sich stärker als bauernfreundliche Partei zu präsentieren. So ließ sie verlauten:
»Der Bauer gehört in die Reihen der LDP; denn keine andere Partei sucht agrarpolitische Ziele zu verwirklichen, die der Mentalität des Bauern mehr entsprechen und den Fortbestand und die Förderung seiner Wirtschaft mehr garantieren können!«[754]
Die CDU lehnte die Erweiterung des Parteiensystems unter Hinweis auf die Weimarer Erfahrungen generell ab, wollte das endgültige Urteil hierüber jedoch dem bäuerlichen Wähler überlassen.[755] Statt dessen forderte sie mehr Bewegungs- und Entscheidungsspielraum für die bestehenden Parteien.[756] Gleichwohl betonte sie, daß der Bauer in ihrer Organisation am besten aufgehoben sei.[757] Zur Bildung einer Partei der Bauern gab sie polemisch zu bedenken, daß dem Beispiel der Bauernpartei folgend, sich auch andere berufliche Interessengruppen politisch organisieren könnten, was »schließlich bei der Partei der Radfahrer und Bienenzüchter enden«[758] würde.
Zum Gründungszeitpunkt der DBD schätzte die CDU die Erfolgsaussichten der Bauernpartei gering ein und betrachtete diese keineswegs als Konkurrenten. Durch ihren Vorsitzenden Otto Nuschke ließ die CDU im Juli 1948 erklären:
»Je klarer, demokratischer und zuverlässiger die Haltung der großen Parteien in Kardinalfragen sein wird, um so mehr werden sie vor Abwanderung geschützt sein. Sie sollen sich aber im freien Wettbewerb durchsetzen, nicht durch amtliche Konzessionierung. Die CDU kann zuversichtlich erwarten, daß die neuen Parteien ihr keinen Abbruch tun werden. Das gilt auch in bezug auf die Bauernpartei. Die christlich-demokratischen Wähler wissen um die

Gefahren reiner Interessenparteien. Die Bauernwähler der CDU wählen ihre Partei aus einer Weltanschauung heraus, die kleinliche Interessenbedenken nicht aufkommen läßt.«[759]
Doch schon bald nach Gründung der DBD mußte die CDU erkennen, daß die Bauernpartei auf Kosten des politischen Einflusses der bürgerlichen Parteien an der politischen Macht beteiligt wurde, ohne an Wahlen teilgenommen zu haben, und demnach sehr wohl als ein ernst zu nehmender Konkurrent eingeschätzt werden mußte.
Die bürgerlichen Parteien versuchten deshalb, die Gründung der Bauernpartei zu behindern und die Ausdehnung der DBD auf dem Lande zu erschweren.[760]

3. Parteiorganisation und -struktur

Durch eine Analyse der Binnenstrukturen der Bauernpartei soll die eingangs formulierte thesenhafte Charakterisierung der DBD als schichtenspezifische Transmissionspartei untermauert werden.
Führungs- und Organisationsstrukturen, Willensbildungsmechanismen sowie Anleitungs- und Kontrollinstrumente der Partei können Einblicke gewähren in die für Parteien dieses Typs konstitutiven organisatorischen Elemente und Merkmale.
Bei der Darstellung des Organisationsaufbaus, der Organisationsprinzipien und des Anleitungs- und Kontrollsystems soll insbesondere auf mit der SED identische Strukturen und Prinzipien sowie auf entsprechende Ähnlichkeiten mit der National-Demokratischen Partei hingewiesen werden.
Den Grad der politischen Abhängigkeit der Bauernpartei gilt es durch die Untersuchung der Kaderstrukturen und der Finanzen näher zu bestimmen.
Wie die DBD ihre Funktionäre ausbildete bzw. politisch-ideologisch schulte und ihre Mitglieder aktivierte und mobilisierte, kann durch die Darlegung des Schulungssystems und des Pressewesens der Partei aufgezeigt werden. Schließlich soll der in der Selbstdarstellung der DBD erhobene Anspruch, Repräsentant der bäuerlichen Bevölkerung zu sein, anhand der Mitgliederstrukturen überprüft werden.

3.1 Mitglieder

Nichts konnte der öffentlichen Anerkennung mehr förderlich sein als der Nachweis einer starken Anhängerschaft. Die Mitgliederwerbung war deshalb von Gründung an ein zentraler Punkt der Parteiarbeit.[761]
Die Aufnahme des Parteimitglieds erfolgte durch den Ortsvorstand und mußte vom Kreisvorstand, der auch das Mitgliedsbuch ausstellte, bestätigt werden.[762] Jeder, der das 16. Lebensjahr vollendet hatte und der »werktätigen bäuerlichen Bevölkerung« angehörte oder mit ihr verbunden war, konnte Mitglied der Partei werden.[763]
Die DBD stützte sich insbesondere auf kleinere und mittlere Bauern, bemühte sich aber auch um die Einbeziehung der in der Landwirtschaft arbeitenden Handwerker, Facharbeiter und Spezialisten, der akademischen Berufe, wie Agronomen, Lehrer, Tierärzte und Wissenschaftler sowie der Angestellten im Staatsapparat.[764]
Das Sozialprofil der Partei war äußerst homogen, die Dominanz der Neu- und Kleinbauern offenkundig:

Tab. 14
Mitgliederstruktur der DBD 1949 und 1951[765]
(in % der Mitgliedschaft)

1. nach Berufen	Juni 1949	Juni 1951
Neubauern	45,1	
Altbauern	33,5	
Werktätige Bauern		74,8
Land- und Forstarbeiter	7,2	3,7
Sonstige Berufe	14,2	21,5

2. nach Bodenbesitzverhältnissen[766]	Juni 1949
ohne Land	14,3
0,5 bis 5 ha	14,1
5 bis 10 ha	45,9
10 bis 20 ha	18,7
20 bis 30 ha	4,2
über 30 ha	1,8

Der Anteil der »mithelfenden Familienangehörigen« betrug 1949 7,3 % und 1951 15,6 %.[767]
Das Wachstum der Gruppe »Nichtbauern« war im wesentlichen auf die Zunahme der Angestellten[768] zurückzuführen.
Sehr intensiv bemühte sich die DBD um die Erfassung der Landjugend und -frauen. Der Jugendanteil unter den Mitgliedern stieg vom ersten zum zweiten Parteitag von 11,2 % auf 19,5 %.[769] Die Partei sah es im Interesse einer einheitlichen Jugendbewegung als vorrangiges Ziel an, »die gesamte Jugend des Dorfes in der FDJ zusammenzuführen«.[770] Die besten Kräfte jedoch sollten als aktive Mitarbeiter für die Partei gewonnen werden und im eigenen Apparat zum Einsatz kommen. Der Anteil der Bäuerinnen wuchs im selben Zeitraum von 9,7 % auf 14,6 %.[771]
Einblicke in das Mitgliederwachstum hat die Parteiführung zu keiner Zeit gegeben. Sie veröffentlichte lediglich prozentuale Zuwachsraten, ohne sich auf absolute Zahlen festzulegen. In seinem Rechenschaftsbericht auf dem II. Parteitag teilte Berthold Rose den Delegierten mit:
> *Seit dem letzten Parteitag in Mühlhausen stieg unsere Mitgliederzahl um 275 %, das heißt, sie hat sich fast verdreifacht. Dabei haben das größte Wachstum die Landesverbände Mecklenburg mit 330,2 % Prozent (Beifall) und Brandenburg mit 319,3 % Prozent (Beifall) zu verzeichnen.*«[772]

Das zugängliche Material erlaubt keine exakte Quantifizierung der Mitgliederbewegung. So zeigt dann auch die folgende, nach Quellen der Bundesrepublik Deutschland und der DDR getrennt zusammengestellte Tabelle ein völlig unterschiedliches Bild der Mitgliederentwicklung (vgl. Tab. 15). Zur Mitgliederentwicklung in den einzelnen Landesverbänden konnten keine Angaben ermittelt werden.
Im Zuge der Kandidatenaufstellung für die im Oktober 1950 stattfindenden Parlamentswahlen nach Einheitslisten leitete die DBD eine umfassende Mitgliederüberprüfung ein. Ab Juli 1950 durften Bauern mit Betriebsgrößen über 20 ha nicht mehr

Tab. 15
Mitgliederentwicklung der DBD von 1948 bis 1955

	Bundesrepublik Deutschland[773]	DDR[774]
Ende 1948		12 000
Februar 1949		60 000
Mai 1949		80 000
Januar 1950	50 000	
Mitte 1951	60 000	
Anfang 1953		100 000
April 1954		98 000
März 1955	72 362	

in die Partei aufgenommen werden sowie in und für die Partei keinerlei Funktion mehr ausüben.[775] Die in den Parteileitungen und in den öffentlichen Ämtern tätigen Großbauern wurden nach und nach durch »werktätige« Bauern ersetzt.[776]
Auch die Kontrolle der SED über Stand, Bewegung und Zusammensetzung der Mitglieder der Blockparteien wurde verstärkt. Mitte 1951 waren die Kreissekretariate dieser Parteien angewiesen worden, monatliche Mitgliederberichte an die zuständigen Kreissekretariate der SED zu liefern.[777] Ab Mitte 1953 mußten sie alle Mitgliederzu- und -abgänge, mit genauen Personaldaten versehen, melden.[778] Mit dieser Überprüfungspraxis wollte man Aufschlüsse über die Motivation für Parteieintritte bzw. -austritte bekommen. So waren z. B. neben der Austrittserklärung eines Mitgliedes, die aus Parteisicht vermuteten wahren Gründe für die Austrittsentscheidung anzugeben.
Mit ihrem Bekenntnis zum Aufbau der Grundlagen des Sozialismus und ihrem Eintreten für den Zusammenschluß der Bauern in landwirtschaftlichen Produktionsgenossenschaften Mitte 1952 dürfte die DBD auch bei den Mittel- und Kleinbauern an Attraktivität verloren haben, da spätestens jetzt offensichtlich geworden war, daß sich die Bauernpartei konsequent für die Umsetzung der am sowjetischen Modell orientierten Agrarpolitik der SED einsetzte und ihre programmatischen Zusagen, z. B. Garantie des bäuerlichen Eigentums, nur taktische Zugeständnisse waren.

3.2 Parteiorgane und Willensbildung

3.2.1 Parteitage

Nach dem Statut ist der Parteitag das »höchste Organ«, das über »Vorlagen des Parteivorstandes sowie über Anträge der Ortsgruppen, der Kreis- und Landesorganisationen« beschließt, Entscheidungen der unteren Parteigremien aufheben sowie über die Revision von Beschlüssen des Parteischiedsgerichts entscheiden kann.[779] Mit der Wahl des Parteivorstandes, der Revisionskommission, des Parteischiedsgerichts, der Entgegennahme der Rechenschaftsberichte der Parteiführung und der Verabschiedung von Richtlinien für die künftige parteipolitische Arbeit erfüllt der Parteitag seine wichtigste Funktion.
Die Abstimmung über die vorgelegte Kandidatenliste für den Parteivorstand erfolgte »en bloc« durch Erheben der Delegiertenkarte. Gegen diesen Wahlmodus

wurden niemals Einwände erhoben. Der Parteivorstand wurde bis 1953 auf jedem Parteitag einstimmig gewählt,[780] wie überhaupt alle Personalentscheidungen auf den Parteitagen einstimmig gefaßt wurden.[781]
Doch nicht nur bei Abstimmungen zeigte der Parteitag Geschlossenheit. Einmütigkeit und Disziplin kennzeichnete den ganzen Ablauf solcher Parteiversammlungen. Die Entschließungen, in denen sich die DBD insbesondere zu organisatorischen Fragen, zur Innenpolitik mit Schwerpunkt Agrarpolitik, aber auch zur gesamtdeutschen und internationalen Politik äußerte, wurden nach redaktionellen Veränderungen immer einstimmig angenommen. Die Diskussionsbeiträge bewegten sich auf der Parteilinie und hatten lediglich die Funktion, den von der Parteiführung eingeschlagenen Kurs zu bekräftigen und durch die Parteibasis legitimieren zu lassen. So beherrschten zustimmende Erklärungen der unteren Parteigliederungen zur offiziellen Parteipolitik das Bild der Parteitagsdiskussionen.
Wie in der NDPD,[782] so sorgte auch in der DBD die Dominanz der hauptamtlichen Parteifunktionäre in den für die Dauer der Parteitage gebildeten Mandatsprüfungs-, Wahl-, Redaktions-, Antrags- und Beschwerdekommissionen[783] für die Durchsetzung der Apparatinteressen und die Kanalisierung eventuell auftretender Delegiertenkritik.
Von den fünf Anträgen, die auf dem zweiten Parteitag der Redaktionskommission[784] vorlagen, wurde lediglich einer, und zwar der, der sich mit der Neuregelung der Beitragsstaffelung und der Erhöhung der Beiträge für die Partei- und Verwaltungsangestellten befaßte, an das Plenum zur Diskussion überwiesen.[785] Auf dem dritten Parteitag wurden aus der Fülle von »Zuschriften in Form von Verbesserungsvorschlägen und sonstigen Hinweisen« drei Anträge, bei denen es sich um Vorschläge zur Verbesserung der Landwirtschaftsplanung, zur Unterstützung des Bodenreform-Bauprogramms und zur agrarpolitischen Schulung der Staatsfunktionäre handelte, den Delegierten unterbreitet.[786]
Auf dem ersten Parteitag waren die Mitglieder durch 289 Delegierte repräsentiert, doch bereits auf dem II. Parteitag stieg die Delegiertenzahl auf 1307 an und betrug auf dem III. Parteitag 1366.[787] Die Sozialstruktur der Delegierten entsprach im wesentlichen der Mitgliederstruktur.[788] Der hohe Anteil von Jugendlichen unter 25 Jahren unter den Delegierten kann als Ausdruck des Bemühens der Parteiführung gedeutet werden, vermehrt junge Mitglieder als Mitarbeiter zu gewinnen. Auf dem ersten Parteitag betrug der Jugendanteil 15 %; er stieg zum zweiten Parteitag sogar auf 26 % an.[789] Außerordentlich hoch war der Organisationsgrad der Delegierten in den Massenorganisationen (vgl. Tab. 16).

Tab. 16
Organisationsgrad der Parteitagsdelegierten in den Massenorganisationen 1951 und 1953[790]

Organisation	II. Parteitag in %	III. Parteitag
VdgB	68	69,0
FDGB	31	23,9
FDJ*	105	103,1
DFD	87	73,3
GDSF	90	98,6

* einbezogen FDJ-(Alt)-Mitglieder über 25 Jahre

Die Parteitage der DBD glichen, ebenso wie die der NDPD,[791] weniger politischen Arbeitstagungen als vielmehr Repräsentationsveranstaltungen, auf denen nachträglich die Zustimmung der Delegierten zu bereits gefaßten Beschlüssen der Parteiführung eingeholt wurde. Sie dienten darüber hinaus dem Zweck, den Mitgliedern die künftige Parteilinie näherzubringen und sie in diesem Sinne zu aktivieren.

Da die Parteileitung jedoch nicht die Gewißheit hatte, ob die in ihre Grundeinheiten zurückkehrenden Delegierten die Beschlüsse des Parteitages auch »richtig« auswerteten und umsetzten, gab sie Argumentationshilfen.

Zur gründlichen und schnellsten Auswertung des dritten Parteitages ließ sie eine von der Redaktionskommission zusammengestellte Zeitung mit dem Titel: »Notizbuch der Delegierten, Auszug aus dem Protokoll des III. Parteitages« an die Parteimitglieder verteilen.[792]

Die Parteitage waren vom Parteivorstand »mindestens alle zwei Jahre«[793] einzuberufen. Von der Möglichkeit, außerordentliche Parteitage durchzuführen, machte die Führung keinen Gebrauch.

Die Landesdelegiertenkonferenzen fanden bis 1957 in Vorbereitung der zentralen Parteitage gleichfalls alle zwei Jahre statt.[794] Die Kreisdelegiertenkonferenzen wurden jährlich abgehalten.[795]

3.2.2 Zentrale Leitungsorgane

Zwischen den Parteitagen führte der Parteivorstand als verantwortliches Organ die Geschäfte der Partei.[796] Er tagte bis zum II. Parteitag monatlich, danach nur noch vierteljährlich.

Das Statut von 1948 sah für die Zeit des Parteiaufbaus die Regelung vor, daß der »Parteivorstand oder die Vorstände der Länder und Kreise durch Kooptierung neuer Vorstandsmitglieder verstärkt bzw. durch Ausscheiden bisheriger Vorstandsmitglieder umgeändert«[797] werden konnten. Angesichts des enormen Kadermangels und der politischen Unerfahrenheit der Funktionäre, insbesondere auf regionaler und lokaler Ebene,[798] bot dies der Partei Möglichkeiten – die sie auch reichlich nutzte –, politisch nicht tragbare Vorstandsmitglieder auszuschalten und durch kooperationsbereite, bewährte Mitglieder zu ersetzen.

Laut Statut sollten dem Parteivorstand mindestens 17 Personen angehören.[799] Über quantitative Zusammensetzung und Fluktuation des Parteivorstandes zwischen 1948 und 1953 geben die beiden folgenden Übersichten Aufschluß:[800]

	Prov. PV (1948)	1. PV (1949) abs.	in %	2. PV (1951) abs.	in %	3. PV (1953) abs.	in %
Wiedergewählte	–	15	62	11	23	27	49
Erstgewählte	19	9	38	38	77	28	51
Gesamtstärke	19	24		49		55	

Tab. 17
DBD-Parteivorstände von 1948 bis 1953

	Prov. PV (1948)	1. PV (1949)	2. PV (1951)	3. PV (1953)
Albrecht, Rudolf	X	X*	X*	X
Bähr, Berta		X	X	
Beer, Ernst-Walter	X	X	X*	X*
Besler, Dietrich			X*	X*
Burkhardt, Kurt			X	X
Czymoniak, Josef	X	X		
Gerstenberger, Günter			X	X
Goldenbaum, Ernst	X	X*	X*	X*
Gräfe, Hermann			X	X
Häber, Susanne			X	X
Heinrich, Heinz			X*	X*
Helmschrott, Leonhard	X	X*	X	X*
Herrmann, Martin			X	X
Hoffmann, Herbert	X	X*	X*	X
Keuthe, Otto			X	X
Köhler, Richard	X	X		
Martin, Friedrich	X	X		
Melz, Alois			X	X
Müller, Richard		X	X	
Neumann, Ilse	X	X		
Pech, Arthur		X	X*	X*
Peters, Johann			X	X
Pilarski, Franz	X	X		
Reder, Paul	X	X		
Reichelt, Hans			X*	X*
Richter, Richard	X	X		
Rietz, Hans			X*	X*
Rödiger, Albrecht			X*	X*
Rose, Berthold		X*	X*	X*
Rummel, Ernst		X	X	X
Sievert, Gertrud			X	X
Schnitzler, Hans			X*	X*
Scholz, Paul	X	X*	X*	X*
Stadelmann, Louis			X	X
Thiem, Walter	X	X		
Voss, Otto	X	X		
Walter, Katharina	X	X		
Weißhaupt, Fritz			X	X
Wetzig, Erich			X	X

Aufgenommen wurden nur die Parteivorstandsmitglieder, die zwischen 1948 und 1953 mehr als einmal dem Parteivorstand angehörten. Ihre Mitgliedschaft im Sekretariat (ab 1949) wurde ebenfalls festgehalten (*).

Auf dem ersten Parteitag dominierte der Anteil der wiedergewählten Parteivorstandsmitglieder mit 62 %. Auf dem zweiten Parteitag hingegen kehrten sich die Relationen total um. 13 Personen wurden nicht wieder als Parteivorstandsmitglieder bestätigt, 38 wurden neu in den nunmehr 49 Mitglieder umfassenden Parteivorstand gewählt.

Der zweite Parteitag markiert eine Wende, die gekennzeichnet ist durch die teilweise Ablösung der Gründungsmitglieder und die Einbeziehung neuer, auf SED-Parteischulen, auf Antifaschulen in der Sowjetunion ausgebildeten sowie auf eigenen Parteischulen herangezogenen Kadern, in die Führungspositionen der DBD.
Von den 1951 erstmals in den Parteivorstand gewählten 38 Mitgliedern bewährte sich offensichtlich nur der kleinere Teil als Führungskader, denn nur 18 Personen wurden auf dem III. Parteitag in den 55 Mitglieder umfassenden Parteivorstand wiedergewählt.[801]
Im Parteivorstand waren die leitenden hauptamtlichen Funktionäre der Landesverbände – in der Regel der Vorsitzende, Geschäftsführer, Organisations- oder Kadersekretär – vertreten,[802] womit der Parteivorstand zugleich auf der Landesebene repräsentiert war.
Von den 1951 gewählten Parteivorstandsmitgliedern waren zum Zeitpunkt ihrer Wahl ca. 45 % gleichzeitig Abgeordnete der Volkskammer und der Länderparlamente.[803] Auch die Funktionäre, die für die Partei zentrale Funktionen im Staatsapparat und in den Massenorganisationen ausübten, gehörten größtenteils dem Parteivorstand an. Die Einbindung dieser Funktionäre in dieses kollektive Führungsgremium – eine Methode, die auch von der NDPD[804] praktiziert wurde – garantierte eine direkte Anleitung und Kontrolle dieser Funktionsträger in den administrativen und repräsentativen Organen des Staates sowie in den Massenorganisationen.
Der Parteivorstand wählte sich als ausführendes Organ ein Sekretariat, das die laufenden Geschäfte erledigte. Das Sekretariat tagte ab dem II. Parteitag monatlich. Es gliederte sich 1953 in vier Hauptabteilungen:
1. Organisation
2. Kader (vor 1951 Personalpolitik)
3. Schulung und Werbung (nach 1953 Schulung und Aufklärung)
4. Agrarpolitik (vor 1951 Wirtschaft)
Die Hauptabteilungen untergliederten sich wiederum in Sektoren und Sachgebiete. Darüber hinaus existierten selbständige Abteilungen, so u. a. zu den Sachbereichen Revision und Finanzen, Innere Verwaltung, Presse, mit den Redaktionsabteilungen »Bauern-Echo« und »Der Pflüger« sowie Jugend- und Frauenfragen.[805] Das auf dem II. Parteitag gewählte Sekretariat umfaßte 24 Mitglieder und war damit, gemessen an seinem personellen Umfang, halb so groß wie der Parteivorstand. In das Exekutivorgan wurden 18 Personen gewählt, die bislang im Sekretariat nicht vertreten waren.[806] Wenngleich die Größe des zu 75 % mit neuen Mitgliedern besetzten Gremiums dessen Arbeitseffektivität und Funktion als Entscheidungsorgan beeinträchtigt haben mag, so gelang es mit der personellen Erweiterung doch, Nachwuchskader an die zentralen Führungs- und Organisationsaufgaben heranzuführen. Auf dem III. Parteitag wurde das Sekretariat auf 14 Mitglieder reduziert.[807]
Zeigte sich schon bei der Gründung der DBD, daß Führungspositionen nur von protegierten ehemaligen KPD/SED-Mitgliedern eingenommen werden durften, so galt dies in verstärktem Maße bei der Besetzung von Sekretariatsfunktionen, bei der vorwiegend Antifa-Schüler bevorzugt wurden. Die SMAD betrieb aktive Kaderpolitik, indem sie in der Sowjetunion geschulte »Antifa-Kader« in den hauptamtlichen Apparat der Bauernpartei entsandte. Diese Personalpolitik hatte einen doppelten Effekt. Einerseits konnte die DBD ihre Kaderlücken zumindest teilweise schließen, andererseits galten diese Antifa-Kader als Garanten für die Einhaltung der von SMAD und SED vorgegebenen politisch-ideologischen Linie im zen-

tralen Parteiapparat. Im Jahre 1950 befanden sich allein 22 Antifa-Zentralschul-Absolventen in leitenden Funktionen der Partei.[808]
Die in der Sowjetunion geschulten Kriegsgefangenen, Hans Reichelt, Hans Rietz, Berthold Rose und Hans Schnitzler übernahmen sofort nach ihrer Entlassung in die SBZ/DDR Positionen als Hauptabteilungsleiter oder sonstige hauptamtliche Funktionen im Sekretariat des Parteivorstandes. Hans Reichelt[809] trat, nach 5 Jahren Antifaschulung 1949 nach Deutschland zurückgekehrt, im Dezember des gleichen Jahres in die DBD ein. Ende 1950 übernahm er die Leitung der Hauptabteilung Organisation im Sekretariat, wurde auf dem II. Parteitag in dieser Funktion bestätigt und gleichzeitig in den Parteivorstand gewählt.
Hans Rietz,[810] ebenfalls 1949 aus sowjetischer Gefangenschaft entlassen, wurde erster Leiter der am 1. November 1949 in Borkheide eröffneten zentralen Bildungsstätte der Partei. Auf dem II. Parteitag wurde er zum Kadersekretär und Vorsitzenden des Parteischiedsgerichts sowie in den Parteivorstand gewählt.[811]
Alois Melz, ebenfalls ein Antifa-Schüler, wurde 1951 als Nachfolger von Rietz mit der Leitung der Parteischule »Thomas Münzer« in Borkheide betraut.[812]
Berthold Rose[813] trat Mitte 1949 in die Bauernpartei ein und leitete bis zum Frühjahr 1950 die Hauptabteilung Schulung und Werbung. Im Februar 1951 wurde er Generalsekretär der Partei und auf dem II. Parteitag in diesem Amt bestätigt.
Hans Schnitzler[814] besuchte nach seiner Rückkehr aus der Sowjetunion 1949 die zentrale DBD-Parteischule, fungierte bis zum Frühjahr 1950 als stellvertretender Chefredakteur des »Bauern-Echo« und wurde Nachfolger von Berthold Rose im Amt als Leiter der Hauptabteilung Schulung und Werbung. Auf dem II. Parteitag wurde er in dieser Funktion bestätigt und in den Parteivorstand gewählt.
Das eigentliche Macht- und Entscheidungszentrum bildeten der Vorsitzende, dessen Stellvertreter und der Generalsekretär (bis Anfang 1951 galt die Bezeichnung »Hauptgeschäftsführer«). Gewählt wurde die Parteispitze vom Parteivorstand. Der Vorsitzende und sein Stellvertreter gehörten gleichzeitig dem Sekretariat an.[815] Der Generalsekretär stand dem Sekretariat vor, er leitete und kontrollierte den gesamten Apparat der Partei.
Ernst Goldenbaum, von Gründung der DBD an bis 1982 Vorsitzender der Bauernpartei, kann für sich in Anspruch nehmen, dienstältester Parteivorsitzender der DDR gewesen zu sein.[816] Paul Scholz fungierte von 1948 bis Anfang 1951 als Hauptgeschäftsführer und übernahm Anfang 1950 zusätzlich das Amt des stellvertretenden Vorsitzenden, das Rudolf Albrecht bis zu diesem Zeitpunkt inne hatte.
Auf dem IV. Parteitag (31. August bis 2. September 1955) bildete der Parteivorstand ein 17köpfiges Präsidium,[817] ähnlich dem Politbüro der SED.
Goldenbaum begründete diese Reorganisationsmaßnahme mit der Notwendigkeit einer »Verbesserung der kollektiven Leitung des Parteivorstandes« und einer stärkeren politischen Anleitung und Kontrolle der unteren Parteileitungen.[818] Das Präsidium hielt 14tägig Sitzungen ab und war für die Durchsetzung der Beschlüsse des Parteivorstandes zwischen dessen Sitzungen verantwortlich.[819]
Mit der Bildung des Präsidiums, des faktisch obersten politischen Entscheidungsorgans der DBD, hatte die Partei die organisatorischen Voraussetzungen für einen stärker zentralistischen Führungsstil geschaffen und sich noch enger dem Organisationsaufbau der SED angeglichen.

3.2.3 Landesvorstände

Die Struktur der Landesvorstände entsprach im wesentlichen der des Parteivorstandes. Der Landesvorstand, der aus mindestens 20 Mitgliedern[820] bestehen sollte, umfaßte je nach Größe des Verbandes 25 bis 30 Personen.
Die Kandidaten wurden auf Vorschlag der Kreisverbände auf den alle zwei Jahre stattfindenden Landesparteitagen gewählt und mußten vom Parteivorstand sowie von den Personalchefs der jeweiligen SED-Landesvorstände bestätigt werden.[821]
In den Landesvorständen der DBD dominierten ehemalige Mitglieder der KPD/SED. Nach einem zuverlässigen Bericht setzte sich z. B. der DBD-Landesvorstand in Thüringen 1949 zu über 50 % aus ehemaligen KPD/SED-Mitgliedern zusammen.[822] Die DBD-Landesvorstände erhielten von den entsprechenden Landesdienststellen der SMA direkte Weisungen, die hinsichtlich ihrer Durchführung mit den jeweiligen SED-Landesvorständen konkretisiert und koordiniert wurden.[823]
Zur Erledigung der laufenden Geschäfte wählte sich der Landesvorstand ein acht bis zwölf Personen umfassendes Sekretariat. Die Abteilungen des Sekretariats entsprachen den Hauptabteilungen und selbständigen Abteilungen des Sekretariats beim Parteivorstand.[824]
Anfang 1950 begann die Bauernpartei nach dem Vorbild der SED mit dem Aufbau eines Instrukteursystems in ihren Landes- und Kreissekretariaten und vollzog damit eine weitere organisatorische Angleichung an die SED. Diese hatte bereits 1949 mit der Installierung eines Instrukteurapparates begonnen.[825]
Auf Beschluß des Sekretariats beim Parteivorstand vom 24. März 1950 wurden den Landesvorständen Instrukteure zugeordnet, die der Organisationsabteilung unterstellt waren und gleichzeitig dem Sekretariat und dem Vorstand angehörten. Sie hatten die Aufgabe, als operative Bindeglieder zwischen den Sekretariaten und den diesen untergeordneten Parteileitungen zu fungieren und die Sekretariate in der Anleitung und Kontrolle der ihr unterstellten Organisationseinheiten zu unterstützen.[826] Denn ein geschlossenes Auftreten der Partei auf regionaler und lokaler Ebene war nur zu gewährleisten, wenn die Direktiven und Instruktionen der übergeordneten Organe auch einheitlich in die Praxis umgesetzt wurden.
Auch in den Landessekretariaten wurden vorwiegend Antifa-Schüler mit hauptamtlichen Funktionen betraut, so z. B. im Sekretariat des Landesverbandes Thüringen:
Wilhelm Schröder[827] wurde 1948 aus der sowjetischen Kriegsgefangenschaft entlassen. Er zählte zu den Mitbegründern der DBD im Lande Thüringen. In Eckartsberga war er zunächst DBD-Kreissekretär und von 1949 bis 1950 Geschäftsführer des DBD-Landesverbandes Thüringen. Edwin Körber[828] kam als Antifa-Schüler Ende 1948 aus der Sowjetunion nach Deutschland, schloß sich Anfang 1949 der DBD an, übernahm Mitte 1949 die Leitung der Abteilung Schulung und Werbung im Thüringer DBD-Landessekretariat und 1951 das Amt des Geschäftsführers und wurde auf dem II. Parteitag in das Sekretariat des Parteivorstandes sowie als Leiter der Zentralen Revisionskommission gewählt. Auch Edgar Strümpfel,[829] der 1949 von der SED zur DBD übertrat, ab 1950 als hauptamtlicher Instrukteur im Sekretariat des DBD-Landesvorstandes Thüringen tätig war und 1952 zum Geschäftsführer des Bezirksverbandes Gera berufen wurde, war Antifa-Schüler. Er besuchte die antifaschistische Gebietsschule in Gorki, die Zentralschule in Krasnogorsk bei Moskau und wurde zuletzt auf der zentralen Parteischule der DBD ausgebildet.

Die Landesvorstände wiesen, soweit sich dies anhand des lückenhaften Datenmaterials nachzeichnen läßt, eine relativ hohe Personalfluktuation auf. Von den 1948 bestellten Landesvorsitzenden war Mitte 1951 keiner mehr in dieser Funktion tätig; Mitglieder der Landesvorstände und hauptamtliche Funktionäre der Landesverbände wurden bereits in den Jahren 1949/50 ausgewechselt.[830] Im DBD-Landesvorstand Brandenburg[831] waren 1951 lediglich noch 15 % der Landesvorstandsmitglieder von 1949 präsent. In das Sekretariat, das in diesem Zeitraum von acht auf zwölf Mitglieder erweitert wurde, rückten elf Personen ein, die bisher nicht in diesem Gremium vertreten waren.

Der überwiegende Teil der im August 1952 neu bestellten Bezirksvorsitzenden rekrutierte sich aus Mitgliedern, die bis zu diesem Zeitpunkt keine leitenden Funktionen auf der Zentral- oder Landesebene des Parteiapparates ausgeübt hatten. Diese Funktionäre waren auf Schulen der SED und der zentralen Parteischule der DBD ausgebildet worden.[832]

3.2.4 Kreisvorstände

Die Kreisvorstände, denen die aktivsten und bewährtesten Funktionäre und Mitglieder der Kreisverbände angehören sollten, wurden jährlich auf den Kreisdelegiertenkonferenzen gewählt.[833]

Alle Kreisvorstandsmitglieder mußten von den zuständigen SED-Kreisleitungen bestätigt werden.[834] 1953 beschäftigten die Kreisverbände durchschnittlich vier hauptamtliche Mitarbeiter, den Kreissekretär, zwei Instrukteure und eine Schreibkraft.[835]

Auch die hauptamtlichen Funktionäre durften nur mit Zustimmung der SED eingestellt werden.[836] Die Kreisvorsitzenden waren überwiegend ehrenamtlich, die Kreissekretäre hingegen alle hauptamtlich tätig.[837]

Der Kreisverband unterhielt ein Sekretariat, das ähnlich den Abteilungen des Landessekretariats in Referate u. a. für die Bereiche Personalpolitik, Kommunalpolitik, Werbung und Schulung sowie Finanzen untergliedert war. Bei den Kreisvorständen existierten darüber hinaus ständige Kommissionen und Ausschüsse für die Bereiche Wirtschaft sowie Frauen- und Jugendarbeit.[838] Diese setzten sich aus ehrenamtlichen Parteifunktionären und Fachleuten zusammen und hatten neben Beratungsfunktionen für die Kreisleitungen auch mitgliedermobilisierende Funktion.[839]

Die Kreisleitungen wiesen eine hohe Personalfluktuation auf. Ihre personelle Zusammensetzung und Arbeitsweise gab den übergeordneten Parteileitungen ständig Anlaß zur Kritik.

Auf der Parteivorstandssitzung vom 27./28. Februar 1950 forderte Scholz die Kreisleitungen auf, sich »von unfähigen Kräften schneller zu trennen«.[840]

Der Landesverband Brandenburg war dieser Aufforderung schon 1949 nachgekommen. In seiner auf dem 1. Landesparteitag verabschiedeten Entschließung bemerkte er dazu:

> »Die Kollegen, die bei der Gründung der Demokratischen Bauernpartei Deutschlands in den einzelnen Kreisen die Arbeit übernahmen, waren oft nicht die aktivsten und fortschrittlichsten. Sie mußten durch neue Kräfte ersetzt werden, die fest auf dem Boden unserer Grundsätze und Ziele stehen.«[841]

Der Leiter der Abteilung Schulung und Werbung im Sekretariat des Landesvorstandes Sachsen, Wilhelm Densdorf, betonte die Notwendigkeit einer intensiven politischen Schulung aller Kreisvorstandsmitglieder und die Einbeziehung neuer, von der Partei ausgebildeter, junger Kräfte in die Kreisvorstände:
»Neben solchen, die in der Partei lediglich das Sprungbrett für ihre Karriere sehen, und anderen opportunistischen Tendenzen, die wir entschieden ablehnen und in unserer Partei nicht gebrauchen können, müssen wir unser Augenmerk besonders jenen Kollegen zuwenden, die ehrlich und aktiv sind, jedoch aus einem falschen überspitzten Parteiegoismus heraus das Bündnis mit der führenden Kraft unserer Ordnung, der Arbeiterklasse, nicht genügend fördern. Sie zu erziehen und zu schulen ist besonders von Bedeutung.

Mit dem Wachstum unserer Aufgaben macht sich auch eine steigende Überalterung mancher Kreisvorstände bemerkbar. Es leitet sich daraus für uns die Forderung ab, ihre Zusammensetzung den augenblicklichen Anforderungen anzupassen und ihnen neue politische Kräfte zuzuführen.

Darüber hinaus müssen alle Kreisvorstandsmitglieder durch intensive politische Schulung eine feste Grundlage für ihre Arbeit bekommen.«[842]

Zum Ergebnis der Parteiwahlen von 1951 stellte der II. Parteitag in seiner Entschließung fest, daß sich der Anteil der »werktätigen Bauern« in den Orts-, Kreis- und Landesvorständen »weiter vergrößert« habe, wodurch die soziale Zusammensetzung der Parteileitungen jetzt noch »eindeutiger als bisher dem Charakter [der] Partei als Partei der werktätigen bäuerlichen Bevölkerung und der mit ihr verbundenen Berufsschichten« entspreche.[843] Vor allem, so heißt es dort weiter, wurden solche »Kolleginnen und Kollegen gewählt, die der Sache der werktätigen Bauern ergeben sind und fest zum Bündnis mit der Arbeiterschaft und zur Freundschaft mit der großen friedliebenden Sowjetunion stehen«.[844]

In der Tat waren die Mittel- und Großbauern bis 1952 in den Kreisleitungen weitgehend zurückgedrängt worden. Im Zuge der Parteiwahlen von 1953 wurden sie nahezu total ausgeschaltet.

Tab. 18
Zusammensetzung der Kreisvorstände 1951 und 1952[845]
(nach dem Kriterium der Betriebsgröße ihrer Mitglieder)

Betriebsgröße ha	Mitglieder 1951 abs.	in %	Mitglieder 1952 abs.	in %
0 bis 5	179	16,2	238	14,6
5 bis 10	635	57,6	954	58,7
10 bis 15	189	17,2	388	23,8
15 bis 20	73	6,7	37	2,3
20 bis 30	25	2,3	10	0,6

Auf dem II. Parteitag kritisierte der Generalsekretär den Arbeitsstil der Kreissekretäre und warf ihnen vor, sie betrieben losgelöst von den Problemen der Grundeinheiten Organisationspolitik, vernachlässigten die kontinuierliche Anleitung und Unterstützung der Ortsgruppen sowie die Entwicklung des Parteinachwuchses.[846] Im Rechenschaftsbericht des III. Parteitages registrierte der Parteivorsitzende 28 Fälle unzureichender Anleitung der Ortsgruppen durch die Kreissekretariate.[847]

Kadermangel und dadurch verursachte Arbeitsüberlastung und eine hohe Fluktuationsrate der Kreissekretäre waren ursächlich für die Schwächen in der Arbeit der Kreissekretariate. Die häufige Versetzung der Kreissekretäre[848] dürfte die Kontinuität in der Arbeit der Sekretariate erheblich beeinträchtigt und auch Mitglieder von der Übernahme dieses Amtes abgehalten haben.

Im Kreis Wolgast mußte die Stelle des Kreissekretärs zwischen 1951 und 1953 fünfmal besetzt werden, und der Kreisverband Eberswalde hatte innerhalb von neun Monaten vier unterschiedliche Kreissekretäre.[849] Noch unattraktiver, weil meist ehrenamtlich und damit ohne Vergütung, war die Position des Kreisvorsitzenden, die ebenfalls eine starke personelle Fluktuation aufwies und nicht selten für längere Zeit unbesetzt blieb.[850]

Mit Strukturveränderungs- und Organisationsmaßnahmen versuchte die Parteiführung eine Verbesserung der Arbeitsweise der Kreissekretariate und -vorstände zu erreichen. Anfang 1950 begann die Partei mit dem Aufbau eines Instrukteursystems. Die Instrukteure, die ab Mai 1950 ihre Tätigkeit aufnahmen, sollten die Kreisverbände vor allem bei der Organisationsarbeit in den Grundeinheiten unterstützen.[851]

Der II. Parteitag beschloß zur Verbesserung der Arbeitsweise der Kreisvorstände die Anwendung kollektiver Leitungsmethoden und die konsequente Durchsetzung demokratisch-zentralistischer Organisationsprinzipien,[852] und auch der III. Parteitag faßte den Beschluß, die künftige Arbeit stärker auf die »Anleitung und Kontrolle der Kreissekretariate«[853] zu konzentrieren.

Der Erfolg all dieser organisatorischen Maßnahmen war jedoch letztlich davon abhängig, inwieweit es der Partei gelang, ihre Kaderlücken aufzufüllen.

Mit der Umstrukturierung der Parteiorganisation im September 1952, die mit einer Erweiterung der Kreisverbände um 73 auf 194 bei gleichzeitiger Verkleinerung der bestehenden Kreisorganisationen verbunden war,[854] wurde jedoch die Schere zwischen Bedarf und Bestand an Funktionären noch größer.

3.2.5 Ortsvorstände

Der Ortsverband wurde von dem jährlich auf der Mitgliederversammlung zu wählenden Vorstand geleitet, der sich aus mindestens fünf Personen zusammensetzen sollte.[855] Die Vorstandsmitglieder mußten von der örtlichen SED-Organisation bestätigt werden.[856]

Die Zusammensetzung der Ortsvorstände spiegelte im wesentlichen die soziale Struktur der Mitglieder wider.

Tab. 19
Berufsstruktur der Ortsvorstände 1951[857]

Werktätige Bauern	65,3 %
Mithelfende Familienangehörige	12,9 %
Landarbeiter	3,6 %
Gärtner, Dorfhandwerker und Funktionäre der Dorfverwaltung	18,1 %

Auch in den Ortsvorständen waren nach 1952 nur noch wenige Großbauern vertreten.

Tab. 20
Großbauern in den Ortsvorständen 1952 und 1953[858]

	Ortsvorstandsmitglieder insgesamt	davon Bauern mit über 20 Hektar absolut	in %
1952	16 000	731	4,6
1953	16 780	81	0,5

Die Organisationsarbeit leisteten die Kreisverbände.

3.3 Innerparteiliche Leitungs- und Kontrollinstrumente

Zur Durchsetzung des Willens der Parteispitze und der übergeordneten Parteileitungen bediente sich der Parteiapparat vielfältiger Methoden und Instrumente, die in ihrer gebündelten Anwendung eine zentrale Anleitung und Kontrolle der Partei gewährleisteten. Erst 1963 verankerte die DBD den demokratischen Zentralismus ausdrücklich als innerparteiliches Strukturprinzip in ihrem Statut,[859] dessen wesentlichste Elemente – Wählbarkeit der Führungsorgane von unten nach oben; absolute Leitungskompetenz der Parteispitze und Verbindlichkeit der Beschlüsse der übergeordneten Parteileitungen für untergeordnete Organisationsgliederungen und Mitglieder; regelmäßige Rechenschaftspflicht der gewählten Organe – bereits mit Gründung der Partei angelegt waren und die sich in ihrer weiteren Ausprägung am Vorbild der SED orientierten.

Für eine im SED-Auftrag gegründete Partei war es selbstverständlich, sich des Parteiauftrags als organisationsinternes Instrument zur persönlichen Anleitung der Funktionäre, zur Durchsetzung von Parteibeschlüssen sowie als Disziplinierungsmittel zu bedienen. Die Parteibürokratie der DBD arbeitete von Anfang an mit Parteiaufträgen, in denen Funktionäre und Mitglieder zu Aufgaben verpflichtet wurden wie: Aufbau neuer Ortsgruppen und Stützpunkte,[860] Mitgliederwerbung,[861] Teilnahme an Parteischulungen,[862] Mitarbeit in Ausschüssen der Nationalen Front[863] oder Übernahme von Patenschaften.

Das Patenschaftsprinzip praktizierte die DBD seit ihrer Gründung. Mitglieder der Landes- und Kreisvorstände übernahmen die Funktion von Paten für Kreis- bzw. Ortsverbände und verpflichteten sich, mit einer gewissen Regelmäßigkeit aktiv an der Parteiarbeit der zu betreuenden Organisationseinheiten teilzunehmen, sie organisatorisch sowie politisch-ideologisch zu festigen und einen engen dauerhaften Kontakt zu diesen Parteiorganisationen zu halten.[864]

In einer Arbeitsentschließung des Kreisvorstandes Apolda (Thüringen) von 1952 hieß es:

> »Jedes Vorstandsmitglied übernimmt die Patenschaft über ein bis zwei Ortsgruppen und verpflichtet sich, durch tatkräftige gute Anleitung für eine gute Arbeit Sorge zu tragen. Hierzu treten die Kreisvorstandsmitglieder untereinander in einen Wettbewerb.«[865]

Mitte 1950 forderte der Organisationssekretär der Partei eine verstärkte Übernahme von Patenschaften durch Kreisvorstandsmitglieder, um auf diese Weise eine intensivere Anleitung und Unterstützung der Ortsgruppen zu erreichen.[866] Die Patenarbeit vermittelte den übergeordneten Leitungen Einblicke in die organisatorischen Schwächen der unteren Parteigliederungen sowie Eindrücke über Mitgliedereinstellungen und ermöglichten es, die Umsetzung zentraler Parteibeschlüsse an der Basis zu kontrollieren.
Die Festlegung der Parteiaufgaben erfolgte in Arbeitsplänen, die nach zentralen Richtlinien in periodischen Abständen für alle Parteigliederungen erstellt wurden. Sie dienten dem Zweck der Anleitung, Koordination und Kontrolle der Parteiarbeit. Auf der Grundlage der vom Parteivorstand vorgelegten Quartals- und Monatspläne leiteten die Landes- bzw. Bezirksverbände ihre Arbeitsprogramme ab. Zusammen mit den Kreisleitungen erstellten sie die Pläne für die Kreisverbände, die wiederum übertrugen die Arbeitsschwerpunkte ihres Plans auf die jeweiligen Ortsgruppen ihrer Kreise.[867]
Die Arbeitspläne legten Verantwortlichkeiten und Termine für die durchzuführenden Aufgaben fest; ebenso enthielten sie die von den Parteieinheiten und Mitgliedern übernommenen Patenschafts- und Wettbewerbsverpflichtungen sowie die erteilten Parteiaufträge. Die Exekution der Verpflichtungen und Aufträge wurde durch einen zusätzlich aufgestellten Kontrollplan überwacht.[868]
Auch die Abgeordneten in den Parlamenten wurden mit Hilfe von Arbeitsplänen, die von den Parteileitungen in Absprache mit den jeweiligen Parlamentsfraktionen erstellt wurden, angeleitet.[869]
Die Kontrolle über die Durchführung der Arbeitspläne und der übergeordneten Parteibeschlüsse erfolgte mittels eines differenzierten Berichtswesens. In den Berichten waren z. B. Angaben zu machen über: Stärke und Struktur der Mitgliedschaft, die organisatorische Entwicklung des Verbandes, die Tätigkeit des Vorstandes und des Sekretariats, die Arbeit in den Verwaltungsorganen, Parlamenten und Ausschüssen der Nationalen Front sowie die Beiträge der Parteiorganisation zur Realisierung der Wirtschaftspläne.[870]
Die Berichtspflicht gegenüber den übergeordneten Organen hatte neben ihrer Kontrollfunktion auch die Funktion eines Stimmungsbarometers. Regelmäßige Berichte sollten den Leitungsgremien einen kontinuierlichen Überblick über Fragen und Probleme in den untergeordneten Parteiorganisationen sowie über Meinungen, Wünsche und Unzufriedenheiten der Mitgliedschaft vermitteln.[871] In verstärktem Maße unterlagen die Parlaments- und Staatsfunktionäre der DBD der Pflicht zur Berichterstattung.[872]
In einer am 29. Dezember 1950 von Lehrern der zentralen Parteischule und der Landesparteischulen sowie Funktionären der Abteilung Schulung und Werbung beim Sekretariat des Parteivorstandes gefaßten Arbeitsentschließung heißt es:
»Die Kritik und Selbstkritik ist das fördernde Element in der Entwicklung unserer Partei. Sie ist die beste Methode der Erziehung unserer Funktionäre im Geiste der demokratischen Entwicklung. Unsere Aufgabe ist es, sie wirklich zur treibenden Kraft in der Schulungsarbeit und darüber hinaus in der Entwicklung unserer Partei zu machen.«[873]
Von nun an forderte die Parteiführung dazu auf, das Prinzip der »Kritik und Selbstkritik« innerparteilich zu entfalten, und erklärte ihre Förderung zur Pflicht eines jeden Mitglieds. Auf dem zweiten Parteitag wurde die »ständige Anwendung der Kri-

tik und Selbstkritik«[874] zu einem wesentlichen Element innerparteilicher Demokratie deklariert.[875] Unterdrückung oder gar Ablehnung dieser Verhaltensnorm galt als parteischädigend:

»Wer sich in Selbstherrlichkeit einer Kritik entziehen will, entzieht sich einer wohlmeinenden Hilfe und schädigt damit sich und die Partei und gibt ein schlechtes Beispiel. Wer aber sogar Kritik unterdrückt, wird zu einem Hemmnis der Entwicklung der Partei.«[876]

Dieser Äußerung Goldenbaums auf dem dritten Parteitag ist zu entnehmen, daß der DBD-Parteiapparat, ebenso wie SED und auch NDPD,[877] Kritik und Selbstkritik als Machtinstrument der Parteileitungsorgane zur Durchsetzung und Kontrolle der Parteibeschlüsse sowie zur Disziplinierung der Mitglieder verstand und praktizierte.

Das Statut bestimmte, daß jedes Mitglied, das »gegen das Programm, das Statut oder Beschlüsse der Partei gröblich verstößt« oder »ehrlos handelt und dadurch das Ansehen der Partei schädigt«, mit Ausschluß zu rechnen habe, der auf Antrag der Ortsgruppe durch den Kreisvorstand ausgesprochen wurde.[878]

Gegen dessen Entscheidung konnte der Ausgeschlossene Beschwerde bei der nächsthöheren Instanz, dem Schiedsgericht des Landesvorstandes, erheben. Danach war Berufung beim Parteischiedsgericht möglich. Letztinstanzlich entschied bei Anrufung der Parteitag, der zur Klärung solcher Fälle eine Beschwerdekommission[879] schuf, die jedoch ab dem dritten Parteitag nicht wieder gebildet wurde.

Statt des Ausschlusses hatten die betreffenden Organe die Möglichkeit, auf »Aberkennung der Funktion« oder »Erteilung eines Verweises« zu entscheiden.[880] Die nachfolgenden Statuten[881] sahen ein differenzierteres und abgestufteres Sanktionsinstrumentarium von parteierzieherischen Maßnahmen und Parteistrafen vor. Gleichzeitig wurde, um der Gefahr eines eventuellen Mitgliederschwundes entgegenzuwirken, der Ausschluß eines Mitglieds generell erschwert bzw. Möglichkeiten des Wiedereintritts des Ausgeschlossenen nach entsprechenden Bewährungsfristen geschaffen.

Die Revisionskommissionen[882] kontrollierten die Kassenführung und das Finanzgebahren der Partei. Den Kommissionen beim Parteivorstand und bei den Landesvorständen gehörten fünf, den Kommissionen in den unteren Gliederungen drei Personen an.

Parteischiedsgerichte[883] gab es nur auf der zentralen und regionalen Ebene. Sie setzten sich aus jeweils sieben Personen zusammen und hatten die Aufgabe, Verstöße der Mitglieder gegen Programm und Statut zu ahnden sowie die Einhaltung der Parteidisziplin zu kontrollieren.

Von 1951 bis 1953 wurden die Kommissionen beim Parteivorstand von den ehemaligen Antifa-Schülern und hauptamtlichen Parteifunktionären im zentralen Parteiapparat, Erwin Körber (Revisionskommission) und Hans Rietz (Parteischiedsgericht), geleitet.

In der DBD wurde die Anwendung zentralistischer Organisationsprinzipien von Gründung der Partei an durch den straffen Organisationsaufbau, die streng hierarchisch geprägte Parteistruktur, die Konzentration der Entscheidungskompetenz und Machtfülle in der Parteispitze sowie durch den Einsatz vielfältiger Organisationsrichtlinien und Handlungsanweisungen ermöglicht und gefördert. So z. B. forderten die vom zweiten Parteitag verabschiedeten organisationspolitischen Grundsätze die konsequente Anwendung zentralistischer Leitungs- und Kontrollmetho-

den. Die Parteileitungen wurden verpflichtet: »kollektiv« zusammenzuarbeiten, Kritik und Selbstkritik ständig anzuwenden, Beschlüsse konkreter zu fassen und ihre Durchführung umfassender zu kontrollieren, die untergeordneten Parteiorgane stärker anzuleiten und zu unterstützen, operative Arbeit zu leisten, auftretende Mängel und Fehler sofort zu beseitigen sowie das »wichtigste Erziehungsmittel«, den Parteiauftrag, stärker zur Anwendung zu bringen.[884] Die »unbedingte Wahrung« dieser als wichtigste Elemente der »innerparteilichen Demokratie« bezeichneten Grundsätze wurde zur Hauptaufgabe der Parteileitungen erklärt.[885]
Das »Prinzip des demokratischen Zentralismus«, im Parteistatut der DBD erst 1963 ausdrücklich verankert, galt in der Bauernpartei bereits in den ersten Entwicklungsjahren als herrschendes internes Struktur- und Organisationsprinzip.

3.4 Schulungsarbeit

Die Schulungsarbeit der DBD hatte einer doppelten Zielsetzung Rechnung zu tragen. Zum einen galt es, den Erfordernissen der Ausbildung, Entwicklung und Förderung eines in politischer und fachlicher Hinsicht geschulten Funktionärsapparates absolute Priorität einzuräumen. Zum anderen mußte auch die Masse der Mitglieder in die politisch-ideologische Schulung einbezogen und das parteieigene Schulungssystem für diese Zwecke ausgerichtet sein.
Für eine Partei, die in Ermangelung eigener Kaderreserven gerade in den ersten Jahren ausschließlich auf Funktionäre aus den Reihen der SED und VdgB angewiesen war und deren Mitglieder sich zu 88 % aus Parteilosen rekrutierte, mußte die Schulung demnach einen zentralen Stellenwert in der Parteiarbeit einnehmen.
Aus Gründen materieller und personeller Schwierigkeiten, es fehlte, wie Berthold Rose im Rechenschaftsbericht auf dem zweiten Parteitag bemerkte, »an Geld, an geeigneten Gebäuden und nicht zuletzt auch an Lehrern«,[886] konnte systematische Funktionärsschulung und -ausbildung erst ab 1950 und umfassende Mitgliederschulung erst ab 1952 betrieben werden.
Auf der I. Parteikonferenz wurde der Parteivorstand beauftragt, ständige Bildungseinrichtungen zu schaffen,[887] doch erst am 20. November 1949 konnte die DBD ihre erste Bildungsstätte, die zentrale Parteihochschule »Thomas Münzer« in Borkheide bei Zauche-Belzig, eröffnen. Bis zu diesem Zeitpunkt hatte die Partei gerade vier Lehrgänge für Funktionäre und Referenten durchgeführt.[888] Bis zum II. Parteitag hatten insgesamt 1202 Kursanten 22 Lehrgänge der zentralen Parteischule besucht, und 1712 Mitglieder waren in 56 Lehrgängen auf den 1950/1951 eröffneten Landesparteischulen ausgebildet worden, so daß 1952 nur eine vergleichsweise kleine Zahl von nahezu 3000 Mitgliedern die parteieigene Schulung durchlaufen hatten.[889]
Eine stärkere Berücksichtigung und intensivere Behandlung gesellschaftlicher und geschichtlicher Themen erforderte ab Oktober 1950 den Übergang von 2- bis 3wöchigen zu 5wöchigen Lehrgängen.[890] Im Mai 1951 führte die Partei Vierteljahr-Lehrgänge ein, womit, so die Begründung des Generalsekretärs der DBD, die »Kaderfrage einen entscheidenden Schritt« vorwärtsgebracht und für die Partei eine »neue Etappe ihrer ideologischen Entwicklung und Festigung« eingeleitet werden sollte.[891] In der Tat setzte der II. Parteitag neue Akzente für die künftige Schulungsarbeit. Die Parteiführung kündigte den Aufbau eines bis in die Ortsgruppen hinein-

reichenden Schulungssystems an und betonte die Notwendigkeit einer ununterbrochenen und planmäßigen Schulung aller Funktionäre und Mitglieder.[892] Neben der Kaderentwicklung stand nunmehr auch die ideologische Massenschulung auf dem Programm.[893]

Mit dem Bekenntnis der DBD zum »Aufbau des Sozialismus« sollte die ideologische Schulung eine noch stärkere Auswertung erfahren. In der Arbeitsentschließung des Parteivorstandes vom 6. September 1952 heißt es dazu:

»Die beiden entscheidenden Säulen, auf die sich unsere gesamte Parteiarbeit stützt, sind die Organisation und die Schulung. Von ihnen hängt in erster Linie die Schlagkraft der Partei ab.«[894]

Einen Anfang zur »Schulung der breiten Masse« der Mitglieder hatte die Partei mit den Kreis-, Bezirks- und Ortsgruppenschulungen Ende 1950/Anfang 1951 gemacht.[895] Im Herbst 1951 führte die DBD nach dem Vorbild der SED sogenannte Parteischulungsjahre ein. Das erste Parteischulungsjahr begann am 1. Oktober 1951 und stand unter der Losung: »Lernt die Politik so gut meistern wie den Pflug!«[896] Diesem folgte, beginnend mit dem 15. Oktober 1952, noch ein zweites Parteischulungsjahr.[897]

Die Lehrpläne hierfür wurden von der Abteilung Schulung und Werbung beim Parteivorstand erarbeitet und herausgegeben. Sie behandelten jeden Monat einen ausgewählten Themenschwerpunkt. Fragen der Innenpolitik sowie die Agrar- und Bauernpolitik nahmen in den Seminarplänen den breitesten Raum ein. Die Schulungspläne spiegelten den Parteistandpunkt in doktrinärer Weise wider. Die Themen für die Monate Oktober und November des ersten Parteischulungsjahres lauteten:

1. Das Bündnis zwischen Arbeitern und werktätigen Bauern – die Grundlage aller unserer Erfolge;
2. Die amerikanischen und deutschen Imperialisten – Todfeinde der deutschen Bauern.[898]

Das zweite Parteischulungsjahr stellte folgende Aufgaben in den Mittelpunkt:
1. Aufklärung der Bauernschaft über das »Wesen des Sozialismus« und die »Bedeutung der landwirtschaftlichen Produktionsgenossenschaften« sowie die Klärung der Parteiaufgaben in dieser Frage;
2. Verstärkung des Arbeiter-Bauern-Bündnisses;
3. Friedenspolitik der Sowjetunion;
4. Werbung für die Nationale Front und Aufklärung über die Notwendigkeit nationaler Streitkräfte;
5. Propagierung der Planungsaufgaben in der Landwirtschaft;
6. Erziehung zur »erhöhten Wachsamkeit gegen Spione, Agenten, Saboteure und andere Feinde der werktätigen Bauern im Dorf«;
7. Förderung der Kritik und Selbstkritik in der Partei.[899]

Im ersten Schulungsjahr wurden nach Angaben der Partei in 35,7 % und im zweiten Schulungsjahr in 85,7 % aller Ortsgruppen Schulungen durchgeführt; die Beteiligung der Mitglieder erhöhte sich allerdings nur geringfügig von 61,7 % auf 64,2 %.[900] Der DBD gelang es mit diesen Schulungen, auch Sympathisanten anzusprechen und für die Partei zu gewinnen. Von den insgesamt 24 855 parteilosen Schulungsteilnehmern des zweiten Parteischulungsjahres traten 7,8 % in die Partei ein.[901]

Große Schwierigkeiten hatte die DBD, geeignete Kursanten für die Parteischulen zu gewinnen. Davon zeugen der hohe Anteil von Nicht-Funktionären an spezifischen Funktionärslehrgängen und die große Zahl unbesetzter Schulungsplätze. Auf den beiden ersten Funktionärskursen der Landesparteischule Königsbrück (Sachsen) waren 43 % bzw. 48 % der Teilnehmer Mitglieder, die keine Parteifunktionen bekleideten oder gar erst wenige Wochen der Partei angehörten.[902] Die Kapazitäten der Schulungsstätten waren nie völlig ausgelastet. Bis Mitte 1951 wurden auf den Landesparteischulen 583 Plätze (= 25 % der Kapazitäten) und in Borkheide 137 Plätze (= 10 %) nicht belegt.[903] In der Periode zwischen dem zweiten und dritten Parteitag wurden auf den Landesparteischulen 1082 (= 21 %) der Plätze nicht besetzt.[904] Die Parteiführung machte für diese Misere organisatorische und politische Fehleinschätzungen sowie mangelnde Zusammenarbeit zwischen den jeweiligen Sekretariatsabteilungen Personalpolitik und Schulung verantwortlich.[905] Abhilfe sollte hier einerseits durch eine stärkere Koordinierung der Schulungsarbeit zwischen den verantwortlichen Sekretariaten sowie andererseits durch die Schaffung direkter Verantwortlichkeiten für die Schulbeschickung bei den Landes- und Kreisvorständen etwa über Parteiaufträge und Patenschaften erreicht werden.[906] Die Kreissekretariate bekamen für die Entsendung von Parteischülern Sollzahlen auferlegt, die in Schulbeschickungsplänen konkret aufzuschlüsseln waren. Kosten für eventuell nicht besetzte Plätze mußten von den Kreissekretariaten mitgetragen werden.[907] Um die qualitative Auswahl der Kursanten zu verbessern, übernahmen die Landessekretäre Patenkreise.

Auch der Mangel an geeigneten Lehrkräften wirkte sich auf das Niveau und den Erfolg der Schulung aus. Während an den Parteischulen hauptamtliche Lehrkräfte und Parteifunktionäre tätig waren, wurde die Massenschulung auf Kreis- und Ortsebene von in Kursen ausgebildeten, ehrenamtlich tätigen Seminarleitern durchgeführt.[908] Angeleitet und geschult wurden diese Seminarleiter von sogenannten »Propagandistenaktivs«, die sich aus vier bis sechs »aktiven« Seminarleitern und einem hauptamtlichen Funktionär des Kreissekretariats zusammensetzten. Diese im Zuge der Durchführung des ersten Parteischulungsjahres gebildeten und als »Hebel zur Überwindung aller bisherigen Schwächen«[909] in der Schulungstätigkeit eingesetzten Organe hatten die Aufgabe, die Kreissekretariate in allen Organisationsfragen der Schulungsarbeit zu unterstützen, und waren insbesondere für die Vorbereitung und Kontrolle der Schulungen in den Grundeinheiten sowie für die Entwicklung neuer Lehrkräfte zuständig.[910]

Der quantitative und qualitative Schulungserfolg läßt sich nur vage einschätzen. Stellvertretend für die Schwächen der Schulungsarbeit mag die Kritik des Kadersekretärs Hans Rietz auf dem II. Parteitag stehen:

»Wir können und dürfen es nicht mehr dulden, daß in der Partei, in der Verwaltung sowie in den Massenorganisationen noch eine ganze Anzahl Funktionärsstellen unbesetzt bleiben, weil, wie man zu sagen pflegt, dafür noch keine entsprechenden Funktionäre da sind. Funktionäre werden nicht gebacken, sondern entwickelt und sind das Ergebnis einer sorgfältigen, bewußten Erziehungsarbeit, bei der man keinen Zeitaufwand scheuen darf.«[911]

Auf dem dritten Parteitag wurde der Schulungserfolg schon positiver bewertet.[912] Der DBD dürfte es mit Hilfe ihrer Schulungsarbeit zumindest gelungen sein, ihren Funktionärsapparat auszuweiten und ihre Kader den Ansprüchen der Partei entsprechend zu qualifizieren.

Mit den Parteischulungsjahren hatte die DBD ein Schulungssystem eingeführt, mit dem sie auf die Masse der Mitglieder und teilweise auch auf Sympathisanten erzieherisch einwirken und so zur Herausbildung und Förderung eines systemkonformen politischen Bewußtseins beitragen konnte.

3.5 Parteipresse

Im Vergleich zu den anderen Parteien, die alle mehrere Tageszeitungen unterhielten, besaß die DBD mit dem »Bauern-Echo« nur ein Organ, das die breite Öffentlichkeit erreichte. Am 18. Juli 1948 erstmals herausgegeben, erschien es bis zur Verwaltungsreform 1952 in, ab 1949 erstmals aufgelegten fünf Regionalausgaben mit jeweils auswechselbaren Landesseiten.[913]
Papiermangel dürfte wohl der Hauptgrund gewesen sein, das »Bauern-Echo« bis Januar 1949 nur mit 44 Nummern erscheinen zu lassen. Von Februar bis Oktober 1949 erschien es dreimal wöchentlich und erst ab November 1949 sechsmal pro Woche. Auch gemessen an den Auflageziffern nahm sich das »Bauern-Echo« gegenüber der Parteipresse der bürgerlichen Parteien und der NDPD bescheiden aus. Im Gesamtdurchschnitt des Jahres 1951 betrug die gedruckte Auflage 118 250 Exemplare pro Nummer, von denen jeweils 109 250 verkauft wurden.[914] Von der verkauften Auflage konnten 20 % über den Einzelhandel abgesetzt werden, 80 % entfielen auf einen allerdings sehr stark fluktuierenden Abonnentenkreis. Die Verbreitung des Zentralorgans wurde zur »Aufgabe der gesamten Partei«[915] erklärt und durch Werbekampagnen, die nach verlags- und parteieigenen Angaben beachtliche Erfolgsergebnisse aufwiesen, gefördert. Für das Jahr 1951 konnten 13 606 (Planrichtzahl 20 000) und in der Herbstaktion 1952 gar 27 812 neue Abonnenten geworben werden.[916]
Herausgegeben wurde das Parteiorgan von der »Deutschen Bauernverlags GmbH«. Alle vier Gesellschafter des Bauernverlags sowie Otto Brandt, der Verlagsgeschäftsführer, gehörten der SED an.[917] Paul Hockarth, einer der Mitgesellschafter, war gleichzeitig stellvertretender Leiter der Abteilung Finanzverwaltung und Parteibetriebe im ZK der SED.
Finanziell gesehen war das »Bauern-Echo« ein defizitäres Geschäft. Der Verlag mußte für 1950 112 000 Mark, für 1951 195 000 Mark und für 1952 sogar 450 000 Mark an Zuschüssen aufbringen.[918]
Die Einhaltung der politisch-ideologischen Linie des Blattes garantierte Leonhard Helmschrott, der seit der Herausgabe des »Bauern-Echo« im Juli 1948 als Chefredakteur des Parteiorgans fungiert.
Die Einstellung der Redakteure konnte nur mit Zustimmung des Parteivorstandes erfolgen.[919]
Analog der Volkskorrespondentenbewegung der SED begann die DBD schon bald nach ihrer Gründung mit dem systematischen Aufbau eines Stabes von »Bauernkorrespondenten«. Die Redaktion des »Bauern-Echo« wurde angehalten, »besonderes Gewicht auf die ständige Mitarbeit von Bauernkorrespondenten zu legen«,[920] und verpflichtet, Korrespondenten heranzubilden. Nach parteieigenen Angaben zählte die Redaktion des Zentralorgans Ende 1949 ca. 600 und Mitte 1951 1425 Korrespondenten.[921] Sie gestalteten die ab Mitte 1951 in jeder Ausgabe des »Bauern-Echo« enthaltene Seite »Hier spricht das Dorf«.

Die Bauernkorrespondenten hatten eine doppelte Funktion zu erfüllen. Einerseits sollten sie als Bindeglieder zwischen Leserschaft und Redaktion fungieren und mit ihren Berichten die bäuerliche Bevölkerung im Sinne der Partei- und Regierungspolitik mobilisieren, andererseits hatten sie ein ungeschminktes Bild der öffentlichen Meinung nach »oben« zu liefern und über die Redaktionen die Parteiführung über Stimmungen, Unzufriedenheiten etc. der Dorfbevölkerung zu unterrichten.[922] Die Anleitung und Schulung der Korrespondenten oblag der Redaktion des »Bauern-Echo«. Sie veranstaltete zu diesem Zweck Bauernkorrespondententagungen auf zentraler und regionaler Ebene, Schulungslehrgänge und Studienzirkel[923] und gab ab 1. November 1949 monatlich das Korrespondentenblatt »Bauernstimme« heraus.

Seit April 1949 unterhielt der Parteivorstand die Funktionärszeitschrift »Der Pflüger«. Das nach einigen Anlaufschwierigkeiten monatlich erscheinende Organ lieferte im wesentlichen Argumentationsmaterial für Funktionäre sowie für die unteren Parteigliederungen. Es druckte zentrale Parteibeschlüsse und richtungweisende Reden der Parteiführer ab, enthielt Berichte über Parteitagungen und das Organisationsleben auf allen Hierarchieebenen sowie Artikel zu wichtigen Fragen der Parteiarbeit und Diskussionsbeiträge.

In den ersten Jahren seines Bestehens hatte es das Blatt offensichtlich nicht vermocht, seiner Rolle als »Agitator, Propagandist und Organisator der Partei« gerecht zu werden, so daß die Chefredakteurin, Johanna Adelberger, Mitte 1950 öffentlich Selbstkritik übte:

»Unser Funktionärsorgan hat, gemessen an der Entwicklung unserer Partei in den zwei Jahren, ein außerordentlich niedriges Niveau [. . .]. Allerdings muß auch die Kollegin Adelberger selbstkritisch zugeben, daß sie es bisher nicht verstanden hat, den Landesverbänden Anleitung und Themenstellung zu geben. Dieser Mangel wird von ihr in Zukunft in Zusammenarbeit mit der Abteilung Schulung [und Werbung] abgestellt werden.«[924]

Der Generalsekretär nannte in seinem Rechenschaftsbericht auf dem zweiten Parteitag die Ursachen dieser Fehlentwicklung und forderte:

»Unser Funktionärsorgan ›Der Pflüger‹ muß noch mehr lebendige Anleitung zum Handeln, zur Unterstützung unserer Parteiarbeit geben. Die Ursache liegt in der noch ungenügenden operativen Arbeit der Redaktion, die den notwendigen engen Kontakt mit den Funktionären noch nicht hergestellt hat. Die Artikel unserer Kollegen bewegen sich zu sehr auf einer theoretischen, trockenen Linie und lassen die lebendige Widerspiegelung unserer Arbeit vermissen. ›Der Pflüger‹ ist kein Mitteilungsblatt des Parteivorstandes, wie viele unserer Kollegen noch irrtümlich annehmen, sondern in ihm sollen alle unsere Parteiarbeiter zu Wort kommen mit Schilderungen ihrer Arbeit in der Verwirklichung der Beschlüsse unserer Partei, die imstande sind, Beispiel und Ansporn für alle Parteieinheiten zu geben. Besonders die Kritik und Selbstkritik an unserer Arbeit muß einen breiten Raum in ihm einnehmen.«[925]

Ebenfalls im Deutschen Bauernverlag edierte der Parteivorstand die »Schriftenreihe der Demokratischen Bauernpartei Deutschlands«, die in den Jahren 1948 bis 1952 mit nur sieben Heften herauskam und danach eingestellt wurde. In diesen Propagandaschriften betrieb die Partei Selbstdarstellung und hob ihre Aktivitäten und Leistungen bei der Bauerngesetzgebung, der Landwirtschaftspolitik und der Erfüllung der Wirtschaftspläne hervor.

3.6 Finanzierungsquellen der DBD

Zur Aufrechterhaltung ihres Apparates und zur Besoldung der hauptamtlichen Funktionäre war die DBD auf externe Finanzquellen angewiesen. Sie vermied es jedoch, sich öffentlich über die Herkunft ihrer finanziellen Mittel oder gar über ihre finanzielle Situation zu äußern. Die wenigen parteioffiziellen Verlautbarungen zu Finanzfragen, die sich größtenteils auf Kassierungsmodalitäten und Sparsamkeitsappelle[926] beschränkten, lassen lediglich Aussagen über das potentielle Beitragsaufkommen und dessen Verteilung zu.

Bei Aufnahme in die Partei mußte jedes Mitglied ein »Eintrittsgeld« von 1 Mark entrichten. Der normale Monatsbeitrag belief sich für Erwachsene auf 1 Mark, für Jugendliche und nicht selbständig arbeitende Familienangehörige auf 0,50 Mark.[927] Das vorläufige Statut von 1948 sah für höhere Einkommensgruppen entsprechende »Sonderbeiträge« vor. Im Statut von 1949 wurde die einkommensabhängige Beitragsstaffelung nicht wieder aufgegriffen.

Der zweite Parteitag beschloß für die Gruppe der Parteiangestellten mit der Begründung, »diese fest an die Partei zu binden und ihnen klarzumachen, daß sie ihre verantwortliche Stellung nur durch die Partei erhalten haben«,[928] eine einkommensgestaffelte Beitragsordnung. Danach war der Höchstbeitrag von 5 Mark bei einem Bruttoeinkommen ab 901 Mark zu zahlen; bis zur Einkommensgrenze von 400 Mark galt der normale Beitragssatz von 1 Mark.[929]

Verteilt wurde das Beitragsaufkommen nach folgendem Schlüssel: 10 % blieben beim Ortsverband, 50 % erhielt der Kreisverband und 40 % mußten an den Landesverband abgeführt werden.[930]

Das monatliche Sollaufkommen erreichte die Partei jedoch zu keinem Zeitpunkt. Laut Beschluß des Sekretariats des Parteivorstandes vom 2. August 1952 wurden die Kreisverbände verpflichtet, für den Monat September 1952 eine Mindestkassierung von 75% anzustreben, die bis Ende des Jahres auf 100 % gesteigert werden sollte.[931] Die schlechte Zahlungsmoral[932] spiegelt in bezeichnender Weise die Einstellung der Mitglieder zu ihrer Partei wider. Wenngleich die Revisionskommission auf dem III. Parteitag eine Ist-Beitragssteigerung um 20 % seit dem zweiten Parteitag feststellte,[933] forderte die Parteiführung, der diese Steigerung offenbar nicht genügte, das Kassierungswesen stärker mit der politischen Aufklärungsarbeit zu verbinden, was gegebenenfalls auch die Androhung von Sanktionen beinhalten konnte.[934] Zwar sah das Statut vor, Mitglieder, die länger als drei Monate trotz Mahnung mit ihrem Beitrag im Rückstand blieben, aus der Partei auszuschließen, doch war die Parteiführung zugunsten des Mitgliedererhalts eher bereit, finanzielle Einbußen hinzunehmen, zumal das Beitragsaufkommen ohnehin einen sehr geringen Einfluß auf die gesamte Finanzlage der Partei hatte.[935]

In der Tat wurde die Partei, deren finanzielle Situation seit Gründung immer sehr angespannt gewesen war, von verschiedenen Seiten subventioniert.

Die Startfinanzierung besorgten sowjetische Dienststellen.[936] Im Jahre 1951 soll die DBD aus dem Sonderetat der DDR-Regierung einen Zuschuß von 430 000 Mark erhalten haben.[937] Nach Mitteilung des Informationsbüros West betrug der monatliche Zuschuß für die Partei 1953 rund eine Million Mark.[938]

Darüber hinaus wurden der Partei, wie in Thüringen geschehen, auch Zuwendungen aus Geldern des Volkskongresses gewährt, die offiziell zu Propagandazwecken für die Volkskongreßbewegung vergeben wurden, nach Weisung der SMAD und

SED hingegen, je zur Hälfte für den Aufbau der Parteiorganisation und zur Korrumpierung der bürgerlichen Parteien Verwendung finden sollten.[939] Dem DBD-Landesverband Sachsen soll 1951 ein Zuschuß von der SED in Höhe von 70 000 Mark zugegangen sein.[940]
Nach Angaben ihres ehemaligen Schatzmeisters hat die DBD noch 1959 Subventionen von 875 000 Mark pro Monat erhalten, die zu über 80 % zur Deckung der Personalkosten eingesetzt wurden.[941]
Die Höhe und die Verwendung dieser fremden Zuweisungen belegen die starke Abhängigkeit der DBD, die ohne Subventionierung keinen hauptamtlichen Funktionärsapparat hätte unterhalten können.
Dringender noch als die NDPD,[942] die eigene Wirtschaftsunternehmen betrieb, war die Bauernpartei auf materielle Unterstützung von außen angewiesen, um überleben zu können.

4. Modifizierung der Programmatik

4.1 Das Programm von 1949

Die auf der ersten Parteikonferenz gebildete Programmkommission legte dem ersten Parteitag ein überarbeitetes Programm zur Beschlußfassung vor. Paul Scholz führte dazu auf dem Parteitag aus:
> »Unsere Grundsätze und Forderungen waren ein vorläufiges Programm. Mit dem vorliegenden Entwurf sollen unsere alten Grundsätze vertieft, unsere Forderungen erweitert und unsere Aufgaben noch klarer umrissen werden.«[943]

Das Programm von 1949[944] schrieb im wesentlichen die programmatischen Standpunkte von 1948 fest und modifizierte Aussagen nur dort, wo Korrekturen politisch-ideologischer Grundsatzpositionen notwendig geworden waren. Charakteristisch für diese, auch bei der NDPD[945] festzustellende Angleichung stehen: eine stärkere Hervorhebung der Rolle der Sowjetunion, die schärfere Abgrenzung von den bürgerlichen Parteien, die vorbehaltlose Bejahung der gesellschaftlichen Entwicklung sowie der neuen politischen und ökonomischen Strukturen.
Ließ sich die DBD 1948 noch allgemein vom Wunsch nach »Frieden und Freundschaft« mit der »großen Sowjetunion« leiten,[946] so forderte sie jetzt, in Anerkennung der »unmittelbaren Hilfe der Sowjetunion für das deutsche Volk« die »Vertiefung der Freundschaft und Zusammenarbeit mit den Völkern der Sowjetunion und den volksdemokratischen Staaten« und verpflichtete sich, alles zu tun, um »jede noch vorhandene antisowjetische Einstellung zu überwinden«.[947]
Die Zusammenarbeit mit den bürgerlichen Parteien wollte sie allein auf die »demokratischen« und »fortschrittlichen« Kräfte in diesen Parteien beschränkt wissen, mit der erklärten Absicht, die »rückschrittlichen« und »antinationalen« Strömungen in CDU und LDP zu schwächen und zu isolieren.[948] Mit dieser Taktik unterstützte sie die kooperationsbereiten Mitglieder und Funktionäre in diesen Parteien und förderte so indirekt die Gleichschaltung von CDU und LDP.
Mit Vehemenz zog sie gegen die »vom amerikanischen Monopolkapital diktierte Politik der westlichen Besatzungsmächte« zu Felde, die ihrer Meinung nach Westdeutschland in die »koloniale Abhängigkeit« bringe, die Durchführung demokrati-

scher Maßnahmen im Westen verhindere sowie die »nationale Existenz Deutschlands, seine Wirtschaft und insbesondere auch seine Landwirtschaft« bedrohe.[949] Aus dieser völlig verzerrt dargestellten außenpolitischen Situation leitete sie die Notwendigkeit der Nationalen Front zur Überwindung des »nationalen Notstandes« ab und bezeichnete es als eine ihrer dringlichsten Aufgaben, den werktätigen Bauern die »verhängnisvolle Politik der westlichen Besatzungsmächte aufzuzeigen« und die »Bauern in ganz Deutschland für die Ziele und Aufgaben der Nationalen Front zu mobilisieren«.[950] Ihre Mitarbeit in diesem organisatorischen Bündnis stellte sie als eine »besondere Aufgabe und Ehrenpflicht«[951] dar. Mit der Bildung zweier deutscher Staaten war für die DBD die nationale Einheit nur noch im Rahmen eines »fortschrittlichen demokratischen Deutschland«[952] vorstellbar, d. h. orientiert am gesellschaftlichen, politischen und wirtschaftlichen Modell der DDR, in dem sie auch die Interessen der Bauern am besten aufgehoben sah. Anläßlich der Staatsgründung, am 7. Oktober 1949, erklärte Paul Scholz:

»Die Demokratische Bauernpartei Deutschlands, die unter Wahrung der Interessen *aller* Schichten unseres Volkes, im besonderen die Vertretung der Interessen der *bäuerlichen Bevölkerung* anstrebt, wird mit um so größerer Bereitschaft die Schaffung einer wirklichen deutschen Regierung unterstützen, als damit allein die Existenz und Zukunft der *werktätigen Bauern auch im Westen unserer Heimat,* die durch die Marshall-Plan-Politik der Bonner ›Regierung‹ bedroht ist, gewährleistet wird.«[953]

Ihre Aussagen zur Wirtschafts-, Agrar-, Sozial- und Kulturpolitik hatte sie zwar um weitere Programmpunkte ergänzt,[954] eine eigenständige politische Konzeption oder eine über die Tagespolitik hinausgehende Perspektive war diesem, der sozialökonomischen Entwicklung sowie den programmatischen Aussagen der SED angepaßten Programmkatalog jedoch nicht zu entnehmen.

Die dort aufgestellten Forderungen boten, wenn auch primär auf die Gruppe der Neu- und Kleinbauern, bäuerlichen Umsiedler und Landarbeiter abgestellt, prinzipiell für alle Bauern Interessenvertretung an, um möglichst sämtliche bäuerliche Schichten in die zentralistische Wirtschaftsplanung einzubeziehen.

Ihr Bekenntnis zur Planwirtschaft, das sie bereits mit ihrer Zustimmung zum Zweijahrplan im Juli 1948 abgegeben hatte, umschrieb sie verbal mit der Formulierung »gesunde Wirtschaftsplanung«.[955] Wirtschaftsplanung und bäuerliches Privateigentum deklarierte sie als dialektische Einheit und sah darin eine der Grundlagen für Produktionssteigerung, die Verbesserung der Arbeits- und Lebensbedingungen der Bauernschaft und die Höherentwicklung der gesamten Landwirtschaft.

Ihre kultur- und sozialpolitischen Vorstellungen waren auf die Überwindung des sozioökonomischen Gegensatzes zwischen Stadt und Land und den Anschluß des Dorfes an die Entwicklung der Stadt gerichtet. Sie verlangte gleiche Bildungsmöglichkeiten für die Kinder der Bauern und forderte den Ausbau der dörflichen Infrastruktur, etwa durch Errichtung sozialer und kultureller Gemeinschaftseinrichtungen (z. B. ärztliche Betreuungsstellen, Kindergärten, Kulturhäuser).

Grundsätzliche Programmaussagen bedurften keiner Modifikation oder neuen Interpretation. Die »besondere Verbundenheit mit der Arbeiterklasse«[956] und ihrer Partei hatte die DBD seit 1948 ausdrücklich betont und solange Arbeiter und Bauern, vertreten durch die Parteien SED und DBD, die »engsten gemeinsamen Interessen«[957] hatten, sollte sich auch am Charakter des Interessenvertretungsmoments nichts ändern.

Mit ihrem Programm von 1949 dokumentierte sie ihre Bereitschaft, sich den gesamtgesellschaftlichen »Notwendigkeiten« anzupassen, d. h. den Auftrag, die Politik der SED in der bäuerlichen Bevölkerung umzusetzen, an den jeweils aktuellen Erfordernissen auszurichten. Durch die Festschreibung ihrer schichtenspezifischen programmatischen Orientierung akzeptierte sie gleichsam, wie auch die NDPD,[958] die ihr zugedachte Rolle als arbeitsteilige Transmissionspartei.

4.2 Bekenntnis zum »Aufbau des Sozialismus«

Die SED proklamierte auf ihrer II. Parteikonferenz (9. bis 12. Juli 1952) den planmäßigen Aufbau des Sozialismus in der DDR,[959] womit sie die Angleichung ihres Gesellschaftssystems an die übrigen, ebenfalls nach dem Modell der Sowjetunion errichteten Volksdemokratien vollzog. Für die nichtkommunistischen Parteien stellte diese, eine neue Phase der DDR-Entwicklung einleitende Entscheidung eine wichtige Bewährungsprobe dar.
Die Parteiführung der DBD reagierte erst Wochen später mit einer offiziellen Stellungnahme auf den richtungweisenden SED-Beschluß, während die Landesverbände[960] und auch einzelne Mitglieder des Parteivorstandes[961] die Ergebnisse der II. SED-Parteikonferenz unmittelbar nach Bekanntwerden propagierten und daraus Konsequenzen für die zukünftige Parteipolitik aufzeigten.
Auf einer für den 5. bis 6. September 1952 einberufenen erweiterten Parteivorstandssitzung proklamierte der Parteivorstand den Aufbau des Sozialismus als »historischen Schritt«, der auch »von großer Bedeutung für die Werktätigen in Westdeutschland« sei, weil er beispielhaft zeige, »welchen Weg auch sie gehen müssen«.[962] Die DBD versicherte, daß die von der SED eingeschlagene Politik voll und ganz den Interessen und Wünschen der werktätigen Bauernschaft entspreche, und interpretierte, indem sie es sich zur Hauptaufgabe stellte, den »Sozialismus mit allen ihren Kräften aufbauen zu helfen«,[963] ihre Beteiligung an der Transformation des Gesellschaftssystems als konsequenten Ausdruck bäuerlicher Interessenpolitik und nationale Tat zugleich.
Mit ihrer Zustimmung bekräftigte sie das in seiner Bedeutung gewachsene Bündnis mit der SED. In der Grußadresse der Teilnehmer der erweiterten Parteivorstandssitzung an das ZK der SED hieß es:
»Wir haben heute Beschlüsse gefaßt, die unsere ganze Partei zum Aufbau der Grundlagen des Sozialismus in der Landwirtschaft mobilisieren werden. Die werktätigen Bäuerinnen, Bauern und Funktionäre der Demokratischen Bauernpartei Deutschlands wollen und werden der Arbeiterklasse mit ganzer Kraft helfen, das hohe Ziel, den Sozialismus, zu erreichen. An der Seite der Arbeiterklasse und unter ihrer Führung unbeirrt in eine glücklichere Zukunft vorwärtsschreiten – darin erblicken wir den tiefsten Sinn unseres Bündnisses mit der Arbeiterklasse, das keine Kraft der Welt jemals wieder zu trennen vermag und das wir zur Lösung unserer großen Aufgabe gemeinsam mit Euch schmieden werden.«[964]
Mit der Bildung von Landwirtschaftlichen Produktionsgenossenschaften leitete die SED einen völligen Wandel in der Agrarpolitik ein, der tiefgreifende Auswirkungen auf die Produktionsbedingungen, die landwirtschaftlichen Besitzstrukturen und mithin eine Veränderung des gesamten sozioökonomischen Gefüges auf dem Lande zur Folge hatte. Die DBD gab mit ihrer Zustimmung zum Aufbau des Sozia-

lismus auch ein Votum für die Bildung von LPGs ab,⁹⁶⁵ mit deren Errichtung – die erste wurde am 8. Juni 1952 in Merxleben gegründet – bereits begonnen worden war. Noch auf ihrem ersten Parteitag, anläßlich der Verkündung des Programms von 1949, hatte sich die Parteiführung der DBD entschieden gegen eine Sozialisierung privater Produktionsmittel im landwirtschaftlichen Sektor gewandt. Paul Scholz hatte damals erklärt:

»Die Demokratische Bauernpartei Deutschlands ist keine sozialistische Partei und denkt nicht ans Sozialisieren.«⁹⁶⁶

Auf dem II. Parteitag der DBD bekräftigte der inzwischen zum Landwirtschaftsminister der DDR avancierte Scholz:

»*Kein verantwortlicher Mensch in unserer Republik denkt an die Kollektivierung. Die auf die Schaffung gesunder Bauernwirtschaften gerichtete Politik unserer Regierung, die Gesetze und Maßnahmen zur Stärkung unserer bäuerlichen Betriebe beweisen eindeutig das Gegenteil.*«⁹⁶⁷

Nunmehr erklärte die Partei die »systematische Förderung« der LPGs einerseits und die Entwicklung und Stärkung aller klein- und mittelbäuerlichen Einzelwirtschaften andererseits zum Inhalt ihrer bäuerlichen Interessenpolitik.⁹⁶⁸ Die Parteifunktionäre und Mitglieder forderte sie auf, »bei der Bildung von LPGs nicht nur die Rolle von stillen Beobachtern zu spielen, sondern sowohl bei der Werbung und Aufklärung als auch bei ihrer Organisation aktiv mit[zu]helfen«.⁹⁶⁹

Mit dieser Doppelstrategie demonstrierte sie zum einen ihre Bereitschaft, den Aufbau der wachsenden »Arbeiter-und-Bauern-Macht« tatkräftig zu unterstützen, wollte zum anderen aber auch den Einzelbauern eine zumindest temporäre Perspektive an der Seite der Arbeiterklasse und ihrer Partei aufzeigen.

Zwischen den 1952 abgegebenen Bekenntnissen und dem Programm von 1949 sah die Partei keine Widersprüche, wenngleich sie eine ihrer programmatischen Hauptforderungen, Erhalt und Förderung des bäuerlichen Privateigentums, nach 1952 nicht mehr aufrechterhalten konnte. Die DBD hatte einmal mehr unter Beweis gestellt, daß sie bereit war, zugunsten der von der SED erhobenen und definierten gesamtgesellschaftlichen Interessen parteiprogrammatische Positionen aufzugeben. Ihre programmatischen Forderungen und Zusicherungen hatten sich somit als taktische Varianten erwiesen, gegenüber den Mitgliedern die eigentlichen Ziele der SED-Landwirtschaftspolitik zu verschleiern.

Seit ihrer Gründung hatte die Bauernpartei alle gesellschaftspolitisch bedeutsamen Entwicklungsschritte gutgeheißen und tatkräftig unterstützt und somit den Kollektivierungsabsichten indirekt in die Hände gearbeitet. Mit der Zustimmung zum Aufbau des Sozialismus billigte sie die konsequente Fortführung dieser Politik und verpflichtete sich, an deren Ausgestaltung aktiv mitzuarbeiten.

Auf ihrem dritten Parteitag betonte die DBD, daß ihre »unermüdliche Hilfe und Unterstützung [...] der organisatorischen und wirtschaftlichen Festigung der Landwirtschaftlichen Produktionsgenossenschaften« gelte, die sie als »Vorkämpfer für die Höherentwicklung der Landwirtschaft« bezeichnete.⁹⁷⁰ Die Hauptaufgabe ihrer zukünftigen agrarpolitischen Arbeit sah sie in der Herstellung eines »kameradschaftlichen Verhältnisses zwischen den Genossenschaftsbauern und den werktätigen Einzelbauern«⁹⁷¹ sowie in der Einbeziehung der Einzelbauern in die LPG.

Goldenbaum konnte den Delegierten des dritten Parteitages berichten, daß »etwa 500«⁹⁷² Mitglieder der DBD als LPG-Vorsitzende (= 10 % aller Vorsitzenden) fun-

gieren. Unter den einfachen Genossenschaftsmitgliedern war die Präsenz der DBD freilich höher. Das Sekretariat des Parteivorstandes teilte im Oktober 1952 mit, daß in den Bezirken Suhl und Gera bereits 28 % aller Genossenschaftsangehörigen Mitglieder der DBD sind.[973] Diese Angaben verdeutlichen den nicht unerheblichen Beitrag der Bauernpartei an Gründung und Aufbau der LPG, deren Zahl in der Zeit zwischen Juni und Dezember 1953 aufgrund der Revidierung der Kollektivierungspolitik im Zuge der Politik des »neuen Kurses« von 5074 auf 4609[974] zurückgegangen war.
Nachträglich bezeichnete die DBD die mit der II. Parteikonferenz der SED eingeleitete sozialistische Umgestaltung der Landwirtschaft als »komplizierteste bündnispolitische Aufgabe«, weil der Auftrag, »alle bäuerlichen Mitglieder von der objektiven Notwendigkeit und den Vorzügen der genossenschaftlichen Großproduktion zu überzeugen«, mit »vielen Konflikten [. . .] tiefgreifenden Veränderungen und Auseinandersetzungen« bis hinein in die Familien verbunden war.[975]

5. Die DBD im Parteiensystem

5.1 Die Etablierung der Bauernpartei im politischen System

In der SBZ waren für den Herbst 1948 Gemeindewahlen vorgesehen. Den Kommunisten mußten Wahlen zu diesem Zeitpunkt jedoch höchst ungelegen kommen. Schon 1946, als sie in der Gunst der Bevölkerung höher standen als 1948, hatten sie ein nicht ihren Vorstellungen entsprechendes Wahlergebnis hinnehmen müssen. Wahlen zum jetzigen Zeitpunkt hätten als Ausdruck der Zustimmung der Bevölkerung zur Politik der SED gewertet werden müssen. Offenbar befürchteten die Kommunisten ein Wahlergebnis, das unter dem von 1946 liegen könnte.
Eine Verschiebung der fälligen Wahlen auf einen späteren günstigeren Termin schien deshalb angebracht, zumal dies in der Öffentlichkeit am glaubhaftesten unter Hinweis auf die beiden neugegründeten, noch im Aufbau begriffenen Parteien DBD und NDPD gerechtfertigt werden konnte.
Die Vermutung liegt deshalb nahe, daß der Zeitpunkt für die Parteineugründungen von der SMAD mit Bedacht gewählt worden war, d. h., DBD- und NDPD-Gründung sollten als Vorwand zur Verlegung der Wahlen dienen.
Mit der Beteiligung an der von der SED initiierten Kampagne um die Verschiebung der fälligen Gemeindewahlen, an der neben einigen Massenorganisationen besonders die Bauernpartei und die NDPD[976] teilnahmen, unternahmen die beiden neuen Parteien zugleich ihre ersten Versuche, auf den gesamtpolitischen Entscheidungsprozeß einzuwirken.
Die DBD richtete auf ihrer I. Parteikonferenz einen Antrag an den Chef der SMAD, Marschall Sokolowskij, in dem sie um eine Wahlverlegung auf einen »späteren, günstigeren Termin« nachsuchte.[977] Von allen Parteieinheiten, bis hinunter zur Ortsebene, ergingen ähnliche Resolutionen an die zuständigen Stellen der SMA.[978]
Die DBD begründete die Wahlverschiebung damit, daß bis zum Wahlzeitpunkt der organisatorische Aufbau der Partei nicht abzuschließen und auch in Anbetracht der anstehenden Ernte- und Aussaatarbeiten die Wahlvorbereitungszeit für ihre Partei viel zu kurz bemessen sei.[979] Mangelnde organisatorische Festigung ihrer Parteior-

ganisation führte auch die NDPD als Hauptgrund für eine Verlegung der Wahlen an.

Am 24. August 1948 gab die SMAD unter Berufung auf entsprechende Gesuche der neugegründeten Parteien sowie einiger Massenorganisationen die Verschiebung der Gemeindewahlen bekannt, die mit den ein Jahr später fälligen Kreis- und Landtagswahlen zusammengelegt wurden.

Für die Verlegung dieser Wahlen fand sich wiederum ein aktueller Anlaß, die Gründung der DDR im Oktober 1949.

Eine Hauptforderung der DBD war es von Anfang an gewesen, »eigene Bauernvertreter« in die Parlamente, die Ausschüsse der Parlamente und in die führenden Verwaltungsorgane auf Zentral-, Landes-, Kreis- und Ortsebene zu entsenden.[981]

Auf zentraler Ebene gelang dies der DBD, ohne große Widerstände der bürgerlichen Parteien überwinden zu müssen.

Am 3. August 1948 wurde die DBD in den Deutschen Volksrat aufgenommen. Auf der 4. Tagung des Volksrates erklärten sich Ernst Goldenbaum und Rudolf Albrecht, die bislang als Repräsentanten der VdgB dem Volksrat angehörten, als »vorläufige Vertreter« der DBD.[982] Auf der 5. Tagung des Volksrates, im Oktober 1948, trat die Partei mit Ernst Goldenbaum, der ins Präsidium des Volksrates gewählt worden war, Rudolf Albrecht, Leonhard Helmschrott, Paul Scholz und Fritz Scheffler[983] erstmals als selbständige Delegation auf.[984]

Am 5. August 1948 fand die DBD Aufnahme in den zentralen Block und war, wie ab 7. September 1948 auch die NDPD, mit zwei Sitzen als vollwertiges Mitglied in der Einheitsfront der antifaschistisch-demokratischen Parteien vertreten.[985] Da die bürgerlichen Parteien die Erweiterung des Blocks durch Aufnahme neuer Parteien nicht grundsätzlich ablehnen konnten, versuchten sie, allerdings ohne Erfolg, die Repräsentation von DBD und NDPD bis zum Zeitpunkt der nächsten Wahlen auf einen Vertreter zu beschränken.[986] Mit der Aufnahme in den zentralen Block war für die DBD keineswegs der Anspruch auf sofortige Vertretung in den Landes-, Kreis- und Ortsblockausschüssen verbunden. Zwar war über die Beteiligung der DBD in den Blockausschüssen auf lokaler und regionaler Ebene vereinzelt schon vor der zentralen Blockaufnahme der Bauernpartei positiv entschieden worden,[987] doch stellten sich überwiegend auf Orts-, Kreis- und Landesebene die bürgerlichen Parteien gegen die Einbeziehung der DBD in den Block. Mit der Etablierung der Bauernpartei im zentralen Block war somit ein Signal gesetzt worden für entsprechende Entscheidungen der unteren Blockorgane.

Während die DBD in Thüringen schon am 11. August 1948[988] und in Sachsen-Anhalt kurze Zeit darauf, am 10. Oktober 1948,[989] in den Landesblockausschuß gelangte, erfolgte ihre Einbeziehung in den Block des Landes Sachsen erst am 27. Mai 1949.[990]

Auch die Aufnahme in die Volkskongreßausschüsse der Länder scheiterte, so in Sachsen, zunächst am Widerstand der bürgerlichen Parteien, die den Antrag von DBD und NDPD am 7. September 1948 ablehnten und beiden Parteien lediglich einen Beobachterstatus zubilligten. Erst durch einen bindenden Beschluß des Landesblocks Sachsen vom 14. Oktober 1948 wurden die neugegründeten Parteien als gleichberechtigte Mitglieder in den Landesausschuß des Volkskongresses aufgenommen.[991]

Nachdem die Einheitsfront der antifaschistisch-demokratischen Parteien sich am 7. September 1948 für die Mitarbeit der neuen Parteien und eine stärkere Beteiligung der Massenorganisationen in der DWK ausgesprochen hatte, beriet sie am 18. Oktober 1948 den Vorschlag Piecks, die DWK durch 70 Vertreter aus allen Parteien und Massenorganisationen zu ergänzen.[992] Als laut SMAD-Befehl Nr. 183 vom 27. November 1948 die DWK von 36 auf 101 Mitglieder erweitert wurde, war die DBD durch ihre Spitzenfunktionäre Ernst Goldenbaum, Rudolf Albrecht und Paul Scholz ab 1. Januar 1949 auch im damaligen höchsten Verwaltungsorgan der SBZ vertreten, womit die Partei eine weitere Hauptforderung ihres Programms erfüllt sah.[993]

Mit Fürsprache der SED sollte es der DBD auch gelingen, im zentralen Staatsapparat eigenständige Führungsaufgaben zu übernehmen. Wiederholt hatte die SED, so auch am 24. August 1949, die Aufnahme von Vertretern der beiden neugegründeten Parteien sowie von parteilosen Politikern in leitende Funktionen der DWK gefordert. Im September 1949 wurde Herbert Hoffmann, 1. Vorsitzender des Landesverbandes Thüringen der DBD, Nachfolger des KPD/SED-Agrarexperten Edwin Hoernle im Amt des Leiters der Hauptverwaltung Land- und Forstwirtschaft der DWK.

In der am 7. Oktober 1949 konstituierten ersten DDR-Regierung unter Otto Grotewohl übernahm Ernst Goldenbaum das Ministerium für Land- und Forstwirtschaft.[994]

Als Staatssekretär war ihm der im Parteivorstand und Politbüro der SED für dieses Sachgebiet zuständige Paul Merker zugeordnet. Rudolf Albrecht wurde Staatssekretär in dem von Karl Hamann (LDP) geführten Ministerium für Handel und Versorgung.[995] Die DBD wurde sogar mit der einzigen, nicht von SED-Mitgliedern geleiteten, technisch übergeordneten Koordinierungs- und Kontrollstelle, der Staatlichen Kontrollstelle für Landwirtschaft, betraut, der Paul Scholz vorstand.

Mit 75 Abgeordneten nahm die Bauernpartei an dem nach Einheitslisten gewählten 3. Deutschen Volkskongreß teil, der am 29./30. Mai den 330 Mitglieder zählenden 2. Deutschen Volksrat wählte, dem 15 Vertreter der Partei angehörten.[996] Nach Gründung der DDR und der Umwandlung des Volksrates in die Provisorische Volkskammer zogen 15 DBD-Abgeordnete unter ihrem Fraktionsvorsitzenden Paul Scholz in die erste Volksvertretung der DDR ein. Im Präsidium der Provisorischen Volkskammer stellte die DBD zunächst nicht, wie alle anderen Parteien, einen Vizepräsidenten, sondern nur einen der fünf gewählten Beisitzer. Mit Beginn der 1. Wahlperiode war sie dann ebenfalls mit einem Vizepräsidenten in diesem parlamentarischen Leitungsgremium vertreten.

Einflußnahme auf die parlamentarische Arbeit in den Ländern, Kreisen, Städten und Gemeinden erreichte die DBD im Laufe des Jahres 1949/50 teilweise nur in der Auseinandersetzung mit den bürgerlichen Parteien, die sich gegen die Versuche der Bauernpartei, ohne demokratische Legitimation Sitz und Stimme in den Wahlkörperschaften zu beanspruchen, aufs heftigste wehrten. Die öffentliche Anerkennung der DBD konnten sie jedoch nur zeitlich verzögern, nicht aber verhindern.

Den Einzug in die Parlamente der unteren Ebene versuchte die DBD über die parlamentarischen Ausschüsse zu erreichen. Unter Hinweis auf ihre Fachkompetenz bat sie unmittelbar nach ihrer Gründung in den jeweiligen Parlamenten zunächst um Aufnahme in verschiedene Ausschüsse, insbesondere in den Ausschuß für Land- und Forstwirtschaft.[998] In Halle (Saale) lehnten die bürgerlichen Stadtverordneten im Januar 1949 den DBD-Antrag um Aufnahme in die Ausschüsse des

Stadtparlaments ab.[999] In den Kreisen Eisleben und Salzwedel verweigerten die bürgerlichen Parteien im April 1949 der Aufnahme der DBD in die Fachausschüsse des Kreistages ihre Zustimmung mit der Begründung, es mangele ihr an der notwendigen organisatorischen Verankerung auf dem Lande sowie an kompetenten Fachvertretern.[1000] In Sachsen-Anhalt gestaltete sich die Aufnahme der Bauernpartei in die Kreistage und Kreistagsausschüsse aufgrund der einhelligen ablehnenden Haltung von CDU und LDP besonders schwierig.[1001]
In Thüringen bezogen CDU und LDP ebenfalls Stellung gegen die DBD und verhinderten mit ihren Stimmen, so z. B. in Hildburghausen, die Aufnahme der Bauernpartei in den Kreistag.[1002]
Aber auch in Mecklenburg gab es Widerstände. Im Kreis Rostock hatte sich die CDU monatelang gegen die Aufnahme der Bauernpartei in die Ausschüsse des Kreistages gewehrt und die Einbeziehung der DBD hinausschieben können.[1003] In Schwerin verließ die CDU geschlossen die Kreistagssitzung, um eine Annahme des DBD-Aufnahmeantrags zu verhindern.[1004] Ebenso in Wismar, dem Gründungsort der Bauernpartei, forderten die Kreisparlamentsfraktionen von CDU und LDP die Aufhebung des örtlichen Blockbeschlusses, der die beratende Mitarbeit von DBD und NDPD im Kreistag vorsah. Als ihrem Antrag nicht stattgegeben wurde, verließen sie demonstrativ die Sitzung.[1005] Auch in einigen Kreisen Sachsens wurde der DBD von seiten der bürgerlichen Parteien mit der Begründung, es mangele ihr an Sachkompetenz, die Mitarbeit in den Ausschüssen der Kreisparlamente verweigert.
Der 1. Vorsitzende des DBD-Landesverbandes Sachsen kritisierte auf dem 1. Landesparteitag im Juni 1949 das ablehnende Verhalten von CDU und LDP:

»Die DBD ist für ehrliche Blockpolitik. Allerdings müssen wir feststellen, daß von seiten der LDP und CDU sehr oft in versteckter und auch offener Weise gegen die DBD gearbeitet wird. Beide Parteien waren sich einig darüber, uns jede Existenzberechtigung abzusprechen. Wir haben laufend Beweise darüber, wie man unsere Mitarbeit am demokratischen Aufbau ignoriert und sogar zu vereiteln sucht.«[1006]

Im Kreis Meißen lehnte die LDP die Mitarbeit der DBD im landwirtschaftlichen Ausschuß des Kreistages ab. Erst nachdem die SED den DBD-Antrag im Blockausschuß behandeln ließ, wurde die DBD an der Ausschußarbeit des Kreistags beteiligt.[1007] Im Kreistag zu Löbau war die DBD zwar schon seit Anfang 1949 vertreten, doch als sie den Vorsitz des Ausschusses für Land- und Forstwirtschaft für sich reklamierte, brachte sie die bürgerlichen Parteien gegen sich auf, zumal die CDU als zweitstärkste Partei im Parlament diesen Posten beanspruchte.[1008] Im Stadtparlament Leipzig[1009] sowie im Kreistag zu Plauen und Großenhain[1010] vollzog sich die Aufnahme der DBD in die Parlamente nur aufgrund der SED-Dominanz reibungslos.
In Brandenburg zum Beispiel stellte die DBD ein Jahr nach ihrer Gründung 98 Gemeinderäte, 15 Bürgermeister, 4 Gemeinderatsvorsitzende, 11 Kreistagsmitglieder, 3 Kreisräte und einen Landtagsabgeordneten,[1011] und in Thüringen fungierten nach einer Meldung des »Bauern-Echo« vom 4. Juni 1949 84 DBD-Mitglieder als Bürgermeister.[1012]
Angesichts dieser Erfolge gab es nicht nur bei den bürgerlichen Parteien, sondern auch innerhalb der SED kritische Stimmen, die mit der politischen Aufwertung von DBD und NDPD den Verlust öffentlicher Positionen für ihre Partei befürchteten

und aus diesem Grunde der Aufnahme der DBD in die Parlamente und Verwaltungen ablehnend gegenüberstanden.[1013]
Dies veranlaßte Walter Ulbricht auf der Bauernkonferenz der SED in Halle (19./ 20. Februar 1949) Bedeutung und Notwendigkeit der stärkeren Einbindung der beiden neugegründeten Parteien in die Organe des Parteiensystems und die Institutionen des sich herausbildenden Staatsapparates zu betonen:
»Wir sind daran interessiert, daß die Zusammenarbeit im Block gefestigt wird und daß vor allem auch die National-Demokratische Partei Deutschlands und die Demokratische Bauernpartei ihre Kräfte entwickeln können [...]. Wenn wir die Politik, die auf der Parteikonferenz festgelegt wurde, durchführen, haben wir genügend starke Positionen und brauchen in diesen Fragen gegenüber der NDPD oder der DBD nicht kleinlich zu sein.«[1014]
Um den Prozeß der politischen Etablierung von DBD und NDPD zu beschleunigen, sah sich die SED veranlaßt, über den Block initiativ zu werden. In Absprache mit der SED richteten DBD und NDPD am 2. November 1949 einen Antrag an den Demokratischen Block, in dem sie die Entsendung ihrer Vertreter in die Ausschüsse der Landes-, Kreis- und Gemeindeparlamente sowie die beratende Teilnahme an den Tagungen des Plenums der Volksvertretungen forderten. Im Block konnte zunächst nur eine Einigung in der Frage der beratenden Mitarbeit beider Parteien in den Gemeindevertretungen erzielt werden.[1015] Erst auf erneuten Antrag von DBD und NDPD faßte der Block am 30. November 1949 nach »heftigen Debatten«, wie Rolf Leonhardt in Kenntnis der Blockprotokolle bemerkt,[1016] Beschlüsse, die den beiden Parteien auch Möglichkeiten der Mitwirkung in den Landtagen und Kreistagen garantieren sollten.[1017] Im einzelnen war in diesen Beschlüssen festgelegt:
– Beratende Mitwirkung im Plenum der Land-, Kreis- und Gemeindetage;
– Beratende Mitwirkung in den Ratssitzungen der Kreise, Städte und Gemeinden sowie Landtagsausschüssen;
– Stimmrecht in allen Ausschüssen der Kreis- und Gemeindevertretungen.[1018]
Bis Anfang 1950 blieb der DBD die Mitarbeit in den Landtagen und dessen Gremien fast völlig versagt.
Im November 1948 stellten DBD und NDPD einen Antrag an den Thüringer Landtag, in dem sie um Aufnahme ins Plenum baten. Der als Eingabe an den Rechtsausschuß weitergeleitete Antrag wurde nach Prüfung abgewiesen, weil sich hierfür keine rechtliche Grundlage fand.[1019] Nunmehr versuchten die beiden Parteien die Entscheidung auf den Landesblockausschuß zu verlagern. Auf der 56. Sitzung des Thüringer Landesblocks vom 15. Februar 1949 stellten die Vertreter der DBD und NDPD den Antrag um Teilnahme an den Plenar- und Ausschußsitzungen des Thüringer Landtags mit beratender Stimme. Nachdem die CDU diesen Antrag erneut ablehnte – sie hatte sich schon auf der 54. Sitzung des Landtages, auf der dieser Punkt bereits zur Debatte stand, diesem Ansinnen widersetzt –, schaltete die SED den zentralen Block ein, der dann positiv entschied.[1020]
Vereinzelt war die DBD jedoch schon 1948 in den Landtagen präsent gewesen, und zwar durch VdgB-Landtagsabgeordnete, die gleichzeitig Mitglieder der DBD waren und in den Landtagen erklärten, daß sie gleichermaßen auch für die DBD sprechen und diese vertreten würden. So trat der VdgB-Fraktionsvorsitzende im Mecklenburger Landtag, der 1. Vorsitzende der DBD sowie zeitweilige 1. Vorsitzende des DBD-Landesverbandes Mecklenburg, Ernst Goldenbaum, ab 1. Oktober 1948 gleichzeitig als Vertreter der DBD auf.[1021]

145

Im Januar 1950 erließen die Landtage unter Berufung auf den Blockbeschluß vom 30. November 1949 entsprechende Gesetzesverordnungen über die Erweiterung der Wahlkörperschaften in den einzelnen Ländern, die eine Einbeziehung der beiden neugegründeten Parteien auf der parlamentarischen Ebene vorsahen. In Thüringen erging die Anordnung am 6., in Brandenburg am 26., in Sachsen am 27. und in Sachsen-Anhalt am 31. Januar 1950.[1022] Aufgrund dieser quasi gesetzlich verordneten, auf Druck des zentralen Blocks zustandegekommenen, politischen Anerkennung, war die DBD von nun an durch eigene Vertreter mit beratender Funktion im Plenum und in den Ausschüssen der Landtage repräsentiert.[1023] Die Einbeziehung auf Kreis- und Gemeindeebene war somit ebenfalls einheitlich geregelt.[1024] Doch selbst noch nach Erlaß des Blockbeschlusses vom 30. November 1949 und dessen Ratifizierung durch die Länderparlamente wandten sich die bürgerlichen Parteien auf lokaler Ebene vereinzelt gegen die parlamentarische Beteiligung der DBD, so z. B. in den Kreisen Luckau, Luckenwalde und Angermünde.[1025]
Die Richtlinien der Landesregierungen vom Januar 1950 sahen ebenso eine stärkere Berücksichtigung der beiden Parteien bei der Besetzung von Regierungsstellen auf Länderebene vor. So wurde die DBD noch vor den Oktoberwahlen 1950 in die Regierungsverantwortung in Sachsen mit einbezogen. Anläßlich einer Regierungsumbildung übernahm Fritz Weißhaupt[1026] am 1. Juni 1950 den vakant gewordenen Posten des Ministers für Land- und Forstwirtschaft.[1027]
Am 16. Mai 1950 beschloß der Demokratische Block die Aufstellung einer gemeinsamen Kandidatenliste und eines einheitlichen Wahlprogramms für die Wahlen im Oktober 1950.[1028] Die DBD begrüßte diesen Beschluß,[1029] denn er sicherte ihr aufgrund der nach einem Schlüssel festgelegten Mandatsverteilung[1030] in allen Parlamenten eine eigene Fraktion zu. Mit 36 von insgesamt 520 zu vergebenden Sitzen stellte sie 7 % der Mandate in den Länderparlamenten.[1031] Ebenso wurde die Bauernpartei in allen Landesregierungen bei der Vergabe von Ministerposten[1032] berücksichtigt und war, abgesehen von Sachsen, mit je einem Mitglied in den jeweiligen Länderkammern vertreten.
In der Volkskammer verstärkte sich die nunmehr vom Generalsekretär der Partei, Berthold Rose, geführte Fraktion auf 33 Abgeordnete. In den Gemeinde- und Kreisparlamenten stellte sie mit über 7205 Abgeordneten[1033] mehr als doppelt so viele Volksvertreter wie die NDPD. In den Gemeindeparlamenten Mecklenburgs und Brandenburgs war sie nach der SED zweitstärkste Partei.[1034]
Dieser Erfolg gründete sich auf die bevorzugte Behandlung bei der Verteilung der Mandate in den Gemeinden. So legte der Block in den Richtlinien für die Aufstellung der Kandidaten zu den Volkswahlen fest, daß in den Gemeinden »bei der Auswahl der Kandidaten die Parteien und Massenorganisationen auf die berufliche Zusammensetzung der Bevölkerung Rücksicht nehmen müssen«.[1035] Dieser Passus verschaffte der DBD in den überwiegend bäuerlich geprägten Kleingemeinden einen Vorteil vor den anderen Parteien, weil sie hier als politische Vertretung der Bauern mehr Mandate für sich reklamieren konnten, als ihr nach dem vereinbarten Schlüssel zustanden.
Weiter hieß es in den Richtlinien, daß bei Ausfall einer der Parteien oder Massenorganisationen die dadurch freibleibenden Mandate auf die anderen Parteien und Massenorganisationen entsprechend den realen Verhältnissen, d. h. den tatsächlichen politischen oder sozialökonomischen lokalen Kräfteverhältnissen, zu verteilen waren.[1036] Diese Regelung gab der DBD die Möglichkeit, in den Landgemein-

den, in denen sie stärker als die bürgerlichen Parteien repräsentiert war, entsprechend mehr Kandidaten, als nach dem Blockschlüssel vereinbart, zu stellen, sie sicherte ihr gleichfalls aber auch dort, wo sie organisatorisch sehr schwach bzw. die Existenz einer DBD-Ortsgruppe nur auf dem Papier nachweisbar war,[1037] die Aufstellung von Kandidaten.

Mit der Staatsgründung der DDR war die DBD in allen politisch bedeutsamen Organen der Zentralebene: dem Block, der Volkskammer und der Regierung, vertreten, während sich der Prozeß der parlamentarischen Etablierung auf Länder- und Kreisebene durch Widerstände seitens CDU und LDP verzögerte und erst mit den Wahlen von 1950 durchgesetzt werden konnte. Der SED gelang es jedoch, die bürgerlichen Parteien über den Block zu disziplinieren und die Teilnahme der neuen parteipolitischen Kräfte auf der unteren Ebene schon vor diesem Zeitpunkt zu erzwingen. Mit der Vereinbarung neuer politischer und organisatorischer Blockgrundsätze vom 19. August 1949[1038] wurde die Stellung des zentralen Blocks gegenüber den Landesblock- und örtlichen Blockausschüssen wesentlich gestärkt.[1039] Der durchschlagende Erfolg der Beschlüsse des zentralen Blocks vom 2. und 30. November 1949, welche die parlamentarische Repräsentanz der beiden neuen Parteien auf regionaler und lokaler Ebene, an den nachgeordneten Blockausschüssen vorbei, »von oben« verordneten und Inhalt sowie Umfang der Beteiligung festlegten, bestätigte die Wirkungsweise dieser Politik. Der SED war es so durch systematisches und schrittweises Vorgehen gelungen, unter Beibehaltung des Blockparteiensystems, ihren Führungsanspruch unterstützende Bündnispartner in den politischen Organen aller Ebenen zu verankern. Mit deren Hilfe konnte sie die Einbeziehung der Massenorganisationen in diese Organe und gleichzeitig verstärkt eine Politik der Zurückdrängung des Einflusses von CDU und LDP und generell aller, »noch vorhandener konservativer und reaktionärer Kräfte in allen Parteien und auf allen Ebenen«[1040] betreiben.

Den Beitrag von DBD und NDPD zur »Konsolidierung und Erweiterung des Blocks«[1041] würdigend resümiert die offizielle DDR-Geschichtsschreibung:

> »Beide Parteien trugen durch ihre Politik dazu bei, daß die Blockpolitik in der schwierigen Situation des Jahres 1948 ihre bisher schwerste Belastungsprobe bestand.«[1042]

> »Gründung und [...] Tätigkeit beider neuer Parteien verminderte den Einfluß reaktionärer bürgerlicher Kräfte. Zugleich wurde dadurch die Position der Vertreter einer demokratischen Linie in der CDU und LDP gestärkt, die es angesichts dieser Veränderung im Kräfteverhältnis der Parteien nun leichter hatten, weitere Mitglieder und Funktionäre von der Notwendigkeit des weiteren Zusammenwirkens im Block zu überzeugen.«[1043]

Die politische Etablierung von DBD und NDPD bewirkte neben der Verschiebung der politischen Kräfteverhältnisse in den politischen Organen auch eine qualitative Veränderung des Blockcharakters. Zu den veränderten Blockbeziehungen nach der Regierungsbildung schreibt Jochen Černy:

> »Indem der Block alle restaurativen Bestrebungen überwand und mit wachsendem Erfolg die Rechte und Verpflichtungen wahrnahm, die ihm daraus erwuchsen, daß er mit der Staatsgründung zur Regierungskoalition geworden war, entwickelte er sich zur Aktionsgemeinschaft zwischen der SED und den nichtproletarischen demokratischen Kräften beim Aufbau des Sozialismus.«[1044]

Wenngleich die DDR-Historiker den Wandel des Blocksystems primär ideologisch interpretieren, deuten sie doch den realen Machtverlust und den Funktionswandel der Institution Block an.[1045]

Auf Anregung der SED wurde mit der Nationalen Front ein zusätzliches Forum der Bündnispolitik gebildet,[1046] das als ein alle politischen Gruppen und soziale Schichten organisierendes Instrument der direkten Transmission zwischen SED und Regierung einerseits und Bevölkerung andererseits fungieren sollte.[1047] Als größte Massenorganisation hatte sie Propaganda und Agitationsarbeit zu leisten, die Bevölkerung zu systemfördernden Aktivitäten zu mobilisieren und im Sinne der politischen Ideologie zu erziehen bzw. umzuerziehen. Neben dem Block, der als Transmissionsmechanismus auf Parteiebene und als Kern der Nationalen Front weiterexistierte, stand der SED mit der Nationalen Front ein Mobilisierungsinstrument zur Verfügung, das alle organisierten und nicht-organisierten Bevölkerungskreise erreichte.[1048] Darüber hinaus hatte die Nationale Front, als Forum zur »Rettung der deutschen Nation«[1049] konzipiert, auch gesamtdeutsche Funktion.

Am 7. Januar 1950 konstituierte sich das Sekretariat des Deutschen Volksrates als Sekretariat der Nationalen Front. Entsprechend der territorialen Gliederung bildeten sich auf der Basis von Hausgemeinschaften Wohnbezirks-, Orts- und Kreisausschüsse der Nationalen Front, die sich nicht nach einem parteipolitischen Proporzsystem, sondern nach sozialen Stärkeverhältnissen zusammensetzten.

Die DBD begrüßte die Zusammenfassung aller Kräfte in der Nationalen Front und forderte die »gesamte Landbevölkerung« auf, »die Arbeit der Ausschüsse der Nationalen Front des demokratischen Deutschland mit allen Mitteln zu unterstützen«.[1050] Ihre Aufgaben in der Nationalen Front sah sie in der: »Festigung der demokratischen Errungenschaften auf dem Dorfe, in der Aufklärung der Landbevölkerung über die Ziele und Bestrebungen [der] demokratischen Regierung, in der Ausschaltung und Enthüllung aller reaktionären Machenschaften und Propaganda, wie z. B. Gerüchte über angebliche Kollektivierung der Bauernwirtschaften, [. . .] oder ähnlicher Parolen, in der Aufzeigung der verhängnisvollen Auswirkungen der Spaltung und Kriegspolitik der Westmächte, [. . .] in der Aufzeigung der Friedenspolitik der Sowjetunion und der Notwendigkeit einer dauernden und festen Freundschaft unseres Volkes mit der Sowjetunion [. . .], aber vor allem auch in der Verwirklichung des Volkswirtschaftsplanes.«[1051]

Zweifellos leistete die DBD bei der Umwandlung der Volkskongreßausschüsse in Ausschüsse der Nationalen Front in den Landgemeinden sowie bei der Aktivierung der ländlichen Bevölkerungsteile für die Ziele der Nationalen Front die Hauptlast der Propaganda und Agitationsarbeit.[1052] Auf dem III. Parteitag der DBD stellte Goldenbaum im Rechenschaftsbericht fest, daß sich die DBD in vielen Dörfern als die »aktivste Kraft« erwiesen habe, und verwies auf die 11 544 Mitglieder, die in den Ortsausschüssen der Nationalen Front mitarbeiteten, sowie die 7306 Haus- und Hofgemeinschaften, die auf Initiative der DBD gebildet worden waren.[1053]

5.2 Beziehungen im Parteiensystem

5.2.1 Verhältnis zu den Parteien

Die DBD schwächte nicht nur Position und Einfluß der bürgerlichen Parteien in den politischen Organen, sondern versuchte auch auf die innerparteiliche Entwicklung von CDU und LDP Einfluß zu nehmen und sich in Sachfragen, insbesondere aus dem landwirtschaftlichen Bereich, mit den bürgerlichen Parteien auseinanderzusetzen.

Sie versuchte diese Parteien als Interessenvertreter der »Großbauern« und »kapitalistischen Elemente« zu »entlarven«,[1054] wobei die CDU im Mittelpunkt der Kritik stand. Auf großen Widerstand der Bauernpartei stieß z. B. der Agrar- und Erfassungsplan der CDU von 1948, der im Gegensatz zu der im Zweijahrplan geforderten starren Anbau- und Erfassungsplanung den Wegfall jeglicher Anbaurichtlinien vorsah, individuelle Wahlfreiheit bei der Aufstellung des Produktionsprogramms sowie größere Möglichkeiten des Austauschs der abzuliefernden Produkte forderte.[1055] Die DBD lehnte sowohl diese Vorstellungen als auch das Genossenschaftsprogramm der CDU[1056] oder etwa die Vorschläge der LDP zur Besteuerung der Landwirte[1057] mit dem Hinweis ab, die Landwirtschaftspolitik der bürgerlichen Parteien sei nicht mit den »nationalen Interessen« vereinbar, torpediere grundsätzlich die Wirtschaftsplanung, verhindere somit eine Weiterentwicklung der Landwirtschaft und gefährde letztendlich die Versorgung der Bevölkerung.[1058]

In ihrem Programm von 1949 hatte die DBD deutlich gemacht, daß für sie eine Zusammenarbeit nur mit den »demokratischen, fortschrittlichen Kräften in den anderen Parteien und Organisationen«[1059] in Frage käme. Mit dieser bündnispolitischen Strategie glaubte sie, die »rückschrittlichen« und »antinationalen« Elemente in diesen Parteien zurückdrängen und isolieren zu können,[1060] wobei die Einschätzung dessen, was als »fort- bzw. rückschrittlich« galt, an der Haltung dieser Parteien zur SED und deren Politik zu messen war.

Die Parteien selbst forderte sie auf, sich von ihren »reaktionären« Mitgliedern und Funktionären zu trennen. In einem Artikel des »Bauern-Echo« zum 3. Parteitag der LDP heißt es:

> »Die LDP ist zwar organisatorisch eine einheitliche Partei, die erklärt, geschlossen am demokratischen Aufbau mitzuwirken und loyale Blockpolitik zu treiben. Wir stellen jedoch die Tatsache fest, daß in der LDP eine rückschrittliche Gruppe am Werk ist, deren Wirken wohl eingedämmt, die aber niemals restlos aus der LDP beseitigt werden kann. Diese Tatsache gibt der LDP einen schwankenden Charakter und ein unklares politisches Ziel. Es wäre zu wünschen, daß der Parteitag in Eisenach wesentlich dazu beiträgt, die LDP von ihren rückschrittlichen Elementen zu säubern.«[1061]

Ungeachtet dieser Kritik sah die Bauernpartei die LDP – hervorgehoben wird hier besonders die positive Rolle des ersten Vorsitzenden Wilhelm Külz – stärker von kooperationswilligen Funktionären getragen als die CDU, mit der die Bauernpartei ihre »Hauptschwierigkeiten« hatte.[1062]

Die DBD warf den bürgerlichen Parteien vor, nicht »konsequent und positiv für die Blockpolitik und die fortschrittlich-demokratische Entwicklung«[1063] einzutreten, und ermahnte sie zur Blockdisziplin:

> »Allen Versuchen, diesen Block zu sprengen, muß auf das entschiedenste ent-

gegengetreten werden. Jeder, der gegen die gemeinsam gefaßten Beschlüsse des Demokratischen Blocks handelt, muß sich endlich bewußt werden, daß er damit gegen die Interessen des deutschen Volkes handelt und sich zum Helfer der Kriegstreiber macht.«[1064]

Ihre politischen Gegner und Widersacher in den bürgerlichen Parteien versuchte die DBD mit Methoden der öffentlichen Diffamierung auszuschalten.

Ihren unteren Parteileitungen gab die Führung der Bauernpartei 1949 folgende Anweisung:

»Wir müssen in jedem Kreis die Verleumder unserer Partei aufspüren und öffentlich brandmarken. Sie müssen darüber hinaus mit ihren Äußerungen namentlich geführt werden, damit unsere Kreisvorstände in den Blocksitzungen mit diesem Material für eine bessere Blockpolitik sorgen können.«[1065]

Mit dem Ziel, die Kandidatur von Mitgliedern der bürgerlichen Parteien zu den Gemeindevertretungen anläßlich der Wahlen am 15. Oktober 1950 zu verhindern, wies der Landesverband Sachsen in einem Rundschreiben vom 16. Juli 1950 die Ortsgruppen an, genügend belastendes Material über die von CDU und LDP aufgestellten Kandidaten zu sammeln, um damit im örtlichen Blockausschuß, der über die Zulassung der Mandatsbewerber letztendlich entschied, deren »Untragbarkeit« belegen zu können.[1066]

Auch an der von der SED entfachten Diffamierungskampagne gegen führende Politiker der bürgerlichen Parteien, wie die CDU-Politiker in Sachsen, den Landesvorsitzenden Hickmann, den Finanzminister Rohner und die CDU-Landwirtschaftsexperten Schöne und Häntzschel beteiligte sich die DBD. Sie bezeichnete die Politiker öffentlich als »getarnte und offene Feinde des Volkes«, »Doppelzüngler« und »Agenten des Imperialismus« und forderte die CDU auf, sich von diesen Funktionären zu trennen.[1067] Die Kreisleitung Chemnitz der DBD beantragte im örtlichen Blockausschuß, daß der »Demokratische Block auf seiner nächsten Sitzung beschließen möge, den Landesverband der CDU Sachsen zu ersuchen, den Referenten für Agrarfragen, Herrn Dr. Schöne, sofort aus dem öffentlichen Parteidienst zurückzuziehen«.[1068] Als Begründung führte sie an, Schöne habe auf einer öffentlichen Versammlung der CDU von der bevorstehenden Kollektivierung in der Landwirtschaft gesprochen und die Entwicklung der Agrarpolitik kritisiert.[1069]

In Mecklenburg ging die DBD ebenfalls gegen Landespolitiker der bürgerlichen Parteien vor. In einer Stellungnahme des DBD-Landesvorstandes Mecklenburg vom Februar 1950 heißt es:

»Die volksfremden Funktionäre bürgerlicher Parteien im Lande Mecklenburg finden noch in den Reihen ihrer Parteien Unterschlupf [...]. Uns aber wird die offene und ehrliche, breitere gleichberechtigte Mitarbeit in Parlament und Verwaltung von seiten dieser Parteien verwehrt [...].

Wir werden es nicht dulden, daß reaktionäre Kräfte weiter in führenden Stellungen unserer Republik verbleiben, die unserem demokratischen Neuaufbau feindlich gegenüberstehen. Daher fordern wir den sofortigen Ausschluß dieser Elemente aus den Reihen der CDU und LDP Mecklenburgs.«[1070]

Indem die Bauernpartei die Veränderung der innerparteilichen Kräfteverhältnisse von CDU und LDP zugunsten einer Stärkung der mit der SED kooperationsbereiten Gruppierungen förderte und unterstützte, erwies sie sich als ein wichtiger Bündnispartner der SED bei der Zurückdrängung bürgerlicher Positionen auf dem Lande.

Den Beitrag seiner Partei zur Gleichschaltung der bürgerlichen Parteien sowie zur Festigung des gesellschaftlichen Systems würdigend, stellte Goldenbaum zwei Jahre nach Gründung der DBD fest:

»Die DBD hat im Bündnis der Arbeiter und Bauern den Kampf gegen die antinationalen und undemokratischen Kräfte [in den bürgerlichen Parteien] unterstützt und somit zur Stärkung der neuen demokratischen Ordnung und besonders zur Demokratisierung des Dorfes beigetragen.«[1071]

Der DBD gelang es jedoch nur mit Mühe, den bürgerlichen Parteien bäuerliche Mitglieder abzuwerben. Obwohl es vereinzelt zu Übertritten ganzer CDU-Ortsgruppen[1072] bzw. größerer Bauerngruppen aus den bürgerlichen Parteien kam,[1073] was in der DBD-Presse entsprechend propagandistisch ausgeschlachtet wurde, entsprach der Abwerbungserfolg keineswegs den Erwartungen der DBD-Parteiführung. Nach Angaben der Partei waren Mitte 1949 lediglich 7 % der DBD-Mitglieder Überläufer aus CDU und LDP.[1074]

Seit ihrer Gründung hatte die DBD das besonders enge Bündnis mit der Partei der Arbeiterklasse beschworen, es in ihrem Programm festgeschrieben und in Parteibeschlüssen immer wieder bekräftigt. Dies drückte sich in besonders »kämpferischen« Formulierungen aus, wie:

»Die werktätige Landbevölkerung, voran die politische Demokratische Bauernpartei Deutschlands, wird ihren stärksten und zuverlässigsten Bundesgenossen, den Arbeitern, für immer die Treue halten und alles einsetzen, um dieses Bündnis noch enger zusammenzuschmieden.«[1075]

All diese Bekenntnisse hatten keineswegs nur einen propagandistischen Charakter, sondern waren Ausdruck, wie Goldenbaum versicherte, des ständigen Bemühens der DBD, unter ihren Mitgliedern und Funktionären »Klarheit über die Bedeutung des Bündnisses« und »die historische Notwendigkeit des Weges an der Seite der Arbeiterklasse unter Führung der Partei der Arbeiterklasse« zu schaffen.[1076]

Dieses Bündnisbekenntnis implizierte die Anerkennung der SED als politisches Machtzentrum im Parteiensystem und somit die Unterordnung jeglicher Partei-, Partial- oder Schichteninteressen unter das Primat des von der Hegemonialpartei definierten Allgemeininteresses. Wenngleich sich die DBD gelegentlich von der SED abzugrenzen suchte, so geschah dies primär aus taktischen Gründen, weil sie:

1. die Vorwürfe der bürgerlichen Parteien, die sie als »sozialistische Partei« und »Anhängsel der SED« bezeichneten, nicht unwidersprochen lassen konnte und nach außen politische Eigen- und Selbständigkeit demonstrieren mußte;
2. gerade auch solche Zielgruppen ansprechen und gewinnen wollte, die der SED ablehnend gegenüberstanden.

Das Dilemma der DBD, sich einerseits der Vorwürfe der bürgerlichen Parteien zu erwehren und sich glaubhaft gegenüber der SED abzugrenzen sowie sich andererseits nicht dem Verdacht auszusetzen, in Opposition zur SED zu treten, wird durch folgende Äußerungen Goldenbaums vom Juli 1949 treffend dokumentiert:

»Gewiß, wir sind eine nicht-sozialistische Partei. Das heißt nicht, daß wir eine antisozialistische Partei sein müssen. Ebensowenig als man sagen kann, weil wir uns nicht christliche Bauernpartei nennen, daß wir eine antichristliche Partei sind.«[1077]

Insbesondere auf der unteren Ebene kam es zeitweise zu Auseinandersetzungen zwischen der SED und der Bauernpartei.[1078] Zu lokal begrenzten Spannungen mit der SED dürfte es vor allem aus Konkurrenzgründen um die Gunst der von beiden

Parteien gleichermaßen anvisierten bäuerlichen Zielgruppen gekommen sein.[1079] Daß sich die SED, deren Anspruch als »Bauernpartei« mit Gründung der DBD ohnehin nur mehr formal aufrechtzuerhalten war, verstärkt um die Zuführung bäuerlicher Schichten in ihre Partei bemühen würde, hatte die Einheitspartei seit 1948 deutlich gemacht.[1080]

Auseinandersetzungen gab es auch überall dort, wo die SED ihre führende Rolle durch entsprechende Repräsentation in den politischen Instanzen organisatorisch untermauern wollte.[1081] Gelegentlich kam es auch zu Übergriffen einzelner SED-Parteileitungen im Zuge der Etablierung der DBD in den Verwaltungsorganen und in den Parlamenten.[1082]

Auf dem ersten Parteitag gab Goldenbaum den Anteil ehemaliger SED-Mitglieder in der DBD mit 5 % an.[1083] Nach Aussagen Goldenbaums im internen Kreis[1084] war jedoch der Mitgliederstrom von der SED in die DBD schon bei Gründung der Partei stärker gewesen als der aus den Reihen der bürgerlichen Parteien. Die Versuche, Übertritte von der SED in die DBD durch Auflagen zu erschweren oder gar unmöglich zu machen,[1085] lassen vermuten, daß der starke Zustrom aus der SED auch noch nach 1948 anhielt, so daß der Anteil ehemaliger SED-Mitglieder in der Bauernpartei erheblich über der von der Parteiführung veröffentlichten Zahl gelegen haben muß.[1086]

5.2.2 Bauernpartei und VdgB

Mit Gründung der DBD hatten VdgB und Bauernpartei eine Funktionsabgrenzung getroffen, nach der die VdgB als überparteiliche Massenorganisation Träger der wirtschaftlichen und beruflichen Belange der Bauern bleiben, die DBD hingegen die politische Interessenvertretung der Bauern wahrnehmen sollte.[1087] Diese Aufgabenteilung erwies sich jedoch als eine zu starre und formale Trennung. Die Vorwürfe der DBD-Parteiführung an die unteren Parteileitungen, sie beschäftigten sich überwiegend mit wirtschaftlichen und beruflichen Fragen[1088] und versuchten gar Aufgaben und Funktionen der VdgB zu übernehmen,[1089] können als Indiz dafür angesehen werden, daß sich diese strenge Aufgabentrennung in der Praxis nicht einhalten ließ.

Bereits im Zuge von DBD-Ortsgründungen kam es vereinzelt zu Auseinandersetzungen zwischen beiden Organisationen, weil die Bauernpartei versuchte, Teile der aktivsten VdgB-Mitglieder und auch Funktionäre aus den entsprechenden Ortsvereinigungen abzuwerben.[1090] Das ständige Werben der DBD um Mitglieder der VdgB wird verständlich, wenn man berücksichtigt, daß Anfang 1949 über 60 % der VdgB-Mitglieder, ca. 50 % der VdgB-Ortsausschußmitglieder sowie über 40 % der Ortsausschußvorsitzenden parteipolitisch nicht organisiert waren[1091] und die DBD größte Schwierigkeiten hatte, Mitglieder zu gewinnen. Darüber hinaus stand sie unter dem Zwang, sich neben der in der Bauernschaft fest verankerten und anerkannten VdgB profilieren und behaupten zu müssen.

Obwohl die DBD an ihre Mitglieder appellierte, in die VdgB einzutreten und dort auch Funktionen zu übernehmen,[1092] gelang es ihr nicht, in der bäuerlichen Massenorganisation Fuß zu fassen.

Anfang 1950 waren lediglich 2,2 % der VdgB-Mitglieder in der DBD organisiert, 6,9 % hingegen in den bürgerlichen Parteien.[1093] Bei den VdgB-Organisationswahlen im Frühjahr 1949 blieb der Bauernpartei der Erfolg versagt, was möglicherweise auch darauf zurückzuführen war, daß sie zu diesem Zeitpunkt erst knapp ein Jahr existierte. Nur in den VdgB-Kreis- und Landesleitungen war die DBD stärker als die bürgerlichen Parteien vertreten, nicht jedoch in den VdgB-Ortsleitungen.[1094] Wo die Bauernpartei Ansatzpunkte für ihre weitere Arbeit in der VdgB und für die Mitgliederrekrutierung sah, machte Goldenbaum unmittelbar nach dem schlechten Abschneiden seiner Partei bei den VdgB-Wahlen 1949 deutlich, als er sagte:

»Wenn man bedenkt, daß sich die CDU und LDP in ihrer Spitze im Jahre 1945 zur demokratischen Bodenreform sehr schwankend verhielten, so daß einige Korrekturen in den Leitungen der Parteien vorgenommen werden mußten (Dr. Schreiber, Dr. Hermes in der CDU – Dr. Koch in der LDP) und daß die Anerkennung der VdgB durch diese Parteien erst nach zweijährigem negativem Verhalten erfolgte, dann dürfte ein Teil der gewählten Klein- und Mittelbauern, die diesen Parteien angehören, davon noch nicht die richtige Kenntnis haben.

Es ergibt sich also die Möglichkeit für unsere Partei, aus den Reihen der gewählten Parteilosen und falsch organisierten werktätigen Bauern und deren Wählern einen großen Zuwachs für unsere Partei herbeizuführen.«[1095]

Genau dies vermochte die Bauernpartei jedoch nicht zu leisten.

6. Parteiarbeit und politische Praxis

6.1 Bedingungen und Voraussetzungen

Eine faktische Einschätzung der Position der DBD im politischen System der SBZ/DDR bedarf neben der Betrachtung ihrer Repräsentation im Staatsapparat der Ergänzung durch die Analyse ihrer Tätigkeit in den Verwaltungs- und Regierungsorganen sowie in den Parlamenten.

Die DBD stellte die politische Integration und wirtschaftliche Festigung der Neu-, Klein- und Mittelbauern sowie die Mitwirkung an der Ausgestaltung der Agrarpolitik als zentrale Aufgaben in den Mittelpunkt ihrer Parteiarbeit. Sie hatte demnach, als politischer Vertreter dieser Gruppen, deren unmittelbare Interessen nach wirtschaftlicher und sozialer Besserstellung und gesellschaftlicher Anerkennung aufzugreifen und so in den gesamtgesellschaftlichen Entscheidungsprozeß einzubringen, daß diese mit den Zielen der von der Hegemonialpartei definierten Allgemeininteressen in Einklang zu bringen oder gar identisch waren.

Mit ihrem ausdrücklichen Bekenntnis zur Identität von SED-Interessen mit den parteieigenen Interessen[1096] band die DBD ihre Mitglieder sowohl an ihre Parteiziele als auch an die Politik der Hegemonialpartei. Ziele und Erfolge der SED wurden nach dieser Formel somit automatisch zu Zielen und Erfolgen der Bauernpartei.

Diese, auch bei der NDPD[1097] anzutreffende grundsätzliche Zwiespältigkeit hinsichtlich des programmatischen Selbstverständnisses zeigte sich am offenkundigsten, als die DBD mit ihrem Bekenntnis zum Aufbau des Sozialismus Forderungen zustimmen mußte, die wesentliche Aussagen ihres bisherigen Programms desavouierten und auch ihre Bauernpolitik mehr und mehr in Frage stellten. Eine diesem Spannungsverhältnis unterworfene Parteipolitik der Bauernpartei mußte sich im wesentlichen auf die prinzipielle Zustimmung zu Entscheidungen der großen Politik beschränken und konnte allenfalls Lösungsvorschläge zu Detailfragen der Agrar- und Bauernpolitik beisteuern.

So überrascht es auch nicht, daß sich die parlamentarischen und außerparlamentarischen Aktivitäten der DBD in dem hier untersuchten Zeitraum, im Gegensatz zu denen der NDPD etwa,[1098] sehr bescheiden ausnahmen, was sicherlich auch darauf zurückzuführen war, daß die VdgB aufgrund ihrer stärkeren Repräsentation in den Verwaltungsorganen und Parlamenten bis 1949 bessere und mehr Möglichkeiten der Einwirkung auf den politischen Entscheidungsprozeß hatte als die DBD.[1099]

Die Anleitung und Kontrolle der DBD-Vertreter in den repräsentativen und administrativen Organen erfolgte über deren Einbindung in die Parteileitungshierarchie sowie mittels vielfältiger konkreter Organisationsprinzipien und Handlungsanweisungen.

Von den 33 Abgeordneten, die im Oktober 1950 für die DBD in die Volkskammer einzogen, waren Mitte 1951 80 % im Parteivorstand und in den Landesvorständen, die restlichen 20 % in den Kreisvorständen verankert.[1100] Differenziert nach ihrer Berufszugehörigkeit waren von den DBD-Volkskammerabgeordneten 12 Partei- und Staatsfunktionäre, 11 Neubauern, 5 Altbauern, 2 Landarbeiter und 3 Angestellte.[1101] Die 36 Landtagsabgeordneten gehörten zu ca. 50 % dem Parteivorstand und den Landesvorständen an.[1102]

Neben dieser doch starken Einbindung der Volksvertreter in die obere Parteiführungsebene gewährleistete die Zusammenfassung der parlamentarischen Abgeordneten in Fraktionen und der Verwaltungsfunktionäre in Betriebsgruppen die Einhaltung der Parteilinie und die Umsetzung des »Parteiwillens« in den Staatsorganen. Darüber hinaus bediente sich der Parteiapparat Führungstechniken, um seine öffentlichen Funktionsträger zentral anzuleiten, wie z. B. Arbeitspläne, ständige Berichterstattung und Rechenschaftslegung vor den entsprechenden Parteileitungen, Parteiaufträge und Patenschaftsverträge.[1103]

6.2 Propagierung der Planziele und planadäquate Mobilisierung

In einer ihrer ersten öffentlichen Stellungnahmen äußerte sich die Bauernpartei positiv zum Zweijahrplan, den sie als gesamtwirtschaftliches Planungskonzept begrüßte und ihre Teilnahme bei der Beratung und Durchführung des Plans ankündigte.[1104]

Auf der 5. Sitzung des Wirtschaftsausschusses des deutschen Volksrates, im September 1948, führte Paul Scholz zum Zweijahrplan folgendes aus:

»Der Gedanke einer planmäßig gelenkten Wirtschaft ist dem Bauern nicht fremd. Jeder gute Bauer, der seine Wirtschaft in Ordnung hält, ist gewohnt, nach einem festen, einen längeren Zeitabschnitt umfassenden Wirtschaftsplan zu arbeiten. Es ist darum nur natürlich, daß die Demokratische Bauernpartei einem Plan, der den Wiederaufbau und die Entwicklung unserer gesamten Wirtschaft zum Ziele hat, zustimmend gegenübersteht.«[1105]

Am 5. Oktober 1948 legte die DBD der DWK Vorschläge zur Durchführung des Halb- und Zweijahrplanes vor, in denen sie im wesentlichen konkrete Maßnahmen zur Überwindung von in der landwirtschaftlichen Produktion auftretenden Engpässen und Schwierigkeiten anbot, so z. B. zur Verbesserung der Anbauplanung, der

Ersatzteilproduktion für landwirtschaftliche Maschinen sowie der Bindegarnversorgung, zur Intensivierung des durch SMAD-Befehl Nr. 209 vom September 1947 verordneten landwirtschaftlichen Bauprogramms und zum Anschluß sogenannter landwirtschaftlicher Notstandsgebiete an den allgemeinen Entwicklungsstand.[1106] Im September 1950 überreichte die DBD »an die Regierung und die Bauern« Ergänzungsvorschläge zum Fünfjahrplan, die eine »gute und schnelle Erfüllung des Plans« sicherstellen sollten.[1107] Zu dem von der SED vorgelegten Fünfjahrplan erklärte die DBD:

> »Die im Fünfjahrplan gestellten Aufgaben und Ziele, insbesondere die Höherentwicklung der Landwirtschaft, entsprechen den Zielen und Forderungen des Programms unserer Partei. Die Forderungen unseres Programms werden im Verlauf der fünf Planjahre bereits verwirklicht, teils ihrer Erfüllung erheblich nähergebracht.«[1108]

Der Parteivorstand verpflichtete alle Mitglieder, Funktionäre und Parteieinheiten, den Fünfjahrplan »zu ihrer eigenen Sache zu machen und alle Kräfte für seine Verwirklichung einzusetzen«.[1109] Ausgehend von der Feststellung, daß in der »Planung noch sehr viel verbessert werden muß«,[1110] beschäftigten sich die Vorschläge der DBD vorwiegend mit Maßnahmen der Planerstellung, -verwirklichung und -kontrolle. Der in jeder Gemeinde von den Bauern zu beschließende und als »Gesetz ihres Dorfes« geltende »Dorfwirtschaftsplan«[1111] sollte zur »Entfaltung der gegenseitigen Hilfe, zur Erschließung aller Reserven, zur Anwendung neuer Arbeitsmethoden, zur Organisierung der Ablieferung, zur Entfaltung des Wettbewerbs von Dorf zu Dorf, zur Heranführung der zurückgebliebenen Betriebe an die leistungsstarken und zur Entwicklung des politischen und kulturellen Lebens im Dorf«[1112] beitragen. »Dorfspiegel« und »Dorfleistungspläne« hatten die Leistungsreserven sowie die Kontrolle der Planverwirklichung nach Betrieben aufgeschlüsselt öffentlich sichtbar zu machen.[1113] Mit der Förderung der von den Bauern selbst nach betriebsindividuellen Gesichtspunkten aufzustellenden »Wunschanbaupläne«[1114] sollte eine optimale Anbauplanung und gleichzeitige Steigerung der Hektarerträge erreicht werden.

Die Vorschläge der DBD zu den Wirtschaftsplänen der Regierung machten deutlich, daß die Bauernpartei, ebenso wie die VdgB,[1115] ihren Beitrag zur agrarwirtschaftlichen Entwicklung im wesentlichen im Bereich der Produktionsagitation, der Aufklärung über die Planziele sowie der Mobilisierung der Bauern zur Erfüllung oder Übererfüllung der Planauflagen sah. So heißt es denn auch in der Entschließung des dritten Parteitages:

> »Unser oberstes Gesetz muß heißen: Planerfüllung. Das bedeutet nicht nur, daß die Mitglieder unserer Partei in ihren eigenen Betrieben alle Pläne einhalten und erfüllen, sondern daß unsere Ortsgruppen als Motor im Dorf, durch eigenes Vorbild, durch Aufklärung, Kontrolle, Mobilisierung aller örtlichen Reserven und gegenseitige Hilfe dafür sorgen, daß die ganze Gemeinde in allen Kulturen und auf allen Gebieten ihre Pläne erfüllt, vor allem aber den Anbauplan, den Viehhalteplan und die Ablieferung.«[1116]

Mit der 1951 propagierten »neuen Initiative auf dem Dorf«[1117] startete sie eine Kampagne zur Erfüllung und Übererfüllung des Volkswirtschaftsplanes 1951, die mit Unterstützung der VdgB eine Massenbewegung auf dem Lande auslösen sollte. Um diese Initiative in Gang zu setzen und ihr die »motorische Kraft« der Partei zu verleihen, organisierte die DBD Anfang 1951 auf Kreis-, Landes- und Zentralebene

»Parteiaktivtagungen«, auf denen sich die besten Partei- und Verwaltungsfunktionäre mit den Bauernaktivisten berieten, wie sie die Landbevölkerung »von der großen Kraft der Wettbewerbsbewegung und der Übernahme freiwilliger Verpflichtungen«[1118] überzeugen und gewinnen konnten.
Im Januar 1952 veranstaltete die DBD den ersten zentralen Erfahrungsaustausch zwischen Meisterbauern, Bauernaktivisten und Agrarwissenschaftlern, um die praktische Umsetzung agrarwissenschaftlicher Kenntnisse zu fördern und zu beschleunigen.[1119]
In einer 1953 erlassenen »Direktive des Sekretariats des Parteivorstandes der DBD zur Verwirklichung der Verordnung über die Vorbereitung und Durchführung der Frühjahrsbestellung«[1120] regelte die DBD erstmals Einzelheiten der Aufstellung, Durchführung und Kontrolle von »Kampfplänen«, in denen die Ortsgruppen konkrete Maßnahmen zur Unterstützung und Realisierung des Dorfwirtschaftsplans festzulegen hatten.
Ziel all dieser Aktionen und Initiativen war es, neue Formen und Methoden zur Produktionssteigerung und zur Mobilisierung der bäuerlichen Bevölkerung zu entwickeln sowie die Bauern stärker in die Wirtschaftsplanung einzubeziehen.

6.3 Bauernpartei und Interessenvertretung

Im Rahmen dieser produktionsfördernden, leistungshebenden und den Plan konkretisierenden Forderungen und Initiativen setzte sich die DBD für die wirtschaftlichen, sozialen und kulturellen Belange der Bauern ein, wobei nach dem Selbstverständnis der DBD die bäuerlichen Interessen den planwirtschaftlichen Zielen unterzuordnen waren.
Ihre Forderungen nach Auf- und Ausbau des landwirtschaftlichen Schul- und Bildungswesens und stärkerer materieller Förderung der Auszubildenden in landwirtschaftlichen Berufen konnte sie weitgehend verwirklichen. Auf einer Tagung des Unterausschusses des Deutschen Volksrates, am 26. April 1949, wurde die von der DBD eingebrachte Vorlage zur Verbesserung des landwirtschaftlichen Schulwesens mit geringfügigen Änderungen und Ergänzungen als Grundlage weiterer Beratungen angenommen.[1121] Die in diesen Vorschlägen enthaltenen Forderungen nach finanzieller Förderung und Gleichstellung des landwirtschaftlichen Nachwuchses mit dem der Industrie fand ihren Niederschlag in einer Verordnung über die Vergabe von Stipendien, die mit Wirkung vom 1. Januar 1950 in Kraft trat.[1122] Insbesondere den Kindern von Klein- und Mittelbauern wurden damit größere Möglichkeiten für die Aufnahme eines agrarwissenschaftlichen Studiums oder einer anderweitigen landwirtschaftlichen Ausbildung auf Stipendienbasis gegeben.
Weit weniger Erfolg hatte die DBD mit ihren Vorschlägen zur besseren Betriebsmittelversorgung der Bauernbetriebe und zur Linderung wirtschaftlicher und sozialer Härten einzelner Bauerngruppen.
In einer Anordnung der DWK vom 6. Juli 1949 über die »Versorgung der Landwirtschaft mit Düngemitteln im Düngejahr 1949/50«[1123] wurden die Düngemittelprodukte als knappes Wirtschaftsgut der planmäßigen staatlichen Verteilung unterworfen, gleichzeitig jedoch angekündigt, die Zuteilung für die Landwirtschaft zu erhöhen. Wenige Monate später, am 5. Oktober 1949, erließ die DWK die »Anordnung über den Verkauf von Düngemitteln an die Bauernwirtschaften«,[1124] die eine

Zuteilung von Düngemittelkontingenten abhängig machte vom Verkauf sogenannter »freier Spitzen« an Getreide an die VVEAB, d. h., nur die Bauernwirtschaften, die über ihr Ablieferungssoll hinaus Getreideerträge am freien Markt anboten, konnten überhaupt Düngemittel beziehen. Diese Regelung kam, entgegen den Ankündigungen vom Juli desselben Jahres, einer verschärften Rationierung gleich und benachteiligte insbesondere die kleinen und mittleren Wirtschaftsbetriebe.
Die DBD hatte zu einer Kopplung von Düngemittelbezug und freien Spitzen von Anfang an grundsätzliche Bedenken angemeldet, konnte jedoch nur für die Kleinstbetriebe eine befriedigende Lösung durchsetzen.[1125] Zu ihrer öffentlichen Rechtfertigung stellte sie klar, daß ihre Vertreter zu den Beratungen nur teilweise hinzugezogen worden seien.
Obwohl die Düngemittelverordnung nicht den Vorstellungen der DBD entsprach, übernahm die Partei die Aufgabe, unter der Bauernschaft für das notwendige Verständnis dieses Gesetzes zu werben, und kündigte an, überall dort regelnd einzugreifen, wo sich schwerwiegende soziale und wirtschaftliche Härten ergeben würden.[1126] Im Februar 1950 wurde die Düngemittelrationierung wieder aufgehoben.[1127]
Der Forderung der DBD, insbesondere bei den kleinen und mittleren Bauern die Veranlagung zur Pflichtablieferung besser an die Produktionsbedingungen anzupassen,[1128] wurde bereits mit dem am 22. Februar 1950 erlassenen »Gesetz über die Verbesserung der Versorgung der Bevölkerung und über die Pflichtablieferung landwirtschaftlicher Erzeugnisse im Jahre 1950«[1129] grundsätzlich Rechnung getragen. In der »Verordnung über die Ermäßigung des Ablieferungssolls von Getreide für die Bauernwirtschaften in der Größe von 10 bis 15 ha«,[1130] vom 17. August 1950, wurde entsprechend der Forderung der DBD die Veranlagungsgruppe der Betriebsinhaber von 10 bis 20 Hektar weiter unterteilt. Die Wirtschaften mit einer Größe von 10 bis 15 Hektar erhielten, um größere Härten zu vermeiden, Erleichterungen vom Ablieferungssoll.
Auf der 14. Sitzung der Volkskammer der DDR, am 1. November 1951, monierte der DBD-Abgeordnete Fritz Weißhaupt, daß sich das schon seit zwei Jahren von der Bauernpartei geforderte Einheitssteuergesetz für die Landwirtschaft noch immer in Vorarbeit befände.[1131] Die bisherige Festsetzung des Einheitswertes erfolgte nach Richtsätzen aus dem Jahre 1935. Die DBD forderte die Bemessung der Steuern nach dem Hektarertragswert auf der Grundlage einer einheitlichen Bonitierung.[1132] Sie versprach sich von einer einheitlichen Regelung nicht nur spürbare Entlastungen der kleinen und mittleren Bauern und mithin eine gerechtere Besteuerung, sondern auch eine Steigerung der Produktion durch Stimulation der privaten Initiative, wobei sie auf die Leistungen des Handwerks verwies, für das bereits seit 1950 eine Steuervereinheitlichung galt.[1133] Ihre Forderungen nach steuerlichen Erleichterungen fanden in der am 1. April 1949 in Kraft gesetzten Steuerreformverordnung,[1134] die kleinen land- und forstwirtschaftlichen Betrieben Vorteile in der Lohn-, Vermögens- und Erbschaftssteuer schuf, nur teilweise Verwirklichung.
Am 22. November 1951 beschloß der Ministerrat die Herabsetzung der Sozialversicherungsbeiträge für die Bauern.[1135] Bis Mitte 1952 waren aber noch keine Maßnahmen zur Durchführung dieser Beschlüsse gefaßt worden. Auf der Volkskammersitzung vom 19. März 1952 forderte die DBD das Finanzministerium auf, die notwendigen Schritte zur praktischen Umsetzung dieses Beschlusses einzulei-

ten.[1136] Als jedoch der Finanzminister Hans Loch (LDP) im Juni 1952 ankündigte, daß mit einer Ermäßigung der Sozialversicherung im Jahre 1952 nicht mehr gerechnet werden könne, reagierte die DBD mit Verärgerung und völligem Unverständnis:

»Wir können [...] nicht verstehen, wieso das Finanzministerium sieben Monate zur Prüfung dieser Fragen brauchte, so daß die Hinauszögerung der Entscheidung falsche Hoffnungen genährt und manchen Bauern dazu verleitet hat, ein schlechter Steuerzahler zu werden. Gerade die zahlreichen Anträge unserer werktätigen Bauern in der Presse hätten doch dem Minister der Finanzen und seinen Mitarbeitern zeigen müssen, daß es sich um eine Frage handelt, die einer vordringlichen und schnellen Klärung bedurfte.«[1137]

Mit dem am 12. Dezember 1949 von der Provisorischen Volkskammer verabschiedeten Gesetz zum »Schutze der Arbeitskraft der in der Landwirtschaft Beschäftigten«[1138] sah die DBD eine weitere Forderung ihres Programms erfüllt. In ihrer Stellungnahme zu diesem Gesetz erklärte sie:

»Das Eintreten unserer Partei für die berechtigten Interessen der werktätigen Bauern findet in verschiedenen Abänderungen[1139] des ursprünglichen Textes gegenüber dem vorliegenden Entwurf seinen Ausdruck [...]. Die Demokratische Bauernpartei wird weiter größten Wert darauf legen, daß die Anwendung der Durchführungsbestimmungen durch die zuständigen Organe so erfolgt, daß die besonderen Schwierigkeiten der werktätigen Bauern und der weitere Aufbau ihrer Wirtschaften in weitgehendstem Maße berücksichtigt werden.«[1140]

Das am 8. September 1950 erlassene »Gesetz über Entschuldung und Kredithilfe für Klein- und Mittelbauern«[1141] sah für Neubauern, die bis zum 30. Juni 1950 Bodenreformkredite aufgenommen hatten, einen Erlaß der Zahlungsverpflichtungen um 50 % vor, sofern ihre Verpflichtungen nicht schon im Zuge der Währungsreform umgewertet worden waren. Die DWK hatte für diese Art von Verschuldungen auf Initiative der DBD schon 1948 eine Abwertung im Verhältnis von 5 zu 1 beschlossen und mit der am 5. Oktober 1949 ergangenen »Anordnung zur Erleichterung der Entschuldung der Bauernwirtschaften«[1142] nochmals einen Nachlaß auf verbleibende Restschulden gewährt, die aus der Zuteilung von Krediten im Zuge der Bodenreform herrührten. Durch das 1950 verabschiedete Gesetz erhielten auch Klein- und Mittelbauern, deren Wohn- und Wirtschaftsgebäude durch Kriegseinwirkungen beschädigt oder zerstört worden waren, Kredite zu besonderen Bedingungen für die Instandsetzung. Altsiedler, die vor dem 8. Mai 1949 Siedlerstellen oder Landgrundstücke gekauft hatten, wurden ebenso entschuldet. Die verbleibenden Restschuldsummen aus dem Kauf solcher Objekte wurden um 50 % gekürzt. Die Eigentumsfrage wurde ebenfalls zugunsten der neuen Käufer geklärt.

Paul Scholz begrüßte dieses Gesetzeswerk als einen Beitrag zur Gesundung der Landwirtschaft und Förderung des Neubauernprogramms, weil es, so Scholz, zugleich zeige, »was von jenen Kollektivierungsabsichten zu halten ist, mit denen Saboteure und Feinde unserer demokratischen Entwicklung noch immer unsere werktätigen Bauern zu verwirren und zu beunruhigen versuchen«.[1143]

Für eine Partei, die sich schwerpunktmäßig den Interessen der Neubauern annahm, mußte die Verbesserung der materiellen und sozialen Lage der Neubauern eine vordringliche Aufgabe sein. Entsprechende Forderungen hatte die DBD seit ihrer Gründung erhoben,[1144] zuletzt gegenüber der neugebildeten Regierung, die sie auf-

forderte, im Rahmen der Verwirklichung der Bodenreform der »weiteren Durchführung des Bauprogramms 209 ihre besondere Aufmerksamkeit zu widmen«.[1145] Die DBD setzte sich intensiv für die rasche und unbürokratische Durchführung des Bauprogramms 209 ein und unterbreitete Vorschläge zur: Verbilligung der Bauten durch Senkung der Verwaltungskosten, sorgfältigen Planung und des termingerechten Einsatzes von Arbeitskräften und Material, exakter Kalkulation und Preiskontrolle, Vereinfachung der Modalitäten der Kreditgewährung und Zurückhaltung der Kredite sowie zur betriebsnotwendigen Einrichtung der Neubauernhöfe mit Vieh und Geräten.[1146]
Wiederholt kritisierte sie, ebenso wie die VdgB,[1147] die unzulängliche Durchführung des Neubauernprogramms. In der Volkskammer monierte der Vertreter der DBD am 1. November 1951, daß die für 1951 geplanten Höfe aus Gründen, die das Ministerium für Aufbau zu verantworten habe, zum 1. Oktober 1951 erst zu 5 % bezugsfertig, zu 8 % im Rohbau, zu 7 % errichtet, zu 45 % gerade erst begonnen und zu 35 % noch gar nicht in Angriff genommen worden seien,[1148] und machte die Verzögerungen bei der Erfüllung des Bauprogramms für Schwierigkeiten bei der Verwirklichung des Wirtschaftsplans mitverantwortlich.[1149]
Mit ihrer parlamentarischen wie auch administrativen Arbeit erfüllte die DBD vor allem Transmissions- und Korrektivfunktion. Zum einen legitimierte sie auf höchster Ebene die Agrar- und Bauernpolitik der SED und band ihre Mitglieder sowie einen Großteil der Bauernschaft an die Entscheidungen des politischen Machtzentrums. Gleichzeitig griff sie jedoch dort aktiv ein und bot Lösungsvorschläge an, wo einzelnen Gruppen durch generalisierende Verordnungen unbillige Härten drohten. Indem sie schon in der Phase der Entscheidungsfindung auf mögliche Friktionen aufmerksam machte, war sie ein wichtiges Korrektiv zur offiziellen Agrar- und Bauernpolitik.
Der so verstandene Anspruch von Partei- und Parlamentsarbeit mag erklären, warum sich die administrativen und parlamentarischen Initiativen der DBD in quantitativer und qualitativer Hinsicht so bescheiden ausnahmen, sich allenfalls in Nuancen von der offiziellen Politik unterschieden, jedoch niemals politische Grundsatzfragen kritisierten.
Nach dem Selbstverständnis der DBD lag ihre Hauptaufgabe vielmehr im propagandistischen Bereich sowie in der praktischen Umsetzung der gesetzlichen Verordnungen. Sie sah es »daher als eine große und dabei auch schöne Aufgabe an, auch den letzten werktätigen Bauern in der Deutschen Demokratischen Republik mit [den] Gesetzen vertraut zu machen«.[1150] Am treffendsten formulierte Goldenbaum die Aufgaben der Partei, als er in einem Interview mit der Tageszeitung »Tägliche Rundschau« sagte:

»Es gilt die Gesetze der Regierung und Volkskammer im Dorf zu popularisieren, sie durch beispielhaften Einsatz unserer Funktionäre und Mitglieder in die Tat umzusetzen und ihre Durchführung zu kontrollieren.«[1151]

Mit dieser Tätigkeit glaubte die DBD entscheidend zur Festigung des Vertrauens zwischen der Landbevölkerung und der Regierung beitragen zu können.[1152]
Die Ereignisse des 17. Juni 1953 veranlaßten die SED, auch ihre Agrar- und Bauernpolitik kritisch zu überprüfen. In der am 26. Juli 1953 gefaßten Entschließung »Der neue Kurs und die Aufgaben der Partei«[1153] kündigte sie verstärkte Förderungs- und Hilfsmaßnahmen, insbesondere für Klein- und Mittelbauern, aber auch für Großbauern an:

»Bei der Verwirklichung des neuen Kurses auf dem Lande besteht die Aufgabe in der allseitigen Förderung und Unterstützung der individuellen Bauernwirtschaften, denen der Staat bereits große Hilfe erweist. Diese Hilfe soll vor allem den Klein- und Mittelbauern gewährt werden, doch können auch Großbauern für die Entwicklung ihrer Wirtschaften Kredite und andere staatliche Hilfe erhalten.«[1154]

Die Regierung hatte auf Empfehlung des Politbüros der SED vom 9. Juni 1953 bereits am 11. Juni die Politik des »neuen Kurses« eingeleitet und in diesem Zusammenhang auch Maßnahmen für die Landwirtschaft getroffen, die den Einzelbauern wirtschaftliche Erleichterungen brachten und den politischen Druck lockerten.

Mit Beschluß vom 11. Juni 1953[1155] erwirkte sie die Aufhebung einer am 19. Februar ergangenen Verordnung,[1156] die es ermöglicht hatte, Bauern bei Nichterfüllung ihres Ablieferungssolls oder eventueller Steuerrückstände, pauschal als »Wirtschaftssünder« einzustufen und ihnen den Betrieb zu entziehen. Auch die Verordnung vom 17. Juli 1952,[1157] welche die Vermögensbeschlagnahme bei Flucht verfügte sowie die Verordnung vom 20. März 1952,[1158] die es gestattete, bei »schlechter Wirtschaftsführung« einen Treuhänder einzusetzen, wurde aufgehoben. Weitere Gesetze[1159] sahen eine Ermäßigung des Ablieferungssolls für landwirtschaftliche Produkte, Steuerermäßigungen und verstärkte Kreditgewährung an Einzelbauern vor. Zusätzliche Erleichterungen wurden durch Stundung von Rückständen in der Ablieferung, Milderung der Methoden der Erfassung und der Steuereinziehung etc. geschaffen. In der Begründung zum Volkswirtschaftsplan, vom 8. Oktober 1953, wurde ausdrücklich auf die größtmögliche materielle Unterstützung der Einzelbauern abgehoben.

Mit all diesen Maßnahmen sollte vor allem der politisch und gesamtwirtschaftlich nicht mehr zu vertretenden Bauernflucht – bis zum 31. Oktober 1953 waren rund 14 000 selbständige Bauern geflüchtet[1160] – Einhalt geboten werden. Insgesamt jedoch dürfte das Vertrauen der Bauern in die Glaubwürdigkeit der Politik des »Neuen Kurses« nicht groß gewesen sein, denn Anträge auf Rückgabe der verlassenen und beschlagnahmten Betriebe, deren Zahl sich zum obengenannten Zeitpunkt auf rund 24 000 belief, waren bis zum 31. Oktober 1953 lediglich von ca. 24 % der ehemaligen Inhaber gestellt worden.[1161]

Die DBD stellte zu den Ereignissen des 17. Juni in einer Erklärung vom 19. Juni 1953 selbstkritisch fest:

»Die Ereignisse in Berlin sind [. . .] ein Warnsignal. Die Partei zieht ihre Schlußfolgerungen und setzt sofort mit ganzer Kraft den Hebel an die Verbesserung ihrer eigenen Arbeit an. Zugleich mit der Festigung und Hilfe für die Landwirtschaftlichen Produktionsgenossenschaften wird sie ihre unermüdliche Hilfe für die werktätigen Einzelbauern verstärken [und] um die Beseitigung vieler ihrer Sorgen und mancher Mißstände kämpfen [. . .].«[1162]

Gleichzeitig machte die Partei deutlich, daß sie »fester denn je«[1163] zur SED und zur Regierung der DDR stehe.

Die DBD hatte zur Agrar- und Bauernpolitik ebenfalls konkrete Vorschläge erarbeitet, die teilweise in die Regierungsverordnungen eingegangen waren.[1164] Nachdem sich aufgrund eines Blockbeschlusses vom 25. Juni 1953[1165] alle Parteien und Massenorganisationen verpflichtet hatten, Maßnahmen zur Verbesserung der Versorgungsgrundlage der Bevölkerung vorzulegen, veröffentlichte der Generalsekretär der DBD, Berthold Rose, am 26. Juni 1953 einen Artikel,[1166] in dem er die

»Hauptsorgen« der »werktätigen« Bauernschaft formulierte und Empfehlungen zur Lösung dieser Probleme anbot. Die Partei kritisierte die unzureichende Düngemittelzuteilung, die schleppende Bezahlungsweise der staatlichen Organe – insbesondere der staatlichen Handels- und Nutzviehkontore –, wodurch die Bauern in finanzielle Schwierigkeiten gerieten, sowie die Methode der Totalerfassung bei ablieferungsrückständigen Betrieben, als eine der Ursachen für die Republikflucht. Erneut forderte sie die Verabschiedung eines Einheitssteuergesetzes, die Überprüfung der Differenzierung und die Beseitigung des Mißverhältnisses zwischen Viehhalteplan und Futterbasis. Am 14. Juli 1953 richtete die DBD einen offenen Brief[1167] an die Regierung der DDR und an das Sekretariat des zentralen Blocks, in dem sie die auf dem Gebiet der Landwirtschaft und Bauernpolitik ergriffenen neuen Regierungsmaßnahmen begrüßte. Gleichzeitig stellte sie eine Reihe weiterer Forderungen auf, aus denen sie die vordringlichsten in einem 10-Punkte-Katalog als Vorschläge zur »weiteren Verbesserung der agrarpolitischen Arbeit«[1168] der Regierung unterbreitete. Die wichtigsten Forderungen waren:
– Überprüfung des Viehhalteplans und dessen Abstimmung mit dem Anbauplan zur Sicherstellung der Futterbasis;[1169]
– Sorten- und termingerechte Auslieferung der im Volkswirtschaftsplan vorgesehenen Düngemittel und Sicherung einer qualitätsgerechten Saatgutversorgung;
– Erlaß von unverschuldet entstandenen Sollrückständen und schnellere Vergütung von unverschuldet entstandenen Schäden z. B. durch Unwetter;
– Bessere Versorgung der Landbevölkerung mit Zucker und festen Brennstoffen;
– Bessere Versorgung der Gesamtbevölkerung mit Frisch- und Treibhausgemüse sowie Förderung des Gartenbaus.
Diese Vorschläge zur Verbesserung der wirtschaftlichen Verhältnisse der privaten Bauern entsprachen dem Charakter der Politik des »neuen Kurses«, die anknüpfend an die Interessen und Nöte der verschiedenen Bevölkerungsschichten und -gruppen wirtschaftliche und politische Zugeständnisse versprach und für kurze Dauer auch gewährte. Wenngleich diese Phase vorübergehend mit einer Belebung der Blockpolitik und einer formalen Aufwertung der nichtkommunistischen Parteien und Massenorganisationen in ihrer Funktion als Interessenvertreter ihrer jeweiligen Zielgruppen verbunden war, erwies sich das Parteiensystem in dieser schweren Legitimationskrise der DDR letztlich doch als elastisches Instrument der SED zur Herrschaftserhaltung und -sicherung.

V Rolle und Funktion von DBD und VdgB im Parteiensystem

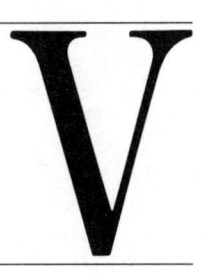

Die Gründung der Bauernpartei erfolgte in einer Phase, in der die bürgerlichen Parteien der SED die Unterstützung für die weitere Umgestaltung der SBZ-Gesellschaft versagten, die SED jedoch unter dem Druck des Ost-West Gegensatzes und der damit verbundenen Verfestigung der beiden Blöcke gezwungen war, den staatlichen Aufbau voranzutreiben, die Administration zu zentralisieren und die Wirtschaftsordnung auf der Basis eines planwirtschaftlichen Konzepts zu organisieren. Zur Realisierung dieser Ziele war sie auf die Mitarbeit aller Parteien und Massenorganisationen angewiesen, sollte doch das scheinbar pluralistische Parteiensystem alle gesellschaftlichen Schichten und Gruppen in diese Politik einbeziehen.

Auf die Bauern, eine quantitativ nicht unerhebliche Bevölkerungsschicht, konnte hierbei nicht verzichtet werden.

Einer Bauernpartei mußte demnach die Funktion zufallen, einerseits vor allem parteipolitisch nicht gebundene Neubauern sowie kleinere und mittlere Altbauern zu organisieren, andererseits den bürgerlichen Parteien Mitglieder abzuwerben und deren soziales Rekrutierungsreservoir einzuengen.

Der Generalsekretär der DBD kennzeichnete die Aufgabe seiner Partei zutreffend, als er auf dem II. Parteitag der Bauernpartei sagte:

> »Die Gründung unserer Partei war nicht nur eine berechtigte Forderung unserer werktätigen Bauern, sondern sie wurde direkt zu einer politischen Notwendigkeit, um die Hunderttausende Menschen, die auf dem Lande noch abseits vom politischen Leben standen [...], an das politische Leben heranzuführen, ihnen ihre neue Rolle in unserer antifaschistisch-demokratischen Ordnung aufzuzeigen und sie dazu zu bewegen [...], politische Mitarbeit und auch Verantwortung zu übernehmen [...].«[1170]

Mit Hilfe der von SMAD und SED 1948 gegründeten Parteien wurde zugleich die Umstrukturierung des Parteiensystems einen entscheidenden Schritt vorangebracht, denn DBD und NDPD ließen sich gleichermaßen zur Zurückdrängung des Einflusses von CDU und LDP sowie zur Erringung, Sicherung und Legitimierung der »führenden Rolle« der SED im Parteiensystem einsetzen. Die Erweiterung der bestehenden Parteienlandschaft durch zwei absolut systembejahende, den SED-Führungsanspruch unterstützende Parteien beschleunigte den Prozeß der Umformung und Funktionalisierung der bürgerlichen Parteien und begünstigte die Herausbildung eines von der SED gesteuerten Transmissionsmechanismus, in dem die für jeweilige Zielgruppen verantwortlichen Parteien und Massenorganisationen arbeitsteilig fungierten.[1171]

Welchen spezifischen Beitrag leistete die Bauernpartei zur Instrumentalisierung der bürgerlichen Parteien und zur Veränderung des Charakters des Parteiensystems?

1. Selbstverständnis, Programmatik, Organisationsaufbau und -prinzipien, Kaderstruktur und Arbeitsweise kennzeichneten die DBD, ebenso wie die NDPD, von Gründung an als einen neuen Organisationstyp im Parteiensystem der DDR, der sich durch folgende Merkmale vom Typ einer traditionellen Partei wie der CDU und der LDP unterschied:
1.1 Die programmatischen Aussagen[1172] der DBD entsprachen den jeweiligen Zielsetzungen der SED und hatten somit die Funktion, die Mitglieder für die Nahziele der SED-Politik zu gewinnen, ihnen jedoch die strategischen Absichten und Endziele zu verschleiern.
1.2 Das Interessenvertretungsmoment war bei der Bauernpartei sehr schwach ausgeprägt, hatte die DBD doch seit ihrer Gründung immer wieder deutlich hervorgehoben, daß ihre Interessen mit denen der SED absolut identisch seien. Demnach konzentrierte sich ihr Bemühen ausschließlich darauf, ihren Mitgliedern die notwendige Einsicht in die von der SED vorgegebene Politik zu vermitteln und den Bauern z. B. zu erklären, »daß die Planwirtschaft auch den Bauern dient, wobei die Interessen der einzelnen Schichten den Gesamtinteressen untergeordnet sein müssen«.[1173]
1.3 Die wesentlichsten stabilisierenden Elemente der Bauernpartei waren:
   - eine ausschließlich aus ehemaligen SED-Mitgliedern, Antifa-Schülern und SED-Sympathisanten rekrutierte Funktionärsschicht,
   - eine hierarchisch straff gegliederte, an der SED orientierte und sich dieser ständig angleichenden Organisationsstruktur,
   - zentralistisch geprägte Organisationsprinzipien und -instrumente.
   Diese personellen und organisatorischen Stützpfeiler garantierten die Einhaltung des von den Kommunisten vorgegebenen Parteikurses, sicherten die Willensbildung von oben nach unten und damit gleichzeitig die einheitliche Ausrichtung und Präsentation der Partei auf allen Leitungsebenen und ermöglichten die Aktivierung und Reglementierung der Mitglieder durch abgestufte Anleitungs-, Kontroll- und Sanktionsmechanismen.
1.4 Ergänzt wurde das System der Anleitung und Kontrolle durch ein alle Mitglieder umfassendes Schulungssystem. Da sich nahezu 90 % der Mitglieder aus ehemals Parteilosen rekrutierten, die über keinerlei politische Praxis und Erfahrung verfügten, stellte die politisch-ideologische Schulung für die DBD eine vordringliche Aufgabe dar.
1.5 Die Finanzierung des hauptamtlichen Angestellten- und Funktionärsapparates durch Fremdmittel war ein weiteres stabilisierendes Element, verstärkte es doch einerseits die Abhängigkeit der Leitungskader von Staat und Hegemonialpartei und festigte andererseits die Stellung der Funktionäre gegenüber den Mitgliedern.
Bauernpartei und National-Demokratische Partei verkörperten den Prototyp der zukünftigen Blockpartei im Mehrparteiensystem der DDR. Indem sie exemplarisch Struktur und Funktionsweise einer arbeitsteiligen, schichtenspezifischen Transmissionspartei aufzeigten, förderten sie den Umwandlungsvorgang der bürgerlichen Parteien zu eben solchen Transmissionsparteien.[1174]
Einzelne, für den Organisationstyp einer Transmissionspartei konstitutiven Bestandteile waren bei der NDPD noch differenzierter ausgeprägt, so z. B. das stärker abgestufte Anleitungs- und Kontrollsystem und das Schulungswesen. Auch unterhielt die NDPD einen größeren hauptamtlichen Funktionärsapparat und wurde of-

fensichtlich in größerem Umfange subventioniert bzw. auf eine bessere finanzielle Basis gestellt als die DBD.[1175]
Diese Unterschiede mögen vor allem damit zu erklären sein, daß die NDPD:
- weitaus mehr Mitglieder als die DBD umfaßte,
- mit der nicht ganz leichten Aufgabe der Umerziehung und Integration ehemaliger Nationalsozialisten und Wehrmachtsangehöriger betraut war,
- aufgrund ihrer Zielgruppenorientierung auf die Mittelschichten (Handwerker, Einzelhändler, kleine Unternehmer, Bürgertum) in sehr viel stärkerem Maße in Konkurrenz zu den bürgerlichen Parteien stand als die DBD.

Während die SED darauf bedacht sein mußte, sich mit der Bauernpartei keinen Konkurrenten großzuziehen, stieß die NDPD in soziale Schichten vor, die für die SED nicht unmittelbar zu erreichen waren.

2. Die Einbeziehung der DBD in Regierung, Verwaltung und Parlament bewirkten eine Verschiebung der politischen Stärkeverhältnisse in diesen Organen zugunsten der SED und schwächten gleichzeitig nachhaltig den politischen Einfluß der bürgerlichen Parteien. Massive Eingriffe seitens der SMAD und der SED in die Personalpolitik und in den Organisationsapparat der bürgerlichen Parteien veränderten Kader- und Organisationsstruktur dieser Parteien von innen her.

Die DBD unterstützte diesen Umformungsprozeß, indem sie den Führungsanspruch der SED im politischen System anerkannte und die Zusammenarbeit mit CDU und LDP ausschließlich auf die kooperationswilligen Repräsentanten dieser Parteien beschränkte.

Ihre Rolle und die der NDPD in diesem Zusammenhang einschätzend, stellt die DBD rückblickend fest:

»Die Gründung der DBD und der NDPD half den fortschrittlichen Mitgliedern in CDU und LDP, mit den reaktionären Kräften in ihren Reihen fertig zu werden, erleichterte den Kampf für den festen Zusammenschluß aller Schichten unserer Bevölkerung um die Arbeiterklasse und führte zu einer Stärkung des antifaschistisch-demokratischen Blocks.«[1176]

Die Entwicklung der Mitgliederzahlen sowohl in als auch nach dem untersuchten Zeitraum[1177] belegt, daß die DBD keinen starken Rückhalt in der bäuerlichen Bevölkerung hatte. Ihr gelang es auch nicht, einen nennenswerten Mitgliederanteil aus den bürgerlichen Parteien in ihre Partei zu überführen. Die soziale Rekrutierungsbasis von CDU und LDP konnte sie nur unwesentlich schmälern. Die DBD vermochte es ebensowenig, die überwiegend nicht parteipolitisch gebundenen Mitglieder in der VdgB zu organisieren. Die Präsenz der DBD in der bäuerlichen Massenorganisation war zu schwach, als daß sie die angeschlagene Position der SED in der VdgB hätte voll ausgleichen oder wesentlich stärken können.

Die Propagierung und praktische Umsetzung der Agrar- und Landwirtschaftspolitik der SED, die Mobilisierung ihrer Mitglieder für die politischen Ziele der führenden Partei sowie deren politisch-ideologische Erziehung bildeten damals wie heute den Hauptbestandteil der Parteiarbeit der Bauernpartei. Wenngleich die DBD die große Masse der bäuerlichen Bevölkerung nicht erreichte, so gelang ihr zumindest die Integration ihrer Mitglieder in das Gesellschaftssystem. In der retrospektiven Betrachtung interpretiert die DBD die ersten Jahre ihrer Entwicklung als einen »äußerst konfliktreichen Prozeß«.[1178] Als Hauptschwierigkeit erwies es sich nach Darstellung der Partei vor allem, die Mitglieder von der

»untrennbaren Einheit« der Prinzipien zu überzeugen, die den »grundsätzlichen Inhalt der politischen Willenserklärung und Tätigkeit« der DBD seit Gründung bestimmten:
1. absolute Bündnistreue zur SED und zur Sowjetunion;
2. vorbehaltlose Unterstützung und Umsetzung der Politik der Hegemonialpartei, insbesondere im Bereich der Landwirtschaft.[1179]

Während bei den Gründern und dem »fortschrittlichen Kern« der Partei diese Grundsätze von Anfang an anerkannt worden seien, sollen »reaktionäre Kräfte« bestrebt gewesen sein, die DBD in Gegnerschaft zur SED und zur Sowjetunion zu bringen, mit der Absicht, aus der DBD eine »oppositionelle Berufsorganisation mit rein wirtschaftlichem Charakter zu machen und unter den werktätigen Bauern Zweifel an der Richtigkeit der Agrarpolitik der SED hervorzurufen«.[1180]

Im Ergebnis, so stellt die Partei fest, konnten die »unbelehrbaren Kräfte und Störenfriede, die gegen die Linie der Partei auftraten«, »entlarvt« und »ausgeschlossen« werden.[1181]

Dieser in der DBD-Geschichtsschreibung nicht näher explizierte Hinweis, daß oppositionelle Strömungen in der Partei den der DBD vorgegebenen Kurs nicht unwidersprochen akzeptierten und eigene Vorstellungen durchzusetzen bzw. zumindest zu artikulieren suchten, ist insofern bemerkenswert, weil die zeitgenössischen Parteiveröffentlichungen zu solchen Erscheinungen und Tendenzen nichts aussagen. Auf die Existenz solcher oppositioneller Kräfte in der Bauernpartei mag allenfalls aus der hohen personellen Fluktuationsquote in den Parteileitungsorganen zu schließen sein (vgl. Kap. IV/3.2).

Heute stellt die Bauernpartei insbesondere ihren »schöpferischen Beitrag zum Übergang der werktätigen Bauern zur genossenschaftlichen Produktion, zur Entwicklung und Festigung der Landwirtschaftlichen Produktionsgenossenschaften [und] zur sozialistischen Umgestaltung auf dem Lande«[1182] heraus.

Ebenso verweist sie darauf, den »sozialistischen Staat der Arbeiter und Bauern mit geschaffen, stets zu seiner allseitigen Stärkung beigetragen«, unter ihren Mitgliedern ein sozialistisches Staatsbewußtsein entwickelt sowie die Herausbildung einer »wachsenden politisch-moralischen Einheit« der DDR-Gesellschaft gefördert zu haben.[1183]

In der Tat bezog die DBD die Bauern in die verschiedenen Entwicklungsetappen der DDR ein und wies ihnen unter den jeweiligen politischen und gesellschaftlichen Bedingungen Rolle und Funktion im System zu.

Die Instrumentalisierung der Bündnispolitik sowie die Etablierung neuer Massenorganisationen und Parteien erwiesen sich, wie am Beispiel von VdgB und DBD aufgezeigt werden konnte, als Techniken kommunistischer Machtpolitik.

Sowjetische Besatzungsmacht und KPD/SED lösten das Bündnisproblem mit der Bauernschaft in zwei Etappen, wobei konkrete Ausgestaltung und organisatorische Form der Bündnisbeziehungen von den jeweiligen politischen, ökonomischen und sozialen Systembedingungen sowie den taktischen Überlegungen kommunistischer Politik bestimmt wurden. Der Zweck dieser Bündnispolitik blieb jedoch unverändert: Gewinnung der bäuerlichen Bevölkerung für die Ziele der Kommunisten sowie die Neutralisierung bzw. Isolierung oppositioneller Kräfte auf dem Lande.

Zur Anknüpfung, Aufrechterhaltung, Erweiterung und Festigung der Bündnisbeziehungen mit der Bauernschaft bediente sich die KPD/SED, ebenso wie auch andere kommunistische Parteien in Osteuropa, spezifischer Bauernorganisatonen, die reaktiviert und entsprechend umgeformt oder, wie etwa in der SBZ, neugegründet wurden.

Die Instrumente, mit denen die deutschen Kommunisten ihre Bündnispolitik mit der Bauernschaft verwirklichten, unterschieden sich somit grundsätzlich nicht von denen in den übrigen, unter sowjetischem Einfluß stehenden Ländern Osteuropas, was für die Gültigkeit eines einheitlichen strategischen Konzepts in diesem Punkt spricht.

In der SBZ/DDR eröffneten sich die Kommunisten über die arbeitsteilig fungierenden Bauernorganisationen VdgB und DBD einen besseren Zugang zur ländlichen Bevölkerung, um diese aktiver in den gesellschaftlichen und politischen Wandlungsprozeß der DDR einzubeziehen.

Die nach 1945 eingeschlagene Agrarpolitik erforderte und begünstigte zunächst die Herstellung eines ökonomisch motivierten Bündnisses mit der Mehrheit der Bauernschaft, das im Kern jedoch auf die politische Einbindung der »werktätigen« Bauern abzielte. Organisatorisches Instrument hierzu war die VdgB. Sie faßte die Bauern bei ihren beruflichen, wirtschaftlichen und sozialen Interessen. Ihre wirtschaftliche Machtstellung auf dem Lande sicherten ihr Zugang zu allen bäuerlichen Schichten. In der VdgB waren ca. drei Viertel der selbständigen Bauern organisiert, davon gehörten im Zeitraum zwischen 1947 und 1950 50–60 % keiner Partei an, d. h., die Mehrheit der Bauern wurde durch die bäuerliche Massenorganisation für die SED erst unmittelbar ansprechbar. Besonders starken Einfluß übte die VdgB auf die Neu- und Kleinbauern aus. Die VdgB entwickelte, wie gezeigt werden konnte, zahlreiche Initiativen, um die bäuerliche Bevölkerung aktiv in die Agrarpolitik der KPD/SED (Bodenreform, Wirtschaftsplan, neue Eigentumsverhältnisse in der Landwirtschaft) einzubeziehen, und übernahm im Zuge der Herausbildung des planwirtschaftlichen Systems und des volkseigenen Sektors in der Landwirtschaft zunehmend eigenverantwortliche Aufgabenbereiche, die auf die Erfüllung staatlich verordneter Pläne und die Lösung wirtschaftsorganisatorischer Einzelprobleme gerichtet waren.

Die Versuche der SED, die VdgB als politische Vertretung der Bauern aufzuwerten und die bäuerliche Massenorganisation stärker in die politischen Entscheidungszentren der Zentral- und Länderebene einzubeziehen, scheiterten jedoch am Widerstand der bürgerlichen Parteien. Die VdgB hatte sich bis 1947/48 für das strategische Ziel der Kommunisten, die Position der SED im Parteiensystem auszubauen und zu festigen, nur beschränkt einsetzen lassen und schied als zukünftige politische Organisation der Bauern aufgrund ihrer verstärkten Funktionalisierung als wirtschaftliche Organisation aus.

In einer zweiten wichtigen Umbruchphase, deren Beginn (1947/48) zeitlich zusammenfällt mit der Forcierung der politischen und sozialökonomischen Transformation der SBZ-Gesellschaft sowie der Komplizierung der Bündnis- und Blockpolitik, standen SMAD und SED vor der Notwendigkeit, das Bündnis mit der Bauernschaft stärker politisch zu untermauern. Mit Hilfe einer neugegründeten Bauernpartei galt es vor allem folgendes zu erreichen:
– stärkere Politisierung der Bauernschaft und aktivere Einbeziehung der neu- und kleinbäuerlichen Schichten in die nach der Bodenreform nunmehr beginnende zweite Etappe der agrarpolitischen Umwälzung (Übergang zur Wirtschaftsplanung und zu kollektiven Eigentumsformen),

- Beschleunigung des Klassendifferenzierungsprozesses in der Bauernschaft (Entmachtung der Mittel- und Großbauern, Förderung der Neu- und Kleinbauern),
- Einengung der sozialen Basis (hier: bäuerliches Rekrutierungspotential) der bürgerlichen Parteien,
- Zurückdrängung des politischen Einflusses von CDU und LDP in Staat und Gesellschaft,
- Durchsetzung und Sicherung des SED-Führungsanspruchs im Parteiensystem.

Wesentlichen Einfluß auf die bäuerliche Bevölkerung hat die DBD nicht bekommen, doch erreichte sie es, die von ihr organisierten Bauernschichten in das politische und gesellschaftliche System zu integrieren.

Größer und für die SED weitaus bedeutender waren hingegen die Erfolge der Bauernpartei bei der Disziplinierung und Entmachtung der bürgerlichen Parteien sowie in der Unterstützung des kommunistischen Führungsanspruchs im Parteiensystem. Eine Instrumentalisierung von VdgB und DBD für die machtpolitischen Ziele der SED war auf Dauer nur deshalb zu gewährleisten, weil SMAD und SED weitreichende Möglichkeiten des direkten und indirekten Eingriffs in die Organisationen hatten, und zwar im wesentlichen über folgende Hebel:

1. Kaderpolitik und Personalunion

VdgB und DBD wurden von kommunistischen Kadern, loyalen Gewährsleuten und Sympathisanten aufgebaut und geleitet. In den Führungspositionen der Bauernorganisationen dominierten Mitglieder und Funktionäre der KPD/SED. Aufgrund einer systematischen und gezielten Kaderpolitik war es den Kommunisten möglich, auf direkteste Weise in die DBD und noch stärker, durch Personalunion in den Führungsgremien der VdgB, in die bäuerliche Massenorganisation hineinzuwirken.

Die letztinstanzlichen Entscheidungen in personalpolitischen Angelegenheiten waren der SMAD vorbehalten. Sie bestimmte über die Besetzung der wichtigsten Leitungspositionen und ermöglichte bzw. beendete politische Karrieren. Der Einsatz von Sanktionsmaßnahmen, die von der Androhung persönlicher Nachteile bis zu so radikalen Eingriffen, wie Absetzung oder Verhaftung (Körting, VdgB; Albrecht, DBD) reichten, verdeutlichten die Omnipotenz der Besatzungsmacht. Diese betrieb auch selbst Kaderpolitik, indem sie planmäßig Antifa-Schüler für die Übernahme von Führungspositionen in der Bauernpartei ausbilden ließ.

2. Organisationsprinzipien und -instrumente

Die Durchsetzung eines vorgegebenen politischen Kurses in VdgB und DBD wurde in beiden Organisationen durch eine strenge innerorganisatorische Hierarchie und die Anwendung des demokratischen Zentralismus gewährleistet. Dies erlaubte eine Bündelung der Entscheidungsbefugnisse bei den zentralen Führungen und den hauptamtlichen Apparaten und ermöglichte eine konsequente, von der Hierarchiespitze ausgehende, straffe Anleitung und Kontrolle der untergeordneten Leitungsorgane sowie die Disziplinierung der Mitglieder. Verstärkt wurde die Wirkungsweise des Zentralismus durch die tendenzielle Angleichung der Organisationsstrukturen an die der SED.

3. Ressourcenpolitik

Ohne materielle und finanzielle Unterstützung seitens der sowjetischen Besatzungsmacht, der SED und des Staates waren VdgB und DBD nicht arbeitsfähig. Die Existenz beider Organisationen war deshalb schon aufgrund ihrer starken finanziellen Abhängigkeit vom Willen und Wollen der Geldgeber abhängig. Diese Abhängigkeit wiederum festigte die Position der hauptamtlichen Apparate gegenüber den Mitgliedern und band VdgB und DBD gleichermaßen fest an das politische Machtzentrum.

Darüber hinaus wirkte die sowjetische Besatzungsmacht im Zusammenspiel mit den deutschen Kommunisten durch eine Reihe weiterer Herrschaftstechniken auf die Parteien und Massenorganisationen ein, auf die hier lediglich global verwiesen werden soll, weil sie schwerpunktmäßig Anwendung bei den übrigen Parteien und Massenorganisationen fanden.[1184] Erst der koordinierte Einsatz all dieser differenzierten Instrumente und Methoden ermöglichte es, das Parteiensystem nach dem Willen der Kommunisten zu transformieren.

Anmerkungen

1 Zu den Parteiensystemen in diesen Ländern vgl. z. B. Günther Großer: Das Bündnis der Parteien. Herausbildung und Rolle des Mehrparteiensystems in den osteuropäischen Ländern. Schriften der LDP, Heft 3. Berlin (Ost) 1967; B. N. Torpornin: Das politische System des Sozialismus. Berlin (Ost) 1974; Heinz Hofmann: Mehrparteiensystem ohne Opposition. Die nichtkommunistischen Parteien in der DDR, Polen, der Tschechoslowakei und Bulgarien. Bern und Frankfurt/Main 1976; Robert Furtak: Die politischen Systeme der sozialistischen Staaten. München 1979.
2 Torpornin, a. a. O., S. 117.
3 Unter den Begriffen »Bündnispolitik« und »Bündnissystem« sollen in Übereinstimmung mit dem Sprachgebrauch der SED alle Bündnisbeziehungen der kommunistischen Parteien mit organisierten und nicht organisierten Schichten und Gruppen verstanden werden. Der Begriff »Blockpolitik« ist enger gefaßt und schließt jeweils die im Block zusammengefaßten Parteien und Massenorganisationen ein.
4 Zum ideologischen und historischen Kontext der Bündnispolitik vgl. Staritz, Die National..., a. a. O., S. 9 ff.; Kulbach/Weber, a. a. O., S. 9 ff.
Zur Interpretation der Bündnispolitik in bezug auf die Etablierung eines Mehrparteiensystems in der SBZ vgl. Hermann Weber: Zum Transformationsprozeß des Parteiensystems der SBZ/DDR, in: Hermann Weber (Hrsg.): Parteiensystem zwischen Demokratie und Volksdemokratie. Dokumente und Materialien zum Funktionswandel der Parteien und Massenorganisationen in der SBZ/DDR 1945–1950. Köln 1982, S. 24 f.
5 Unter diesem Begriff versteht die DDR-Literatur den Zusammenschluß aller Parteien und der wichtigsten Massenorganisationen unter Führung der SED. Vgl. Hermann Matern: Das Mehrparteiensystem in der Deutschen Demokratischen Republik, in: »Probleme des Friedens und des Sozialismus«, 2. Jg. 1959, Heft 4, S. 27 ff.
6 Vgl. Statistisches Jahrbuch der DDR 1980. Hrsg.: Staatliche Zentralverwaltung für Statistik. Berlin (Ost) 1981, S. 392.
7 Protokoll der Verhandlungen des X. Parteitages der Sozialistischen Einheitspartei Deutschlands im Palast der Republik in Berlin, 11. bis 16. April 1981, Bd. 1. Berlin (Ost) 1981, S. 126.
8 Zu den Mitgliederzahlen der Parteien vgl. Dietrich Staritz: Zur Entstehung des Parteiensystems der DDR, in: Dietrich Staritz (Hrsg.): Das Parteiensystem der Bundesrepublik Deutschland. 2. Aufl., Opladen 1980, S. 107 sowie Dietrich Staritz: Neue Akzente in der SED-Bündnispolitik, in: »DDR-Report«, 16. Jg. 1983, Heft 2, S. 72.
9 Zur Mitgliederbewegung der DBD von 1966 bis 1982 vgl. ebd. sowie Bericht des Parteivorstandes der Demokratischen Bauernpartei Deutschlands an den X. Parteitag der DBD (Ernst Goldenbaum), in: Protokoll des X. Parteitages der Demokratischen Bauernpartei Deutschlands vom 18. bis 20. Mai 1977 in Schwerin. Berlin (Ost) 1977, S. 62 und »Neues Deutschland« vom 6. März 1982, S. 1.
10 Nach dem Stand vom 20. Mai 1979. Vgl. Statistisches Jahrbuch der DDR 1980, a. a. O., S. 392. CDU, LDP und NDPD stellten in diesen Organen zusammen 20 996 Mandate.
11 Vgl. dazu Staritz, Neue Akzente..., a. a. O., S. 70 ff.
12 Vgl. ebd.
13 Zu den operativen Funktionsbereichen der Parteien und Massenorganisationen vgl. Hartmut Zimmermann. Der FDGB als Massenorganisation und seine Aufgaben bei der Erfüllung der betrieblichen Wirtschaftspläne, in: Studien und Materialien zur Soziologie der DDR. Hrsg.: Peter Christian Ludz. Köln 1964, S. 116 (= Kölner Zeitschrift für Soziologie und Sozialpsycholo-

gie, Sonderheft 8); DDR Handbuch (Wiss. Ltg. Peter Christian Ludz), Hrsg.: Bundesministerium für Innerdeutsche Beziehungen, Köln 1975, S. 554 (Stichwort Massenorganisationen); Roderich Kulbach/Helmut Weber: Parteien im Blocksystem der DDR. Funktion und Aufbau der LDP und NDPD. Köln 1969, S. 15 ff.

14 Zur Begriffsbildung vgl. Dietrich Staritz: Die National-Demokratische-Partei Deutschlands 1948–1953. Ein Beitrag zur Untersuchung des Parteiensystems der DDR. Diss. rer. pol. FU Berlin 1968; ders.: Zur Entstehung . . ., a. a. O., S. 90 ff.
15 Protokoll der Verhandlungen des X. Parteitages . . ., a. a. O., S. 126.
16 Zur Entwicklung und politischen Funktion von Block und Nationale Front vgl. Hans-Jürgen Grasemann: Das Blocksystem und die Nationale Front im Verfassungsrecht der DDR. Diss. jur. Univ. Göttingen 1973.
17 Zu dieser Einschätzung vgl. Staritz: Neue Akzente . . ., a. a. O., S. 70 ff.; Hermann Weber: DDR. Grundriß der Geschichte 1945–1976. Hannover 1976, S. 108 f.
18 Zur ausführlichen Charakterisierung der einzelnen Etappen vgl. Manfred Koch/Werner Müller: Transformationsprozeß des Parteiensystems der SBZ/DDR zum »sozialistischen Mehrparteiensystem« 1945–1950, in: »Deutschland Archiv«, 12. Jg. 1979, Sonderheft, S. 27–44.
19 Unter dieser zentralen Fragestellung werden in Mannheim die Parteien und wichtigsten Massenorganisationen untersucht. Zu den ersten Ergebnissen vgl. die einzelnen Beiträge in: Hermann Weber (Hrsg.): Parteiensystem zwischen Demokratie und Volksdemokratie. Dokumente und Materialien zum Funktionswandel der Parteien und Massenorganisationen in der SBZ/DDR 1945–1950. Köln 1982.
20 DDR. Werden und Wachsen. Zur Geschichte der Deutschen Demokratischen Republik. Berlin (Ost) 1974, S. 113.
21 Vgl. Staritz, Die National . . ., a. a. O., S. 17.
22 Zur Frühgeschichte der Bauernpartei liegen bislang zwei Veröffentlichungen vor: A. B. Weber: Die Rolle der Bauernpartei und der National-Demokratischen Partei bei der Festigung der Hegemonie der Arbeiterklasse in der DDR (1948/1949), in: Die deutsche Arbeiterbewegung in der neuesten Zeit. Moskau 1962, S. 225–263. (Der Artikel ist in russischer Sprache verfaßt); Fjodor Kijaschko: Die Taktik der Kommunistischen Partei Deutschlands und der Sozialistischen Einheitspartei Deutschlands gegenüber der Bauernschaft und der Demokratischen Bauernpartei Deutschlands in der Zeit von 1945 bis 1952. Diss. Parteihochschule »Karl Marx« beim ZK der SED. Berlin (Ost) 1974. Diese Arbeit konnte auch in der DDR nicht eingesehen werden und mußte deshalb für vorliegende Untersuchung unberücksichtigt bleiben.
23 Die DBD behandeln im Rahmen von Gesamtdarstellungen zum Parteiensystem der SBZ/DDR: Norbert Mattedi: Gründung und Entwicklung der Parteien in der Sowjetischen Besatzungszone Deutschlands (1945–1949). Bonn und Berlin (West) 1966, S. 130–134; John A. Wortmann: The Minor Parties of the Soviet Zone of Germany: The Communist preparation and use of »Transmission Belts« to the East German Middle Class. Diss. Phil. Minnesota 1958, S. 277–292.
24 Vgl. Gerhard Heitz u. a.: Forschungen zur Agrargeschichte, in: Historische Forschungen in der DDR 1960–1970. Analysen und Berichte zum XIII. Internationalen Historikerkongreß in Moskau 1970. Berlin (Ost) 1970, Sonderband der »ZfG«, 18. Jg. 1970, S. 142.
25 Aspekte der Gründung und der ersten Entwicklungsjahre wurden in DBD-Publikationen bzw. Veröffentlichungen führender Vertreter der Partei allenfalls tangiert. Vergleiche hierzu: 15 Jahre Demokratische Bauernpartei Deutschlands. Beilage des »Bauern-Echo« vom 7. Dezember 1962; 20 Jahre Demokratische Bauernpartei Deutschlands. Hrsg.: Präsidium des Parteivorstandes der DBD. Berlin (Ost) 1968; Ernst Goldenbaum: Werktätige Bauern als aktive Kraft beim demokratischen Neuaufbau, in: »ZfG« 16. Jg. 1968, Heft 8, S. 1018 ff.; Ernst Mecklenburg: Das Wirken für den Sieg der antifaschistischen demokratischen Umwälzung und der sozialistischen Revolution in der DDR, in: »BzG«, 11. Jg. 1969, Sonderheft, S. 59 ff. Lediglich für die Phase 1962 bis 1967 liegt eine von einem ehemaligen DBD-Parteivorstandsmitglied angefertigte Untersuchung zur Funktion der DBD vor: Ernst Engelhardt: Das konstruktive Wirken der DBD beim Übergang zum umfassenden Aufbau des Sozialismus auf der Grundlage des Programms des Sozialismus (1962–1967). Diss. Humboldtuniversität, Sektion Marxismus-Leninismus. Berlin (Ost) 1969.

26 Vgl. hierzu: Historische Forschungen in der DDR 1970–1980. Analysen und Berichte zum XV. Internationalen Historikerkongreß in Bukarest 1980. Berlin (Ost) 1980, Sonderband der »ZfG«, 28. Jg. 1980 insbes. die Seiten 310 ff., 334 ff., 351 ff., 720 ff. und 734 ff. Karl-Heinz Schöneburg (Ltr. des Autorenkollektivs): Errichtung des Arbeiter-und-Bauern-Staates der DDR 1945–1949. Berlin (Ost) 1983.
27 Heinz Gollwitzer (Hrsg.): Europäische Bauernparteien im 20. Jahrhundert. Stuttgart/New York 1977 (= Quellen und Forschungen zur Agrargeschichte, Bd. 29), S. 640.
28 Vgl. dazu: Helmut Droste: Zur Rolle der Vereinigung der gegenseitigen Bauernhilfe bei der Verwirklichung des Bündnisses zwischen der Arbeiterklasse und der werktätigen Bauernschaft. Diss. Universität Leipzig 1961; Robert Barthelmann: Das Wesen und der Funktionswandel der bäuerlichen Genossenschaften im Gebiet der Deutschen Demokratischen Republik nach 1945. Diss. Univ. Jena 1963, S. 97–139; Herbert Scheuermann: Zu einigen Problemen des Kampfes der SED bei der Verwirklichung des Neubauern-Programms im Kreis Torgau (April 1946 bis 1948). Phil. Diss. Univ. Leipzig 1965, S. 87–107; Rudolf Woderich: Zu den Anfängen der Demokratisierung des Dorfes in Ostmecklenburg von 1945 bis Ende 1947. Dargestellt am Beispiel des Kreises Neubrandenburg. Hist. Diss. Humboldtuniversität. Berlin (Ost) 1965; Rudolf Woderich: Der Einfluß der Vereinigung der gegenseitigen Bauernhilfe auf die Festigung der demokratischen Bodenreform, in: Zwanzig Jahre demokratische Bodenreform in Mecklenburg. Rostock 1965, S. 132–140; Wolfgang Rasper: Zur Rolle der Staatsmacht im Prozeß der antifaschistisch-demokratischen Umwälzung auf dem Lande. Diss. Berlin (Ost) 1975, S. 96–110; Wolfgang Weißleder: Wesen und Funktion der Deutschen Wirtschaftskommission (DWK). Diss. Akademie der Wissenschaften der DDR. Berlin (Ost) 1976, S. 87–96; Christa Müller: Probleme der Führungstätigkeit der Kommunistischen Partei Deutschlands und der Sozialistischen Partei Deutschlands auf dem Lande im Kampf um Veränderungen im Denken und Handeln der werktätigen Bauern während der antifaschistisch-demokratischen Umwälzung und des Übergangs zur sozialistischen Revolution. Diss. Akademie der Landwirtschaftswissenschaften. Berlin (Ost) 1978, S. 107–122. Der Informationswert dieser Untersuchungen ist jedoch aufgrund der verwendeten Materialien (Droste, Barthelmann), der nur Teilaspekte berücksichtigenden Darstellung (Rasper, Weißleder, Müller), der Beschränkung auf Regionalstudien (Scheuermann, Woderich) sowie der mehr oder weniger parteilich verzerrten Sichtweise aller Untersuchungen nicht befriedigend.
29 Dies kritisieren Siegfried Kuntsche: Zur wirtschaftlichen Situation des werdenden Neubauerndorfes in Mecklenburg-Vorpommern, in: »Wissenschaftliche Zeitschrift der Universität Rostock«, 21. Jg. 1972, Heft 1, Teil 2, S. 159 (gesell.- und sprachw. Reihe) sowie Ingrid Koppelow: Zum Quellenwert des Schriftgutes der Vereinigung der gegenseitigen Bauernhilfe (VdgB), dargestellt am Beispiel der VdgB (BHG), Landesverband Mecklenburg 1946–1952, in: »Archivmitteilungen«, 13. Jg. 1973, Heft 3, S. 92.
30 Dies dürfte u. a. auch im Quellenproblem begründet liegen. Koppelow stellte hierzu 1973 fest, daß noch kein Überblick über das Archivwesen der VdgB und den Verbleib des Schriftgutes ihrer Organisationseinheiten bestehe. Vgl. Koppelow, ebd.
31 Zur beschreibenden Darstellung der VdgB in der Literatur der Bundesrepublik Deutschland vgl. Franz Buss: Die Struktur und Funktion der landwirtschaftlichen Genossenschaften im Gesellschafts- und Wirtschaftssystem der sowjetischen Besatzungszone Deutschlands. Marburg 1965, S. 76–145.
32 Vgl. Bernhard Wernet: Zur Rolle und Funktion der Vereinigung der gegenseitigen Bauernhilfe (VdgB) und Demokratischen Bauernpartei Deutschlands (DBD) im Parteiensystem der SBZ/DDR (1945–1952), in: Weber, Parteiensystem ..., a. a. O., S. 241 ff.
33 Vgl. dazu Wädekin, a. a. O., S. 13 ff.
34 W. I. Lenin: Ursprünglicher Entwurf der Thesen zur Agrarfrage für den II. Kongreß der Kommunistischen Internationale, in: W. I. Lenin: Ausgewählte Werke in zwei Bänden. Bd. 2. Moskau 1947, S. 759.
35 Zur Differenzierung der Bauernschaft vgl. ebd. S. 759 f.
36 Vgl. ebd., S. 760 f.
37 Ebd., S. 761 ff.
38 Vgl. Lenins Hinweise für die Errichtung eines »bürgerlich-demokratischen« und eines »sozialistischen« Herrschaftssystems, in: W. I. Lenin: Zwei Taktiken der Sozialdemokratie in der demokratischen Revolution, in: W. I. Lenin, a. a. O., Bd. 1, S. 456 und 497.

39 Geschichte der deutschen Arbeiterbewegung. Hrsg.: Institut für Marxismus-Leninismus beim ZK der SED. Bd. 3–5. Berlin (Ost) 1966; Lothar Berthold/Ernst Diehl (Hrsg.): Revolutionäre deutsche Parteiprogramme. Vom kommunistischen Manifest zum Programm des Sozialismus. Berlin (Ost) 1964; Edwin Hoernle: Zum Bündnis zwischen Arbeitern und Bauern. Eine Auswahl seiner agrarpolitischen Reden und Schriften 1928–1951. Berlin (Ost) 1972, S. 333 ff., sowie Horst Laschitza: Kämpferische Demokratie gegen Faschismus. Die programmatische Vorbereitung auf die antifaschistisch-demokratische Umwälzung in Deutschland durch die Parteiführung der KPD. Berlin (Ost) 1969, S. 209 ff.
40 Zu den folgenden Ausführungen und Zitaten vgl. Hoernle, Zum Bündnis . . ., ebd. sowie Laschitza, ebd.
41 Ab 1948/49 galten bereits Bauern mit 20 ha Betriebsgröße als Großbauern und Landwirte mit Betrieben zwischen 5–20 ha als Mittelbauern. Zur Differenzierung der Bauernschaft und den damit verbundenen Abgrenzungsproblemen vgl. Kurt Vieweg: Die Veränderung der Klassenverhältnisse im Dorf und unsere Bündnispolitik, in: »Einheit«, 5. Jg. 1950, Heft 7, S. 590 ff. Karl Mewis: Aktuelle Probleme der Bündnispolitik mit den werktätigen Bauern, in: »Einheit«, 5. Jg. 1950, Heft 11, S. 1004 ff.
42 Vgl. hierzu die Ausführungen in Kap. II/3.2.
43 Ulbricht, Zur Geschichte . . ., a. a. O., Bd. II, 2. Zusatzband, S. 333.
44 Vgl. in diesem Zusammenhang die an die Verfechter einer sofortigen genossenschaftlichen Bewirtschaftung gerichtete Kritik Hoernles, in: Edwin Hoernle: Bodenreform eine Wende in der deutschen Geschichte, in: Demokratische Bodenreform. Wilhelm Pieck und Edwin Hoernle auf der Großkundgebung im Berliner Admiralspalast am 19. September 1945. Berlin 1945; Edwin Hoernle: Das Bündnis zwischen Arbeitern und Bauern, in: »Einheit«, 1. Jg. 1946, Heft 2, S. 76. Vgl. auch die Ausführungen in Kap. III/2.1 und 4.2 (Anm. 479) und Kap. IV/1.
45 Vgl. dazu Kap. III/1.
46 Vgl. zu den nachfolgenden Ausführungen Karl-Eugen Wädekin: Sozialistische Agrarpolitik in Osteuropa. Bd. I: Von Karl Marx bis zur Vollkollektivierung. Berlin (West) 1974, S. 91 ff. und die dort angegebene Literatur.
47 In Polen ergingen entsprechende Dekrete schon vor Ende des 2. Weltkrieges, am 15. August und 6. September 1944. In Bulgarien verfügten Bodenreformgesetze vom September 1944 und vom 9. April 1945 die Enteignung bäuerlichen Besitzes. In Rumänien verabschiedete die kommunistische Partei am 23. März 1945, kurz nach ihrer Machtübernahme, ein Bodenreformgesetz. Am 18. März 1945 trat in Ungarn die Bodenreformverordnung in Kraft. In Jugoslawien erfolgte die Bodenaufteilung auf der Grundlage entsprechender Verordnungen vom 24. November 1944 und vom 23. August 1945. In der Tschechoslowakei erging die erste Bodenreformverordnung am 21. Juni 1945, es folgten weitere Gesetze zur Bodenreform am 11. Juli 1947 und 21. März 1948.
48 Vgl. Wädekin, a. a. O., S. 177 ff.
49 Vgl. ebd., S. 187 ff.
50 Vgl. ebd., S. 169 ff. sowie Francois Fejtö: Die Geschichte der Volks-Demokratien. Bd. I: Die Ära Stalin 1945–1953. Graz/Wien/Köln 1972, S. 160 ff.
51 Vgl. Wädekin, a. a. O., S. 206 ff.
52 Vgl. ebd., S. 161 ff. sowie Fejtö, a. a. O., S. 162 ff.
53 Vgl. Staritz, Sozialismus . . ., a. a. O., S. 37. Zu den folgenden Ausführungen im einzelnen vgl. Wädekin, a. a. O., 149 ff.
54 Vgl. Wädekin, a. a. O., S. 96.
55 Zur Agrarpolitik dieser Länder ab 1948 im einzelnen vgl. ebd., S. 149 ff.; Fejtö, a. a. O., S. 360 ff.
56 Zitiert nach Fejtö, a. a. O., S. 361.
57 In der Tschechoslowakei hingegen wurde die Agrarpartei nach 1945 zusammen mit dem gesamten rechten Flügel des dortigen Parteiensystems aufgelöst.
58 Zur Bauernpartei in Bulgarien unmittelbar nach Kriegsende vgl. Iwan Rankoff: Bauerndemokratie in Bulgarien, in: Gollwitzer, a. a. O., S. 491 ff.
59 Vgl. Béla K. Király: Democratic Peasant Movements in Hungary in the twentieth Century, in: Gollwitzer, a. a. O., S. 430.

60 Zur Entwicklung der Bauernparteien in Polen nach 1945 vgl. Stanislawa Leblang: Polnische Bauernparteien, in: Gollwitzer, a. a. O., S. 312 ff.; Wolfgang Diepenthal: Drei Volksdemokratien. Ein Konzept kommunistischer Machtstabilisierung und seine Verwirklichung in Polen, der Tschechoslowakei und der sowjetischen Besatzungszone Deutschlands 1944–1948. Köln 1974, S. 91 ff. und 106 ff.
61 Vgl. Wädekin, a. a. O., S. 94 f.
62 Ebd., S. 164 f.
63 Zur Entwicklung der landwirtschaftlichen Genossenschaften in der Tschechoslowakei vgl. ebd., S. 151; Karel Kaplan: Der kurze Marsch. Kommunistische Machtübernahme in der Tschechoslowakei 1945–1948. München/Wien 1981, S. 186 f.
64 Vgl. W. Dölling: Wende der deutschen Agrarpolitik. Berlin (Ost) 1950, S. 88; Matthias Kramer/Gerhard Heyn/Konrad Merkel: Die Landwirtschaft in der Sowjetischen Besatzungszone. Die Entwicklung in den Jahren 1945–1955, Teil I. Bonn 1957, S. 102 f.
65 Eberhard Schinke: Die agrarpolitische Entwicklung in der Sowjetischen Besatzungszone Deutschlands seit 1945, in: Jahrbuch für die Geschichte Mittel- und Ost-Deutschlands, Bd. 11. Berlin 1962, S. 238.
66 Vgl. Hans Müller/Karl Reißig: Wirtschaftswunder DDR. Ein Beitrag zur ökonomischen Politik der SED. Berlin (Ost) 1968, S. 15.
67 Vgl. Walter Schmidt: Die Grundzüge der Entwicklung der Landwirtschaft in der DDR von 1946 bis zur Gegenwart. Teil 1, 1945–1952. Berlin (Ost) 1960, S. 83; Horst Barthel: Die wirtschaftlichen Ausgangsbedingungen der DDR. Zur wirtschaftlichen Entwicklung auf dem Gebiet der DDR 1945–1949/50. Berlin (Ost) 1979, S. 48.
68 Vgl. Kramer u. a., a. a. O., S. 12; Raimund Dietz: Die Wirtschaft der DDR (1950–1974). Forschungsbericht des Wiener Instituts für Internationale Wirtschaftsvergleiche, Nr. 37 (Oktober 1976). Wien 1977, S. 5.
69 Zu den Zahlenangaben vgl. G. G. Kotow: Agrarverhältnisse und Bodenreform in Deutschland, Teil II. Berlin (Ost) 1959, S. 67 ff. In der westlichen Literatur werden diese Angaben, von geringen Abweichungen abgesehen, bestätigt. Vgl. Kramer u. a., a. a. O., S. 90 ff.
70 Vgl. Barthel, a. a. O., S. 48 f. Vgl. in diesem Zusammenhang auch den Wortwechsel zwischen dem Vorsitzenden des SED-Landesverbandes Sachsen-Anhalt, Bernard Koenen, und Walter Ulbricht auf einer erweiterten Sitzung des ZK der KPD Ende September 1945 über die sowjetische Demontage zweier Anlagen zur Herstellung von Düngemitteln in den Leuna-Werken – Leonhard, a. a. O., S. 339 f.
71 Zu den Zahlenangaben vgl. Kotow, a. a. O., S. 68; Zum Verhältnis der Viehbestände zwischen der SBZ und den Westzonen bei Kriegsende vgl. Kramer u. a., a. a. O., S. 102 f.
72 Zu den regionalen Viehverlusten vgl. Kramer u. a., a. a. O., ebd. sowie: Die Landwirtschaft und der 5-Jahres-Plan, o. O. o. J., S. 6.
73 Vgl. dazu Vassily Yershov: The first phase of occupation, in: Robert Slusser (Hrsg.): Soviet Economic Policy In Postwar Germany. A collection of Papers by Former Soviet Officials. New York 1953, S. 1 ff.
74 Vgl. Statistisches Jahrbuch der DDR. Hrsg.: Staatliche Zentralverwaltung für Statistik. Berlin (Ost) 1956, S. 9 (nach dortigen Angaben berechnet).
75 Vgl. Jahrbuch für Arbeit und Sozialfürsorge 1945 – März 1947. Hrsg.: Deutsche Verwaltung für Arbeit und Sozialfürsorge der Sowjetischen Besatzungszone Deutschlands. Berlin o. J. (1947), S. 39; Dietrich Storbeck: Soziale Strukturen in Mitteldeutschland. Berlin (West) 1964, S. 224. Der Autor beziffert die Umsiedler in der SBZ unter Bezugnahme auf die Ergebnisse der Berufszählung vom Oktober 1946 auf rund 3,6 Mio.
76 Vgl. Jahrbuch für Arbeit und Sozialfürsorge 1947–1948. Hrsg.: Hauptverwaltung für Arbeit und Sozialfürsorge bei der DWK. Berlin (Ost) o. J. (1948), S. 312.
77 Zu den Zahlenangaben in den Ländern vgl. ebd.
78 Vgl. Storbeck, a. a. O., S. 223.
79 Vgl. dazu Tab. 3 in Kap II/3.2. Zur länderbezogenen Aufgliederung dieser Zahlen vgl. Stöckigt, Der Kampf . . ., a. a. O., S. 265 f.
80 Zu den folgenden Angaben, vgl. Kramer u. a., a. a. O., S. 10 f.
81 Vgl. auch Storbeck, a. a. O., S. 176.
82 Angabe ohne Berlin. Errechnet nach Daten des Statistischen Jahrbuchs der DDR 1958. Hrsg.: Staatliche Zentralverwaltung für Statistik. Berlin (Ost) 1959, S. 18.

83 Vgl. Bruno Gleitze: Die Wirtschaftsstruktur der Sowjetzone und ihre gegenwärtigen sozial- und wirtschaftsrechtlichen Tendenzen. Bonn 1951, S. 12.
84 Zur Durchführung der Bodenreform vgl. allgemein: Bündnis der Arbeiter und Bauern. Dokumente und Materialien zum 30. Jahrestag der demokratischen Bodenreform. Hrsg.: IML und Institut für Gesellschaftswissenschaften beim ZK der SED. Berlin (Ost) 1975; Dölling, a. a. O., S. 95 ff.; H. Döring: Von der Bodenreform zu den Landwirtschaftlichen Produktionsgenossenschaften. Erläuterung und Kommentierung des neuen Agrarrechts. Berlin (Ost) o. J. (1953); Gemeinsam zum Sozialismus. Zur Geschichte der Bündnispolitik der SED. Hrsg.: Institut für Gesellschaftswissenschaften beim ZK der SED. Berlin (Ost) 1969, S. 47 ff.; Die marxistisch-leninistische Agrarpolitik von der gegenseitigen Bauernhilfe und der demokratischen Bodenreform zur Ausarbeitung und Anwendung des neuen ökonomischen Systems der Planung und Leitung in der Landwirtschaft der DDR. Berlin (Ost) 1965; Kotow, a. a. O., Teil I, S. 177 ff.; Rolf Stöckigt: Der Kampf der KPD um die demokratische Bodenreform – Mai 1945 bis April 1946 – Berlin (Ost) 1964; Von der demokratischen Bodenreform zum sozialistischen Dorf. Hrsg.: Institut für Gesellschaftswissenschaften beim ZK der SED und Lehrstuhl für Geschichte der Arbeiterbewegung. Berlin (Ost) 1965; Von der bürgerlichen Agrarreform zur sozialistischen Landwirtschaft in der DDR (Redaktionsleitung Volker Klemm). Berlin (Ost) 1978, S. 143 ff.; Zur Durchführung auf Regionalebene und Lokalebene vgl. aus der Vielzahl der Literatur: Abtreten, Herr von Alvensleben! Beiträge zur Geschichte der demokratischen Bodenreform im Kreis Bernburg. Hrsg.: Kommission zur Erforschung der Geschichte der örtlichen Arbeiterbewegung bei der SED-Kreisleitung Bernburg u. a. Bernburg 1965; Die demokratische Bodenreform und der Beginn der sozialistischen Umgestaltung der Landwirtschaft auf dem Territorium des Bezirkes Dresden. Hrsg.: Bezirksleitung Dresden der SED u. a. Dresden 1976; Dokumente zur Bauernbefreiung. Quellen zur Geschichte der demokratischen Bodenreform und sozialistischen Umgestaltung der Landwirtschaft im Bezirk Schwerin. Hrsg.: Bezirkskommission zur Erforschung der Geschichte der örtlichen Arbeiterbewegung bei der Bezirksleitung Schwerin der SED und Staatsarchiv Schwerin. Schwerin 1975; Dokumente zur demokratischen Bodenreform im Land Brandenburg (ausgewählt und eingeleitet von Fritz Reinert). Potsdam 1966; Hans Gottwald: Zu einigen Fragen der Bündnispolitik der Kommunistischen Partei Deutschlands mit der werktätigen Bauernschaft während der ersten Etappe der demokratischen Bodenreform in Thüringen, Herbst 1945, in: »Wissenschaftliche Zeitschrift der Pädagogischen Hochschule Dr. Theodor Neubauer«, Erfurt-Mühlhausen, 8. Jg. 1971, Heft 2, S. 45 ff. (gesell.- und sprachw. Reihe); Erich Mattheß/Heinz Naumann: Demokratische Bodenreform und antifaschistisch-demokratische Justizentwicklung im Kreis Plauen (1945 bis 1946). Plauen 1969; Herbert Schäwel: Die Vorbereitung und Durchführung der demokratischen Bodenreform im Kreise Rügen. Greifswald 1965. Siegfried Schlewe: Dokumentation zur demokratischen Bodenreform im Kreis Greifswald. Greifswald 1965; Wolfgang Uhlmann: Die Durchführung der demokratischen Bodenreform im Stadt- und Landkreis Chemnitz, in: Beiträge zur Heimatgeschichte von Karl-Marx-Stadt. Karl-Marx-Stadt 1976, 21, S. 21 ff.; Unser Bezirk Neubrandenburg – einst und jetzt, Heft 6. Neustrelitz 1967 (Beiträge mehrerer Autoren zur Bodenreform); Karl Urban/Fritz Reinert: Die Rolle von Partei und Staat bei der Durchführung und Festigung der demokratischen Bodenreform. Potsdam-Babelsberg 1978 (= Aktuelle Beiträge der Staats- und Rechtswissenschaften, Heft 179); Siegfried Stein: Der Kampf der demokratischen Kräfte unter Führung der KPD um die Durchführung der demokratischen Bodenreform in Mecklenburg (Mai 1945 bis Dezember 1945). Phil. Diss. Institut für Gesellschaftswissenschaften beim ZK der SED. Berlin (Ost) 1961; Herbert Stephan: Die demokratische Bodenreform – erster Schritt auf dem Wege zur endgültigen Befreiung der Bauern (dargestellt am Beispiel des Landkreises Ostprignitz im ehemaligen Land Brandenburg). Kyritz 1965; 20 Jahre demokratische Bodenreform in Mecklenburg. Hrsg.: Arbeitsgemeinschaft Agrargeschichte am Historischen Institut der Universität Rostock im Auftrag des Landwirtschaftsrates des Bezirks Rostock. Rostock 1965 (Beiträge mehrerer Autoren); Zum 20. Jahrestag der Bodenreform im Bezirk Frankfurt/Oder. Eine Auswahl von Dokumenten und Materialien. Hrsg.: Bezirksparteischule der SED u. a. Frankfurt/Oder 1965.
85 Vgl. Deuerlein, a. a. O., S. 350.
86 Diese Direktive war den deutschen Kommunisten im Frühjahr 1945 gegeben worden. Vgl. Leonhard, a. a. O., S. 322.
87 Ebd., S. 321.

88 Vgl. auch Gerhard Horz: Die Kollektivierung der Landwirtschaft in der sowjetischen Besatzungszone Deutschlands unter besonderer Berücksichtigung des sowjetischen Vorbildes. Ziele – Methoden – Wirkungen. Diss. rer. pol. FU Berlin 1965, S. 64 f.
89 Ulbricht hatte schon am 12. Juni 1945, einen Tag nach Veröffentlichung des KPD-Gründungsaufrufes, vorgeschlagen, die Forderung nach einer Bodenreform in das Aktionsprogramm des Parteienblocks aufzunehmen. Vgl. Walter Ulbricht: Die Entwicklung des volksdemokratischen Staates. 1945–1958. Berlin (Ost) 1958, S. 14. Die Parteigründer von CDU und LDP wurden in den Gründungsbesprechungen mit der SMAD zu ihrer grundsätzlichen Einstellung zur Bodenreform eingehend befragt. Vgl. Aktennotiz Waldemar Kochs vom 2. Juli 1945, in: Krippendorff, Die Gründung..., a. a. O., S. 300. Zur Vorgehensweise der SMAD bei der Vorbereitung und Durchführung der Bodenreform vgl. Siegfried Kuntsche: Die Unterstützung der Landesverwaltung bzw. Landesregierung Mecklenburg durch die Sowjetische Militäradministration bei der Leitung der demokratischen Bodenreform, in: Jahrbuch für Geschichte, Bd. 12. Berlin (Ost) 1974, S. 141 ff.
90 Vgl. Äußerungen Ulbrichts vom 25. Juni, 11. Juli und 17. Juli 1945, in: Walter Ulbricht: Die Bauernbefreiung in der Deutschen Demokratischen Republik. Bd. I. Berlin (Ost) 1961, S. 20 ff.
91 Vgl. dazu die Hinweise bei Herbert Schäwel: Die Vorbereitung und Durchführung der demokratischen Bodenreform im Kreise Rügen. Greifswald 1965, S. 38; Siegfried Stein: Der Kampf der demokratischen Kräfte unter Führung der KPD um die Durchführung der demokratischen Bodenreform in Mecklenburg (Mai 1945 bis Dezember 1945). Phil. Diss. Institut für Gesellschaftswissenschaften beim ZK der SED. Berlin (Ost) 1961, S. 74 ff.; Christa Müller, a. a. O., S. 42 ff.; Leonhard, a. a. O., S. 340.
92 Abdruck in: Weber, Die Wandlung..., a. a. O., Bd. 1, S. 431 ff.
93 Wilhelm Pieck: Junkerland in Bauernhand, Berlin 1945, S. 10.
94 Vgl. Ulbricht: Zur Geschichte..., a. a. O., S. 415.
95 Vgl. ebd.
96 Vgl. ebd., S. 414.
97 Entnommen aus ebd.
98 Vgl. Stöckigt, Der Kampf..., a. a. O., S. 189.
99 Zusammengestellt nach: Ulbricht, Die Bauernbefreiung..., a. a. O., S. 95 f.; Ulbricht, Zur Geschichte..., a. a. O., S. 415.
100 Unter Berücksichtigung der Familienangehörigen dieser Bauerngruppen erhöht sich die Zahl der von der Bodenreform direkt und indirekt begünstigten Personen um ca. 1,94 Mio. Vgl. Stöckigt, Der Kampf..., a. a. O., S. 265 f.
101 Entnommen aus Ulbricht: Zur Geschichte..., a. a. O., S. 415. Zur länderspezifischen Differenzierung vgl. Stöckigt: Der Kampf..., a. a. O., S. 263 f.
102 Vgl. Siegfried Kuntsche: Die Hilfe der Sowjetischen Militäradministration bei der demokratischen Bodenreform in Mecklenburg-Vorpommern, in: Befreiung und Neubeginn, hrsg. vom Historischen Institut der Ernst-Moritz-Arndt-Universität (Greifswald). Berlin (Ost) 1966, S. 228.
103 Vgl. stellvertretend 8. Ausführungsverordnung zur Bodenreform in Sachsen-Anhalt vom 2. Februar 1946, in: Heinz Döring: Von der Bodenreform zu den landwirtschaftlichen Produktionsgenossenschaften. Erläuterung und Kommentierung des neuen Agrarrechts. Berlin (Ost) 1953, S. 36 f.
104 Entnommen aus: Ulbricht, Zur Geschichte..., a. a. O., S. 417.
105 Zu den landwirtschaftlichen Eigentumsverhältnissen in den Westzonen vgl. Kramer u. a., a. a. O., S. 10.
106 Vgl. Heinrich Reuber/Bruno Skibbe: Die Bodenreform in Deutschland mit Zahlen und Dokumenten. Berlin 1947, S. 23 sowie Kotow, a. a. O., Teil I, S. 241.
107 Vgl. Reuber/Skibbe, ebd., S. 24.
108 Vgl. Kotow, a. a. O., Teil I, S. 247.
109 Vgl. Dölling, a. a. O., S. 156.
110 Vgl. Reuber/Skibbe, a. a. O.; Kotow, a. a. O., S. 242.
111 Vgl. SMAD-Befehl Nr. 209 vom 9. September 1947, der die Errichtung von 37 000 Wohn- und Wirtschaftsgebäuden für Neubauern in den Jahren 1947/48 vorsah. Wortlaut des Befehls in: Um ein antifaschistisch..., a. a. O., S. 493 ff.

112 Vgl. Kotow, a. a. O., Teil II, S. 77.
113 Vgl. Kotow, a. a. O., Teil I, S. 256.
114 Ebd., S. 243.
115 Ebd., S. 240 ff. sowie Reuber/Skibbe, a. a. O., S. 23 ff.
116 Vgl. Amtliche Verlautbarung über die Konferenz von Potsdam, vom 17. Juli bis 2. August, Potsdam, 2. August 1945, in: Ernst Deuerlein: Die Einheit Deutschlands, Bd. I. Ihre Erörterung und Behandlung auf den Kriegs- und Nachkriegskonferenzen 1941–1949. Frankfurt/Main 1957, S. 350 ff.
117 Zu den deutschlandpolitischen Alternativen der Sowjets vgl. Hans Peter Schwarz: Vom Reich zur Bundesrepublik. 2. Aufl., Stuttgart 1980, S. 201 ff. Zur sowjetischen Deutschlandpolitik vor 1945 vgl. Alexander Fischer: Sowjetische Deutschlandpolitik im zweiten Weltkrieg 1941 bis 1945. Stuttgart 1975, S. 120 ff., und Arnold Sywottek: Deutsche Volksdemokratie. Studien zur politischen Konzeption der KPD 1935–1946. Düsseldorf 1971, S. 159 ff. und 172 ff.
118 Vgl. Schwarz, ebd. Zur Interpretation siehe auch Staritz, Sozialismus . . ., a. a. O., S. 147.
119 Vgl. Weber, Zum Transformationsprozeß . . ., a. a. O., S. 15.
120 John Lukacs: Geschichte des Kalten Krieges. Gütersloh 1962, S. 54, 57. Vgl. Deuerlein, ebd., S. 190, 202 u. a. Stellen. Vgl. auch Wolfgang Leonhard: Die Revolution entläßt ihre Kinder. 16. Auflage, Köln/Berlin (West) 1978, S. 269 f. und 320 ff.
121 Vgl. Befehl der SMAD Nr. 17 von 17. Juli 1945, in: Walter Ulbricht: Zur Geschichte der neuesten Zeit, Bd. I, 1. Halbband. Berlin (Ost) 1955, S. 417 f.
122 Zu dieser These vgl. Weber, Zum Transformationsprozeß . . ., a. a. O., S. 25 ff.
123 Zur Parteiensystem-Konzeption der Sowjets vgl. Weber, Kleine Geschichte . . ., a. a. O., S. 16 ff., und Weber, Zum Transformationsprozeß . . ., a. a. O., S. 21 ff.
124 Wortlaut in: »Tägliche Rundschau« vom 10. Juni 1945, Abdruck in: Weber, Kleine Geschichte . . ., a. a. O., S. 17.
125 Zur Bildung der SMAD in der SBZ vgl. Weber, Zum Transformationsprozeß . . ., a. a. O., S. 17 ff.
126 Weitere Ausführungen zu dieser These bei Weber, ebd., S. 25 ff.
127 SMAD-Befehl Nr. 2, in: »Tägliche Rundschau« vom 10. Juni 1945.
128 Ebd.
129 Vgl. ebd.
130 Dieser Terminus setzte sich im Sprachgebrauch durch. Die bürgerlichen Parteien konnten lediglich verhindern, daß dieser von den Kommunisten favorisierte Begriff als offizielle Bezeichnung für die »Einheitsfront« der Parteien eingeführt wurde. Vgl. Werner Conze: Jakob Kaiser. Politiker zwischen Ost und West 1945–1949. Stuttgart/Berlin/Köln/Mainz 1969, S. 24.
131 Aufruf der Kommunistischen Partei Deutschlands, in: Hermann Weber (Hrsg.): Der deutsche Kommunismus. Dokumente. Bd. 1, 2. Aufl., Köln/Berlin (West) 1964, S. 431 ff.
132 Vgl. ebd.
133 Zu den folgenden Zitaten ebd.
134 Vgl. Weber, Kleine Geschichte . . ., a. a. O., S. 18; D. Staritz: Sozialismus in einem halben Land. Zur Programmatik und Politik der KPD/SED in der Phase der antifaschistisch-demokratischen Umwälzung in der DDR. Berlin (West) 1976, S. 28 f. Zur Gründung und Programmatik der KPD, ebd., S. 27 ff.
135 Vgl. Anton Ackermann: Gibt es einen besonderen Weg zum Sozialismus?, in: »Einheit«, 1. Jg. 1946, Heft 1, S. 22 ff. Zur Entstehung und zu den Folgen dieser programmatischen Variante vgl. Dietrich Staritz: Funktion, Ausprägung und Schicksal des »besonderen deutschen Weges« zum Sozialismus, Preprint Nr. 88 des Instituts für Sozialwissenschaften der Universität Mannheim 1982.
136 Zur Gründungsgeschichte der SPD vgl. Erich W. Gniffke: Jahre mit Ulbricht. Köln 1966, S. 22 ff.; Mattedi, a. a. O., S. 28 ff. Frank Moraw: Die Parole der »Einheit« und die deutsche Sozialdemokratie. Bonn/Bad Godesberg 1973 (= Schriftenreihe des Forschungsinstituts der Friedrich-Ebert-Stiftung, Bd. 94), S. 80 ff.
137 Wortlaut in: Ossip K. Flechtheim (Hrsg.): Dokumente zur parteipolitischen Entwicklung in Deutschland seit 1945, Bd. 3, Berlin (West) 1963, S. 11 ff.
138 Zur Kooperation zwischen SPD und KPD vgl. Gniffke, a. a. O., S. 32 ff.; Staritz, Sozialismus . . ., a. a. O., S. 60 ff.

139 Hermes hatte Ende Juni 1945, als er von der bevorstehenden Gründung einer liberaldemokratischen Partei erfuhr, versucht, die liberalen Parteigründer von der Notwendigkeit einer einzigen »Union« zu überzeugen. Die Liberalen wurden jedoch, nicht ohne Druck seitens der SMAD, gedrängt, am Gedanken einer eigenen Partei festzuhalten. Vgl. Conze, a. a. O., S. 24. In diesem Zusammenhang muß auch die Einschaltung Richard Gyptners, Mitglied der »Gruppe Ulbricht«, in den Gründungsprozeß der LDP gesehen werden. Vgl. Leonhard, a. a. O., S. 332.
140 Zur Gründung der CDU vgl. Conze, a. a. O., S. 15 ff.; Johann B. Gradl: Anfang unter dem Sowjetstern. Die CDU in der sowjetischen Besatzungszone Deutschlands, Köln 1981, S. 17 ff.; Günther Wirth, Zur Entwicklung der Christlich-Demokratischen Union von 1945–1950, in: »ZfG«, 7. Jg. 1959, Heft 7, S. 1577 ff.; Siegfried Suckut: Zum Wandel von Rolle und Funktion der Christlich-Demokratischen Union Deutschlands (CDUD) im Parteiensystem der SBZ/DDR (1945–1952), in: Weber, Parteiensystem ..., a. a. O., S. 117 ff.
141 Wortlaut in: Peter Hermes: Die Christlich-Demokratische Union und die Bodenreform in der sowjetischen Besatzungszone Deutschlands im Jahre 1945. Saarbrücken 1963, S. 99 ff. Siehe zu den folgenden Zitaten ebd.
142 Zur Formulierung dieser Politik nach Kaisers Amtsübernahme am 13. Februar 1946 vgl. Conze, a. a. O., S. 60 ff.
143 Zur Gründungsgeschichte der LDP vgl. Ekkehart Krippendorff: Die Gründung der Liberal-Demokratischen Partei in der sowjetischen Besatzungszone 1945, in: »Vierteljahreshefte für Zeitgeschichte«, 8. Jg. 1960, Heft 3, S. 290 ff.; Ekkehart Krippendorff: Die Liberal-Demokratische Partei der sowjetischen Besatzungszone 1945/48. Entstehung, Struktur, Politik. Düsseldorf 1961; Brigitte Itzerott: Die Liberal-Demokratische Partei Deutschlands (LDPD), in: Weber, Parteiensystem ..., a. a. O., S. 179 ff.; Rudolf Agsten/Manfred Bogisch: Bürgertum am Wendepunkt. Die Herausbildung der antifaschistisch-demokratischen und antiimperialistischen Grundhaltung bei den Mitgliedern der LDP 1945/46. Berlin (Ost) 1970, S. 23 ff.; Armin Behrendt: Wilhelm Külz. Aus dem Leben eines Suchenden, Berlin (Ost) 1968, S. 133 ff.
144 Vgl. Krippendorff: Die Liberal ..., a. a. O., S. 49 und 86 ff.
145 Wortlaut in: Itzerott, a. a. O., S. 185 ff.
146 Zur geschichtlichen Entwicklung der SED vgl. insbesondere Hermann Weber: Die Sozialistische Einheitspartei Deutschlands 1946–1971. Hannover 1971; Manfred Koch/Werner Müller: Transformationsprozeß des Parteiensystems der SBZ/DDR zum »sozialistischen Mehrparteiensystem« 1945–1950, in: »Deutschland Archiv«, 12. Jg. 1979, Sonderheft, S. 27–44; Werner Müller: »Ein besonderer deutscher Weg« zur Volksdemokratie? Determinanten und Besonderheiten kommunistischer Machterringung in der SBZ/DDR 1945–1950, in: »Politische Vierteljahresschrift«, 23. Jg. 1982, Heft 3, S. 278 ff. Geschichte der SED-Abriß. Hrsg.: Autorenkollektiv des IML beim ZK der SED. Berlin (Ost) 1978.
147 Zur Entwicklung des Parteiensystems bis 1948 vgl. insbes. Staritz, Zur Entwicklung ..., a. a. O., S. 100 ff. sowie: Staritz, Die National ..., a. a. O., S. 21 ff.; Kulbach/Weber, a. a. O., S. 22 ff.; Wortmann, a. a. O.
148 Zur Gründung der SED vgl. aus der Vielzahl der Literatur: Gniffke, a. a. O., S. 8 ff.; Carola Stern: Porträt einer bolschewistischen Partei. Entwicklung, Funktion und Situation der SED. Köln/Berlin (West) 1957, S. 11 ff.; Staritz, Sozialismus ..., a. a. O., S. 60 ff.; Karl Urban: Die Vereinigung der KPD und SPD im Kampf um die Schaffung der Grundlagen der antifaschistisch-demokratischen Staatsmacht in der Provinz Brandenburg (Mai 1945 – April 1946). Potsdam 1963; Heinz Voßke: Zum Kampf um die Vereinigung der KPD und SPD zur SED in Mecklenburg/Vorpommern – Mai 1945 bis April 1946. Phil. Diss. Parteihochschule »Karl Marx« beim ZK der SED. Berlin (Ost) 1964.
149 Vgl. dazu Weber, Zum Transformationsprozeß ..., a. a. O., S. 27 ff. Hinweise auch bei Müller, Determinanten ..., a. a. O.
150 Vgl. dazu Rudolf Schwarzenbach: Die Kaderpolitik der SED in der Staatsverwaltung. Ein Beitrag zur Entwicklung des Verhältnisses von Partei und Staat in der DDR (1945–1975). Köln 1976; Staritz, Sozialismus ..., a. a. O., S. 84 ff.
151 Dies belegt anschaulich am Beispiel CDU und Bodenreform Siegfried Suckut: Der Konflikt um die Bodenreformpolitik in der Ost-CDU 1945. Versuch einer Neubewertung der ersten Führungskrise der Union, in: »Deutschland Archiv«, 15. Jg. 1982, Heft 10, S. 1080 ff.

152 »Das Volk« vom 11. Juli 1945.
153 Am 23. Juni 1945 richteten die Vertreter von KPD und SPD ein gemeinsames Schreiben an den späteren CDU-Vorsitzenden Andreas Hermes. Am 29. Juni 1945 sagte Hermes bei einem Empfang bei General Shukow die Mitarbeit seiner Partei im Block zu. Vgl. Conze, a. a. O., S. 24 f. Am 4. Juli 1945, einen Tag vor Gründung der LDPD, fand eine Zusammenkunft zwischen führenden LDPD-Gründern und Funktionären der KPD und SPD statt. Vgl. Krippendorff, Die Liberal . . ., a. a. O., S. 86 ff.
154 Külz bezeichnete den Block als »Bekenntnisgemeinschaft des Antifaschismus«. Vgl. Fritz Löwenthal: Der neue Geist von Potsdam. Hamburg 1948, S. 226. Conze spricht von einer bei den bürgerlichen Politikern vorhandenen »starken Bindekraft« des Antifaschismus für die Nachkriegsperiode. Conze, a. a. O., S. 19.
155 Wortlaut der Grundsätze der Einheitsfront in: »Tägliche Rundschau« vom 15. Juli 1945, Abdruck in: Hermes, a. a. O., S. 111 f.
156 Dies wurde in der Geschäftsordnung des Ausschusses vom 27. Juli 1945 festgelegt, Wortlaut in: Hermes, a. a. O., S. 113 ff.
157 Vgl. Krippendorff, Die Liberal . . ., a. a. O., S. 84.
158 Hermes, a. a. O., S. 113 ff.
159 Krippendorff, Die Liberal . . ., a. a. O., S. 90 ff.
160 Zur Rolle und Funktion des Blocks vgl. Grasemann, a. a. O.; Manfred Koch: Der Demokratische Block, in: Weber, Parteiensystem . . ., a. a. O., S. 281 ff. Manfred Krause: Zur Geschichte der Blockpolitik der Sozialistischen Einheitspartei Deutschlands in den Jahren 1945 bis 1955. Diss. Berlin (Ost) 1978.
161 Der These Wolfgang Leonhards, den von den Landes- und Provinzverwaltungen erlassenen Bodenreformverordnungen habe ein zentraler, von sowjetischer Seite ausgearbeiteter Musterentwurf vorgelegen (vgl. Leonhard, a. a. O., S. 338 f.), steht die offizielle DDR-Interpretation gegenüber, die hierzu feststellt, daß die erlassenen Bodenreformverordnungen inhaltlich »sowohl mit dem von Edwin Hoernle und Rudolf Reutter erarbeiteten Entwurf für den Beschluß des Zentralkomitees der Partei von Mitte August 1945 über die sofortige Inangriffnahme einer demokratischen Bodenreform und deren konzeptionelle Ausgestaltung als auch mit jener Richtlinie übereinstimmten, die den Landesleitungen der KPD im August 1945 vom Zentralsekretariat zugeleitet worden ist« (vgl. Kuntsche, die Unterstützung . . ., a. a. O., S. 149 f.). Eine neue und wohl auch die realistischste Version lieferte Walter Bartel, damals persönlicher Berater Wilhelm Piecks, der in einem Interview mit G. W. Sandford vom 26. Mai 1977 zur Frage der Entstehung des Bodenreformentwurfs erklärte, daß der Entwurf von den aus Moskau zurückkehrenden KPD-Emigranten ausgearbeitet und dem Zentralkomitee der KPdSU zur Prüfung übermittelt wurde. In Moskau ist der Bodenreformentwurf umgearbeitet und als russischer Text der SMAD übergeben worden, die ihn zur Übersetzung an die KPD-Führung weiterreichte. Vgl. Gregory W. Sandford: The commanding heights: The economic and social transformation of the Soviet Zone of Germany 1945–46. Diss. University of Wisconsin-Madison 1979, S. 158 (Anm. 12).
162 Vgl. Hermes, a. a. O., S. 31 ff.; Rolf Stöckigt, Der Kampf der KPD um die demokratische Bodenreform, Mai 1945 – April 1946. Berlin (Ost) 1964, S. 78 ff. und 92 ff. Im Blockausschuß Sachsen-Anhalts stieß eine Einigung der KPD mit der SPD jedoch anfangs auf Schwierigkeiten.
163 Zu den Beratungen der Bodenreform im Block der antifaschistisch-demokratischen Parteien Sachsen-Anhalts vgl. Hermes, a. a. O., S. 24 ff.; Stöckigt, Der Kampf . . ., a. a. O., S. 78 ff.
164 Dort war jedoch die LDP, deren Gründung erst im Januar 1946 erfolgte, nicht vertreten, dafür aber der FDGB und der Kulturbund, die beide die vom Blockausschuß am 3. September verabschiedete Bodenreformschließung unterzeichnet hatten. Vgl. Dokumente und Materialien zur Geschichte der deutschen Arbeiterbewegung. Reihe III, Bd. 1. Hrsg.: Institut für Marxismus-Leninismus beim ZK der SED. Berlin (Ost) o. J., S. 142 ff.
165 Zur Haltung der CDU in diesen Ländern vgl. Suckut, Der Konflikt . . ., a. a. O., S. 1080 ff.
166 Hier hatten KPD, SPD und FDGB – der Parteienblock war zu diesem Zeitpunkt noch nicht etabliert – am 3. September 1945 einen Aufruf zur Durchführung der Bodenreform verfaßt, der die entschädigungslose Enteignung allen Grundbesitzes über 100 ha sowie des Bodenbesitzes aktiver Nazis vorsah. Vgl. Dokumente und Materialien . . ., a. a. O., S. 145 f.

167 Die Bodenreformen in den einzelnen Provinzen und Ländern ergingen in: Sachsen-Anhalt am 3. September 1945, Mecklenburg am 5. September 1945, Brandenburg am 6. September 1945, Sachsen und Thüringen am 10. September 1945. Vgl. stellvertretend den Wortlaut der Verordnungen Sachsen-Anhalts und Brandenburgs in: »Deutsche Volkszeitung« vom 6. und 8. September 1945.
168 Vgl. Gründungsaufruf der CDU, in: Hermes, a. a. O., S. 99 ff.; vgl. auch Rede von Andreas Hermes auf der Gründungskundgebung der CDU in Berlin, am 22. Juli 1945, in: Anna Hermes: Und setzet ihr nicht das Leben ein. Stuttgart 1971, S. 285 ff.
169 Vgl. Hermes, a. a. O., S. 36 f. sowie die Stellungnahmen der CDU zur Bodenreform, in: Ebd., S. 115 ff. und 125 ff.
170 Die Hauptströmungen wurden repräsentiert durch die Führungspersonen Waldemar Koch, der eine privatkapitalistische Lösung vertrat, und Wilhelm Külz. Vgl. dazu Wolfgang Hoffmann: Die demokratische Bodenreform und die LDPD, in: »ZfG«, 13. Jg. 1965, Heft 6, S. 993 ff.; Agsten/Bogisch, Bürgertum . . ., a. a. O., S. 85 ff.; Behrendt, a. a. O., S. 178 ff.
171 Gründungsaufruf abgedruckt bei: Itzerott, a. a. O., S. 186.
172 Vgl. die Äußerungen von Külz vom 4. und 11. September 1945, in: Behrendt, a. a. O., S. 180.
173 Vgl. Hermes, a. a. O., S. 31 ff.; Stöckigt, Der Kampf . . ., a. a. O., S. 92 ff.
174 Vgl. Hermes, a. a. O., S. 31.
175 Abdruck in: Hermes, a. a. O., S. 123 ff.
176 Vgl. Agsten/Bogisch, Die Herausbildung . . ., a. a. O., S. 86.
177 Vgl. Hermes, a. a. O., S. 36 ff., 42 ff., 125 ff.; Suckut, Der Konflikt . . ., a. a. O., S. 1080 ff.
178 Abdruck in: Hermes, a. a. O., S. 133 ff.
179 Ebd., S. 61.
180 Zur ersten Führungskrise der LDP vgl. Krippendorff, Die Liberal . . ., a. a. O., S. 40; Behrendt, a. a. O., S. 178 ff.; Agsten/Bogisch, Bürgertum . . ., a. a. O., S. 85 ff.
181 Zu Versuchen, die CDU doch noch zur Zustimmung zu veranlassen, vgl. Hermes, a. a. O., S. 60 ff.; Suckut, Der Konflikt . . ., a. a. O., S. 1080 ff.
182 Zur ersten Führungskrise der CDU vgl. Hermes, a. a. O., S. 66 ff. und 136 ff. Conze, a. a. O., S. 45 ff.; Gradl, a. a. O., S. 43 ff.; Suckut, Der Konflikt . . ., ebd., der unter Hinzuziehung neuen Quellenmaterials aus dem Archiv beim Hauptvorstand der CDU in Ostberlin und aus dem Nachlaß von Jakob Kaiser im Bundes-Archiv Koblenz zu einer Neubewertung dieser Krise gelangt.
183 Zu den Behinderungen der bürgerlichen Parteien bei den Wahlen vgl. Wahlfälschungen, Wahlbeeinflussungen, Wahlbehinderungen in der sowjetischen Besatzungszone 1946 bis 1950. Dokumente und Tatsachen. Hrsg.: Bundesministerium für gesamtdeutsche Fragen. o. O. o. J. (Bonn/Berlin 1950); Krippendorff, Die Liberal . . ., a. a. O., S. 96 ff.; Günter Braun: Die Gemeinde-, Kreis- und Landtagswahlen in der Sowjetischen Besatzungszone Deutschlands im Herbst 1946 und der ersten Nachkriegswahlen in Groß-Berlin. Eine Darstellung und Analyse des Wahlverfahrens, des Wahlkampfes und der Ergebnisse an Beispielen. Magisterarbeit an der Universität Mannheim 1981, insbesondere S. 43 ff. und 67 ff.; Günter Braun: Zur Entwicklung der Wahlen in der SBZ/DDR 1946–1950, in: Weber, Parteiensystem . . ., a. a. O., S. 545 ff.; Suckut, Zum Wandel . . ., a. a. O., S. 146 (Dok. 58).
184 Zu den Wahlergebnissen vgl. Braun, Zur Entwicklung . . ., a. a. O., S. 553 ff.
185 Zur Mitgliederentwicklung und -zusammensetzung der bürgerlichen Parteien vgl. Christel Dowidat: Zur Veränderung der Mitgliederstrukturen von Parteien und Massenorganisationen in der SBZ/DDR (1945–1952), in: Weber, Parteiensystem . . ., a. a. O., S. 513 (Tab. 1), 517 (Tab. 5), 519 (Tab. 8).
186 Beispiele hierfür liefert Krippendorff, Die Liberal . . ., a. a. O., S. 102 f. und 108 f.
187 Ebd., S. 102.
188 Zur Haltung der bürgerlichen Parteien vgl. Gradl, a. a. O., S. 71 f.; Krippendorff, Die Liberal . . ., a. a. O., S. 72 ff.; Itzerott, a. a. O., S. 191 ff. (Dok. 86); Rudolf Agsten/Manfred Bogisch, LDPD auf dem Wege in die DDR. Zur Geschichte der LDPD in den Jahren 1946–1949, 2. Aufl., Berlin (Ost) 1977, S. 122 ff.
189 Vgl. Staritz, Die National . . ., a. a. O., S. 24.
190 Vgl. Doernberg, a. a. O., S. 377.
191 Schwarz nennt als Zeitpunkt für den Kurswechsel den Juli 1947. Vgl. Schwarz, a. a. O., S. 265.

192 Der Übergang in eine zweite Phase der antifaschistisch-demokratischen Transformation war auf dem 2. Parteitag der SED bereits angekündigt worden. In diesem Zusammenhang wurde auch von der Entwicklung der SED zur Partei neuen Typus und der Notwendigkeit einer längerfristigen Wirtschaftsplanung gesprochen. Vgl. Protokoll der Verhandlungen des 2. Parteitages der Sozialistischen Einheitspartei Deutschlands. 20.–24. September 1947. Berlin 1947, S. 305 und 479 (Ulbricht) sowie 417 (Selbmann).

193 Zur DWK vgl. Wolfgang Weißleder: Wesen und Funktion der Deutschen Wirtschaftskommission (DWK). Diss. jur. Akademie der Wissenschaften der DDR. Berlin (Ost) 1976. Vgl. auch Kap. III/4.4.

194 Vgl. Rudolf Appelt: Wesen und Ziele der Blockpolitik, in: »Einheit«, 2. Jg. 1947, Heft 9, S. 825 ff. sowie Protokoll der Verhandlungen des 2. Parteitages . . ., a. a. O., S. 222 (Diskussionsrede Weihrauch), 287 ff. (Referat Grotewohl), 531 f. (Entschließung).

195 Vgl. Äußerungen Jakob Kaisers, wiedergegeben in: Ebd., S. 283.

196 Vgl. »LDP-Informationen«, 1. Jg. 1947, Nr. 28/29 (1. u. 2. Dezemberheft), S. 5.

197 Weitere Ausführungen hierzu in Kap. III/4.

198 Zur Volkskongreßbewegung vgl. Mattedi, a. a. O., S. 104 ff. Staritz, Die National . . ., a. a. O., S. 27 ff.; Gemeinsam zum Sozialismus. Zur Geschichte der Bündnispolitik der SED. Hrsg.: Institut für Gesellschaftswissenschaften beim ZK der SED. Berlin (Ost) 1969, S. 88 ff.

199 Zu den Bemühungen der Parteien um gesamtdeutsche Repräsentation, vgl. Krippendorff, Die Liberal . . ., a. a. O., S. 124 ff.; Wolfgang Hoffmann: Versuch und Scheitern einer gesamtdeutschen demokratischen Partei 1945–1948. Berlin (Ost) 1965; Gradl, a. a. O., S. 88 ff.; Manfred Koch/Werner Müller/Dietrich Staritz/Siegfried Suckut: Versuch und Scheitern gesamtdeutscher Parteienbildungen 1945–1948, in: »Deutschland Archiv«, 15. Jg. 1982, Sonderheft, S. 90 ff.

200 Dokumente der Sozialistischen Einheitspartei Deutschlands. Bd. 1, 2. Aufl., Berlin (Ost) 1951, S. 254 f.

201 Auf der Blocksitzung am 24. November 1947 weigerte sich die CDU-Führung, eine gemeinsame Erklärung des Blocks zum Volkskongreß mitzutragen. Am 26. November rief der Parteivorstand der SED ohne vorherige Konsultation des Blocks zur Bildung des »Deutschen Volkskongresses für Einheit und gerechten Frieden« auf. Vgl. Dokumente . . ., a. a. O., S. 260 f.

202 Zur Ablösung der CDU-Führung vgl. Gradl, a. a. O., S. 130 ff.

203 Vgl. Staritz, Sozialismus . . ., a. a. O., S. 127 ff.

204 Vgl. »Zur jugoslawischen Frage«, in: Dokumente der Sozialistischen Einheitspartei Deutschlands. Bd. 2, 2. Aufl. Berlin (Ost) 1952, S. 81 ff. Die wichtigsten Beschlüsse zur Umwälzung wurden bis September 1948 durchgesetzt. Zur Transformation der SED 1948/49 vgl. Staritz, Sozialismus . . ., a. a. O., S. 156 ff.

205 Vgl. Beschlüsse der 11. Tagung des Parteivorstandes der SED vom 29./30. Juni 1948, in: »Neues Deutschland« vom 1. Juli 1948.

206 Dies wurde schon bald an der Haltung der bürgerlichen Parteien zum Zweijahrplan deutlich. Zu den Vorstellungen und zur Kritik der LDP vgl. »Der Morgen« vom 4. Juli, 17. Juli, 21. August und 24. September 1948. Zur Haltung der CDU vgl. »Union teilt mit« 2. Jg. 1948, Nr. 8 (August), S. 1 ff. sowie Suckut, Zum Wandel . . ., a. a. O., S. 159 ff. (Dok. 66 und 67).

207 Vgl. dazu Kap. IV/1 sowie Ausführungen in Kap. IV/5.1.

208 Walter Ulbricht: Zur Geschichte der deutschen Arbeiterbewegung. Aus Reden und Aufsätzen. Bd. II, 1933–1946, 1. Zusatzband. Berlin (Ost) 1966, S. 176 ff. Es handelt sich hierbei um handschriftliche Notizen Wilhelm Piecks über Vortrag und Schlußwort Walter Ulbrichts in der Arbeitskommission des ZK der KPD vom 17. und 24. April 1944.

209 Vgl. Edwin Hoernle: Entwurf eines Agrarprogramms des Blocks der kämpferischen Demokratie (im August 1944 im Rahmen der programmatischen Tätigkeit des Politbüros des ZK der KPD und der Arbeitskommission angefertigt). Wortlaut in: Hoernle: Zum Bündnis . . ., a. a. O., S. 333 ff., hier S. 339.

210 Edwin Hoernle: Die Agrarpolitik des Blocks der kämpferischen Demokratie (Vortrag vom 4. Februar 1945), in: Laschitza, a. a. O., S. 209 ff., hier S. 218.

211 Vgl. Hoernle, Zum Bündnis . . ., a. a. O., S. 338 ff.; Laschitza, a. a. O., 220 f.; Edwin Hoernle u. a., Ratschläge für die Arbeit auf dem Lande (28. Februar 1945), in: Laschitza, a. a. O., S. 235 ff., hier S. 238.

212 Zur Funktion der landwirtschaftlichen Genossenschaften sowie zum Verhältnis VdgB – Genossenschaften, vgl. Kap. III/5.2.
213 Ulbricht äußerte am 20. November 1945, daß eine »sehr große Zahl von Bauern« der KPD beigetreten wäre. Vgl. Ulbricht, Zur Geschichte..., a. a. O., Bd. II, 2. Zusatzband, S. 327. Im Agrarland Mecklenburg zählte die Partei Mitte Dezember 1945 rd. 30 000 Mitglieder, von denen über 5000 Landarbeiter und Bauern (ca. 16 %) waren. In Brandenburg waren von 40 949 KPD-Mitgliedern Ende 1945 etwa 3000 Bauern und ebenso viele Landarbeiter (ca. 15 %). Zu den Angaben vgl. Christa Müller, a. a. O., S. 33.
214 Vgl. Ausführungen in Kap. II/2.
215 Zu Organisations- und Mitgliederzahlen der landwirtschaftlichen Genossenschaften vgl. Buss, a. a. O., S. 21 f.
216 Vgl. ebd., S. 23.
217 Vgl. ebd., S. 29. Zur Mitgliederentwicklung und -zusammensetzung nach 1945 vgl. auch Barthelmann, a. a. O., die Tab. 5/14 a–b/15–19.
218 Vgl. Hoernle, Entwurf..., a. a. O., S. 333 ff.; Hoernle, Die Agrarpolitik..., a. a. O., S. 209 ff.; Rudolf Reutter: Was will die Vereinigung der gegenseitigen Bauernhilfe? Berlin 1947, S. 36.
219 Vgl. § 1 der Satzung der VdgB vom Jahre 1947. Wortlaut in: Erster Deutscher Bauerntag am 22./23. November 1947. Verhandlungsniederschrift der Hauptvereinigung der gegenseitigen Bauernhilfe. Berlin 1948, S. 136 ff. Auszug in: Bernhard Wernet: Zur Rolle und Funktion der Vereinigung der gegenseitigen Bauernhilfe (VdgB) und Demokratischen Bauernpartei Deutschlands (DBD) im Parteiensystem der SBZ/DDR (1945–1952), a. a. O., S. 256 ff.
220 Erster Deutscher Bauerntag..., a. a. O., S. 17. Vgl. auch Ausführungen Hoernles auf der Tagung der Landesvorstände der VdgB-Landesorganisationen im Mai 1947, in: »Der Freie Bauer« vom 18. Mai 1947.
221 Der Sekretär für Landwirtschaft des ZK der SED, Erich Mückenberger, beschrieb diese Funktion 1956 so: »Sie [die VdgB] ist als demokratische Massenorganisation der werktätigen Bauern das breite und enge Bindeglied, der Transmissionsriemen der Partei zu den Massen der werktätigen Bauern.
Ihre Aufgabe als Transmissionsriemen der SED kommt darin zum Ausdruck, daß sie die Massen der werktätigen Bauern an die Beschlüsse der Partei heranführen soll und sie für die Erfüllung der Beschlüsse mobilisiert.« Erich Mückenberger: Der Kampf der Sozialistischen Einheitspartei für die Festigung des Bündnisses der Arbeiterklasse mit der werktätigen Bauernschaft. Berlin (Ost) 1956, S. 39.
222 Edwin Hoernle: Wegbereiter der demokratischen Bodenreform. Herausgegeben zum zehnten Jahrestag der Verkündung der demokratischen Bodenreform. Zentralvorstand der VdgB (BHG). Berlin (Ost) 1955, S. 34 f.
223 Der 1. Vorsitzende der VdgB, Körting, in seinem Referat auf dem 2. Deutschen Bauerntag, in: Bauern kämpfen für Deutschland. Hrsg.: ZVdgB. Berlin 1949, S. 7.
224 Vgl. ebd. sowie die Äußerungen von Körting, Jadasch und Neddermeyer auf dem 1. Deutschen Bauerntag, in: Erster Deutscher Bauerntag..., a. a. O., S. 36, 70, 118.
225 Vgl. ebd. sowie Entschließung des Hauptausschusses der VdgB zur Gründung der DBD, in: »Der Freie Bauer« vom 6. Juni 1948. Abdruck in: Wernet, a. a. O., S. 261.
226 Körting in: Bauern..., a. a. O., S. 7.
227 Satzung der VdgB von 1947, § 1 Ziffer 1.
228 Wortlaut der Verordnung Sachsen-Anhalts in: Ulbricht, Zur Geschichte..., a. a. O., Bd. I, 1. Halbband, S. 406 ff. In der Verordnung für das Land Sachsen siehe Art. IV. Abs. 13.
229 Vgl. ebd. In der Verordnung für das Land Sachsen siehe Art. IV. Abs. 14.
230 Wilhelm Pieck: Bodenreform. Junkerland in Bauernhand. Berlin 1945, S. 14.
231 Wortlaut der Rede Edwin Hoernles, in: »Thüringer Volkszeitung« vom 5. September 1945. S. auch Entschließung der Landesbauernkonferez in Thüringen, in: Pieck, Bodenreform..., a. a. O., S. 16 f.
232 Vgl. z. B. Aufruf des antifaschistischen Blocks der demokratischen Parteien in Mecklenburg-Vorpommern vom 3. September 1945, in: »Volkszeitung Schwerin« vom 4. September 1945 sowie den Aufruf des Blocks der Provinz Sachsen vom 1. September 1945, in: Verordnungsblatt für die Provinz Sachsen vom 6. Oktober 1945.

233 In der Bodenreformverordnung des Landes Mecklenburg war denn auch von zu »schaffenden Komitees« die Rede. Vgl. »Volkszeitung Schwerin« vom 7. September 1945.
234 Vgl. Reutter, Was will . . ., a. a. O., S. 16 f.
235 Vgl. Stein, a. a. O., S. 220.
236 Im Land Sachsen erging die Verordnung am 13. September 1945. In den übrigen Ländern und Provinzen bereits am 11. September 1945. Vgl. stellvertretend: Ausführungsverordnung Nr. 2 zur Durchführung der Bodenreform vom 11. September 1945, in: Brandenburgische Gesetzessammlung 1945–1947. Potsdam 1948, S. 26 ff.
237 Die Verordnungen ergingen in: Brandenburg am 17. Oktober 1945 – »Deutsche Volkszeitung« vom 20. Oktober 1945, abgedruckt in: Um ein antifaschistisch . . ., a. a. O., S. 180 ff. sowie Bündnis der Arbeiter und Bauern. Dokumente und Materialien zum 30. Jahrestag der Bodenreform. Berlin (Ost) 1975, S. 66 ff.; Sachsen-Anhalt am 18. Oktober 1945 – Verordnungsblatt für die Provinz Sachsen, Nr. 3 vom 3. November 1945, S. 27; Sachsen am 23. Oktober 1945 – »Volksstimme Chemnitz« vom 26. Oktober 1945; Thüringen am 27. Oktober 1945 – »Thüringer Volkszeitung« vom 31. Oktober 1945; Mecklenburg am 2. November 1945 – »Volkszeitung Schwerin« vom 3. November 1945.
238 Verordnung der Provinzverwaltung Brandenburg vom 17. Oktober 1945, a. a. O.
239 Vgl. hierzu auch Reuber/Skibbe, a. a. O., S. 23 ff.; Dölling, a. a. O., S. 165 f.; Kotow, a. a. O., Bd. I, S. 241 ff.; Stöckigt, Zum Kampf . . ., a. a. O., S. 153 ff.
240 Kuntsche, Die Unterstützung . . ., a. a. O., S. 154.
241 Monika Schwank/Franz Göttlicher: KPD und Bodenreform, in: »BzG«, 17. Jg. 1975, Heft 5, S. 853 (Dok. 2). Vgl. dazu auch die Hinweise bei Kuntsche, Die Unterstützung . . ., a. a. O., S. 153 und 157.
242 Schwank/Göttlicher, ebd., S. 855 (Dok. 3). Vgl. auch: Die Demokratische Bodenreform und der Beginn der sozialistischen Umgestaltung der Landwirtschaft auf dem Territorium des Bezirkes Dresden. Hrsg.: Bezirksleitung Dresden 1976, S. 45 (Dok. 14).
243 Schwank/Göttlicher, ebd.
244 »Deutsche Volkszeitung« vom 1. November 1945.
245 Vgl. Stöckigt, Der Kampf . . ., a. a. O., S. 218 f.
246 »Der Freie Bauer« Nr. 8 vom Dezember 1945. Vgl. auch: Aufruf des Blocks der antifaschistisch-demokratischen Parteien des Landes Sachsen vom 12. Dezember 1945 an die Bauern zur Bildung von Ausschüssen der gegenseitigen Bauernhilfe, in: Dokumente und Materialien zur Geschichte der Deutschen Arbeiterbewegung. Hrsg.: IML beim ZK der SED. Reihe III, Bd. 1 (Mai 1945–April 1946). Berlin (Ost) 1959, S. 330. Dort heißt es: »Jeder Alt- und Neubauer muß sich zur Mitarbeit in diesen Ausschüssen verpflichtet fühlen.«
247 Vgl. Schäwel, a. a. O., S. 108 (Anm. 1).
248 Stöckigt, Der Kampf . . ., a. a. O., S. 219.
249 Ebd.
250 Vgl. auch Kuntsche, der die Notwendigkeit des Auf- und Ausbaus der VdgB sowie die Wahl des Zeitpunktes hierfür folgendermaßen begründet: »Die konsequente Zuendeführung der sozialökonomischen Umgestaltung des Gutsdorfes, die Festigung und Sicherung der demokratischen Bodenreform, der Ausbau und die Weiterentwicklung der antifaschistisch-demokratischen Ordnung auf dem Lande, nicht zuletzt aber die mit dem Herannahen der Frühjahrsbestellung auftauchenden komplizierten Probleme verlangten zu Anfang des Jahres 1946 eine noch breitere und aktivere Mitarbeit der werktätigen Bauern und die Weiterentwicklung der Bauernhilfskomitees zur einheitlichen demokratischen Massenorganisation der Neu- und Altbauern.«
Siegfried Kuntsche: Der Kampf gegen die »Gemeinwirtschaft« der Neubauern, für die Auflösung des Gutsbetriebes und den Aufbau der Neubauernwirtschaften bei der demokratischen Bodenreform in Mecklenburg-Vorpommern, in: »Wissenschaftliche Zeitschrift der Universität Rostock«, 20. Jg. 1971, Heft 1/2, S. 49 (gesell.- und sprachw. Reihe).
251 Mit dieser Tagung begann die DVLF, so interpretieren es Stöckigt und Kuntsche, eine freilich erst im Laufe der Jahre 1946/47 voll wirksam werdende Rolle als maßgebendes staatliches Organ zur Koordinierung der Aufgaben der Land- und Forstwirtschaft in der SBZ zu spielen. Vgl. Stöckigt, Der Kampf . . ., a. a. O., S. 221; Kuntsche, Die Unterstützung . . ., a. a. O., S. 146 f.
252 Zur Berichterstattung dieser Tagung vgl. »Der Freie Bauer« Nr. 17 vom März 1946. Anwesend waren Vertreter der Landesbodenkommissionen, der vier Parteien, des FDGB

und »mehrere Vertreter« der SMAD, was, wie in der Berichterstattung hervorgehoben wird, die Bedeutung dieser Tagung besonders unterstrich.
253 Ebd., vgl. auch Stöckigt, Der Kampf . . ., a. a. O., S. 178.
254 Ebd.
255 Wortlaut des Statuts in: »Der Freie Bauer« Nr. 18 vom März 1946 sowie »Liberal-Demokratische Zeitung« (Halle/Saale) vom 20. März 1946. Die genaue Entstehungsgeschichte des Statutenentwurfs konnte nicht ermittelt werden. Der Präsident der DVLF und Leiter der Arbeitstagung, Edwin Hoernle, wies im Laufe der Erörterung dieses Statuts darauf hin, daß der Text erst kurz vor der Sitzung in aller Eile aus dem Russischen übersetzt werden mußte, und entschuldigte damit die sprachlichen Unebenheiten des Entwurfs.
Dieser Hinweis findet sich in der Protokollniederschrift des CDU-Agrarexperten Johannes Hummel, der als Vertreter seiner Partei dieser Sitzung beiwohnte. Vgl. Nachlaß Jakob Kaiser im Bundesarchiv Koblenz, Akte 53.
Ob es sich bei diesem Statutenentwurf um eine Erstübersetzung eines russischen Originals oder um eine Rückübersetzung eines vom ZK der KPD verfaßten Entwurfs handelte, der lediglich zu Korrigierungs- und Kontrollzwecken in die russische Sprache übersetzt worden war, ließ sich nicht ermitteln.
256 Wortlaut in: »Das Volk«, Beilage zur »Volkszeitung Schwerin« vom 18. Januar 1946 sowie Verordnungsblatt für die Provinz Sachsen vom 16. März 1946, S. 72 ff. In der Provinz Sachsen erfolgte die Veröffentlichung der DVLF-Mustersatzung demnach zu einem Zeitpunkt, zu dem diese bereits überholt war. Die Abteilung Bodenreform der DVLF war von der SMAD im November 1945 mit der Ausarbeitung dieses Entwurfs beauftragt worden. Vgl. Kuntsche, Die Unterstützung . . ., a. a. O., S. 146 f.
257 Vgl. Schwank/Göttlicher, a. a. O., S. 860 f. (Dok. 5).
258 Ebd.
259 Ebd.
260 Die gegenwärtigen Aufgaben der KPD auf dem Lande, Vortragsdisposition Nr. 8. Hrsg.: ZK der KPD. Berlin 1946, S. 15.
Unter anderem hatte das Zentralsekretariat kritisiert: »Nicht selten sind die Vereinigungen für gegenseitige Bauernhilfe nicht den Verordnungen entsprechend gewählt worden. So wurden sie manchmal durch die Bürgermeister zusammengesetzt, die die Mitglieder der Leitungen willkürlich ernannten. Manchmal sind die Vorsitzenden der Vereinigungen unsaubere, korrupte Elemente.« Ebd.
261 Vgl. Protokollniederschrift Johannes Hummel (CDU), in: Nachlaß Jakob Kaiser im Bundesarchiv Koblenz, Akte 53.
262 Vgl. »Volkszeitung Schwerin« vom 22. Februar 1946. Nelles zitiert ein Schreiben identischen Inhalts der Provinzverwaltung Brandenburg – vgl. Toni Nelles: Die Rolle der Volksmassen unter Führung der marxistisch-leninistischen Partei der Arbeiterklasse beim Aufbau der antifaschistisch-demokratischen Staatsmacht 1945 bis Mitte 1948. (Dargestellt am Beispiel des Landkreises Ostprignitz im ehemaligen Land Brandenburg) Diss. Institut für Gesellschaftswissenschaften beim ZK der SED. Berlin (Ost) o. J., S. 137.
263 Vgl. dazu Ausführungen in Kap. III/2.2.
264 Vgl. Kotow, a. a. O., Teil II, S. 47 sowie Stöckigt, Der Kampf . . ., a. a. O., S. 278.
265 »Die Welt« vom 12. April 1946; Stöckigt, Der Kampf . . ., a. a. O., S. 278.
266 Dies entspricht nahezu dem Mitgliederanteil beider Parteien in den Bodenreformkommissionen. – Die Bodenreformkommissionen auf Ortsebene, die, so sahen dies die Bodenreformverordnungen vor, auf »allgemeinen Versammlungen der Landarbeiter, landlosen Bauern und Bauern, die weniger als 5 Hektar Land besitzen, und der ansässigen Umsiedler« zu wählen waren, setzten sich aus 19 700 Landarbeitern und landlosen Bauern, 18 556 Kleinpächtern und landarmen Bauern, 6352 Umsiedlern und 7684 sonstigen Gruppen zusammen. Die KPD war in diesen Kommissionen stärkste politische Kraft. Sie stellte 23,9 %, die SPD 17,5 %, die bürgerlichen Parteien hingegen nur 1,9 % der Mitglieder. Der Rest, 56,7 %, entfiel auf parteilose Mitglieder. Zu den Angaben vgl. Ulbricht, Zur Geschichte . . ., a. a. O., Bd. I, 1. Halbband, S. 415.
267 In der Provinz Brandenburg z. B. gehörten von 251 Kreisausschußmitgliedern 45,3 % der KPD, 24,0 % der SPD, 2,4 % der CDU und 3,3 % der LDP an; 25 % waren parteilos. Vgl. Schulze, a. a. O., S. 92 (Anm. 48).

268 Vgl. Rundschreiben des ZK der KPD an die Bezirkssekretäre der KPD vom 15. Februar 1946, in: Schwank/Göttlicher, a. a. O., S. 860 f. (Dok. 5).
In einem Bericht der Kreisleitung Erfurt der KPD an die SMAD-Dienststelle in Weimar vom 1. Oktober 1945 heißt es: »Wir führten in 49 Orten Versammlungen durch, wo bäuerliche Komitees gebildet wurden [. . .]. Wir haben heute in unserem Kreis 65 Komitees zu verzeichnen, also faktisch in jedem Ort ein Komitee.« Zitiert nach Hans Gottwald: Die Entmachtung der Großgrundbesitzer und Naziaktivisten und die Herausbildung neuer Produktionsverhältnisse in der Landwirtschaft während der ersten Etappe der demokratischen Bodenreform im Herbst 1945 auf dem Territorium des heutigen Bezirks Erfurt. Diss. Halle (Saale) 1974, Dok. 12.
269 Vgl. auch Aufruf der Provinzleitungen der KPD und SPD vom 31. Januar 1946, in: Archivalische Quellen zur Geschichte der demokratischen Bodenreform im Lande Sachsen-Anhalt. Eine Auswahl aus Beständen des Staatsarchivs Magdeburg (veröffentlicht und eingeleitet von Gottfried Börnet und Rudolf Engelhardt), in: Jahrbuch für Regionalgeschichte, Jg. 1972, Bd. 4. Weimar 1972, S. 25 ff.
270 Vgl. Protokollniederschrift von Johannes Hummel (CDU), in: Nachlaß Jakob Kaiser im Bundesarchiv Koblenz, Akte 53.
271 Vgl. Stöckigt, Der Kampf . . ., a. a. O., S. 229.
272 Vgl. Aufruf des Blocks der antifaschistisch-demokratischen Parteien des Landes Sachsen vom 12. Dezember 1945 . . ., a. a. O.; Blockbeschluß der antifaschistisch-demokratischen Parteien der Provinz Sachsen-Anhalt vom 28. Januar 1945, in: »Volkszeitung Halle« (Saale) vom 30. Januar 1946; Aufruf des Landesblockausschusses in Mecklenburg und in Thüringen, in: »Volkszeitung Schwerin« vom 22. Februar 1946 und »Thüringer Volkszeitung« vom 23. Februar 1946.
273 Inwieweit das im März 1946 veröffentlichte Statut mit dem auf der Bodenreformarbeitstagung im Februar beschlossenen Entwurf übereinstimmt, konnte nicht ermittelt werden. In der Bauernzeitung »Der Freie Bauer« wurde es als zwischen den Parteien und Behörden vereinbarte »letzte Fassung« vorgestellt und den Landesverbandstagen der VdgB empfohlen, es zu »beraten, anzunehmen und notfalls örtlichen Bedürfnissen anzupassen«. Wortlaut der Satzung in: »Der Freie Bauer« Nr. 18 vom März 1946, S. 11.
274 Von 420 Wahlberechtigten wurden 311 gültige und 95 ungültige Stimmen abgegeben. Vgl. »Thüringer Volkszeitung« vom 20. März 1946.
Über die parteipolitische Zusammensetzung der VdgB-Landesausschüsse in den übrigen Ländern und Provinzen liegen keine Angaben vor. Die parteipolitischen Gewichte dürften jedoch ähnlich verteilt gewesen sein. In Mecklenburg bestand der Landesausschuß aus 25 Personen. Vgl. »Volkszeitung Schwerin« vom 18. März 1946; in Brandenburg umfaßte der Provinzausschuß 36 Personen. Vgl. Erster Provinz-Kongreß . . ., a. a. O., S. 79.
275 Vgl. »Thüringer Volkszeitung« vom 20. März 1946 und »Volkszeitung Schwerin« vom 18. März 1946.
276 Vgl. Erster Provinz-Kongreß . . ., a. a. O., S. 79.
277 Vgl. Protokoll über die 2. Sitzung des Agrarpolitischen Ausschusses der CDU vom 15. Juni 1946 in Berlin, in: Nachlaß Jakob Kaiser im Bundesarchiv Koblenz, Akte 53 sowie den Entschließungsantrag »Vereinigung der gegenseitigen Bauernhilfe« des Agrarpolitischen Ausschusses der CDU an den 1. Parteitag, in: Nachlaß Jakob Kaiser im Bundesarchiv Koblenz, Akte 257.
278 Vgl. Stellungnahme der CDU zur VdgB und zur Mitarbeit in der bäuerlichen Massenorganisation. Landesrundschreiben der CDU-Reichsgeschäftsstelle Nr. 3/47 vom 21. Januar 1947, in: Nachlaß Jakob Kaiser im Bundesarchiv Koblenz, Akte 53. Auszug in: Wernet, a. a. O., S. 252 f.; vgl. auch Landesrundschreiben Nr. 20/47 vom 4. März 1947 und Nr. 31/47 vom 10. Mai 1947, die zum Eintritt und zur Mitarbeit in der VdgB sowie zur Beteiligung an den VdgB-Organisationswahlen aufriefen, in: ebd. Die LDPD-Führung rief ihre Mitglieder ebenfalls auf, verstärkt Führungsaufgaben in der bäuerlichen Massenorganisation zu übernehmen. Vgl. »LDP-Informationen« Jg. 1947, Nr. 26 (1. Novemberheft), S. 12.
279 Vgl. z. B. Rudolf Stöckigt: Zum Kampf der SED um die Verstärkung des Bündnisses mit der Bauernschaft nach der demokratischen Bodenreform 1946–1949, in: »Dokumentation der Zeit«. Berlin (Ost) 1964, Sonderheft Bündnispolitik, S. 30 f.; Von der demokratischen . . ., a. a. O., S. 58 f.; Wolfgang Heyl: Zwanzig Jahre demokratische Bodenreform. Berlin (Ost)

1965, S. 33 ff.; Joachim Brebach/Hans Koch: Die erste Bewährung. Der CDU-Landesverband Mecklenburg in der demokratischen Bodenreform 1945/46. Berlin (Ost) 1972, S. 42.
280 Dies erfolgte erst mit dem im Juni 1947 vorgelegten Satzungsentwurf für die Landesverbände der VdgB. Wortlaut des Entwurfs in: »Der Freie Bauer« vom 15. Juni 1947.
281 Vgl. dazu Kap. III/4.
282 Arbeitsbericht der Vereinigung der gegenseitigen Bauernhilfe, Landesverband Thüringen 1945–1947. Erfurt 1948, S. 5. Vgl. auch Bericht des Kreisausschusses der VdgB Nordhausen (Thüringen) vom 15. Mai 1946, in: Bestand SPD-Archiv im AdsD, Bonn-Bad Godesberg, Akte 0 171.
283 Anton Jadasch sprach auf dem 1. Bauerntag von einer »zu engen Bindung« der VdgB an die Landwirtschaftsverwaltungen. Vgl. Rechenschaftsbericht des Generalsekretärs Anton Jadasch auf dem 1. Deutschen Bauerntag, in: Erster Deutscher . . ., a. a. O., S. 71; Edwin Hoernle kritisierte Tendenzen, die VdgB als »verlängerter Arm« der administrativen Organe zu betrachten, so Hoernle auf der Arbeitsbesprechung mit den Vorständen der VdgB-Landesverbände, zitiert nach: »Der Freie Bauer« vom 18. Mai 1947; vgl. auch Bericht über die Arbeitsbesprechung der Landesausschüsse der VdgB und der Verwaltung für Land- und Forstwirtschaft am 9./10. Mai 1946, in: »Neuer Weg«, 1. Jg. 1946, Heft 3, S. 9 ff. In dem Protokoll dieser Tagung heißt es u. a. »Auf der anderen Seite haben wir Schwierigkeiten mit den Verwaltungsbehörden, weil die [. . .] Landräte den Kreisausschuß nicht so arbeiten lassen, wie es angebracht wäre und wie es überhaupt Sinn der Bauernvereinigung ist.« Zitiert nach Woderich, Zu den Anfängen . . ., S. 141 (Anm. 84).
284 In einem Schreiben an das Zentralsekretariat der KPD vom 16. Dezember 1945 berichtet die Abteilung Land der KPD-Landesleitung Mecklenburg, daß die Kreisbauernkomitees faktisch der Abteilung Landwirtschaft der Kreisverwaltungen angegliedert sind. Vgl. Kuntsche, Der Kampf . . ., a. a. O., S. 48. Woderich bestätigt dies in Kenntnis verschiedener Tätigkeitsberichte von VdgB-Kreisausschüssen in Mecklenburg. So z. B. wurden die Arbeiten des Kreissekretariats in Rügen noch bis zum Beginn des Jahres 1947 von der Abteilung Bodenreform des Landratsamtes miterledigt, während der Kreisausschuß in Demmin erst im Jahre 1947 seine Bürogemeinschaft mit der Abteilung Bodenreform des dortigen Landratsamtes beenden konnte. Vgl. Woderich, Zu den Anfängen . . ., a. a. O., S. 141.
285 Vgl. Woderich, ebd.
286 Vgl. ebd., S. 143.
287 Jadasch (Rechenschaftsbericht), in: Erster Deutscher Bauerntag . . ., a. a. O., S. 71; vgl. auch Äußerungen Körtings in: ebd., S. 54.
288 Vgl. Anton Jadasch: Durchdachte Anträge für die Kreisverbandstage, in: »Der Freie Bauer« vom 1. Juni 1947.
289 Zu den Wahlergebnissen vgl. Kap. III/3.3.
290 Vgl. dazu die Berichterstattung in den Ausgaben der VdgB-Zeitung »Der Freie Bauer« vom 15. und 29. Juni sowie vom 13., 20. und 22. Juli 1947.
291 Wortlaut in: »Der Freie Bauer« vom 15. Juni 1947.
292 Vgl. Jadasch (Rechenschaftsbericht), in: Erster Deutscher Bauerntag . . ., a. a. O., S. 71.
293 Ebd.
294 Zur Berichterstattung siehe »Der Freie Bauer« Nr. 26 und 28 vom Mai 1946.
295 Zur Biographie siehe H. Weber: Die Wandlung des deutschen Kommunismus. Die Stalinisierung der KPD in der Weimarer Republik. Bd. 2. Frankfurt/Main 1969, S. 170; Geschichte der deutschen Arbeiterbewegung. Biographisches Lexikon. Hrsg.: Institut für Marxismus-Leninismus beim ZK der SED. Berlin (Ost) 1970, S. 227 f. sowie Kurzbiographie im Anhang.
296 Hans Warnke in seinem Diskussionsbeitrag auf dem 2. Parteitag der SED, in: Protokoll der Verhandlungen des 2. Parteitages . . ., a. a. O., S. 380.
297 Walter Ulbricht: Der demokratische Neuaufbau in Wirtschaft und Verwaltung, in: ebd., S. 312.
298 Vgl. dazu Kap. III/4.4.
299 Vgl. Christa Müller, a. a. O., S. 212 f. (Anm. 156).
300 Zitiert nach Christa Müller, ebd.
301 Vgl. »Die Ähre«, 1. Jg. 1947, Heft 7, S. 14.
302 Auszug des Aufrufs in: Wernet, a. a. O., S. 255.
303 Die Landesbauerntage fanden statt: Am 28. Oktober in Dresden (Sachsen), am 31. Oktober in Potsdam (Brandenburg), am 2. November in Schwerin (Mecklenburg) und am 12. Novem-

ber in Halle (Sachsen-Anhalt). Der Landesverband Thüringen kündigte für den 29. Oktober eine außerordentliche Delegiertenkonferenz an, diese fand vermutlich jedoch erst im November statt. Vgl. die Berichterstattung zu den Landesbauerntagen in: »Der Freie Bauer«, die Ausgaben vom 9., 16. und 23. November 1947.
304 Vgl. Erster Deutscher Bauerntag . . ., a. a. O., S. 99.
305 Ebd., S. 134.
306 Wortlaut in: ebd., S. 134 f.
307 Wortlaut in: ebd., S. 135 f.
308 Vgl. die Reden und Berichte von Otto Körting, Anton Jadasch und Kurt Vieweg sowie die Entschließung des Bauerntages, in: ebd., S. 29 ff., 69 ff., 84 ff. und 131 ff.
309 Ebd., S. 11. Auszug in: Wernet, a. a. O., S. 254 f.
310 Ebd.
311 Vgl. Körting in: ebd., S. 29 ff.
312 Ebd., S. 110.
313 Ebd., S. 131. Weitere 5 Mitglieder wurden in den Vorstand gewählt. Vgl. auch die Ausführungen in Kap. III/3.2.2. Zu den biographischen Daten von Körting, Lotz, Wehmer und Vieweg siehe Anhang.
314 Die Satzung wurde mit einer Gegenstimme angenommen. Vgl. ebd., S. 109. Wortlaut der Satzung in: ebd., S. 136 ff.
315 Bericht der Redaktionskommission in: ebd., S. 98. Vgl. auch das Referat Viewegs in: ebd., S. 84.
316 Vgl. Bericht der Redaktionskommission in: ebd., S. 99 sowie S. 109. Auf dem erst 1949 abgehaltenen 2. Deutschen Bauerntag wurden nur die zur »besseren Durchführung der Arbeit oder aus veränderten Verhältnissen« notwendig gewordenen Abänderungsvorschläge in der Satzung berücksichtigt. Vgl. Kurt Vieweg: Die Tätigkeit und die künftigen Aufgaben der VdgB (Referat), in: Der Aufstieg der Landwirtschaft in der Ostzone. Hrsg.: ZVdgB. Berlin (Ost) 1949, S. 39.
317 Vgl. § 5/III, Ziff. 1, a–f; Ziff. 4, f–l und § 5/IV der Satzung von 1947.
318 Zusammengestellt nach: Statistische Berichte der Vereinigung der gegenseitigen Bauernhilfe. Bericht Nr. 9 vom 4. November 1947. Berlin 1947, S. 5; Bericht der Zentralvereinigung der gegenseitigen Bauernhilfe zum 2. Deutschen Bauerntag, 23.–24. Juni 1949 in Berlin. Berlin 1949, S. 15. Stöckigt, Der Kampf, a. a. O., S. 277 f.
319 In aller Deutlichkeit erstmals formuliert hat Ulbricht diese Doppelaufgabe in seiner Rede auf der 11. Tagung des Parteivorstandes der SED am 29./30. Juni 1948. Walter Ulbricht: Planmäßige Wirtschaft sichert die Zukunft des deutschen Volkes, in: Der Deutsche Zweijahrplan für 1949–1950. Berlin 1948, S. 28 ff. Vgl. auch Diskussionsrede von Edwin Hoernle in: Ebd., S. 66 ff. Zur Konkretisierung dieser Forderungen vgl. vor allem den Artikel von Paul Merker: Der Klassenkampf im Dorfe, in: »Einheit«, 3. Jg. 1948, Heft 11, S. 1019 ff. sowie Protokoll der 1. Parteikonferenz der Sozialistischen Einheitspartei Deutschlands, 25.–28. Januar 1949 in Berlin. Berlin (Ost) 1949, S. 213 ff.
320 Ulbricht, Planmäßige Wirtschaft . . ., a. a. O., S. 31. Zur Begründung vgl. Ulbricht, Die Bauernbefreiung . . ., a. a. O., S. 166 (Rede vom 21. Juli 1948 vor der DWK).
321 »Der Freie Bauer« vom 8. August 1948.
322 Vgl. Großbauern und Spekulanten in der VdgB, in: »Neuer Weg«, 3. Jg. 1948, Heft 9, Rudolf Reutter: Beispiele des Klassenkampfes im Dorfe, in: »Neuer Weg«, 3. Jg., 1948, Heft 11, S. 12 f.; Stärkung der VdgB ist Aufgabe unserer Partei, in: »Neuer Weg«, 3. Jg. 1948, Heft 12, S. 15; Die vier Aufgaben der Parteidiskussion, in: »Neuer Kurs«, 3. Jg. 1948, Heft 7, S. 4; Entschließung der Landesdelegiertenkonferenz der SED vom 8. und 9. Dezember 1948 in Jena, in: Beiträge zur Geschichte Thüringens. Dokumente und Materialien zur Geschichte der Arbeiterbewegung in Thüringen 1945–1950. Hrsg.: SED-Bezirksleitung Erfurt u. a., Erfurt 1969, S. 326.
323 Vgl. Kurt Vieweg: Fehler und Schwächen unserer Arbeit, in: »Der Freie Bauer« vom 11. November 1948. Auszug in: Wernet, a. a. O., S. 262 ff.
324 Vgl. dazu Kap. III/3.3.
325 Vgl. Vieweg, Fehler . . ., a. a. O.
326 Vgl. Brief der SMAD vom 31. Dezember 1948 an das Zentralsekretariat der VdgB. Abdruck in: Weißleder, a. a. O., Anlage 7; wiedergegeben in: Wernet, a. a. O., S. 264 f.

327 Vgl. Kurt Bacher: Bessere Organisationsarbeit ist notwendig, in: »Die Ähre«, 3. Jg. 1949, Heft 6, S. 3.
328 Zu den Maßnahmen im einzelnen vgl. ebd. Durch Hauptvorstand und -ausschuß sanktioniert wurden sie bis Ende 1949 – entsprechende Beschlüsse in: »Die Ähre«, 3. Jg. 1949, Heft 6, S. 20; Heft 9, S. 20; Heft 10, S. 20; Heft 11, S. 20. Vgl. auch Beschluß des 2. Bauerntages über Satzungsänderungen in: »Die Ähre«, 3. Jg. 1949, Heft 7, S. 20. Ausführungen zu den organisatorischen Maßnahmen im einzelnen in Kap. III/3.2.
329 Vgl. Beschluß der 16. (30.) Tagung des Parteivorstandes der SED am 24. Januar 1949 über innerparteiliche Maßnahmen, in: Protokoll der 1. Parteikonferenz . . ., a. a. O., S. 545 ff.
330 Zur Mitgliederentwicklung von 1946 bis 1949 vgl. Tab. 6. Die Mitgliederzahl zum 1. März 1946 wurde entnommen aus: Kotow, a. a. O., Teil II, S. 47.
331 Vgl. ebd.
332 Vgl. Kurt Bacher: 600 000 – Mitglieder! In: »Die Ähre«, 3. Jg. 1949, Heft 9, S. 7.
333 Vgl. »Die Ähre«, 3. Jg. 1949, Heft 11, S. 13 und 4. Jg. 1950, Heft 1, S. 20.
334 Vgl. Tab. 7 sowie Stöckigt. Der Kampf . . ., a. a. O., S. 278.
335 Vgl. hierzu die nach Landesverbänden differenzierte Darstellung bei Stöckigt, Der Kampf . . ., a. a. O., S. 277 f. sowie Tab. 8.
336 Grotewohl drückte dies auf dem 2. Parteitag der SED so aus: »Die Bauern beginnen, ihren wirtschaftlichen und politischen Vorteil durch die Mitgliedschaft in der Vereinigung der gegenseitigen Bauernhilfe zu begreifen.« – Protokoll der Verhandlungen des 2. Parteitages . . ., a. a. O., S. 276.
337 Vgl. Tab. 7.
338 Diese Angabe bezieht sich auf den Stand vom Dezember 1948. Vgl. Barthelmann, a. a. O., S. 93.
339 Diese Angabe bezieht sich auf den 1. April 1949. Vgl. Tab. 7.
340 Zusammengestellt nach: Bericht des Parteivortandes der Sozialistischen . . ., a. a. O., S. 149; Statistische Berichte . . ., a. a. O., S. 5 ff.; Arbeitsbericht der Vereinigung . . ., a. a. O., S. 7 ff. Erster Deutscher Bauerntag . . ., a. a. O., S. 72; »Die Ähre«, 1. Jg. 1947, Heft 4, S. 13; Heft 8/9, S. 28; 2. Jg. 1948, Heft 8, S. 15 und Heft 9, S. 7; Bericht der Zentralvereinigung . . ., a. a. O., S. 14 ff.; »Bauern-Echo« vom 14. Januar 1949; »Der Freie Bauer« vom 24. April 1949. Stökkigt, Der Kampf . . ., a. a. O., S. 277 f.
341 Zusammengestellt nach: Bericht der Zentralvereinigung . . ., a. a. O., S. 16.
342 Zu den Angaben vgl. Kotow, a. a. O., Teil II, S. 47. Der Autor gibt nicht an welches Zahlenmaterial er zugrunde legt.
343 Organisationsgrad der SED-Bauern in VdgB errechnet nach Tab. 4 in: Weber, Parteiensystem . . ., a. a. O., S. 516. Zum Anteil der SED-Bauern in der VdgB vgl. Tab. 9.
344 Vgl. Kap. III/3.3.
345 Vgl. hierzu die Ausführungen in Kap. III/2.1 insb. Anm. 278.
346 Organisationsgrad der CDU- und LDP-Bauern errechnet nach Tab. 1, 5, 8, und 10 in: Weber: Parteiensystem, a. a. O., S. 513 ff. Zur Vertretung von CDU und LDP in der VdgB vgl. Tab. 8.
347 Vgl. Weber, Parteiensystem . . ., a. a. O., S. 521 (Tab. 13).
348 Beschluß der Satzungsänderung, in: »Die Ähre«, 3. Jg. 1949, Heft 7, S. 20.
349 Vgl. Bericht der Zentralvereinigung . . ., a. a. O., S. 16.
350 Errechnet nach Stöckigt, Der Kampf . . ., a. a. O., S. 278.
351 Vgl. § 5 I, Ziff. 4 der Satzung von 1947.
352 Vgl. ebd.
353 Auf dem 1. Deutschen Bauerntag stimmten zwei Delegierte aus dem Kreisverband Demmin gegen die Wahlliste, weil ihre Personalvorschläge von der Mecklenburger Verbandsleitung nicht berücksichtigt worden waren. Vgl. Erster Deutscher Bauerntag . . ., a. a. O., S. 110.
354 Vgl. § I, Ziff. 3 und 4.
355 Vgl. »Die Ähre«, 3. Jg. 1949, Heft 7, S. 20; Im Statut der VdgB (BHG) von 1951 waren Hauptverbandstage »in der Regel alle zwei Jahre« vorgesehen. In der Praxis wurde daraus ein dreijähriger Turnus. Vgl. Statut der VdgB (BHG), o. O. (Berlin) o. J. (1952).
356 Vgl. Erster Deutscher Bauerntag . . ., a. a. O., S. 99 f.; »Der Freie Bauer« vom 19. Juni 1949 sowie »Die Ähre«, 3. Jg. 1949, Heft 7, S. 20.
357 Vgl. § 5 I, Ziff. 2.

358 Vgl. Beschluß des Vorstandes zu den VdgB-Wahlen vom 5. Februar 1949, in: »Die Ähre«, 3. Jg. 1949, Heft 2, S. 1.
359 Vgl. § 5 III, Ziff. 4 der Satzung von 1947.
360 Vgl. ebd.
361 Vgl. Erster Deutscher Bauerntag . . ., a. a. O., S. 132; »Die Ähre«, 3. Jg. 1949, Heft 7, S. 20.
362 Errechnet nach ebd. und den Personalstrukturen der Landesleitungen.
363 Vgl. § 5 III, Ziff. 4 der Satzung von 1947.
364 Vgl. ebd. Das Deutsche Bauernsekretariat umfaßte zum 31. Dezember 1948 104 Angestellte, darunter 4 Hauptabteilungsleiter, 22 Hauptreferenten und Referenten sowie 18 Sachbearbeiter. Vgl. Bericht der Zentralvereinigung . . ., a. a. O., S. 17.
365 Vgl. § 5 IV, Ziff. 5 und § 6 Ziff. 4 der Satzung von 1947.
366 Auf dem 1. Bauerntag wurden Anton Jadasch und Rudolf Albrecht als geschäftsführende Vorstandsmitglieder gewählt. Vgl. Erster Deutscher Bauerntag . . ., a. a. O., S. 131.
367 Vgl. Bacher, a. a. O., entsprechender Beschluß des Zentralvorstandes in: »Die Ähre«, 3. Jg. 1949, Heft 6, S. 20.
368 Entnommen aus: Statistische Berichte der Vereinigung . . ., a. a. O.
369 Beschluß über die Satzungsänderung in: »Die Ähre«, 3. Jg. 1949, Heft 7, S. 20.
370 Vorstandsliste wurde zusammengestellt nach: Erster Deutscher Bauerntag . . ., a. a. O., S. 132, und »Die Ähre«, 3. Jg. 1949, Heft 7, S. 20. Zu diesen Personen siehe Kurzbiographie im Anhang.
371 Vgl. Stern, a. a. O., S. 58.
372 Vgl. die Kurzbiographien von Rudolf Albrecht, Gerda Bauer, Walter Biering und Georg Lotz im Anhang.
373 Der Hauptausschuß bestätigte die Beschlüsse des Vorstandes nachträglich auf seiner Sitzung am 9. März 1950. Vgl. »Der Freie Bauer« vom 10. März 1950.
374 Vgl. Entschließung des Hauptausschusses vom 11./12. Juli 1950, in: »Der Freie Bauer« vom 23. Juli 1950.
375 Vgl. Bericht der Zentralvereinigung . . ., a. a. O., S. 11.
376 »Der Freie Bauer« vom 10. März 1950.
377 Vgl. § 5 III, Ziff. 3 der Satzung von 1947.
378 Vgl. ebd.
379 Vgl. ebd.
380 Vgl. ebd. sowie § 5 IV, Ziff. 5.
381 Vgl. hierzu die Organisationsstruktur der Sekretariate einzelner Landesverbände für Ende 1947: Im Landesverband Brandenburg bestand das Sekretariat aus 8 Abteilungen und 14 Sachgebieten, im Thüringer Landesverband aus 5 Abteilungen und 16 Sachgebieten und im Landesverband Sachsen-Anhalt aus 7 Abteilungen und 20 Sachgebieten. – Vgl. »Die Ähre«, 1. Jg. 1947, Heft 2, S. 7 f.; Heft 3, S. 8; Heft 4, S. 14.
382 Zum Personalstand der Landessekretariate 1947 und 1948 siehe folgende Tab., die zusammengestellt wurde nach: Statistische Berichte . . ., a. a. O., S. 4, und Bericht der Zentralvereinigung . . ., a. a. O., S. 16.

Landessekretariate	1. Oktober 1947	31. Dezember 1948
Mecklenburg	12	47
Brandenburg	50	62
Sachsen	36	61
Thüringen	70	86
Sachsen-Anhalt	90	107
Σ	258	363

383 Vgl. Bacher, a. a. O. sowie entsprechender Beschluß des Vorstandes, in: »Die Ähre«, 3. Jg. 1949, Heft 6, S. 20.
384 Reutter, Was will . . ., a. a. O., S. 22.
385 Vgl. § 5 III, Ziff. 2 der Satzung von 1947.
386 Vgl. ebd.
387 Vgl. ebd. sowie § 6, Ziff. 2.

388 Zusammengestellt nach: Statistische Berichte . . ., a. a. O., S. 4 und Bericht der Zentralvereinigung . . ., a. a. O., S. 16.
389 Vgl. § 6, Ziff. 2 der Satzung von 1947.
390 Vgl. Tab. 10.
391 Vgl. dazu Bacher, a. a. O.
392 »Der Freie Bauer« vom 16. Juli 1950.
393 Vgl. Körting, in: Erster Deutscher Bauerntag . . ., a. a. O., S. 43. Anton Jadasch hatte bereits im Mai 1947 für die Bildung von »Arbeitsgebietsgruppen« zur Entlastung der Kreissekretariate plädiert. Vgl. Anton Jadasch: Wie muß sich unsere VdgB finanzieren?, in: »Der Freie Bauer« vom 18. Mai 1947.
394 Körting, in: Erster Deutscher Bauerntag . . ., a. a. O., S. 44.
395 Vgl. ebd. sowie P. Hinneburg: Wie arbeitet der gute Kreissekretär, in: »Die Ähre«, 2. Jg. 1948, Heft 3, S. 8.
396 Vgl. »Der Freie Bauer« vom 27. Juni 1948.
397 Ebd.
398 Vgl. »Der Freie Bauer« vom 14. November 1948.
399 Vgl. Referat Viewegs auf dem 2. Bauerntag, in: Der Aufstieg . . ., a. a. O., S. 40 f. sowie Entschließung des 2. Bauerntags, in: ebd., S. 75.
400 Vgl. § 5 III, Ziff. 1 der Satzung von 1947.
401 Vgl. ebd. Zur Aufgabenverteilung im Vorstand vgl. Georg Lotz: VdgB-Wahlen sind demokratische Wahlen, in: »Der Freie Bauer« vom 18. Mai 1947.
402 Vgl. § 5 III, Ziff. 1 der Satzung von 1947. Zum Inhalt der Arbeitspläne vgl. Anton Jadasch: Unsere Wahlen, in: »Der Freie Bauer« vom 11. Mai 1947 sowie Bruno Skibbe: Der Arbeitsplan der Orts-VdgB, in: »Der Freie Bauer« vom 18. Mai 1947. Zum Inhalt der Jahresberichte siehe: Instruktionen zur Ausfüllung des Formblattes für den Jahresrechenschaftsbericht der Ortsvereinigung der gegenseitigen Bauernhilfe, in: »Die Ähre«, 2. Jg. 1948, Beilage zu Heft 7.
403 Vgl. § 5 III, Ziff. 1 der Satzung von 1947.
404 Im Jahre 1948 wurden pro Ortsvereinigung lediglich ein bis zwei Generalversammlungen durchgeführt. Vgl. Bericht der Zentralvereinigung . . ., a. a. O., S. 14.
405 Vgl. § 5 I, Ziff. 1–3 der Satzung von 1947.
406 Vgl. Wahlinstruktionen und Richtlinien zur Durchführung der Wahlen der Zentralvereinigung, in: »Der Freie Bauer« vom 20. Oktober 1948 und 6. Februar 1949. Vgl. auch: Harry Schmelzer: Wie führen wir unsere Generalversammlungen durch?, in: »Der Freie Bauer« vom 13. Februar 1949; ders.: Wie führen wir unsere Kreisdelegiertenversammlungen durch?, in: »Der Freie Bauer« vom 13. März 1949; Ernst Hansch: Vorbereitung der Landesbauerntage, in: »Der Freie Bauer« vom 3. April 1949.
407 Vgl. Schmelzer, a. a. O.
408 Auf den Landesbauerntagen 1947 wurden Resolutionen zur Londoner Konferenz und zur Einheit Deutschlands und auf den Landesbauerntagen 1949 Resolutionen zum 3. Deutschen Volkskongreß verabschiedet.
409 Nach Angaben des Vorstandes gaben anläßlich der Verbandswahlen 1949 82 % der Mitglieder in den Generalversammlungen ihre Stimme ab. Vgl. Bericht der Zentralvereinigung . . ., a. a. O., S. 12.
410 Kotow, a. a. O., Teil II, S. 53.
411 Vgl. Tab. 11.
412 Vgl. »Der Abend« vom 16. Dezember 1948.
413 Vgl. Tab. 11.
414 Mit Blick auf die VdgB-Organisationswahlen im Frühsommer 1947 initiierte die SED in den Dörfern die Bildung sogenannter »Bauernaktivs«. Diese aus den »aktivsten« SED-Bauern zusammengesetzten Organe wurden nicht nur agitatorisch-propagandistisch tätig, sondern versuchten auch, Aufstellung und Wahl von Kandidaten der bürgerlichen Parteien zu verhindern. Vgl. Woderich, Zu den Anfängen . . ., a. a. O., S. 171; Bruno Bibach: Schafft Bauernaktivs im Dorfe!, in: »Neuer Weg«, 2. Jg. 1947, Heft 5, S. 5 f.; Die CDU berichtete auch von Vorfällen, daß bei den Wahlen 1949 in »nicht wenigen Orten«, in denen bürgerliche Bewerber kandidierten, diese von SED-Ausschüssen auf ihre politisch-ideologische Zuverlässigkeit überprüft wurden. Vgl. »Union teilt mit«, 3. Jg. 1949, Nr. 2, S. 11.

415 Zu den Zahlenangaben vgl. Tab. 11.
416 Vgl. ebd.
417 Zusammengestellt nach: Bericht des 2. Parteitages . . ., a. a. O., S. 150; Bericht der Zentralvereinigung . . ., a. a. O., S. 13; Kotow, a. a. O., Teil II, S. 53; Christa Müller, a. a. O., S. 99.
418 Ernst Hansch: Sieg der werktätigen Bauern, in: »Die Ähre«, 3. Jg. 1949, Heft 4, S. 1.
419 Als erster Landesverband nahm Sachsen-Anhalt den Lehrbetrieb auf. Es folgten die Landesverbände Thüringen (Gutmannshausen bei Weimar), Brandenburg (Reinsdorf, Kreis Jüterbog), Sachsen (Mischütz, Kreis Döbeln) und Mecklenburg (Schöninsel, Kreis Güstrow). Vgl. »Die Ähre«, 1. Jg. 1947, Hefte 4, 6 und 10, S. 9, 1 und 14.
420 Vgl. Bericht der Zentralvereinigung . . ., a. a. O., S. 17.
421 Vgl. Erfolgreiche Schulungsarbeit überwindet unseren Mangel an Funktionären, in: »Die Ähre«, 2. Jg. 1948, Heft 6, S. 5; Bericht der Zentralvereinigung . . ., a. a. O., S. 17.
422 Vgl. Erster Deutscher Bauerntag . . ., a. a. O., S. 80; »Die Ähre«, 1. Jg. 1947, Heft 4, S. 9.
423 Vgl. Erster Deutscher Bauerntag . . ., a. a. O., S. 81; »Die Ähre«, 2. Jg. 1948, Heft 6, S. 5.
424 Vgl. Bacher, a. a. O.; Bericht der Zentralvereinigung . . ., a. a. O., S. 18.
425 Vgl. Erster Deutscher Bauerntag . . ., a. a. O., S. 88.
426 Vgl. Erfolgreiche Schulungsarbeit . . ., a. a. O., »Der Kurier« vom 20. März 1948.
427 Vgl. »Bauern-Echo« vom 24. Dezember 1948.
428 Vgl. »Die Ähre«, 2. Jg. 1948, Heft 12, S. 16.
429 Vgl. Bericht der Zentralvereinigung . . ., a. a. O., S. 18 sowie »Der Freie Bauer« vom 11. September 1949.
430 Vgl. Bacher, a. a. O.
431 Bericht der Zentralvereinigung . . ., a. a. O., S. 18.
432 Vgl. Anton Jadasch: Wie muß sich unsere VdgB finanzieren, in: »Der Freie Bauer« vom 18. Mai 1947.
433 Vgl. § 3 der Satzung von 1947.
434 Die VdgB hatte bezüglich der Mitgliederbeiträge hohe Außenstände. Vgl. Brief der SMAD vom 31. Dezember 1948 an das Zentralsekretariat der VdgB, wiedergegeben in: Wernet, a. a. O., 264 f.
435 Vgl. »Die Ähre«, 3. Jg. 1949, Heft 6, S. 20.
436 Vgl. »Der Freie Bauer« vom 1. Januar 1950.
437 Die Tatsache, daß die der VdgB im Zuge der Bodenreform überlassenen Betriebe zum größten Teil privat verpachtet wurden, kann als Indiz dafür gewertet werden, daß die Nebenbetriebe für die Bauernorganisation eher eine finanzielle Belastung darstellten. Kotow stellt hierzu fest, daß die Ausnutzung der an die VdgB übergebenen Werkstätten und Verarbeitungsbetriebe die »allerschwächste Stelle in der wirtschaftlichen Tätigkeit der VdgB« war. Von den ihr übergebenen 2387 Werkstätten nutzte die VdgB Anfang 1949 selbst nur 561 und von den 1700 Verarbeitungsbetrieben lediglich 868. Die übrigen Einrichtungen waren verpachtet. Vgl. Kotow, a. a. O., Teil II, S. 51.
438 Vgl. Jadasch, Wie muß . . ., a. a. O.
439 Brief der SMAD an das Sekretariat des Zentralvorstandes der VdgB vom 31. Dezember 1948, wiedergegeben in: Wernet, a. a. O., S. 264 f.
440 Vgl. Bacher, a. a. O. Der Hauptausschuß billigte am 2. November 1948 den vom Vorstand vorgelegten Nachtragshaushalt, der eine Reduktion des Personalbestandes um 10 % vorsah. Vgl. »Die Ähre«, 2. Jg. 1948, Heft 12, S. 16.
441 Nach einem Bericht vom 20. Mai 1949 – Bestand Telegraf Archiv, im AdsD der Friedrich-Ebert-Stiftung, Bonn-Bad Godesberg.
442 Vgl. IWE-Mitteilungen vom 5. Juli 1958.
443 Die Verschuldung der VdgB soll schon Ende 1954 125 Mio. Mark betragen haben. Vgl. ebd.
444 Ab März 1946, mit der Ausgabe Nr. 21, nannte sich die Zeitung im Untertitel: Publikationsorgan der Deutschen Verwaltung für Land- und Forstwirtschaft und der Vereinigung der gegenseitigen Bauernhilfe. Ab Januar 1947 hieß es im Untertitel dann: Organ der Vereinigung der gegenseitigen Bauernhilfe und Publikationsorgan der Deutschen Verwaltung für Land- und Forstwirtschaft. Ab 27. März 1949 war sie zugleich auch Organ des Zentralverbandes der landwirtschaftlichen Genossenschaften Deutschlands und der Zentralen Verwaltung der MAS. In der Folgezeit änderte sie mehrmals ihren Untertitel.
445 Walter Plitt: Unsere Zeitung, in: »Die Ähre«, 2. Jg. 1948, Heft 10, S. 12.

446 In »Die Ähre«, 1. Jg. 1947, Heft 8–9, S. 28 wird die Auflage mit »rund 900 000« beziffert, im Protokoll des Ersten Deutschen Bauerntages (S. 81) ist die Rede von »rund einer Million«, ebenso im Bericht der Zentralvereinigung . . ., a. a. O., S. 18.
447 Vgl. Die Presse der Sowjetischen Besatzungszone. Hrsg.: Parteivorstand der SPD (= Sopade-Informationsdienst, Denkschriften, 54). Bonn 1954, S. 116.
448 Vgl. ebd.
449 Vgl. ebd. Die VdgB konnte den vertraglich mit dem Bauernverlag vereinbarten Zuschußanteil für die VdgB-Zeitung offenbar nicht mehr aufbringen.
450 Vgl. Kurzbiographie im Anhang.
451 Vgl. Kurzbiographie im Anhang.
452 Vgl. »Der Freie Bauer« vom 22. Juni 1947. Walter Plitt kündigte Ende 1948 an, die Tätigkeit der Redaktionsbeiräte weitgehend auf die kontrollierende Funktion zu beschränken. Plitt, a. a. O., S. 12 ff.
453 Vgl. Erster Deutscher Bauerntag . . ., a. a. O., S. 81. Dort heißt es: »Allein aus den westlichen Zonen liegen Bestellungen auf etwa 500 000 Exemplare vor, von denen jedoch nur 100 000 geliefert werden können.«
454 Vgl. Die Presse . . ., a. a. O., S. 117.
455 Vgl. ebd.
456 Das zonale Bauernsekretariat hatte bereits im Dezember 1946 die Herausgabe einer Monatszeitschrift angeregt. Die Presse- und Informationsabteilungen in den Provinzial- bzw. Landesverbänden waren zu diesem Zeitpunkt jedoch noch im Aufbau begriffen. Vgl. »Der Freie Bauer« vom 15. Dezember 1946 sowie Erster Deutscher Bauerntag . . ., a. a. O., S. 73.
457 Vgl. ebd., S. 82.
458 Vgl. Bericht der Zentralvereinigung . . ., a. a. O., S. 18.
459 Am 9. März faßte der Hauptausschuß einen Beschluß, der die Mitglieder der Leitungsorgane sowie die hauptamtlichen Funktionäre und Angestellten aller Organisationseinheiten verpflichtete, die Funktionärszeitschrift im Abonnement auf eigene Rechnung zu beziehen. Vgl. »Die Ähre«, 4. Jg. 1950, Heft 4, S. 20.
460 Zur Vorgeschichte vgl. Manfred Koch: Zwischen Repräsentation und Massenmobilisierung. Zur Entstehung und Funktion der »Beratenden Versammlungen« in der SBZ im Jahre 1946, in: Studien und Materialien . . ., a. a. O., S. 31 ff.
461 Vgl. ebd. sowie Bericht des Parteivorstandes . . ., a. a. O., S. 166 f.; Helene Fiedler: SED und Staatsmacht. Zur staatspolitischen Konzeption und Tätigkeit der SED 1946–1948. Berlin (Ost) 1974, S. 47 f.
462 Hugo Otto Zimmer: Beratende Versammlungen, in: »Neuer Weg«, 1. Jg. 1946, Heft 4, S. 18.
463 Vgl. Beschluß des Parteivorstandes der SED vom 14. Mai 1946, in: Dokumente der SED, a. a. O., Bd. 1, S. 40.
464 Auf der 15. Sitzung des Blocks, am 29. Mai 1946, traten die Vertreter der bürgerlichen Parteien gegen die Einbeziehung der gesellschaftlichen Organisationen in die Beratenden Versammlungen auf. Wie grundsätzlich verschieden die Meinung zwischen SED einerseits, CDU und LDP andererseits war, läßt sich daran ablesen, daß zur Klärung dieser Frage eigens eine Kommission gebildet wurde, der jeweils zwei Mitglieder der Parteien angehörten. Vgl. Niederschrift über die 15. Sitzung des Gemeinsamen Ausschusses der Einheitsfront der antifaschistisch-demokratischen Parteien Deutschlands am 29. Mai 1946, in: Siegfried Suckut: Zur Praxis der Blockpolitik in der sowjetisch besetzten Zone Deutschlands (1945–1949). Analyse und Dokumentation. Ein Beitrag zur Parteiengeschichte in der SBZ/DDR (Arbeitstitel). Unveröffentlichtes Manuskript; zur Haltung der Parteien vgl. auch Fiedler, a. a. O., S. 51 f., sowie Koch, Zwischen Repräsentation . . ., a. a. O., S. 33 ff.
465 In Thüringen am 24. Juni, in Sachsen am 25. Juni, in Mecklenburg am 29. Juni, in Brandenburg am 4. Juli und in Sachsen-Anhalt am 15. Juli 1946.
466 Die Verordnungen ergingen in Sachsen am 13. Mai, in Mecklenburg am 5. Juni, in Thüringen am 12. Juni, in Sachsen-Anhalt am 17. Juni und in Brandenburg am 13. Juni 1946. Vgl. stellvertretend die Verordnungen der Landesverwaltung Mecklenburg in: Amtsblatt der Landesverwaltung Mecklenburg-Vorpommern, 1. Jg. 1946, S. 72.
467 Vgl. Fiedler, a. a. O., S. 49.
468 Vgl. Übersicht bei Koch, Zwischen Repräsentation . . ., a. a. O., S. 38.
469 Vgl. Werner Künzel: Die Beratenden Versammlungen bei den Landes- und Provinzverwal-

tungen der sowjetischen Besatzungszone (1946), in: »Staat und Recht«, 22. Jg. 1976, Heft 6, S. 956.
470 Zu dieser Meinung auch Koch, Zwischen Repräsentation . . ., a. a. O., S. 46 ff. Künzel bemerkt: »[. . .] in den Beratenden Versammlungen konnten die demokratischen Kräfte, insbesondere die Vertreter der Arbeiterklasse, Erfahrungen für die Machtausübung durch gewählte Volksvertreter und bei der Überwindung bürgerlicher Struktur- und Arbeitsformen, die – angesichts der mangelnden Erfahrung eines großen Teils der Arbeiterklasse und auch ihrer Verbündeten – in der Tätigkeit der Beratenden Versammlungen noch eine Rolle spielten, sammeln« – Künzel, a. a. O., S. 960.
471 Woderich stellt in seiner Untersuchung fest, daß in den Kreisen Neubrandenburg und Neustrelitz jegliche Spuren fehlen, die auf die Existenz von Beratenden Versammlungen in den ländlichen Gemeinden schließen lassen, und nennt als Grund für deren Nicht-Existenz die wenig ausgeprägte Entwicklung der Parteien und Massenorganisationen auf dem Lande. Vgl. Woderich, Zu den Anfängen . . ., a. a. O., S. 109 f. Inwieweit die von Woderich getroffene Feststellung auch für andere Kreise und Gebiete der SBZ Gültigkeit besitzt, konnte nicht ermittelt werden.
472 Ebd., S. 110.
473 Der Landtag Brandenburg beschloß auf seiner Sitzung am 31. Januar 1947 als erstes Landesparlament eine gesetzliche Regelung zur Bildung und Tätigkeit der »Beiräte für Landwirtschaft und Ernährung« auf Landes-, Kreis- und Ortsebene. Die Beiräte setzten sich aus je einem Vertreter der Parteien, des VdgB und des FDGB zusammen. Der Ernährungsausschuß auf Landesebene nahm im März 1947 seine Tätigkeit auf, die Ausschüsse auf Kreis- und Gemeindeebene bildeten sich in den Monaten Juni/Juli 1947. Vgl. »Der Freie Bauer« vom 9. Februar, 16. März und 29. Juni 1947.
474 Anton Jadasch: Landwirtschaftliche Beiräte, in: »Demokratischer Aufbau«, 2. Jg. 1947, Heft 11, S. 336.
475 Ulbricht, in: Protokoll der Verhandlungen des 2. Parteitages . . ., a. a. O., S. 339.
476 Zu den Aufgaben dieser Ausschüsse vgl. ebd., S. 318; Jadasch, Landwirtschaftliche Beiräte, a. a. O.
477 Vgl. Wahlordnung für die Gemeindewahlen in der sowjetischen Besatzungszone Deutschlands (§ 28), in: »Demokratischer Aufbau«, 1. Jg. 1946, Heft 4 (Juli), S. 122 ff.; Wahlordnung für die Landtags- und Kreistagswahlen in der sowjetischen Besatzungszone Deutschlands (§ 36), in: Handbuch des Landtages Sachsen-Anhalt, Halle (Saale) 1947, S. 57.
478 An den Gemeindewahlen beteiligten sich neben der VdgB noch die Frauenausschüsse, in lokal begrenzten Gebieten auch die FDJ und der FDGB. Bei den Landtagswahlen kandidierten die Frauenausschüsse und der Kulturbund nur in Sachsen mit eigenen Listen.
479 Walter Ulbricht: Die Aufgaben der SED zur Vorbereitung der Gemeindewahlen, in: Ulbricht, Zur Geschichte der deutschen Arbeiterbewegung . . ., a. a. O., Bd. III, S. 61.
480 Vgl. Rundschreiben des Zentralsekretariats der SED vom 17. August 1946 an die Landes- und Provinzialvorstände der SED, abgedruckt bei Fiedler, a. a. O., S. 237 ff.
481 Vgl. dazu Anm. 183.
482 Vgl. Gniffke, a. a. O., S. 207 und Leonhard, a. a. O., S. 367.
483 Vgl. Niederschrift über die 15. Sitzung . . ., a. a. O.
484 Vgl. Niederschrift über die 17. Sitzung des Gemeinsamen Ausschusses der Einheitsfront der antifaschistisch-demokratischen Parteien Deutschlands am 9. Juli 1946, in: Suckut, Zur Praxis . . ., a. a. O.
485 Vgl. ebd.
486 Darauf hatten sich die Parteien auf der gemeinsamen Sitzung am 9. Juli 1946 verständigt. Vgl. Niederschrift über die 18. Sitzung des Gemeinsamen Ausschusses der Einheitsfront der antifaschistisch-demokratischen Parteien am 26. Juli 1946, in: Suckut, Zur Praxis . . ., a. a. O.
487 Vgl. ebd. Die Absicht der CDU, ihren Antrag in modifizierter Form nochmals vorzulegen und gegebenenfalls zusammen mit der LDP zu veröffentlichen, wurde nicht realisiert.
488 Von der Aufstellung von FDGB- und FDJ-Listen hatte die SED grundsätzlich selbst abgesehen. Vgl. Rundschreiben des Zentralsekretariats der SED Nr. 12/46 zur Durchführung der Gemeindewahlen 1946 vom 5. Juli 1946, in: Handbuch zur Durchführung der Gemeindewahlen 1946. Hrsg.: Parteivorstand der SED. Berlin 1946, S. 21 ff. Auf lokaler Ebene kandidierten FDGB und FDJ jedoch vereinzelt.

489 Vgl. Die VdgB zu den Gemeindewahlen. Empfehlungen des Zentralen Bauernsekretariats der VdgB, in: »Der Freie Bauer« vom 4. August 1946. Zu ihren »Wahlforderungen« vgl. Die VdgB fordern!, in: »Der Freie Bauer« vom 11. August 1946.
490 Vgl. Die VdgB zu den Gemeindewahlen . . ., a. a. O. sowie Wahlaufruf des Landesausschusses Thüringen, in: »Der Freie Bauer« vom 1. September 1946.
491 Vgl. »Der Freie Bauer« vom 1. und 29. September 1946 sowie »Tagesspiegel« vom 14. August 1946. Zu Mecklenburg und Thüringen können keine Angaben gemacht werden.
492 Im Landkreis Grimma (141 Gemeinden) kandidierte die VdgB nur in 15 Gemeinden; im Landkreis Oschatz (115) nur in 13, im Landkreis Rochlitz (103) nur in 23 und im Landkreis Schmalkalden (35) in 21 Gemeinden. Die größten Erfolge erzielte die VdgB in den Kleinstgemeinden, in denen sie vereinzelt auch für die SED einsprang. Zu den Wahlergebnissen in diesen Landkreisen im einzelnen vgl. Anzeigen für den Kreis Grimma, Sonderdruck vom 2. September 1946. Ergebnisse wiedergegeben in: Braun, Zur Entwicklung . . ., a. a. O., S. 555 ff. (Tab. 41); Leipziger Volkszeitung, Oschatzer Ausgabe vom 3. September 1946. Ergebnisse wiedergegeben in: Braun, Die Gemeinde . . ., a. a. O., Anhang S. 32 f., Leipziger Volkszeitung, Rochlitzer Ausgabe vom 4. September 1946; Ernst Richert: Aus der Praxis totalitärer Lenkung. Die politische Entwicklung im Kreis Schmalkalden 1945–1949, in: Faktoren der Machtbildung (= Wissenschaftliche Studien zur Politik, Bd. 2). Berlin (West) 1952, S. 172 ff.; Braun, Die Gemeinde . . ., a. a. O., S. 92 (Tab. 6).
493 Vgl. ebd., insbesondere die Ergebnisse aus dem Kreis Schmalkalden.
494 Vgl. ebd.
495 Zu den Ergebnissen der Gemeindewahlen vgl. Tab. 12.
496 Vgl. »Der Freie Bauer« vom 27. Oktober 1946.
497 Vgl. Aufruf der Vereinigung der gegenseitigen Bauernhilfe, in: »Der Freie Bauer« vom 29. September 1946. Zu den Forderungen der VdgB vgl. »Der Freie Bauer« vom 6. und 13. Oktober 1946.
498 Zu den Ergebnissen vgl. Braun, Zur Entwicklung . . ., a. a. O., S. 553 f. (Tab. 39 und 40); Rudolf Reutter schrieb am 5. Oktober 1946 in einem polemisch gehaltenen Artikel in der »Volksstimme Chemnitz«: »Der Wahlkampf bei den Gemeindewahlen hat gezeigt, daß CDU und LDP versuchten, mit unsachlichen, ja nicht selten unwahren und verleumderischen Behauptungen, die bäuerliche Wählerschaft in Gegensatz zur SED zu bringen. Die vielen ungültigen Stimmen in einer Reihe von Landgemeinden und Landkreisen und die nicht unerhebliche Anzahl von Stimmen, welche die LDP und CDU dort erringen konnten, wo sie eigene Listen aufstellten, beweisen, daß es ihnen teilweise gelungen war, Verwirrung in die Bauernschaft zu tragen.«
499 Vgl. Über die Lehren der Gemeindewahlen. Beschluß des Parteivorstandes der SED vom 18. September 1946, in: Dokumente der SED, a. a. O., Bd. 1, S. 89 f.
500 Vgl. Dokumente der SED, a. a. O., Bd. 1, S. 106 ff.; Wie wählt der Bauer am 20. Oktober 1946, in: »Neues Deutschland« vom 11. Oktober 1946.
501 Zusammengestellt nach: Bericht des Parteivorstandes . . ., a. a. O., S. 178 f. und 256.
502 Vgl. Tab. 12. Für die Kreistage Mecklenburgs differenziert nach einzelnen Landkreisen Tab. 13.
503 Die Parteizugehörigkeit der VdgB-Landtagsabgeordneten wurde anhand der biographischen Angaben der Kandidaten ermittelt. Ein Abgeordneter im Landtag Thüringen war Mitglied der CDU.
504 Vgl. Erster Rechenschaftsbericht der Sozialistischen Einheitspartei Deutschlands. Landesvorstand Thüringen 1946/47. Weimar 1947, S. 69.
505 Entnommen aus: »Landeszeitung Schwerin« vom 23. Oktober 1946.
506 Vgl. »Der Freie Bauer« vom 30. Oktober 1949.
507 Die Einigung kam zum Erstamen der CDU-Fraktion auf Vorschlag der LDP zustande. Vgl. Archiv beim Hauptvorstand der CDU in der DDR, Bestand Brandenburg, Nr. 98 und 109.
508 Werner Künzel: Die Landtage von 1946 bis 1949: Revolutionär-demokratische Volksvertretungen, in: Revolutionärer Prozeß der Staatsentstehung. Hrsg.: Akademie der Wissenschaften, Institut für Theorie des Staates und des Rechts. Berlin (Ost) 1976, S. 104.
509 Walter Ulbricht: Strategie und Taktik der SED, in: »Einheit«, 1. Jg. 1946, Heft 5, S. 266; vgl. auch Otto Grotewohl: Der Kampf um die nationale Einheit und um die Demokratisierung Deutschlands, in: Protokoll der Verhandlungen des 2. Parteitages . . ., a. a. O., S. 283 ff.

und 286 f.; Entschließung des 2. Parteitages der SED, in: ebd., S. 531; Rudolf Appelt: Wesen und Ziele der Blockpolitik, in: »Einheit«, 2. Jg. 1947, Heft 9, S. 827 ff.
510 Diese identische Formulierung findet sich sowohl in den Richtlinien der LDP vom September 1947, vgl. Krippendorff, Die Liberal..., a. a. O., S. 92 ff., als auch in den Richtlinien der CDU vom 12. Juli 1947, in: »Neue Zeit« vom 13. Juli 1947.
511 Vgl. »Der Freie Bauer« vom 7. Dezember 1946.
512 Dies ging auf einen Blockbeschluß vom 2. Dezember 1946 zurück, der die Einbeziehung der erwähnten Massenorganisationen vorsah. – Günther Großer: Der Block der Demokratischen Parteien und Massenorganisationen, eine spezifische historische Form der Zusammenarbeit antifaschistisch-demokratischer Parteien und Organisationen bei der Vernichtung der Grundlagen des deutschen Imperialismus und der Schaffung der Grundlagen einer neuen demokratischen Ordnung (Eine Darstellung seiner Entwicklung und seiner Rolle in den Jahren 1945 bis 1950, untersucht anhand der Materialien über die Tätigkeit des zentralen Ausschusses der Einheitsfront in Berlin). Phil. Diss. Universität Leipzig 1957, S. 290 (Anm. 549).
513 Vgl. Organisatorische Richtlinien für die Blockarbeit in Sachsen vom 29. Mai 1947, in: »Leipziger Volkszeitung« vom 14. Juni 1947, auch »Richtlinien für die antifaschistischen Blockausschüsse in der Provinz Sachsen-Anhalt« vom 20. Januar 1947, in: »Freiheit« vom 31. Januar 1947.
514 Vgl. Großer, a. a. O., S. 290 (Anm. 549).
515 Großer, a. a. O., S. 166.
516 So wurde der Antrag der VdgB um gleichberechtigte Aufnahme in den Kreisblock in Dresden vom Februar 1948 abgelehnt. Vgl. Siegfried Sacher: Die Entwicklung der Blockpolitik in Sachsen in der Zeit der Festigung der Arbeiter- und Bauern-Macht in der DDR (1949 bis 1950). Diss. Universität Leipzig 1963, S. 144.
517 Auch der Antrag der FDJ um gleichberechtigte Aufnahme in den Blockausschuß Sachsens vom September 1949 wurde unter Hinweis auf die Grundsätze des zentralen Blocks vom 19. August 1949, die eine Beteiligung der FDJ nicht vorsahen, zurückgewiesen. Erst im April 1950 wurde die FDJ in den »erweiterten Ausschuß«, ab 1951 in den »engeren Ausschuß« des Landesblocks aufgenommen. Im zentralen Block war die Jugendorganisation ab Juli 1950 vertreten. Vgl. hierzu Sacher, a. a. O., S. 144; Großer, a. a. O., S. 290 (Anm. 550).
518 Wortlaut in: »Regierungsblatt für Mecklenburg« vom 16. September 1947, S. 237 f. Zur Vorgeschichte der DWK vgl. Weißleder, a. a. O., S. 4 ff.
519 Bis auf die Deutsche Verwaltung des Innern und die Zentralverwaltungen für Gesundheitswesen, Volksbildung und Justiz waren alle ehemaligen Zentralverwaltungen in der DWK vereint.
520 Zu dieser Einschätzung vgl. Weißleder, a. a. O., S. 45. Zur staatstragenden und wirtschaftsleitenden Funktion sowie zur politischen Bedeutung der DWK vgl. auch Fiedler, a. a. O., S. 197 ff. sowie Elfriede Benedix: Die Tätigkeit der Deutschen Wirtschaftskommission (DWK) und ihre Bedeutung für die Festigung und Weiterentwicklung der antifaschistisch-demokratischen Ordnung (Juni 1947 bis zur Gründung der DDR). Phil. Diss. Berlin (Ost) 1961.
521 Vgl. Bestätigung der SMAD über das Erlassen verbindlicher Verordnungen und Anordnungen durch die Deutsche Wirtschaftskommission, in: »Zentralverordnungsblatt« vom 21. Mai 1948, S. 138 f.
522 Vgl. Befehl Nr. 32 der SMAD vom 12. Februar 1948, in: »Zentralverordnungsblatt« vom 20. März 1948, S. 138. Die mit einer personellen Erweiterung und dem Ausbau des Apparates verbundene Umstrukturierung erfolgte am 9. März 1948. Vgl. Befehl Nr. 183 über die Erweiterung der Deutschen Wirtschaftskommission, in: »Zentralverordnungsblatt« vom 7. Dezember 1948, S. 543 f.
523 1948 umfaßte die Kommission 22 Personen; davon gehörten 2 Vertreter, nämlich Körting und Vieweg, der VdgB an.
524 Weißleder wertet dies als Indiz einer im Ansatz markierten qualitativen Veränderung des Verhältnisses zwischen Staat und Massenorganisationen. Vgl. Weißleder, a. a. O., S. 24.
525 Zum Verhältnis Administration und VdgB bis zur Bildung des VdgB-Hauptverbandes Ende 1947 vgl. Kap. III/2.2.
526 Vgl. »Regierungsblatt für Mecklenburg« vom 28. Mai 1948, S. 84 f.
527 Vgl. »Zentralverordnungsblatt« vom 21. Oktober 1948, S. 475. Die Übertragung der Gesamt-

aufsicht erfolgte offiziell mit Schreiben des Vorsitzenden der DWK vom 7. September 1948. Vgl. Weißleder, a. a. O., S. 163 (Anm. 231).
528 Ebd., S. 90.
529 Vgl. ebd.
530 Vgl. Rechenschaftsbericht des Generalsekretärs Anton Jadasch und Referat Kurt Viewegs auf dem 1. Deutschen Bauerntag, in: Erster Deutscher Bauerntag, a. a. O., S. 70 und 86.
531 Was geht die Generalversammlung der Arbeitsplan an?, in: »Die Ähre«, 1. Jg. 1947, Heft 1, S. 12.
532 § 1, Ziff. 3 h der Satzung von 1947.
533 Der von den staatlichen Zentralorganen nach den Bedarfsplänen der Länder, Kreise und Gemeinden aufgestellte Anbauplan, in dem für jedes der fünf Länder das Anbausoll je Fruchtart und auch das Abgabesoll festgelegt waren, wurde durch Befehl der SMAD rechtsverbindlich. Die weitere Aufschlüsselung der Anbau- und Ablieferungspläne auf die Kreise und Gemeinden sowie die Erstellung der Anbau- und Ablieferungsbescheide für die einzelnen Bauernwirtschaften oblag den örtlichen Behörden und den jeweiligen VdgB-Verbänden.
534 Vgl. Kurt Vieweg: 1949 – Alle Kräfte für den Zweijahrplan, in »Die Ähre«, 3. Jg. 1949, Heft 1, S. 1.
535 »Der Freie Bauer« vom 8. August 1948.
536 »Der Freie Bauer« vom 1. und 8. August 1948.
537 Vgl. »Der Freie Bauer« vom 28. März 1948.
538 Vgl. Bericht der Zentralvereinigung..., a. a. O., S. 30; Ernst Hansch: Differenzierung im Dorf, in: »Die Ähre«, 4. Jg. 1950, Heft 4, S. 2.
539 Vgl. Beschluß der DWK zur Frühjahrsaussaat 1948 vom 13. Februar 1948, in: »Zentralverordnungsblatt« vom 20. März 1948, S. 90 ff.
540 Von den bürgerlichen Agrarreformen, ..., a. a. O., S. 171.
541 Wortlaut in: »Zentralverordnungsblatt« vom 21. Mai 1948, S. 151.
542 Neben den hauptamtlichen Kreis-, Bezirks- sowie den nebenamtlichen Dorfwirtschaftsberatern waren Landwirtschaftsschulen, Landfrauenschulen, Saatbauzucht-, Tierzucht- und Pflanzenschutzämter, die Deutsche Landwirtschafts-Gesellschaft sowie die landwirtschaftlichen Genossenschaften im landwirtschaftlichen Beratungswesen tätig.
543 Vgl. Protokoll der Verhandlungen des 2. Parteitages ..., a. a. O., S. 380, sowie Körting und Vieweg, in: Erster Deutscher Bauerntag ..., a. a. O., S. 76 und 95; Kurt Vieweg: Die VdgB fordert eine bessere Wirtschaftsberatung, in: »Der Freie Bauer« vom 25. April 1948.
544 Vgl. Bruno Skibbe: Die Reorganisation der Landwirtschaftsberatung, in: »Der Freie Bauer« vom 30. Mai 1948; ders.: Wie ist die Wirtschaftsberatung zu organisieren?, in: »Die Ähre«, 2. Jg. 1948, Heft 6, S. 1 f.; Georg Rotter: Neue Aufgaben der bäuerlichen Wirtschaftsberatung, in: »Der Freie Bauer« vom 30. November und 4. Dezember 1949.
545 Bruno Skibbe: Zur Reorganisation der Landwirtschaftsberatung in der Ostzone, in: »Die Deutsche Landwirtschaft«, 2. Jg. 1948, Heft 7, S. 99.
546 Grundaufgaben der Wirtschaftsberatung, in: »Die Ähre«, 2. Jg. 1948, Heft 8, S. 2.
547 Vgl. »Die Ähre«, 4. Jg. 1950, Heft 6, S. 19.
548 Zu diesen und den folgenden Zahlenangaben vgl. Bericht der Zentralvereinigung ..., a. a. O., S. 23.
549 Vgl. Resolution der Gemeinde Zarnekow (Kreis Wismar) vom 16. Mai 1949, in: Der Aufstieg der Landwirtschaft ..., a. a. O. , S. 73, siehe ebenso Diskussionsbeitrag des Landesbauernsekretärs des VdgB-Landesverbandes Mecklenburg, in: ebd., S. 70 ff.
550 Die ersten Wettbewerbe wurden aus den Gemeinden Kunersdorf (Kreis Beeskow-Storkow) und Zscherno (Kreis Spremberg) gemeldet. Vgl. »Der Freie Bauer« vom 4. Juli 1948 sowie »Neuer Weg«, 3. Jg. 1948, Heft 7, S. 3.
551 Vgl. Walter Ulbricht: Planmäßige Wirtschaft sichert die Zukunft des deutschen Volkes. Referat vor dem Parteivorstand der SED am 29. Juni 1948, in: Der deutsche Zweijahrplan für 1949–1950. Berlin 1948, S. 29 sowie Aufruf des Parteivorstandes der SED vom 17. Januar 1950. Für Friedensverträge in der Landwirtschaft, in: Dokumente der SED, a. a. O., Bd. 2, S. 440 ff.
552 Entschließung des 2. Bauerntages, in: Der Aufstieg der Landwirtschaft ..., a. a. O., S. 74 ff., hier S. 75.
553 Vgl. Heran an die Vorkriegserträge!, in: »Der Freie Bauer« vom 14. August 1949; H. Vogel: Folgt dem Beispiel der Kampehler Bauern: Heran an die Vorkriegserträge!, in: »Die Ähre«,

3. Jg. 1949, Heft 8, S. 3 f.; Kurt Bacher: Wie organisieren wir unsere Arbeit? Heran an die Vorkriegserträge!, in: »Die Ähre«, 3. Jg. 1949, Heft 10, S. 6 f. sowie die von der ZVdgB herausgegebene Schrift: Heran an die Vorkriegserträge. Berlin (Ost) 1949.
554 Vgl. Heran an die Vorkriegserträge, a. a. O., S. 5.
555 Vgl. »Die Ähre«, 3. Jg. 1949, Heft 8, S. 20.
556 Vgl. Entschließung des Hauptausschusses der ZVdgB »Heran an die Vorkriegserträge«, in: »Der Freie Bauer« vom 25. September 1949.
557 Zu den Anfängen der Aktivistenbewegung auf dem Lande vgl. Karl Böhm: Bauern-Aktivisten voran! In: »Neuer Weg«, 3. Jg. 1948, Heft 7, S. 2 f. Walter Krebaum: Verstärkt die Aktivistenbewegung auf dem Lande! In: »Neuer Weg«, 3. Jg. 1948, Heft 8, S. 26; Eugen Betzer: Aktivisten als Funktionäre der VdgB, in: »Die Ähre«, 2. Jg. 1948, Heft 11, S. 8 f. Im September 1948 beschäftigte sich auch der agrarpolitische Ausschuß des Deutschen Volksrates erstmals mit der Aktivistenbewegung auf dem Lande.
558 Vgl. Beschluß über die Entfaltung der Bewegung der Meisterbauern in den Dörfern der DDR, in: »Das demokratische Dorf«, 5. Jg. 1951, Heft 8, Sonderbeilage S. 6.
559 Vgl. »Der Freie Bauer« vom 16. Dezember 1951.
560 Vgl. Richtlinien des Zentralen Bauernsekretariats der VdgB für die Organisation der Maschinenausleihstationen, in: »Der Freie Bauer« vom 24. November 1946. Abdruck auch in: Bündnis der Arbeiter und Bauern, . . ., a. a. O., S. 91 f.
561 Zu dieser Einschätzung vgl. Weißleder, a. a. O., S. 93.
562 So mußten z. B. nach der Tarifordnung von 1949 Bauern mit Betrieben über 20 ha 41 Mark für das Pflügen eines Hektars bezahlen; Bauern mit Betrieben bis zu 10 ha hatten hingegen für die gleiche Leistung nur 29 Mark zu entrichten. Vgl. Von den bürgerlichen Agrarreformen . . ., a. a. O., S. 168.
563 Vgl. Ulbricht, in: Protokoll der 1. Parteikonferenz . . ., a. a. O., S. 218 ff.
564 Am 3. August 1948 wurden zwischen Vertretern der DWK und der VdgB erste Gespräche über die Reorganisation der MAS geführt. Auf einer weiteren Tagung, am 16. September 1948, an der auch Vertreter des Zentralsekretariats der SED und des Kuratoriums Technik in der Landwirtschaft (KTL) teilnahmen, entwickelte die Tagung Vorstellungen zur Konzentration und Zentralisierung der MAS. Ausschlaggebend für eine zentralisierte Verwaltung waren Kritik und Mängel an der bisherigen Organisationsform der MAS. Vgl. Weißleder, a. a. O., S. 93 f. Zur Kritik der Arbeitsweise der MAS vgl. auch: Die Rede Viewegs auf der Zonentagung der Aktivisten der MAS in Osterburg, in: »Der Freie Bauer« vom 14. November 1948 sowie die Entschließung der Tagung, in: »Der Freie Bauer« vom 21. November 1948.
565 Wortlaut in: »Zentralverordnungsblatt« vom 24. November 1948, S. 525 f.
566 Verbessert die Arbeit der MAS. Beschluß des Politbüros der SED vom 17. Februar 1949, in: Dokumente der SED, a. a. O., Bd. 2, S. 218.
567 Verordnung abgedruckt in: »Der Freie Bauer« vom 20. März 1949.
568 Vgl. »Verordnung über die Bildung von Vereinigungen Volkseigener Maschinen-Ausleih-Stationen«, in: »Gesetzblatt der DDR« vom 20. Dezember 1950, S. 1197 f.
569 Entschließung der 1. Parteikonferenz, in: Protokoll der 1. Parteikonferenz, a. a. O., S. 520.
570 Vgl. Christa Müller, a. a. O., S. 100 f.
571 Vgl. Rede Viewegs in Osterburg, a. a. O.; Bericht über die Sitzung des Hauptausschusses der VdgB am 4. März 1949, in: »Der Freie Bauer« vom 13. März 1949; Kurt Vieweg: DWK nahm Reorganisationsvorschlag der ZVdgB für die MAS an, in: »Der Freie Bauer« vom 20. März 1949.
572 »Bauern-Echo« vom 25. Januar 1949.
573 Zu Entwicklung und Funktion der MTS vgl. Edgar Tümmler: Die Agrarpolitik in Mitteldeutschland. Historische Entwicklung der Landwirtschaft in Mitteldeutschland und ihre agrarpolitische Konzeption, in: ders. u. a., a. a. O., S. 38 ff. Hans Immler: Agrarpolitik in der DDR. Köln 1971, S. 36 ff.; Günther Pankratz: Der Weg der MTS. Berlin (Ost) 1960.
574 Zunächst wurde sie den VVG, später den MTS angegliedert.
575 Vgl. Anordnung vom 29. November 1949, in: »Zentralverordnungsblatt« vom 30. April 1949, S. 244. Zur Entwicklung und Funktion der VEAB vgl. Tümmler u. a., Die Agrarpolitik . . ., a. a. O., S. 45 ff.; Immler, a. a. O., S. 39 f.
576 Vgl. Anordnung vom 15. Juni 1949, in: Um ein antifaschistisches . . ., a. a. O., S. 749. Tümmler u. a., a. a. O., S. 30 ff.; Von den bürgerlichen Agrarreformen . . ., a. a. O., S. 169.

577 Zu dieser Einschätzung vgl. Weißleder, a. a. O., S. 93 f.
578 Vgl. Buss, a. a. O., S. 62 ff., S. 90.
579 Vgl. Erster Deutscher Bauerntag . . ., a. a. O., S. 97.
580 Vgl. »Die Ähre«, 2. Jg. 1948, Heft 2, S. 14; »Der Freie Bauer« vom 2. März 1948.
581 Vgl. Bericht der Zentralvereinigung . . ., a. a. O., S. 26 f.
582 Vgl. Ulbricht, in: Protokoll der 1. Parteikonferenz . . ., a. a. O., S. 214.
583 Auf dem 2. Bauerntag beschloß die VdgB-Führung die Angliederung der Züchterverbände. Vgl. Vieweg, in: Der Aufstieg der Landwirtschaft . . ., a. a. O., S. 26; H. Pfeiffer: VdgB und Züchterverbände, in: »Die Ähre«, 3. Jg. 1949, Heft 10, S. 15; ders.: Zusammenarbeit zwischen VdgB und Züchterverbänden, in: »Der Freie Bauer« vom 4. Dezember 1949, S. 10.
584 Vgl. H. Pfeiffer: VdgB und Kleintierzüchterverein, in: »Die Ähre«, 3. Jg. 1949, Heft 8, S. 20.
585 Zur Entwicklung, Rolle und Funktion des landwirtschaftlichen Genossenschaftswesens in der SBZ/DDR nach 1945 vgl. Barthelmann, a. a. O.; Buss, a. a. O.
586 Befehl Nr. 146 der SMAD über die »Wiederaufnahme der Tätigkeit der landwirtschaftlichen Genossenschaften im sowjetisch besetzten Gebiet Deutschlands«, in: »Volkszeitung Schwerin« vom 13. Dezember 1945. Abdruck in: Um ein antifaschistisches . . ., a. a. O., S. 206 ff. Zur Interpretation des Befehls vgl. Barthelmann, a. a. O., Anlage 2 (Der Verfasser gibt leider keine Quellen an) sowie v. d. Neide, a. a. O., S. 37 f.
587 Bericht des Parteivorstandes . . ., a. a. O., S. 151.
588 Ebd., S. 152.
589 Vgl. dazu Buss, a. a. O., S. 106 ff.
590 Vgl. § 1, Ziff. 3 m) der Satzung von 1947.
591 Vgl. § 1, Ziff. 3 d) der Satzung von 1947.
592 Vgl. die Ausführungen in Kap. III/1.
593 Vgl. Grünewald: Zum Aufbau der Raiffeisen-Genossenschaften in der sowjetischen Besatzungszone, in: »Die Ähre«, 2. Jg. 1948, Heft 2, S. 14; Werner Scholz: Die Genossenschaften und wir, in: »Die Ähre«, 3. Jg. 1948, Heft 3, S. 14 f.
594 Werner Scholz: Genossenschaften und VdgB, in: »Der Raiffeisen-Bote«, 1. Jg. 1948, Heft 4, (Juli), S. 90.
595 Vgl. hierzu insbesondere die Ausführungen Paul Merkers auf dem Genossenschaftskongreß, in: Protokoll des Kongresses der ländlichen Genossenschaften Deutschlands, am 16. und 17. März 1949 in der Staatsoper Berlin. Berlin 1949, S. 33 ff.
596 Die Bildung einer zentralen Verbandsspitze war den Raiffeisen-Genossenschaften nicht gestattet worden (vgl. Befehl Nr. 146). Sie wurden der Kontrolle der Zentralverwaltung für Land- und Fortwirtschaft unterstellt, die ein eigenes Genossenschaftsreferat unterhielt.
597 Ernst Busse war zugleich Leiter des Genossenschaftsreferats in der Hauptverwaltung Land- und Forstwirtschaft der DWK. Dem 12köpfigen Organisationsbüro gehörten von seiten der VdgB der 1. Vorsitzende, Otto Körting, der Generalsekretär, Kurt Vieweg, und der Genossenschaftsreferent im Zentralsekretariat, Werner Scholz, an – »Der Raiffeisen-Bote«, 1. Jg. 1948, Nr. 5 (August), S. 98 f.
598 Vgl. hierzu: Ernst Busse: Der neue demokratische Aufbau der ländlichen Genossenschaften und ihre Aufgaben, in: Protokoll des Kongresses . . ., a. a. O., S. 51; vgl. auch Statut des Zentralverbandes der landwirtschaftlichen Genossenschaften Deutschlands, in: ebd. S. 172 ff. sowie Entschließung des Kongresses, in: ebd., S. 184 ff.
599 Vgl. »Bauern-Echo« vom 16. November 1948, 21. Januar 1949; »Der Raiffeisen-Bote«, 1. Jg. 1948, Nr. 7 (Oktober), S. 148; v. d. Neide, a. a. O., S. 12 ff.
600 Zur Personalstruktur des Genossenschaftsvorstandes vgl. Protokoll des Kongresses . . ., a. a. O., S. 169 f.
601 Vieweg, in: Der Aufstieg der Landwirtschaft . . ., a. a. O., S. 23.
602 Vgl. Georg Rotter: Die Aufgaben der Arbeitsgemeinschaft VdgB und Genossenschaften, in: »Die Ähre«, 4. Jg. 1950, Heft 5, S. 5 f.; ders.: So wollen wir gemeinsam arbeiten! Arbeitsgemeinschaft VdgB – Genossenschaften, in: »Der Raiffeisen-Bote«, 3. Jg. 1950, Nr. 5, S. 14.
603 Vgl. Beschluß 32/49 der VdgB, in: »Die Ähre«, 4. Jg. 1950, Heft 2, S. 20; Rotter, Die Aufgaben . . ., a. a. O., S. 5.
604 Vgl. hierzu Buss, a. a. O., S. 62 ff.
605 Zu Verlauf und Ergebnis vgl. v. d. Neide, a. a. O., S. 20 ff.; Buss, a. a. O., S. 70 ff.
606 Die Lehren aus Güstrow und die Aufgaben der VdgB, in: »Die Ähre«, 4. Jg. 1950, Heft 8,

S. 3; Die Forderung der VdgB nach Übernahme der Führungsfunktionen im genossenschaftlichen Zentralverband realisierte sich schon kurze Zeit später. Kurt Vieweg, der im März 1949 in den Beirat des Zentralvorstandes gewählt worden war, wurde am 25. Juli 1950 Vorstandsmitglied und am 15. August 1950 zum Vorsitzenden des Zentralvorstandes gewählt. Ein weiterer VdgB-Funktionär wurde zum Geschäftsführer des Genossenschaftsverbandes bestellt. Vgl. Zentralverband wird reaktiviert, in: »Die Bauern-Genossenschaft«, 3. Jg. 1950, Heft 9, S. 6.
607 »Der Freie Bauer« vom 23. Juli 1950.
608 Vgl. Ulbricht, in: Protokoll der Verhandlungen des III. Parteitages . . ., a. a. O., Bd. 1, S. 371.
609 Ebd.
610 Beschluß in: »Der Freie Bauer« vom 26. November 1950.
611 Vgl. Äußerungen Viewegs anläßlich der Beratungen des Hauptausschusses der VdgB über Maßnahmen zur Durchführung und Erfüllung des Zweijahrplans, in: »Der Freie Bauer« vom 8. August 1948.
612 Vgl. Bericht der Zentralvereinigung . . ., a. a. O., S. 37. Im Sächsischen Landtag z. B. brachte die VdgB in der 1. Wahlperiode 14 Anträge zu Fragen und Problemen der Landwirtschaft ein. Vgl. Inhaltsverzeichnis der Akten und Verhandlungen des Sächsischen Landtages (1. Wahlperiode) sowie der Beratenden Versammlungen des Landes Sachsen vom 25. Juni 1946 bis 6. Oktober 1950. o. O. o. J. Die Hauptaktivität der VdgB lag jedoch in den Gemeinde- und Kreisparlamenten.
613 Zu den folgenden Maßnahmen vgl. Rechenschaftsbericht Viewegs auf dem 2. Bauerntag, in: Der Aufstieg der Landwirtschaft . . ., a. a. O., S. 44 f. sowie Dölling, a. a. O., S. 146 f.
614 Vgl. Bauern helfen Bauern! Aufruf des Vorstandes der ZVdgB und der Landesvorstände zur Schaffung eines Naturalfonds, in: »Der Freie Bauer« vom 12. September 1948.
615 Ebd.
616 Zu den Schwierigkeiten einer Regelung auf freiwilliger Basis vgl. Bericht der Zentralvereinigung . . ., a. a. O., S. 33 sowie Vieweg, in: Der Aufstieg der Landwirtschaft . . ., a. a. O., S. 14.
617 Kurt Vieweg: Naturalhilfsfonds auf gesetzlicher Grundlage, in: »Der Freie Bauer« vom 18. September 1949.
618 Vgl. »Zentralverordnungsblatt« vom 22. September 1949, S. 710.
619 Vgl. ebd.
620 Vgl. »Zentralverordnungsblatt« vom 17. Juni 1949, Teil I, S. 445.
621 »Gesetz zum Schutze der Arbeitskraft der in der Landwirtschaft Beschäftigten«, in: »Gesetzblatt der DDR« vom 16. Dezember 1949, S. 113 ff. Zur Begründung des Gesetzes siehe Anhang zum Gesetzblatt, S. 17.
622 Entschließung der 1. Parteikonferenz, in: Protokoll der 1. Parteikonferenz . . ., a. a. O., S. 521. Vgl. auch Rede Ulbrichts auf der 1. Parteikonferenz, in: ebd., S. 219 sowie die Rede Grotewohls S. 351.
623 Zur Vorgeschichte vgl. Siegfried Dillwitz: Die Entwicklung des Arbeitsrechts für jugendliche Landarbeiter im Gebiet der DDR 1945–1949, in: Jahrbuch für Wirtschaftsgeschichte 1972, Teil 1, Berlin (Ost), S. 60.
624 Vgl. »Der Freie Bauer« vom 11. September 1949. Das Gesetz sah vor, daß den Landarbeitern bis zur Dauer von drei Monaten nach Auflösung des Arbeitsvertrages das Recht auf Nutzung der vom Bauern gestellten Wohnung zustand.
625 Vgl. »Offener Brief der ZVdgB an alle Bauern«, in: »Der Freie Bauer« vom 20. März 1950; Georg Rotter: Landarbeiterschutzgesetz verhindert Landflucht, in: »Der Freie Bauer« vom 2. Juli 1950.
626 Vgl. Körting in: Bauern kämpfen . . ., a. a. O., S. 26 ff.
627 Vgl. Zonengrenzen kein Hindernis. Bauern aus dem Westen als Gäste der VdgB in Berlin, in: »Die Ähre«, 2. Jg. 1948, Heft 4, S. 4 f. Auf den Bauerntagen der VdgB waren auch jeweils Gäste aus den Westzonen anwesend. Vgl. Ausführungen zum 1. Bauerntag in Kap. III/2.2 sowie Körting, in: Bauern kämpfen . . ., a. a. O., S. 6 und 37 ff.
628 Vgl. Willi Mohn (Hrsg.): Hessischer Bauerntag. Berlin 1948.
629 Vgl. hierzu Kap. III/3.6.
630 Vgl. Bericht über die Tagung zur Vorbereitung einer gesamtdeutschen Beratung der Land- und Forstwirtschaft, in Schierke (Harz) am 18. und 19. Februar 1950. Hrsg.: Sekretariat des Gesamtdeutschen Arbeitskreises der Land- und Forstwirtschaft. Berlin (Ost) o. J. (1950);

Schierke. Ausgangspunkt für den gemeinsamen Weg der deutschen Landwirtschaft. Berlin (Ost), 1950.
631 Dies waren Fritz Brauer (CDU), Gerda Bauer (SED), Ernst Hansch (SED), Georg Lotz (SED), Harry Schmelzer (DBD), Günter Schernbeck (LDPD) und Kurt Vieweg (SED).
632 Vgl. Schierke. Ausgangspunkt..., a. a. O., S. 56.
633 Vgl. dazu: Offener Brief des Publizistischen Zentrums für die Einheit Deutschlands an das Führungsgremium des Gesamtdeutschen Arbeitskreises für Land- und Forstwirtschaft, abgedruckt in: »PZ-Archiv«, 1. Jg. 1950, Nr. 4 vom 15. Oktober 1950.
634 Vgl. ebd. sowie Peter Marcellus: Der Angriff auf das Dorf, in: »PZ-Archiv«, 2. Jg. 1951, Nr. 7 vom 5. April 1951.
635 Vgl. dazu die Reden, Entschließungen und Diskussionsbeiträge der ersten fünf Tagungen. Siehe die Literaturstellen in Anm. 630 sowie: Wir überwinden die Zonengrenze. Die 5. Tagung des Gesamtdeutschen Arbeitskreises der Land- und Forstwirtschaft in Leipzig, am 15. und 16. September 1950. Hrsg.: Sekretariat des Gesamtdeutschen Arbeitskreises der Land- und Forstwirtschaft. Berlin (Ost) o. J. (1950).
636 Vgl. Schierke, Ausgangspunkt..., a. a. O., S. 24.
637 Vgl. Entschließung der Eisenacher Tagung, in: »Die Ähre«, 4. Jg. 1950, Heft 6, S. 5.
638 Vgl. Wir überwinden die Zonengrenze..., a. a. O., S. 3 f.
639 Vgl. »Das demokratische Dorf«, 5. Jg. 1951, Heft 3, S. 14 f.
640 Wir überwinden die Zonengrenze..., a. a. O., S. 4.
641 Entschließung des Hauptausschusses der VdgB (BHG) vom 26. Januar 1951, in: »Das demokratische Dorf« 5. Jg. 1951, Heft 3, S. 14.
642 Das Kriterium »selbständiger Bauer« kann hier keine Anwendung finden, da in den folgenden Zahlenangaben die Parzellen- und Kleinbesitzer (0,5 bis 5 ha) miteinbezogen sind, von denen ein quantitativ nicht unerheblicher Teil wohl kaum als selbständig eingestuft werden kann.
643 Zu den Zahlenangaben vgl. Kotow, a. a. O., Teil II, S. 47 (vgl. auch Kap. III/3.1). Welches Datenmaterial der Verfasser zugrunde legte, konnte nicht ermittelt werden. Eigene Recherchen bestätigen die Angaben im wesentlichen.
644 Berechnet nach Tab. 2 und Tab. 8.
645 Weber, Parteiensystem..., a. a. O., S. 521 (Tab. 13).
646 Vgl. Stellungnahme der VdgB anläßlich der Auflösung der Entnazifizierungskommissionen durch SMAD-Befehl Nr. 35 vom 26. Februar 1948, in: »Der Freie Bauer« vom 7. März 1948 und: Appell des Zentralvorstandes vom 11. November 1949 an alle in der Landwirtschaft tätige »Pg's« und ehemalige Wehrmachtsoffiziere, in: »Die Ähre«, 4. Jg. 1950, Heft 1, S. 20.
647 Resolution des 1. Bauerntages, in: Erster Deutscher Bauerntag..., a. a. O., S. 133. Vgl. auch Ernst Hansch: VdgB – Schule der demokratischen Erneuerung, in: »Die Ähre«, 3. Jg. 1949, Heft 2, S. 1.
648 Walter Biering: Wie die VdgB die Wahlen der Nationalen Front vorbereiten muß, in: »Der Freie Bauer« vom 16. Juli 1950.
649 »Der Freie Bauer« vom 17. Juni 1948.
650 Vgl. zu den folgenden Ausführungen auch Kap. II/4.2.
651 Zitiert nach: Protokoll der Verhandlungen des 2. Parteitages..., a. a. O., S. 283.
652 Vgl. »LDP-Informationen«, 1. Jg. 1947, Nr. 28/29 (1. und 2. Dezemberheft), S. 5.
653 Vgl. Bericht des Parteivorstandes..., a. a. O., S. 269 sowie Protokoll der Verhandlungen des 2. Parteitages..., a. a. O., S. 283.
654 Vgl. Großer, a. a. O., S. 215.
655 Günter Benser: Probleme der Bündnispolitik der KPD und SED von 1945–1949, in: »Dokumentation der Zeit«, Sonderheft: Probleme der Bündnispolitik der Sozialistischen Einheitspartei Deutschlands. Berlin (Ost) 1964, S. 8.
656 Großer, a. a. O., S. 211. Vgl. auch Sacher, a. a. O., S. 169 f.; Krause, a. a. O., S. 119 ff.
657 Gemeinsam zum Sozialismus..., a. a. O., S. 103.
658 Vgl. Ausführungen in Kap. III/4.2 und 4.3.
659 Vgl. Paul Merker: Bündnispolitik und Landwirtschaftsplan, in: »Einheit«, 4. Jg. 1949, Heft 4, S. 318.
660 Zu den Mitgliederzahlen der bürgerlichen Parteien vgl. Weber, Parteiensystem..., a. a. O., S. 517 (Tab. 5), 519 (Tab. 8), 526 (Tab. 18).

661 Vgl. etwa die Richtlinien für die politische Arbeit der CDU in der Land- und Forstwirtschaft, in: »Union teilt mit«, 2. Jg. 1948, Nr. 3, S. 6 ff. sowie das Wirtschafts- und Sozialprogramm der CDU, in: »Union teilt mit«, 2. Jg. 1948, Nr. 8, S. 5 ff.
662 Vgl. Edwin Hoernle: Bauer und Arbeiter, in: »Einheit«, 2. Jg. 1947, Heft 10, S. 914 und 918; »Sozialistische Bildungshefte«, 2. Jg. 1947, Nr. 14 (Das Bündnis der Arbeiter und Bauern). Hrsg.: Zentralsekretariat der SED, Abteilung Parteischulung. Berlin 1947; »Neues Deutschland« vom 22. April 1948, Sonderbeilage, S. 14 f. Walter Ulbricht: Die SED vor der Parteikonferenz, in: »Neue Welt«, 3. Jg. 1948, Heft 22, S. 72.
663 Beseitigt die Schwächen der Partei! Resolution des Landesvorstandes Sachsen der SED vom 6. Juli 1948 zum Kommuniqué über die Lage in der Kommunistischen Partei Jugoslawiens, in: »Der Funktionär«, 1. Jg. 1948, Nr. 7 (August), S. 130, wiedergegeben bei Müller, Der Transformationsprozeß..., a. a. O., S. 98 f.
664 Zitiert nach Christa Müller, a. a. O., S. 73.
665 Ebd.
666 Protokoll des 2. Parteitages..., a. a. O., S. 89.
667 Vgl. Staritz, Die National..., a. a. O., S. 42.
668 Leonhard, a. a. O., S. 396.
669 Vgl. »Thüringer Volk« vom 24. April 1948.
670 Abdruck des Gründungsaufrufs in: Wernet, a. a. O., S. 258 ff.
671 Friedländer war ab Oktober 1948 Leiter der Abteilung Agrarpolitik im Sekretariat des DBD-Landesvorstandes und zog im Oktober 1950 als Abgeordneter der Bauernpartei in den Mecklenburger Landtag ein, wo er als Fraktionsvorsitzender seiner Partei fungierte. Vgl. »Der Pflüger«, 21. Jg. 1969, Heft 10, S. 19 f.
672 Vgl. Kurzbiographie im Anhang.
673 Vgl. Wernet, a. a. O., S. 258.
674 Zum Ablauf der Konferenz vergleiche den Erinnerungsbericht von Rudolf Albrecht: Der Wille der werktätigen Bauern war entscheidend, in: »Der Pflüger«, 2. Jg. 1950, Heft 4, S. 9 ff.
675 Vgl. »Tägliche Rundschau« vom 18. April 1948.
676 Wernet, a. a. O., S. 259 f.
677 Vgl. Ernst Goldenbaum: Werktätige Bauern als aktive Kraft beim demokratischen Neuaufbau, in: »ZfG«, 17. Jg. 1969, Heft 8, S. 1020.
678 Goldenbaum, Werktätige..., ebd. Zur Presseberichterstattung vgl.: »Tägliche Rundschau« vom 30. April 1948; »Landeszeitung-Schwerin« vom 1. Mai 1948; »Der Freie Bauer« vom 9. Mai 1948.
679 Vgl. 20 Jahre Demokratische Bauernpartei Deutschlands. Hrsg.: Präsidium des Parteivorstandes der DBD. Berlin (Ost) 1968, S. 155.
680 Vgl. Protokoll des 1. Landesparteitages der Demokratischen Bauernpartei Deutschlands – Landesverband Brandenburg – am 21. und 22. Juni 1949 in Potsdam. o. O. o. J. (1949), S. 11.
681 Vgl. »Thüringer Volk« vom 17. Juni 1948 sowie Herbert Hoffmann: Die Arbeit der DBD im Lande Thomas Münzers, in: »Der Pflüger«, 2. Jg. 1950, Heft 4, S. 8 ff.
682 Vgl. »Freiheit« vom 21. Juni 1948.
683 Friedrich Martin: Unsere Partei wurde ein starker Faktor im politischen Leben, in: »Der Pflüger«, 2. Jg. 1950, Heft 4, S. 13.
684 In älteren Veröffentlichungen der Partei wird die Konferenz auf den 26. Mai 1948 datiert. Vgl. 10 Jahre Demokratische Bauernpartei Deutschlands. Hrsg.: Parteivorstand der DBD. Berlin (Ost) 1958, S. 10; »Bauern-Echo« vom 3. Mai 1963. In neueren Veröffentlichungen wird als Datum für die Zonenkonferenz der 30. Mai angegeben. Vgl. 20 Jahre..., a. a. O., S. 155; Ernst Goldenbaum: 25 Jahre Demokratische Bauernpartei Deutschlands, in: »Der Pflüger«, 25. Jg. 1973, Heft 4, S. 4.
685 Vgl. Mit der Bauernpartei in eine bessere Zukunft (= Schriftenreihe der Demokratischen Bauernpartei Deutschlands, Nr. 2). Berlin 1949, S. 6.
686 Vgl. »Tägliche Rundschau« vom 18. Juni 1948. Dort heißt es: »Die Delegation aus Mecklenburg, an deren Spitze Herr Goldenbaum stand, legte eine Deklaration über die Gründung der neuen Partei vor, die bis zum Parteitag als Programm angesehen werden soll.« In: 10 Jahre..., a. a. O., S. 10, heißt es, daß es sich hierbei »um die von der Schweriner Tagung erarbeiteten Grundsätze und Forderungen« handelte.

687 Vgl. »Tägliche Rundschau« vom 18. Juni 1948.
688 Vgl. »Neues Deutschland« vom 17. Juni 1948.
689 Wortlaut in: »Bauern-Echo« vom 18. Juli 1948.
690 Wortlaut, ebd.
691 Vgl. »Bauern-Echo« vom 1. August 1948.
692 Vgl. »Bauern-Echo« vom 15. Juli 1948.
693 Vgl. »Bauern-Echo« vom 15. Juli 1948.
694 Vgl. »Bauern-Echo« vom 15. Juli 1948.
695 Vgl. Schlußwort Goldenbaums, zitiert nach: »Bauern-Echo« vom 25. Juli 1948.
696 Vgl. ebd. Zur Verschiebung der Gemeindewahlen vgl. auch die Ausführungen in Kap. IV/5.1.
697 Gemeint ist die konstituierende Sitzung der DBD in Brandenburg/Havel, Ende Mai 1948.
698 Entnommen aus: Unrecht als System. Dokumente über planmäßige Rechtsverletzungen im sowjetischen Besatzungsgebiet. Teil II. Hrsg.: Bundesministerium für gesamtdeutsche Fragen. Bonn 1955, S. 32 f.
699 Vgl. Mattedi, S. 132.
700 Vgl. hierzu weitere Ausführungen in Kap. IV/2.5
701 Dokument im Nachlaß Erich W. Gniffke im AdsD, Bonn-Bad Godesberg, abgedruckt in: Wernet, a. a. O., S. 261 f.
702 Vgl. dazu Ausführungen in Kap. IV/3.2.2 und 3.2.3.
703 Zur Biographie Goldenbaums vgl. O. Pfefferkorn: Ernst Goldenbaum, in: »SBZ-Archiv«, 3. Jg. 1952, Heft 21 (vom 5. November 1952), S. 391 f.; Weber, Wandlung . . ., a. a. O., Bd. 2, S. 138 f. sowie Kurzbiographie im Anhang.
704 Vgl. Kurzbiographie im Anhang.
705 Vgl. ebd.
706 Vgl. ebd.
707 Vgl. ebd.
708 Vgl. ebd.
709 Richter (Neubauer) wurde noch 1945 Mitglied der SPD, war zugleich aktives Mitglied der VdgB im Landesausschuß Sachsen-Anhalt und trat im April 1946 zur SED über. Vgl. »Bauern-Echo« vom 30. September 1950 sowie Materialien beim RIAS Berlin.
710 Äußerungen des SED Landessekretärs Alois Pisnik (Sachsen-Anhalt) auf einer Sitzung vor SED-Kreisvorsitzenden und Sachbearbeitern der Abteilung Land- und Forstwirtschaft der SED-Kreissekretariate in Sachsen-Anhalt am 24. Juni 1948. Zitiert nach Mattedi, a. a. O., S. 132.
711 Zu den Biographien vgl. Handbuch der Volkskammer der Deutschen Demokratischen Republik. Hrsg.: Volkskammer der DDR, Jge. ab 1957; Handbuch der Sowjetzonalen Volkskammer. 2. Legislaturperiode (1954–1958) Hrsg.: IWE, Bonn-Berlin (West) 1955; SBZ-Biographie . . ., a. a. O.
712 Ernst Goldenbaum: 30 Jahre Demokratische Bauernpartei Deutschlands, in: »Der Pflüger«, 30. Jg. 1978, Heft 4, S. 3; 20 Jahre . . ., a. a. O., S. 23.
713 Goldenbaum, ebd.
714 Vgl. Grundsätze und Forderungen der Demokratischen Bauernpartei Deutschlands, in: »Bauern-Echo« vom 18. Juli 1948. Alle in diesem Kapitel nicht gekennzeichneten Zitate beziehen sich auf diese Quelle.
715 Berthold Rose in seinem Rechenschaftsbericht auf dem zweiten Parteitag, in: Protokoll des II. Parteitages der Demokratischen Bauernpartei Deutschlands vom 6. bis 8. Juli 1951 in Eisenach. Berlin (Ost) 1952, S. 93.
716 Goldenbaum in seiner Rede auf dem ersten Parteitag der DBD, in: »Bauern-Echo« vom 5. Juli 1949.
717 Vgl. »Bauern-Echo« vom 3. Oktober 1948.
718 Ernst Goldenbaum: Rückblick und Ausblick auf die Entwicklung unserer Partei, in: »Bauern-Echo« vom 21. Juni 1951. Vgl. auch Schlußwort Goldenbaums auf der I. Parteikonferenz der DBD, in: »Bauern-Echo« vom 25. Juli 1948.
719 Rede Goldenbaums auf der Tagung des Parteivorstandes am 7./8. Februar 1949, in: »Bauern-Echo« vom 10. Februar 1949.
720 Zu den Beschlüssen der erweiterten Parteivorstandssitzung vom 7./8. Februar 1949 siehe Entschließung in: »Bauern-Echo« vom 10. Februar 1949.

721 Diese Losung war bis zum zweiten Parteitag jedoch nur in drei Kreisen verwirklicht worden. Vgl. Rose (Rechenschaftsbericht), in: Protokoll des II. Parteitages . . ., a. a. O., S. 103.
722 Vgl. Entschließung des I. Parteitages, in: »Bauern-Echo« vom 2. Juli 1949.
723 So wurden in der Entschließung der Kreiskonferenz des Kreises Wismar vom 22. April 1949 folgende Verpflichtungen aufgestellt: »1. Jedes verheiratete Mitglied unserer Partei soll seine Ehefrau und erwachsenen Kinder als Mitglieder für die Partei gewinnen; 2. Jede Ortsgruppe wirbt in ihrer Nachbarschaft in je einem Ort und bildet nach Möglichkeit dort einen Gründungsausschuß; 3. Jedes Mitglied verpflichtet sich, ein neues Mitglied hinzuzuwerben; 4. Die Kreisvorstandsmitglieder übernehmen die besondere Verpflichtung, darüber hinaus in einem Ort die Bildung eines Gründungsausschusses vorzunehmen.« Vgl. »Bauern-Echo« vom 26. April 1949. Vgl. auch Richtlinien des Landesverbandes Brandenburg in: »Bauern-Echo« vom 10. September und 7. Dezember 1949 (B).
724 Nach einer Meldung des »Bauern-Echo« vom 1. Februar 1949 bestand der Kreisverband Lübben (Brandenburg) Anfang 1949 aus 13 Ortsgruppen und mehreren Stützpunkten. Im Kreisverband Apolda (Thüringen) existierten Ende 1952 in 17 Gemeinden Stützpunkte der DBD. Vgl. »Der Pflüger«, 4. Jg. 1952, Heft 10, S. 21.
725 Das »Bauern-Echo« meldete bereits in seiner Ausgabe vom 1. Februar 1949 die Existenz von 124 »arbeitsfähigen Kreisvorständen«. In den 29 Landkreisen Sachsens entwickelte sich die DBD wie folgt: Juli 1948 13 Kreisverbände; Aug. 1948 20 Kreisverbände; Nov. 1948 25 Kreisverbände; Jan. 1949 28 Kreisverbände; vgl. »Bauern-Echo« vom 14. Juni 1949; Anfang Dezember 1948 gelang die Gründung eines Stadtverbandes in Leipzig und Berlin. Vgl. »Bauern-Echo« vom 6. und 14. Dezember 1948.
726 Vgl. Martin, Unsere Partei . . ., a. a. O., S. 13 f.; Ernst Beer: Unermüdliche Kleinarbeit auf dem Wege zum Erfolg, in: »Der Pflüger«, 2. Jg. 1950, Heft 4, S. 11 f.; Erster Landesparteitag . . ., a. a. O., S. 38; »Bauern-Echo« vom 14. Juni 1949.
727 Beer, Unermüdliche Kleinarbeit . . ., ebd. S. 11.
728 Martin, Unsere Partei . . ., a. a. O., S. 13.
729 Vgl. »Bauern-Echo« vom 10. Februar 1949.
730 Vgl. »Bauern-Echo« vom 5. Juli 1949.
731 Vgl. Rose (Rechenschaftsbericht), in: Protokoll des II. Parteitages . . ., a. a. O., S. 103.
732 Vgl. Goldenbaum (Referat), in: Protokoll des III. Parteitages der Demokratischen Bauernpartei Deutschlands vom 4. bis 6. September 1953 in Güstrow. Berlin (Ost) 1954, S. 55.
733 Vgl. »Bauern-Echo« vom 14. Februar 1950 und 23. September 1951.
734 Vgl. »Bauern-Echo« vom 17. Mai und 24. November 1949.
735 Vgl. »Bauern-Echo« vom 17. Mai und 25. Nov. 1949. Die Schul- und Hochschulgruppen wurden von einem im Mai 1951 gebildeten zentralen studentischen Ausschuß geleitet, der sich im Januar 1953 als »Arbeitsausschuß für Hochschulgruppen« beim Parteivorstand konstituierte und diesem direkt unterstellt war. Vgl. »Bauern-Echo« vom 30. Mai und 1. Nov. 1951.
736 Nach Materialien im Archiv des Gesamtdeutschen Instituts Berlin.
737 Vgl. »Neues Deutschland« vom 17. Juni 1948.
738 Ebd.
739 Vgl. »Tägliche Rundschau« vom 18. und 30. April 1948.
740 »Tägliche Rundschau« vom 18. Juni 1948.
741 Vgl. E. Pallieter: VdgB und Bauernpartei, in: »Der Freie Bauer« vom 13. Juni 1948.
742 Vgl. »Der Freie Bauer« vom 30. Mai 1948.
743 Wortlaut der Entschließung, in: »Der Freie Bauer« vom 6. Juni 1948. Abdruck in: Wernet, a. a. O., S. 261.
744 Vgl. den Leserbrief von F. Juch, stellvertretender Kreisvorsitzender der VdgB in Hildburghausen (Thüringen) und Mitglied des dortigen Kreistages, in: »Der Freie Bauer« vom 23. Mai 1948 sowie den Leserbrief eines VdgB-Funktionärs aus Mecklenburg, in: »Der Freie Bauer« vom 20. Juni 1948.
745 Vgl. »Der Freie Bauer« vom 13. Juni, 20. Juni und 4. Juli 1948.
746 Vgl. auch Mattedi, a. a. O., S. 133 f.
747 Vgl. in diesem Zusammenhang die Leserzuschrift des SED-Bauern Ernst Walsch, in: »Der Freie Bauer« vom 4. Juli 1948.
748 Pallieter, a. a. O.
749 »Der Freie Bauer« vom 23. Mai 1948.

750 »Der Freie Bauer« vom 4. Juli 1948.
751 »Der Morgen« vom 4. Mai 1948; Vgl. auch Stellungnahme Karl Hamanns in »Thüringsche Landeszeitung« vom 14. Mai 1948.
752 »LDP-Informationen«, 2. Jg. 1948, Nr. 8 (2. Aprilheft), S. 155.
753 »LDP-Informationen«, 2. Jg. 1948, Nr. 14 (2. Juliheft), S. 259.
754 »Der Morgen«, vom 18. Juli 1948. Vgl. auch Beschlüsse des Zonenausschusses für Landwirtschaftsfragen vom 12. Mai 1948, in: »LDP-Informationen«, 2. Jg. 1948 Nr. 11/12 (1. und 2. Juniheft), S. 214.
755 Vgl. »Union teilt mit«, 2. Jg. 1948, Nr. 9, S. 3.
756 Vgl. »Union teilt mit«, 2. Jg. 1948, Nr. 5, S. 4 f.
757 Vgl. Walter Rücker: Wozu Bauernpartei? In: »Union teilt mit«, 3. Jg. 1949, Nr. 8, S. 11 f.
758 »Union teilt mit«, 2. Jg. 1948, Nr. 5, S. 5.
759 »Union teilt mit«, 2. Jg. 1948, Nr. 7, S. 12.
760 Solche Versuche seitens der CDU und der LDP gab es nach Berichten des »Bauern-Echo« in allen Ländern. So z. B. in den Kreisen Luckau (Brandenburg), Liebenwerda (Sachsen-Anhalt), Grimma (Sachsen) und in Thüringen. Vgl. Erster Landesparteitag..., a. a. O., S. 30 sowie die Ausgaben des »Bauern-Echo« vom 28. Januar, 24. Mai und 14. Juni 1949.
761 Im September 1949 beschloß der Landesverband Brandenburg, zur Steigerung seiner Mitgliederzahl einen innerparteilichen Wettbewerb zwischen den Kreisverbänden durchzuführen – vgl. »Bauern-Echo« vom 10. September 1949 (B).
Im Kreisverband Kamenz (Sachsen) verpflichtete sich jedes Kreisvorstandsmitglied, bis zum Juni 1949 ein neues Mitglied zu werben – vgl. »Bauern-Echo« vom 7. Mai 1949 (S).
762 Vgl. Ziff. 4 des Statuts von 1949. Wortlaut in: Programm und Statut der Demokratischen Bauernpartei Deutschlands. Hrsg.: Parteivorstand der DBD. Berlin (Ost), S. 20 ff. Abdruck in: Wernet, a. a. O., S. 271 ff.
763 Vgl. Ziff. 1, ebd.
764 Auf dem I. Parteitag erklärte Paul Scholz, daß die Partei ihre Mitgliederwerbungspolitik schwerpunktmäßig auf diese Berufsgruppen konzentrieren wolle – vgl. »Bauern-Echo« vom 5. Juli 1949.
765 Zusammengestellt nach Angaben Goldenbaums und Bericht der Mandatsprüfungskommission auf dem I. Parteitag, in: »Bauern-Echo« vom 5. Juli und 7. Juli 1949 sowie nach dem Rechenschaftsbericht des Generalsekretärs auf dem zweiten Parteitag, in: Protokoll des II. Parteitages..., a. a. O., S. 103 f.; zum Vergleich die Berufsstuktur des mitgliederstärksten Landesverbandes Sachsen-Anhalt vom Juni 1949:

Berufszweige	in %
Neubauern	57,6
Altbauern	23,8
Dorfhandwerker und verwandte Berufe	9,2
Landarbeiter	4,0
Industriearbeiter	0,4
Landwirtschaftliche Intelligenz	0,2
Angestellte der Verwaltungen und öffentlichen Körperschaften	4,8

Entnommen aus: »Bauern-Echo« vom 18. Juni 1949.
In Sachsen-Anhalt, wo im Zuge der Bodenreform 24 % der Neubauernstellen geschaffen wurden, waren die Neubauern wesentlich stärker in der DBD organisiert als im Zonendurchschnitt.
766 Die Summe der vorliegenden Zahlen ergibt allerdings nur 99 %.
767 Vgl. »Bauern-Echo« vom 7. Juli 1949 und Protokoll des II. Parteitages..., a. a. O., S. 103 ff.
768 Vgl. Goldenbaum (Referat), in: Protokoll des III. Parteitages..., a. a. O., S. 55.
769 Vgl. Rose (Rechenschaftsbericht), in: Protokoll des II. Parteitages..., a. a. O., S. 103.
770 Entschließung des I. Parteitages, in: »Bauern-Echo« vom 7. Juli 1949.
771 Vgl. Rose (Rechenschaftsbericht), in: Protokoll des II. Parteitages..., a. a. O., S. 103 und 116. Der Parteivorstand führte den Zulauf von Frauen insbesondere auf die Arbeit der ab 1950 bei den Kreis- und Landesleitungen gebildeten Frauenkommissionen zurück.
772 Rose (Rechenschaftsbericht), in: Protokoll des II. Parteitages..., a. a. O., S. 103.

773 Zusammengestellt nach: Mattedi, a. a. O., S. 134; Materialien beim RIAS Berlin; Materialien des Archivs des Gesamtdeutschen Instituts Berlin.
774 Zusammengestellt nach: »Der Abend« vom 16. Dezember 1949; Früchte des Bündnisses. Werden und Wachsen der sozialistischen Landwirtschaft der DDR. Berlin (Ost) 1980, S. 48; Von der demokratischen Bodenreform . . ., a. a. O., S. 71; Angaben des Anfang 1953 in die Bundesrepublik geflüchteten 1. Vorsitzenden des Landesverbandes Sachsen, Friedrich Martin (vgl. IWE-Mitteilungen vom 7. April 1954); Daten der Abteilung Statistik beim ZK der SED, zitiert nach Staritz, Die National . . ., a. a. O., S. 94.
775 Nach Materialien beim RIAS Berlin und des Archivs des Gesamtdeutschen Instituts Berlin. Die »Neue Zeitung« berichtete in ihrer Ausgabe vom 23. August 1951, daß im ersten Halbjahr 1951 ungefähr 7000 Mitglieder, insbesondere Großbauern, die Partei verlassen haben sollen.
776 Vgl. Arbeitsplan des Bezirksvorstandes der DBD Frankfurt/Oder für den Monat September 1952 vom 28. August 1952 – Materialien beim RIAS Berlin. Auszug in: Wernet, a. a. O., S. 278.
777 Vgl. IWE-Mitteilungen vom 12. Mai 1951.
778 Vgl. IWE-Mitteilungen vom 5. Dezember 1953.
779 Statut von 1949, Ziff. 10 und 12.
780 Vgl. Protokoll des II. Parteitages . . ., a. a. O., S. 214; Protokoll des III. Parteitages . . ., a. a. O., S. 209 ff.
781 So auch die Wahl des Parteischiedsgerichts, der Parteirevisionskommission sowie des Parteipräsidiums. Vgl. Protokoll des II. Parteitages . . ., a. a. O., S. 35 ff. und 214 f.; Protokoll des III. Parteitages . . ., a. a. O., S. 27 ff. und 209 ff.
782 Vgl. Staritz, Die National . . ., a. a. O., S. 98.
783 Ab dem dritten Parteitag wurde die Beschwerdekommission nicht mehr gebildet.
784 Zur Entlastung der Redaktionskommission wurde auf dem dritten Parteitag erstmals eine Antragskommission gebildet.
785 Vgl. Protokoll des II. Parteitages . . ., a. a. O., S. 208.
786 Vgl. Protokoll des III. Parteitages . . ., a. a. O., S. 198.
787 Vgl. die Berichte der Mandatsprüfungskommissionen auf den jeweiligen Parteitagen, in: »Bauern-Echo« vom 7. Juli 1949; Protokoll des II. Parteitages . . ., a. a. O., S. 86 f. Protokoll des III. Parteitages . . ., a. a. O., S. 195 f.
788 Vgl. ebd.
789 Vgl. ebd.
790 Vgl. ebd.
791 Vgl. Staritz, Die National . . ., a. a. O., S. 98.
792 Vgl. Protokoll des III. Parteitages . . ., a. a. O., S. 204.
793 Vgl. Statut von 1949, Ziff. 14. Ab 1957 wurden alle drei Jahre und ab 1963 alle fünf Jahre Parteitage abgehalten.
794 Vgl. Statut von 1949, Ziff. 11.
795 Vgl. ebd., Ziff. 17.
796 Vgl. ebd., Ziff. 15.
797 Statut von 1948, Ziff. 19.
798 Vgl. dazu Kap. IV/3.2.3 und 3.2.4.
799 Vgl. Statut von 1949, Ziff. 13.
800 Zusammengestellt nach: »Bauern-Echo« vom 1. August 1948 und 5. Juli 1949; Protokoll des II. Parteitages . . ., a. a. O., S. 212 ff.; Protokoll des III. Parteitages . . ., a. a. O., S. 206 ff.
801 Vgl. ebd.
802 Vgl. ebd.
803 Errechnet nach ebd.; Handbuch der Volkskammer, 2. Wahlperiode sowie den Handbüchern und Protokollen der Landtage, 2. Wahlperiode.
804 Vgl. Staritz, Die National . . ., a. a. O., S. 99.
805 Zusammengestellt nach den Parteitagsprotokollen II. und III. Parteitag, Berichten im »Bauern-Echo« sowie nach Materialien beim RIAS Berlin und des Archivs des Gesamtdeutschen Instituts Berlin.
806 Vgl. Protokoll des II. Parteitages . . ., a. a. O., S. 218; vgl. auch Tab. 17.
807 Vgl. Protokoll des III. Parteitages . . ., a. a. O., S. 214.

808 Vgl. Gert Robel: Die deutschen Kriegsgefangenen in der Sowjetunion – Antifa –. München 1974, S. 308.
809 Vgl. Kurzbiographie im Anhang.
810 Vgl. ebd.
811 Vgl. »Bauern-Echo« vom 12. Februar 1951 und Protokoll des II. Parteitages ..., a.a.O., S.218.
812 Vgl. Protokoll des II. Parteitages ..., a. a. O., S. 214; Materialien beim RIAS Berlin.
813 Vgl. Kurzbiographie im Anhang.
814 Vgl. ebd.
815 Vgl. Statut von 1949, Ziff. 22.
816 Auf dem XI. Parteitag der DBD (3. bis 5. Mai 1982) wurde Ernst Mecklenburg zum Parteivorsitzenden gewählt. Ernst Goldenbaum wurde Ehrenvorsitzender der Partei.
817 Vgl. Protokoll des IV. Parteitages der Demokratischen Bauernpartei Deutschlands. 31. August bis 2. September 1955 in Halle. Berlin (Ost) 1955, S. 272. In dem Statut, das der V. Parteitag (1957) verabschiedete, ist die Bildung des Präsidiums in § 14 a verankert.
818 Vgl. Referat Goldenbaums auf dem vierten Parteitag, in: Protokoll des IV. Parteitages ..., a. a. O., S. 54.
819 Vgl. ebd.
820 Vgl. Statut von 1949, Ziff. 16.
821 Vgl. SPD-Archiv im AdsD, Bonn-Bad Godesberg. Auszug in: Wernet, a. a. O., S. 275 f.
822 Vgl. ebd.
823 Vgl. ebd.
824 Nach Unterlagen beim RIAS Berlin und des Archivs des Gesamtdeutschen Instituts Berlin.
825 Entschließung des Parteivorstandes der SED vom 21. Juli 1949 »Über die Verbesserung der Organisationsarbeit der Partei«, in: Dokumente der SED ..., a. a. O., Bd. 2, S. 279 ff.
826 Vgl. Hans Reichelt: Der Einbau der Kreisinstrukteure – ein bedeutender Schritt in der Entwicklung und Festigung unserer Partei, in: »Der Pflüger«, 2. Jg. 1950, Heft 3, S. 4.
827 Vgl. Kurzbiographie im Anhang.
828 Vgl. ebd.
829 Vgl. ebd.
830 Eigene Recherchen und Materialien vom RIAS Berlin sowie des Archivs des Gesamtdeutschen Instituts Berlin.
831 Personalstrukturen für 1949 und 1951 (1. und 2. Landesparteitag) in: Erster Landesparteitag ..., a. a. O., S. 212 f.; »Bauern-Echo« vom 13. Juni und 1. Juli 1951.
832 Vgl. Materialien des RIAS Berlin und des Archivs des Gesamtdeutschen Instituts Berlin.
833 Vgl. Statut von 1949, Ziff. 17.
834 Vgl. IWE-Meldungen vom 6. Mai 1951, Sonderbeilage.
835 Vgl. Materialien beim RIAS Berlin und des Archivs des Gesamtdeutschen Instituts Berlin.
836 Vgl. ebd.
837 Vgl. ebd.
838 Frauenkommissionen wurden im März 1950 bei den Kreis- und Landesvorständen gebildet. Auch die beim Parteivorstand, den Landes- und Kreisvorständen errichteten Wirtschaftskommissionen nahmen Anfang 1950 ihre Arbeit auf. Auf dem II. Parteitag wurden sie in »Agrarpolitische Ausschüsse« umbenannt. Vgl. Rose (Rechenschaftsbericht) in: Protokoll des II. Parteitages ..., a. a. O., S. 116; Scholz (Referat) in: ebd., S. 171 f. Ebenfalls Anfang 1950 wurden auf der Zentral-, der Landes- und Kreisebene Jugendkommissionen gebildet. Vgl. »Bauern-Echo« vom 3. März 1950.
839 Zur Funktion dieser Ausschüsse und Kommissionen vgl. Scholz (Referat) in: Protokoll des II. Parteitages ..., a. a. O., S. 171 f.; Entschließung des II. Parteitages, in: ebd., S. 232; Otto Keuthe: Zusammensetzung und Aufgaben der Kreiswirtschaftskommissionen, in: »Der Pflüger«, 3. Jg. 1951, Heft 4/5, S. 11 f.
840 Paul Scholz: Die organisatorische und ideologische Festigung der Partei, in: »Bauern-Echo« vom 12. März 1950.
841 Entschließung des 1. Landesparteitages der DBD Brandenburg, in: Erster Landesparteitag ..., a. a. O., S. 38.
842 »Bauern-Echo« vom 22. November 1950.
843 Protokoll des II. Parteitages ..., a. a. O., S. 230.
844 Ebd.

845 Entnommen aus: Unsere Partei unterstützt den Aufbau des Sozialismus, Referat Goldenbaums auf der erweiterten Parteivorstandssitzung am 5. September 1952, in: »Bauern-Echo« vom 7. September 1952.
846 Vgl. Rose (Rechenschaftsbericht) in: Protokoll des II. Parteitages . . ., a. a. O., S. 104 f. Vgl. auch die Rede des Organisationssekretärs Hans Reichelt auf der Sitzung des Parteivorstandes am 5. Dezember 1951, Auszüge in: »Bauern-Echo« vom 12. Dezember 1951.
847 Vgl. Protokoll des III. Parteitages . . ., a. a. O., S. 67.
848 Vgl. ebd.
849 Vgl. ebd.
850 Im ersten Halbjahr 1950 wurden fast alle Kreisvorsitzenden des Landesverbandes Sachsen-Anhalt abgelöst. Im ersten Halbjahr 1951 sind allein 17 Kreisvorsitzende und -sekretäre des Landesverbandes Thüringen in die Bundesrepublik Deutschland geflüchtet. Vgl. Materialien des Archivs des Gesamtdeutschen Instituts Berlin.
851 Vgl. Reichelt, Der Einbau . . ., a. a. O. Der Landesverband Thüringen beschäftigte 1951 5 hauptamtliche Landes- und 33 Kreisinstrukteure. Vgl. »Bauern-Echo« vom 13. Juni 1951.
852 Vgl. Entschließung des II. Parteitages, in: Protokoll des II. Parteitages . . ., a. a. O., S. 230; Auszug in: Wernet, a. a. O., S. 277.
853 Entschließung des III. Parteitages, in: Protokoll des III. Parteitages . . ., a. a. O., S. 230.
854 Vgl. Kommuniqué über die Sitzung des Sekretariats des Parteivorstandes der Demokratischen Bauernpartei Deutschlands vom 2. August 1952, in: »Bauern-Echo« vom 5. August 1952.
855 Vgl. Statut von 1949, Ziff. 18.
856 Zu den Organisationswahlen von 1951 gab der Parteivorstand an die Landesleitungen ein Rundschreiben heraus, in dem er darauf hinwies, daß zu den Vorstandswahlen der Ortsgruppen nur Mitglieder nominiert werden dürfen, deren Kandidatur von den örtlichen SED-Leitungen befürwortet worden war. Vgl. IWE-Mitteilungen vom 9. Februar 1952.
857 Entnommen aus: Rose (Rechenschaftsbericht) in: Protokoll des II. Parteitages . . ., a. a. O., S. 104.
858 Entnommen aus Protokoll des III. Parteitages . . ., a. a. O., S. 56.
859 Vgl. Statut der DBD von 1963, beschlossen auf dem VII. Parteitag in Schwerin. o. O. o. J.
860 Vgl. hierzu die Ausführungen in Kap. IV/2.4.
861 Vgl. hierzu die Ausführungen in Kap. IV/3.1.
862 Vgl. hierzu die Ausführungen in Kap. IV/3.4.
863 Der Landesvorstand Sachsen-Anhalt erteilte auf seiner Sitzung am 28. August 1950 jedem Vorstandsmitglied einen Parteiauftrag, der ihn zur Mitarbeit in den Ausschüssen der Nationalen Front verpflichtete.
864 Die Mitglieder des Kreisvorstandes Leipzig übernahmen Ende 1949 über mehrere Ortsgruppen ihres Kreisverbandes Patenschaften mit dem Ziel, eine engere Verbindung zu diesen Organisationseinheiten herzustellen und die politische Arbeit der Ortsorgane zu verbessern. Vgl. »Bauern-Echo« vom 29. November 1949.
865 »Der Pflüger«, 4. Jg. 1952, Heft 10, S. 21.
866 Vgl. Hans Reichelt: Bessere persönliche Anleitung und Unterstützung der Parteieinheiten, in: »Der Pflüger«, 2. Jg. 1950, Heft 8, S. 10 f.
867 Vgl. »Der Pflüger«, 2. Jg. 1950, Heft 2, S. 14 ff.
868 Vgl. Arbeitsplan des Bezirksverbandes Frankfurt/Oder der DBD für den Monat September 1952, Auszug in: Wernet, a. a. O., S. 278.
869 Vgl. Richtlinien für die Kommunalpolitik der DBD, in: »Bauern-Echo« vom 31. März 1949.
870 Vgl. Arbeitsplan . . ., a. a. O.
871 Vgl. »Bauern-Echo« vom 8. September 1949.
872 Vgl. Richtlinien für die Kommunalpolitik . . ., a. a. O.; vgl. »Der Pflüger«, 1. Jg. 1949, Heft 3, S. 8.
873 »Der Pflüger«, 3. Jg. 1951, Heft 1, S. 20.
874 Protokoll des II. Parteitages . . ., a. a. O., S. 230; Auszug in: Wernet, a. a. O., S. 277.
875 Vgl. ebd. sowie den Artikel des Redaktionskollegiums des »Bauern-Echo«: Über Kritik und Selbstkritik. Einige Lehren des XIX. Parteitages der KPdSU für unsere Arbeit auf dem Lande, in: »Bauern-Echo« vom 6. November 1952.
876 Goldenbaum in: Protokoll des III. Parteitages . . ., a. a. O., S. 66.

877 Vgl. Staritz, Die National..., a. a. O., S. 105.
878 Vgl. Statut von 1949, Ziff. 6-7.
879 Auf dem zweiten Parteitag wurde der Einspruch zweier vom Ausschluß betroffener Mitglieder von der Beschwerdekommission zurückgewiesen. Vgl. Protokoll des II. Parteitages ..., a. a. O., S. 212.
880 Vgl. Statut von 1949, Ziff. 8.
881 Vgl. Statut der DBD von 1963, beschlossen auf dem VII. Parteitag in Schwerin, o. O. o. J., III/ Ziff. 5-8; Statut der DBD von 1968, beschlossen auf dem VIII. Parteitag in Magdeburg o. O. o. J., III/Ziff. 5-8; Statut der DBD von 1977, II/Ziff. 5-9, in: Protokoll des X. Parteitages ..., a. a. O.
882 Vgl. Statut von 1949, Ziff. 21.
883 Vgl. ebd., Ziff. 20.
884 Vgl. Entschließung des II. Parteitages, in: Protokoll des II. Parteitages ..., a. a. O., S. 230, Auszug in: Wernet, a. a. O., S. 277.
885 Ebd.
886 Rose (Rechenschaftsbericht) in: Protokoll des II. Parteitages ..., a. a. O., S. 106.
887 Vgl. Entschließung der I. Parteikonferenz, in: »Bauern-Echo« vom 25. Juli 1948.
888 Vgl. Rose (Rechenschaftsbericht) in: Protokoll des II. Parteitages ..., a. a. O., S. 106.
889 Vgl. ebd., S. 108. Zwischen dem zweiten und dritten Parteitag besuchten 3981 Mitglieder die Landesparteischulen. Vgl. Goldenbaum in: Protokoll des III. Parteitages ..., a. a. O., S. 58.
890 Vgl. Rose (Rechenschaftsbericht) in: Protokoll des II. Parteitages ..., a. a. O., S. 107.
891 Ebd.
892 Vgl. ebd., S. 110 f. sowie Entschließung des II. Parteitages, in: ebd., S. 232 f. Angeklungen war dies bereits auf der Arbeitstagung der Schulungs- und Lehrgangsleiter in Borkheide am 28./29. Dezember 1950. Vgl. »Der Pflüger«, 3. Jg. 1951, Heft 1, S. 19 f.
893 Vgl. Rose (Rechenschaftsbericht) in: Protokoll des II. Parteitages ..., a. a. O., S. 110 f.
894 Arbeitsentschließung des Parteivorstandes der DBD vom 5./6. September 1952, in: »Bauern-Echo« vom 7. September 1952.
895 Vom Herbst 1950 bis zum II. Parteitag hatte die Partei rund 5830 Bezirks- und Ortsgruppenschulungen mit insgesamt 35 700 Teilnehmern durchgeführt. Vgl. Rose (Rechenschaftsbericht) in: Protokoll des II. Parteitages ..., a. a. O., S. 110.
896 Beschluß des Sekretariats vom 19. September 1951, in: »Bauern-Echo« vom 21. September 1951. Vgl. auch Aufruf des Parteivorstandes der DBD zum Beginn des ersten Parteischulungsjahres, in: »Bauern-Echo« vom 22. September 1951.
897 Vgl. Arbeitsentschließung ..., a. a. O.
898 Vgl. die Schulungsunterlagen zu diesen beiden Themen in den Monatsheften 10 und 11 des Funktionärsorgans »Der Pflüger«, 3. Jg. 1951.
899 Vgl. Hans Schnitzler: Zum Beginn des zweiten Parteischulungsjahres der DBD, in: »Bauern-Echo« vom 31. Oktober 1952.
900 Vgl. Goldenbaum in: Protokoll des III. Parteitages ..., a. a. O., S. 57.
901 In Mecklenburg 643, in Thüringen 490, in Sachsen-Anhalt 290, in Brandenburg 280 und in Sachsen 247. Vgl. Hans Schnitzler: Mehr parteilose werktätige Bauern durch das Schulungsjahr für unsere Partei gewinnen, in: »Der Pflüger«, 4. Jg. 1952, Heft 7, S. 5 ff.
902 Vgl. Rolf Schönbach: Landesparteischule Königsbrück stellt zur Diskussion, in: »Der Pflüger«, 2. Jg. 1950, Heft 8, S. 18 ff. Vgl. auch Paul Habersaat: Auswahl der Schüler sorgfältiger treffen, in: »Der Pflüger«, 4. Jg. 1952, Heft 5, S. 7.
903 Vgl. Rose (Rechenschaftsbericht) in: Protokoll des II. Parteitages ..., a. a. O., S. 108.
904 Vgl. Goldenbaum in: Protokoll des III. Parteitages ..., a. a. O., S. 58.
905 Vgl. Rose (Rechenschaftsbericht) in: Protokoll des II. Parteitages ..., a. a. O., S. 108 ff.; Hans Rietz, Kaderpolitik – eine wichtige Aufgabe unserer Partei, in: »Der Pflüger«, 4. Jg. 1952, Heft 5, S. 5 ff.
906 Vgl. ebd.
907 Vgl. Benno Vollert: Auswahl der Parteischüler darf nicht am grünen Tisch erfolgen, in: »Der Pflüger«, 4. Jg. 1952, Heft 1/2, S. 23. Vgl. auch IWE-Mitteilungen vom 6. Juni 1951, Sonderbeilage.
908 Darunter waren 97,8 % (= 1304) Bauern. Vgl. Goldenbaum in: Protokoll des III. Parteitages..., a. a. O., S. 57.

909 Hans Schnitzler: Zum II. Parteischulungsjahr, in: »Bauern-Echo« vom 12. November 1952.
910 Zu den Aufgaben der Propagandistenaktivs vgl. den von der Abteilung Schulung und Werbung des Parteivorstandes verfaßten Artikel: Unterschätzung und Schwächung der Schulungsarbeit überwinden, in: »Der Pflüger«, 4. Jg. 1952, Heft 6, S. 8 sowie Erwin Bär: Die Aufgaben der Propagandistenaktivs und ihre Anleitung, in: »Der Pflüger«, 4. Jg. 1952, Heft 1/2, S. 20 f.
911 Hans Rietz: Verantwortungsbewußte und schnellere Heranbildung neuer junger Kader, in: »Der Pflüger«, 3. Jg. 1951, Heft 12, S. 21.
912 In der Entschließung des III. Parteitages heißt es, daß seit September 1952 »Hunderte« neue hauptamtliche Funktionäre entwickelt wurden. Vgl. Protokoll des III. Parteitages . . ., a. a. O., S. 231.
913 Vermutlich aus Gründen der defizitären Entwicklung des »Bauern-Echo« gelang es der Partei nicht, sofort nach der Verwaltungsreform vom August 1952 in allen Bezirken eine entsprechende Bezirksausgabe aufzulegen.
914 Zu den Angaben siehe: Die Presse der Sowjetischen Besatzungszone. Hrsg. vom Parteivorstand der SPD (= Sopade Informationsdienst, Denkschriften, 54). Bonn 1954, S. 68. Die an die Post ausgelieferte Auflage vom Dezember 1951 (= 118 000) verteilte sich auf die Länder wie folgt:

Sachsen-Anhalt	41 600
Brandenburg	24 200
Mecklenburg	20 500
Sachsen	20 000
Thüringen	11 700

915 Statut von 1949, Ziff. 27.
916 Zu den Angaben vgl. Die Presse . . ., a. a. O., S. 68; Goldenbaum in: Protokoll des III. Parteitages . . ., a. a. O., S. 59.
917 Vgl. Die Presse . . ., a. a. O., S. 67.
918 Vgl. ebd.
919 Vgl. Statut von 1949, Ziff. 29.
920 Entschließung des Parteivorstandes der DBD vom 7./8. Februar 1949, in: »Bauern-Echo« vom 10. Februar 1949.
921 Vgl. Rose (Rechenschaftsbericht) in: Protokoll des II. Parteitages . . ., a. a. O., S. 112. Nach Angaben Helmschrotts soll die Zahl der Bauernkorrespondenten zwischenzeitlich sogar noch höher gewesen sein. Vgl. Leonhard Helmschrott: Das »Bauern-Echo«, ein treuer Helfer in der Entwicklung unserer Partei, in: »Der Pflüger«, 2. Jg. 1950, Heft 4, S. 17.
922 Zur Funktion der Volkskorrespondenten siehe E. M. Herrmann: Die Presse in der sowjetischen Besatzungszone Deutschlands. Bonn 1957, S. 86 ff.
923 Vgl. Helmschrott, a. a. O., S. 17 ff.; Johanna Adelberger: Die Aufgaben der Pressereferenten und Bauernkorrespondenten, in: »Der Pflüger«, 2. Jg. 1950, Heft 5, S. 18 f.; Rolf Trache: Erste Arbeitstagung der Bauernkorrespondenten in Halberstadt, in: »Der Pflüger«, 3. Jg. 1951, Heft 10, S. 22 f.
924 Adelberger, ebd., S. 19.
925 Rose (Rechenschaftsbericht) in: Protokoll des II. Parteitages . . ., a. a. O., S. 112.
926 Vgl. Entschließung des Parteivorstandes vom 7./8. Februar 1949, in: »Bauern-Echo« vom 10. Februar 1949. Entschließung des III. Parteitages, in: Protokoll des III. Parteitages . . ., a. a. O., S. 233.
927 Vgl. Statut von 1949, Ziff. 26.
928 Entschließung des II. Parteitages, in: Protokoll des II. Parteitages . . ., a. a. O., S. 208.
929 Vgl. ebd.
930 Dieser Aufteilungsmodus galt ab 1. Mai 1949. Vgl. »Der Pflüger«, 1. Jg. 1949, Heft 1, S. 10 und Heft 2, S. 14. Es fällt auf, daß der Parteivorstand nach dieser Regelung keine Gelder aus Mitgliederbeiträgen bezog.
931 Nach Informationen des Informationsbüros West lag die durchschnittliche Kassierungsquote für den Parteiverband für Anfang 1951 bei etwa 60 %. Vgl. IWE-Mitteilungen vom 15. Juli 1951.
932 So wurde im Kreisverband Chemnitz in der Zeit von Juli 1948 bis Februar 1949 überhaupt nicht kassiert. Vgl. »Bauern-Echo« vom 24. Mai 1949.

933 Vgl. Protokoll des III. Parteitages ..., a. a. O., S. 213.
934 Vgl. Entschließung des III. Parteitages, in: Protokoll des III. Parteitages ..., a. a. O., S. 233.
935 So verzichtete sie bei finanziell schwach gestellten Mitgliedern auf Aufnahmegebühren und Beiträge. Vgl. »Der Abend« vom 16. Dezember 1948.
936 Vgl. Die Ausführungen in Kap. IV/2.2.
937 Vgl. IWE-Mitteilungen vom 15. Juni 1951.
938 Vgl. IWE-Mitteilungen vom 7. April 1953.
939 Vgl. Bestand SPD-Archiv im AdsD, Bonn-Bad Godesberg, 0038 a, Auszug in: Wernet, a. a. O., S. 275 f.
940 Vgl. IWE-Mitteilungen vom 2. Februar 1952.
941 Nach Materialien des Archivs des Gesamtdeutschen Instituts Berlin.
942 Zu den Finanzen der NDPD vgl. Staritz, Die National ..., a. a. O., S. 110 ff.
943 »Bauern-Echo« vom 5. Juli 1949.
944 Programm der Demokratischen Bauernpartei Deutschlands. Einstimmig angenommen auf dem I. Parteitag der DBD in Mühlhausen, in: »Bauern-Echo« vom 9. Juli 1949. Abdruck in: Wernet, a. a. O., S. 265 ff. (im folgenden zitiert als: Programm von 1949).
945 Vgl. Staritz, Die National ..., a. a. O., S. 67 f.
946 Grundsätze und Forderungen der Demokratischen Bauernpartei Deutschlands, in: »Bauern-Echo« vom 18. Juli 1948 (im folgenden zitiert als: Grundsätze und Forderungen).
947 Programm von 1949, a. a. O. Vgl. auch Entschließung des Vorstandes der DBD: Gutes Verhältnis zur Sowjetunion liegt im Interesse unseres Volkes, vom 3. Dezember 1948, in: »Bauern-Echo« vom 7. Dezember 1948.
948 Programm von 1949, a. a. O. Vgl. auch Rede Goldenbaums auf dem I. Parteitag, in: »Bauern-Echo« vom 5. Juli 1949.
949 Programm von 1949, a. a. O.
950 Ebd.
951 Ebd.
952 Rede von Paul Scholz auf der Sitzung des Deutschen Volksrates aus Anlaß der Staatsgründung am 7. Oktober 1949, in: »Bauern-Echo« vom 8. Oktober 1949.
953 Ebd.
954 Vgl. im einzelnen Programm 1949, a. a. O.
955 Programm von 1949, a. a. O.
956 Ebd. sowie Grundsätze und Forderungen, a. a. O.
957 Rede von Paul Scholz auf dem I. Parteitag, in: »Bauern-Echo« vom 5. Juli 1949.
958 Vgl. Staritz, Die National ..., a. a. O., S. 67 ff.
959 Vgl. Beschluß der II. Parteikonferenz der Sozialistischen Einheitspartei Deutschlands zur gegenwärtigen Lage und zu den Aufgaben im Kampf für Frieden, Einheit, Demokratie und Sozialismus, in: Protokoll der Verhandlungen der II. Parteikonferenz der Sozialistischen Einheitspartei Deutschlands. 9. bis 12. Juli 1952 in der Werner-Seelenbinder-Halle zu Berlin. Berlin (Ost) 1952, S. 489 ff.
960 Vgl. z. B. Entschließung des Landesverbandes Sachsen-Anhalt vom 17. Juli 1952 und das Grußschreiben des Landesverbandes Thüringen an das ZK der SED, beide Dokumente abgedruckt in: »Bauern-Echo« vom 20. Juli 1952.
961 Vgl. Äußerungen von Ernst Goldenbaum, Berthold Rose und Paul Scholz, in: »Bauern-Echo«, die Ausgaben vom 20., 25., 26. Juli 1952.
962 Arbeitsentschließung ..., a. a. O.
963 Ebd.
964 Grußadresse der Teilnehmer der erweiterten Parteivorstandssitzung der DBD an das ZK der SED, in: »Bauern-Echo« vom 7. September 1952.
965 Vgl. Arbeitsentschließung ..., a. a. O.
966 »Bauern-Echo« vom 5. Juli 1949.
967 Scholz in: Protokoll des II. Parteitages ..., a. a. O., S. 166.
968 Vgl. Arbeitsentschließung ..., a. a. O.
969 Ebd.
970 Entschließung des III. Parteitages, in: Protokoll des III. Parteitages ..., a. a. O., S. 226.
971 Ebd.
972 Goldenbaum, in: ebd., S. 41.

973 Vgl. Kommuniqué über die Sitzung des Sekretariats des Parteivorstandes der DBD vom 24. Oktober 1952, in: »Bauern-Echo« vom 26. Oktober 1952.
974 Zu diesen Angaben siehe Statistisches Jahrbuch der DDR 1955, a. a. O., S. 197.
975 Ernst Mecklenburg: Das Wirken der DBD für den Sieg der antifaschistisch-demokratischen Umwälzung und der sozialistischen Revolution in der DDR, in: »BzG«, 11. Jg. 1969, Sonderheft, S. 61.
976 Vgl. dazu Staritz, Die National ..., a. a. O., S. 60.
977 Vgl. »Bauern-Echo« vom 25. Juli 1948.
978 Vgl. »Märkische Volksstimme« vom 27. Juli 1948; »Bauern-Echo« vom 8., 15., 29. August 1948.
979 Vgl. »Bauern-Echo« vom 1. August 1948.
980 Vgl. »Tägliche Rundschau« vom 24. August 1948.
981 Vgl. Grundsätze und Forderungen, a. a. O.
982 Vgl. »Bauern-Echo« vom 8. August 1948. Erklärung abgedruckt in: Wernet, a. a. O., S. 262.
983 Fritz Scheffler war bis Ende 1950 Leiter der Hauptabteilung Organisation im Sekretariat des Parteivorstandes und Mitglied des Parteivorstandes.
984 Vgl. »Bauern-Echo« vom 26. Oktober 1948.
985 Der Antrag der DBD an den zentralen Blockausschuß lautete: »In Ausführung des Beschlusses der Parteikonferenz der Demokratischen Bauernpartei Deutschlands bitten wir um Aufnahme in den Block der antifaschistisch-demokratischen Partei[en].
In einigen Ländern der sowjetisch besetzten Zone ist die Aufnahme unserer Partei bereits erfolgt. Im Interesse einer guten Zusammenarbeit aller demokratischen Kräfte dürfte es geboten sein, nunmehr auch an der Spitze die Zusammenarbeit aller Parteien zu sichern.
Es werden zu der Teilnahme an den Sitzungen entsandt:
1.) Ernst Goldenbaum (1. Vorsitzender),
2.) Rudolf Albrecht (2. Vorsitzender),
In Vertretung: Paul Scholz (Hauptgeschäftsführer).
Wir bitten, die Teilnahme der genannten Herren an Ihrer Sitzung ermöglichen zu wollen, bei der eine Begründung dieses Antrages erfolgen kann.«
– Niederschrift über die Sitzung des Gemeinsamen Ausschusses der antifaschistisch-demokratischen Parteien am 5. August 1948, in: Suckut, Zur Praxis ..., a. a. O. Vgl. auch Dok. 159 bei Koch, Der Demokratische Block, a. a. O., S. 327.
986 Die LDPD wollte der DBD bis zum Zeitpunkt der nächsten Wahlen zunächst nur einen Vertreter im Block zugestehen. Vgl. Koch, ebd., S. 290.
987 Vgl. Gemeinsam zum Sozialismus ..., a. a. O., S. 103; vgl. auch Antrag der DBD an den zentralen Blockausschuß, a. a. O.
988 Vgl. »Weimarer Abendpost« vom 12. August 1948.
989 Vgl. »Bauern-Echo« vom 19. Oktober 1948.
990 Vgl. »Sächsische Zeitung« vom 14. Juni 1949. Abdruck in: Koch, Der Demokratische Block, a. a. O., S. 328 f.
991 Vgl. Sacher, a. a. O., S. 270 sowie dort die Anm. 327 und 328.
992 Vgl. Richard Mand/Lore Krüger: Zwanzig Jahre Demokratischer Block, Annotierte Spezialbibliographie, Zeittafel, Dokumentensammlung. Potsdam-Babelsberg 1965 (= Aktuelle Beiträge zur Staats- und Rechtswissenschaft aus den sozialistischen Ländern, 12), S. 904.
993 Vgl. »Bauern-Echo« vom 30. November und 3. Dezember 1948.
994 In den ersten vier Regierungsjahren wechselten sich DBD-Spitzenfunktionäre mehrmals im Amt des Landwirtschaftsministers ab. Auf Goldenbaum folgte im November 1950 Paul Scholz, der im Juni 1952 durch Wilhelm Schröder abgelöst wurde. Im Mai 1953 übernahm Hans Reichelt für kurze Zeit das Ministerium und übergab es im November des gleichen Jahres abermals an Paul Scholz, unter dem Reichelt dann Staatssekretär war.
Zur politischen Bedeutung des Landwirtschaftsministeriums neben dem Staatssekretariat für Erfassung und Aufkauf von landwirtschaftlichen Erzeugnissen siehe Ernst Richert: Die Blockpartner im sowjetzonalen Staatsapparat, in: »SBZ-Archiv«, 4. Jg. 1953, Heft 9 vom 5. Mai 1953, S. 134.
995 Im Zuge der Schaffung von vier Staatssekretariaten mit jeweils eigenem Geschäftsbereich im Ministerium für Handel und Versorgung anläßlich der Regierungsumbildung im November 1950 wurde Albrecht Leiter des Staatssekretariats für Nahrungs- und Genußmittelindustrie.

Anfang Dezember 1952 wurde er zusammen mit seinem Minister Hamann (LDPD) wegen »Mißwirtschaft« von seinem Posten suspendiert und am 15. Dezember in Haft genommen.
996 Vgl. »Bauern-Echo« vom 2. Juni 1949.
998 Vgl. »Bauern-Echo« vom 24. März 1949 (S). Dort wird berichtet, daß die DBD-Ortsgruppe Dresden sofort nach ihrer Gründung einen Antrag um Aufnahme in einzelne Ausschüsse des Stadtparlaments stellte. Vgl. auch Rudolf Seyna: Ansatzpunkte für die DBD in der Gemeindepolitik, in: »Der Pflüger«, 1. Jg. 1949, Heft 4, S. 11 f.
999 Vgl. »Bauern-Echo« vom 28. Januar 1949.
1000 Vgl. »Bauern-Echo« vom 16. April 1949.
1001 Vgl. ebd. sowie die Berichterstattung zum 1. Landesparteitag der DBD in Sachsen-Anhalt, in: »Bauern-Echo« vom 18. Juni 1949.
1002 Vgl. »Bauern-Echo« vom 4. Juni 1949.
1003 Vgl. »Bauern-Echo« vom 1. Oktober 1949.
1004 Vgl. »Bauern-Echo« vom 21. Juni 1949.
1005 Vgl. »Bauern-Echo« vom 1. Oktober 1949; Rolf Leonhardt: Die Politik der SED zur Festigung des Demokratischen Blocks nach der Gründung der DDR (Oktober 1949 – Frühjahr 1950), in: »ZfG«, 26. Jg. 1978, Heft 6, S. 493.
1006 »Bauern-Echo« vom 14. Juni 1949.
1007 Vgl. ebd.
1008 Vgl. »Bauern-Echo« vom 23. Juli 1949 (S).
1009 Vgl. Günter Koppelmann: Das Ringen um die Festigung der antifaschistisch-demokratischen Staatsorgane in Leipzig von Mitte 1948 bis Anfang 1949. Diss. Leipzig 1968, S. 253.
1010 Vgl. »Bauern-Echo« vom 26. Februar und 7. Juni 1949 (S).
1011 Vgl. Erster Landesparteitag ..., a. a. O., S. 13.
1012 Vgl. »Bauern-Echo« vom 4. Juni 1949.
1013 Vgl. hierzu auch die Kritik Goldenbaums auf dem I. Parteitag der DBD, in: »Bauern-Echo« vom 5. Juli 1949.
1014 Walter Ulbricht: Die Neue Rolle der antifaschistisch-demokratischen Staatsmacht. Aus dem Schlußwort auf der Bauernkonferenz der SED am 19. und 20. Februar 1949 in Halle, 20. Februar 1949, in: Zur Geschichte der deutschen Arbeiterbewegung ..., a. a. O., Bd. III, S. 679. Ulbricht reagierte damit auf einen Vorfall in einem nichtgenannten Land, in dem die Personalvorschläge der NDPD für die Besetzung von Verwaltungsstellen von der dortigen SED-Landesorganisation abgelehnt worden waren.
1015 Vgl. Rolf Leonhardt, a. a. O., S. 491.
1016 Ebd.
1017 Dem ging ein Ergänzungsantrag beider Parteien vom 22. November 1949 voraus. Vgl. hierzu Großer, a. a. O., S. 195 und 297 (Anm. 621).
1018 Vgl. Beschluß des zentralen Blocks vom 30. November 1949, abgedruckt bei Großer, a. a. O., S. 297 f. Wiedergegeben bei Koch, Der Demokratische Block, a. a. O., S. 332 f.
1019 Vgl. Thüringer Landtag. Stenographischer Bericht der 1. Wahlperiode. Weimar o. J., 51. Sitzung vom 19. November 1948, Sp. 1425.
1020 Vgl. Protokolle von Landesblocksitzungen 1949 bis 1950, im Archiv beim Hauptvorstand der CDU in der DDR. Bestand Thüringen, Nr. 1353.
1021 Vgl. Mecklenburger Landtag. Stenographisches Protokoll der 1. Wahlperiode. Schwerin o. J., 36. Sitzung vom 1. Oktober 1948.
1022 Vgl. Thüringer Landtag, a. a. O., 65. Sitzung, 14. Januar 1950, Sp. 1769; »Märkische Volksstimme« vom 8. Februar 1950. Sächsischer Landtag 1950 o. O. o. J., S. 18.
1023 In das Plenum des Sächsischen Landtages zogen der 1. Vorsitzende des DBD-Landesverbandes, Friedrich Martin sowie das Landesvorstandsmitglied Fritz Weißhaupt mit beratender Stimme ein. Darüber hinaus wurden 10 weitere Mitglieder der DBD in die insgesamt 12 Ausschüsse des Landtages berufen. Vgl. hierzu Akten und Verhandlungen des Sächsischen Landtages. 1. Wahlperiode. Dresden o. J., 67. Sitzung vom 27. Januar 1950, Sp. 1677.
1024 Zum 15. Februar 1950 war die DBD in den Stadtverordnetenversammlungen der 12 Stadtkreise Thüringens mit 19 Vertretern repräsentiert. Von den insgesamt 1050 Kreistagssitzen in Thüringen, von denen die VdgB bisher 49 und die DBD 2 inne hatte, kamen nunmehr für die DBD 39 hinzu. Vgl. Günther Fritz: Zum Ergebnis der antifaschistisch-demokratischen

Umwälzung in Thüringen bis zur Gründung der Deutschen Demokratischen Republik und zur Rolle der Staatsorgane des Landes bei der Festigung der Arbeiter-und-Bauern-Macht im Prozeß der Überleitung der sozialistischen Revolution. Diss. Leipzig 1967, Anlage 1., S. XXXII.

1025 Vgl. »Bauern-Echo« vom 5. und 8. Februar 1950 (B).
1026 Vgl. Kurzbiographie im Anhang.
1027 Vgl. Sächsischer Landtag 1950, a. a. O., S. 6.
1028 Vgl. Beschluß des Demokratischen Blocks: Gemeinsame Kandidatenliste der Nationalen Front des demokratischen Deutschland zu den Wahlen am 15. Oktober 1950, in: »Neues Deutschland« vom 17. Mai 1950. Auszug in: Koch, Der Demokratische Block, a. a. O., S. 336.
1029 Vgl. Paul Scholz: Der gerade Weg unserer Partei. Zum Beschluß des Demokratischen Blocks über einheitliche Wahlvorschläge, in: »Der Pflüger«, 2. Jg. 1950, Heft 3, S. 3 f.; Auszug in: Wernet, a. a. O., S. 276 f.; vgl. auch die Erklärung der DBD auf dem I. Nationalkongreß am 25. August 1950 zum »Programm der Nationalen Front des demokratischen Deutschland für die Volkswahlen 1950«, in: »Bauern-Echo« vom 29. August 1950. Allerdings gab es in den unteren DBD-Parteigliederungen, vermutlich dort, wo starke lokale Organisationen existierten, Widerstände gegen Wahlen nach Einheitslisten. Dies deutete Scholz indirekt an.
1030 Der Block legte auf seiner Sitzung am 7. Juli 1950 den Schlüssel für die Verteilung der Mandate der Parteien und Massenorganisationen in der Volkskammer fest. Danach erhielten: SED 25 %, CDU und LDP je 15 %, NDPD und DBD je 7,5 %, FDGB 10 %, FDJ und Kulturbund je 5 %, VVN und DFD je 3,7 % sowie VdgB und Konsumgenossenschaften je 1,3 %. Vgl. Dok. 171 bei Koch, Der Demokratische Block, a. a. O., S. 336 f.
1031 Vgl. Weber, Parteiensystem . . ., a. a. O., S. 562 (Tab. 46).
1032 In den Landesregierungen Brandenburgs, Sachsens und Thüringens stellte sie die Minister für Land- und Forstwirtschaft, in Sachsen-Anhalt und Mecklenburg je einen Minister ohne Geschäftsbereich.
1033 Vgl. Rose (Rechenschaftsbericht) in: Protokoll des II. Parteitages . . ., a. a. O., S. 97.
1034 Vgl. Referat Goldenbaums auf der ersten zentralen Parteiaktivtagung der DBD am 10. und 11. Februar 1951 in Berlin, in: Die neue Initiative im Dorf (= Schriftenreihe der Demokratischen Bauernpartei Deutschlands, Nr. 6). Hrsg.: PV der DBD. Berlin (Ost) 1951, S. 39.
1035 Richtlinien des Demokratischen Blocks für die Aufstellung der Kandidaten zu den Volkswahlen im Oktober 1950 vom 10. Juli 1950. Auszugsweise Abschrift in: Bestand SPD-Archiv im AdsD, Bonn-Bad Godesberg, 0357 Al.
1036 Vgl. ebd.
1037 Vgl. Rundbrief der Abteilung Schulung und Werbung des DBD-Landesverbandes Sachsen-Anhalt vom 16. Juli 1950.
In dem an alle Kreisverbände gerichteten Schreiben werden Erläuterungen zur Aufstellung der Kandidaten in den Gemeinden gemäß den Blockrichtlinien gegeben. Für den Fall, daß in einer Gemeinde keine DBD-Ortsgruppe vorhanden ist, wird empfohlen, »in jeder Gemeinde mindestens ein Mitglied zu werben, das für [die DBD] kandidiert und welches in den nächsten zwei bis drei Wochen noch ein oder zwei Kollegen hinzuwirbt«. Gleichfalls wird empfohlen, »mit der SED einen geeigneten Bauern ausfindig zu machen, der Ansehen in der Gemeinde genießt und als Parteiloser für [die DBD] kandidiert«. Abschrift in: Bestand SPD-Archiv im AdsD, Bonn-Bad Godesberg, 0357 Al.
1038 Abgedruckt in: »Neues Deutschland« vom 19. August 1949.
1039 Vgl. dazu die Einschätzung von Richard Mand: Demokratischer Block und Demokratie, in: »Staat und Recht«, 14. Jg. 1965, Heft 5, S. 740 (Anm. 10).
1040 Krause, a. a. O., S. 132. In diesem Zusammenhang ist insbesondere die Blockvereinbarung vom 17. Juni 1949 von Bedeutung, in der sich die Vertreter aller Parteien zur Anwendung »organisatorischer Säuberungsmaßnahmen« gegen Opponenten in ihren eigenen Reihen bekannten. Vgl. ebd. S. 129 f.
1041 DDR. Werden und Wachsen . . ., a. a. O., S. 132.
1042 Ebd., S. 133.
1043 Gemeinsam zum Sozialismus . . ., a. a. O., S. 103.
1044 Cěrny, a. a. O., S. 171.

1045 Vgl. dazu die Ausführungen bei Staritz, Die National . . ., a. a. O., S. 60.
1046 Vgl. Entschließung der SED vom 4. Oktober 1949: Die Nationale Front des demokratischen Deutschland und die Sozialistische Einheitspartei Deutschlands, in: Dokumente der SED, a. a. O., Bd. 2, S. 351 ff.
1047 Zu den Zielen, vgl. ebd.
1048 Zum Verhältnis Demokratischer Block und Nationale Front siehe Grasemann, a. a. O.
1049 Entschließung der SED . . ., a. a. O., S. 364.
1050 Erklärung des Parteivorstandes der DBD zur Bildung der Ausschüsse der Nationalen Front, in: »Bauern-Echo« vom 10. Januar 1950.
1051 Paul Scholz: Nationale Front – Der Existenzkampf Deutschlands. Der einzige Weg zu Einheit, Frieden und Wohlstand, in: »Der Pflüger«, 2. Jg. 1950, Heft 2, S. 4.
1052 Vgl. hierzu: Richtlinien und Anweisungen der zentralen Parteileitungsorgane zur Arbeit in den Ausschüssen der Nationalen Front: Entschließung des Parteivorstandes der DBD vom 28. Februar 1950, in: »Bauern-Echo« vom 4. März 1950; Entschließung des Sekretariats des Parteivorstandes der DBD vom 30. Mai 1950, in: »Bauern-Echo« vom 8. Juni 1950; Entschließung des Parteivorstandes der DBD vom 17. Juni 1950, in: »Bauern-Echo« vom 22. Juni 1950.
1053 Vgl. Goldenbaum in: Protokoll des III. Parteitages . . ., a. a. O., S. 63.
1054 Vgl. Ernst Goldenbaum: Was will die CDU eigentlich von uns? In: »Bauern-Echo« vom 16. Juli 1949; vgl. auch »Bauern-Echo« vom 7. Mai 1949; »Bauern-Echo« vom 23. November 1948; »Bauern-Echo« vom 30. November 1948.
1055 Zum Anbau- und Erfassungsplan der CDU vgl. »Union teilt mit«, 3. Jg. 1949, Nr. 5, S. 10.
1056 Zum Genossenschaftsprogramm der CDU vgl. »Union teilt mit«, 3. Jg. 1949, Nr. 1, S. 13 f.
1057 Zu den Auseinandersetzungen mit der LDP um die Besteuerung der Landwirte vgl. »Der Morgen« vom 19. und 22. Oktober 1949 sowie »Bauern-Echo« vom 25. August und 16. November 1949.
1058 Zur Reaktion der DBD auf die von CDU und LDP vertretenen Positionen zur Bauern- und Agrarpolitik vgl. die Erklärungen Goldenbaums vor der Deutschen Wirtschaftskommission, in: »Bauern-Echo« vom 3. Oktober 1948 und 9. April 1949, sowie die Kritik Goldenbaums auf der Blocksitzung am 30. November 1949, wiedergegeben bei Rolf Leonhardt, a. a. O., S. 493; siehe auch die Artikel von Paul Scholz: Anbauplanung oder Erfassungsplan? In: »Bauern-Echo« vom 10. Dezember 1948 und Ernst Goldenbaum: Was will die CDU eigentlich von uns? In: »Bauern-Echo« vom 16. Juli 1949.
1059 Programm von 1949, a. a. O.
1060 Vgl. Rede Goldenbaums auf dem I. Parteitag, in: »Bauern-Echo« vom 5. Juli 1949. Auszug in: Wernet, a. a. O., S. 274 f.
1061 H[elmschrott]: Wohin marschiert die LDP? in: »Bauern-Echo« vom 22. Februar 1949.
1062 Vgl. Rede Goldenbaums auf dem I. Parteitag, in: »Bauern-Echo« vom 5. Juli 1949, Auszug in: Wernet, a. a. O., S. 274 f.
1063 H[elmschrott], Wohin marschiert . . ., a. a. O.
1064 Erklärung des Parteivorstandes der DBD zur Schaffung der Ausschüsse der Nationalen Front vom 7. Januar 1950, in: »Bauern-Echo« vom 10. Januar 1950.
1065 »Der Pflüger«, 1. Jg. 1949, Heft 1, S. 3. Die DBD bekam zu diesem Zweck auf Anweisung der SMAD und SED finanzielle Zuwendungen aus Volkskongreßmitteln zur Verfügung gestellt. Vgl. Bestand SPD-Archiv im AdsD, Bonn-Bad Godesberg, 0038 a. Abdruck des Dokuments in: Wernet, a. a. O., S. 275 f.
1066 Vgl. Rundbrief der Abteilung . . ., a. a. O. zitiert in Anm. 1037. Ein ähnliches Vorgehen empfahl auch die SED-Landesleitung Sachsen ihren Kreisverbänden – vgl. Rundbrief des Sekretariats der SED-Landesleitung vom 23. August 1950 an die Hauptinstrukteure und 1. Kreissekretäre, in: Sopade Nr. 902 (August 1950), S. 902.
1067 Vgl. »Bauern-Echo«, die Ausgaben vom 19., 25., 26., 27. Januar 1950 und 1. Februar 1950.
1068 »Bauern-Echo« vom 19. Januar 1950.
1069 Vgl. ebd.
1070 »Bauern-Echo« vom 4. Februar 1950.
1071 Ernst Goldenbaum: Geschichtlich bedeutungsvoller Tag, in: »Bauern-Echo« vom 17. Juni 1950.
1072 So z. B. in den Kreisen Weimar (Thüringen), Zauche-Belzig (Brandenburg) und Rudol-

stadt (Brandenburg). Vgl. »Bauern-Echo«, die Ausgaben vom 9. November und 14. Dezember 1948 sowie vom 25. August 1949 (B).
1073 Vgl. »Bauern-Echo« vom 23. November 1948, 23. Juni 1949, ebenso Erklärungen einzelner in die DBD übergetretener CDU- und LDP-Bauern, in: »Bauern-Echo« vom 25. September 1948 und 25. Januar 1949.
1074 Angabe Goldenbaums auf dem I. Parteitag. Vgl. »Bauern-Echo« vom 5. Juli 1949.
1075 Aus der Resolution, verabschiedet anläßlich des zweijährigen Bestehens der DBD am 17. Juni 1950, abgedruckt in: »Bauern-Echo« vom 22. Juni 1950.
1076 Ernst Goldenbaum: Werktätige Bauern als aktive Kraft beim demokratischen Neuaufbau, in: »ZfG«, 16. Jg. 1968, Heft 8, S. 1021 f.
1077 Ernst Goldenbaum: Was will die CDU eigentlich von uns? In: »Bauern-Echo« vom 16. Juli 1949. Vgl. in diesem Zusammenhang auch einen Artikel in: »Der Pflüger«, 1. Jg. 1949, Heft 4, S. 14. Dort wird empfohlen, in der Öffentlichkeit unter Hinweis auf die im DBD-Programm gewährte Privateigentumsgarantie den nichtmarxistischen Charakter der Partei herauszustellen.
1078 Vgl. Rede Goldenbaums auf dem I. Parteitag in: »Bauern-Echo« vom 5. Juli 1949. Auszug in: Wernet, a. a. O., S. 274 f.
1079 Die DBD registrierte Behinderungen durch örtliche SED-Funktionäre (Orte werden nicht genannt) in Sachsen-Anhalt und Sachsen. Vgl. »Bauern-Echo« vom 28. Januar und 14. Juni 1949.
1080 Vgl. hierzu Äußerungen Wilhelm Piecks zu den bevorstehenden Gründungen der Parteien DBD und NDPD im April 1948 (Kap. IV/1, Anm. 669) sowie die Rede Walter Ulbrichts auf der Konferenz der Abteilung Massenagitation des Parteivorstandes der SED am 19. Mai 1949, Auszüge in: Ulbricht, Zur Geschichte der deutschen Arbeiterbewegung..., a. a. O., Bd. III, S. 719.
1081 Vgl. Ulbricht, Zur Geschichte..., a. a. O., Bd. III, S. 679.
1082 Vgl. Ulbricht, ebd. S. 719.
1083 Vgl. »Bauern-Echo« vom 5. Juli 1949.
1084 Äußerungen Goldenbaums 1948, in: Bestand SPD-Archiv im AdsD, Bonn-Bad Godesberg, 0027.
1085 Hinweise, daß die DBD Parteiführung von der SED angewiesen wurde, keine SED-Bauern mehr aufzunehmen, finden sich in den Materialien des Archivs des Gesamtdeutschen Instituts Berlin.
1086 Zu dieser Einschätzung vgl. auch Mattedi, a. a. O., S. 134.
1087 Vgl. Ausführungen in Kap. IV/2.5.
1088 Vgl. Kritik von Scholz auf dem I. Parteitag, in: »Bauern-Echo« vom 5. Juli 1949 sowie Rose (Rechenschaftsbericht) in: Protokoll des II. Parteitages..., a. a. O., S. 94.
1089 Scholz in: Protokoll des II. Parteitages..., a. a. O., S. 167.
1090 Vgl. »Bauern-Echo« vom 11. Januar 1949; Paul Scholz: Zusammenarbeit zwischen VdgB und DBD weiter verbessern, in: »Bauern-Echo« vom 5. August 1950; ders.: Vor neuen großen gemeinsamen Aufgaben, in: »Der Pflüger«, 2. Jg. 1950, Heft 1, S. 6; Rolf Trache: Größere Erfolge durch bessere Zusammenarbeit, in: »Bauern-Echo« vom 13. August 1950.
1091 Zu den Angaben vgl. Weber, Parteiensystem..., a. a. O., S. 520 f. (Tab. 10 und 12).
1092 So etwa mit der auf dem II. Parteitag ausgegebenen Losung: »Jedes Mitglied der DBD ein aktives Mitglied der VdgB (BHG), jeder DBD-Funktionär der beste Funktionär der VdgB (BHG)«, in: Protokoll des II. Parteitages..., a. a. O., S. 63.
1093 Vgl. Weber, Parteisystem..., a. a. O., S. 520 (Tab. 10).
1094 Vgl. ebd., S. 521 (Tab. 11) sowie Kap. III/3.3, Tab. 8.
1095 Ernst Goldenbaum: Zum Ergebnis der VdgB-Wahlen, in: »Bauern-Echo« vom 9. April 1949.
1096 So heißt es z. B. in den Vorschlägen der DBD zum Fünfjahrplan: »Die im Fünfjahrplan gestellten Aufgaben und Ziele, insbesondere die Höherentwicklung der Landwirtschaft, entsprechen den Zielen und Forderungen des Programms unserer Partei« – »Bauern-Echo« vom 13. September 1950.
1097 Vgl. Staritz, Die National..., a. a. O., S. 72 f.
1098 Vgl. ebd., S. 72 ff.
1099 Zur Repräsentation der VdgB in den Staatsorganen und zu ihrer politischen Tätigkeit vgl. Kap. III/4.

1100 Errechnet nach: »Bauern-Echo« vom 26. September 1950 und Protokoll des II. Parteitages ..., a. a. O.
1101 Vgl. ebd.
1102 Errechnet nach: ebd., den Handbüchern und Protokollen der Landtage, 2. Wahlperiode sowie verschiedenen Berichten im »Bauern-Echo«.
1103 Vgl. Richtlinien für die Kommunalpolitik, in: »Bauern-Echo« vom 31. März 1949 sowie Arbeitsentschließung ..., a. a. O., entsprechender Auszug in: Wernet, a. a. O., S. 279.
1104 Vgl. Die Bauernpartei zum Zweijahrplan, Entschließung des Zonenausschusses der DBD vom 10. Juli 1948, in: »Bauern-Echo« vom 18. Juli 1948.
1105 »Bauern-Echo« vom 26. September 1948.
1106 Vgl. Vorschläge der Demokratischen Bauernpartei Deutschlands an die Deutsche Wirtschaftskommission, in: »Bauern-Echo« vom 10. Oktober 1948.
1107 Vgl. Vorschläge der DBD an die Regierung und an die Bauern der Deutschen Demokratischen Republik zum Fünfjahrplan, in: »Bauern-Echo« vom 13. September 1950.
1108 Ebd.
1109 Ebd.
1110 Ebd.
1111 Ebd.
1112 Fritz Weißhaupt auf der 14. Sitzung der Volkskammer, am 1. November 1951, in: Sitzungsberichte der Volkskammer der DDR. Stenographische Berichte. 1. Wahlperiode. o. O. o. J., S. 372.
1113 Vgl. Vorschläge der DBD ..., zitiert in Anm. 1107.
1114 Die Einführung der Wunschanbaupläne wurde mit Beschluß der DWK vom 12. Februar 1948 gesetzlich geregelt und ging auf die Initiative der VdgB zurück. Vgl. hierzu die Ausführungen in Kap. III/5.1.
1115 Vgl. hierzu Kap. III/5.1.
1116 Entschließung des III. Parteitages, in: Protokoll des III. Parteitages ..., a. a. O., S. 226.
1117 Fritz Weißhaupt bezeichnete sie als »entscheidenden Hebel zur Erfüllung und Übererfüllung des Volkswirtschaftsplanes 1951 in der Landwirtschaft«. Vgl. Rede von Fritz Weißhaupt auf der 7. Sitzung der Volkskammer, am 14. März 1951, in: Sitzungsberichte der Volkskammer der DDR, a. a. O., S. 180.
1118 Entschließung der Ersten Zentralen Parteiaktivtagung der Demokratischen Bauernpartei Deutschlands am 10. und 11. Februar 1951 in Berlin, in: »Bauern-Echo« vom 13. Februar 1952.
1119 Vgl. Dein Weg zum Erfolg praktisch bewiesen. Erster Zentraler Erfahrungsaustausch der Demokratischen Bauernpartei Deutschlands, zwischen werktätigen Bauern und Agrarwissenschaftlern (= Schriftreihe der Demokratischen Bauernpartei Deutschlands, Nr. 7). Hrsg.: PV der DBD. Berlin (Ost) 1952.
1120 Wortlaut in: »Bauern-Echo« vom 22. Januar 1953.
1121 Vgl. »Bauern-Echo« vom 28. April 1949.
1122 »Bauern-Echo« vom 1. Januar 1950.
1123 Wortlaut in: »Zentralverordnungsblatt« vom 26. September 1949, Teil I, S. 721 f.
1124 Wortlaut in: »Zentralverordnungsblatt« vom 14. Oktober 1949, Teil I, S. 761 f. Dort heißt es in § 1 (2): »Sie [die Bauernwirtschaften] erhalten, wenn die aus ihren freien Spitzen verkauften Mengen
 a) 15 % ihres Getreideablieferungssolls betragen, die volle Grunddüngermenge.
 b) 10 % ihres Getreideablieferungssolls betragen, zwei Drittel der Grunddüngermenge, [...].
 c) über 15 % ihres Getreideablieferungssolls betragen, zusätzlich Stickstoffdüngemittel.«
Weiter wurde bestimmt, daß die nach a) und b) verkauften Erzeugnisse zum zweifachen und die nach c) zum dreifachen Erzeugerpreis zu vergüten waren.
1125 Vgl. die Kritik von Paul Scholz in den Ausgaben des »Bauern-Echo« vom 15. Oktober und 18. November 1949.
1126 Vgl. Rede von Fritz Weißhaupt auf der 10. Sitzung der Volkskammer, am 8. Februar 1950, in: Sitzungsberichte der Provisorischen Volkskammer der DDR. Stenographische Protokolle. Legislaturperiode 1949/50. o. O. o. J., S. 206 ff.

1127 Vgl. Gesetz über Maßnahmen zur Erreichung der Friedenshektarerträge vom 8. Februar 1950, in: »Gesetzblatt der DDR« vom 27. Februar 1950, S. 103 ff.
1128 Vgl. Paul Scholz: Forderungen der Bauern bei Neuregelung der Pflichtablieferung, in: »Bauern-Echo« vom 14. Januar 1950.
1129 Wortlaut in: »Gesetzblatt der DDR« vom 15. März 1950, S. 163 ff. Auf der 12. Sitzung der Volkskammer, am 22. Februar 1950, monierte Paul Scholz, daß zum Zeitpunkt der Verabschiedung des Gesetzes noch immer keine genauen Unterlagen über die Auswirkung dieser Neuregelung für die im Gesetz genannten Betriebsgrößengruppen vorlägen, und forderte das Ministerium für Handel und Versorgung auf, baldigst Ablieferungsnormen für diese Größenklassen bekanntzugeben. Vgl. Sitzungsberichte der Provisorischen Volkskammer, a. a. O., S. 284 f.
1130 Wortlaut in: »Gesetzblatt der DDR« vom 23. August 1950, S. 845.
1131 Vgl. Sitzungsberichte der Volkskammer, a. a. O., S. 374.
1132 Vgl. Programm von 1949, a. a. O.; Vorschläge der DBD . . ., zitiert in Anm. 1107.
1133 Vgl. Sitzungsberichte der Volkskammer, a. a. O.
1134 Vgl. »Zentralverordnungsblatt« vom 23. April 1949, S. 255 ff.
1135 Sie waren bereits im April 1949 für mithelfende Familienangehörige herabgesetzt worden. Vgl. auch die Ausführungen in Kap. III/5.3.
1136 Vgl. Rede von Hans Reichelt auf der 20. Sitzung der Volkskammer, am 9. März 1952, in: Sitzungsberichte der Volkskammer, a. a. O., S. 576.
1137 Rede von Hans Schnitzler auf der 23. Sitzung der Volkskammer, am 19. Juni 1952, in: Sitzungsberichte der Volkskammer, a. a. O., S. 663.
1138 Wortlaut in: Sitzungsberichte der Provisorischen Volkskammer . . ., a. a. O. Anh., S. 17 ff.
1139 Vorschläge der DBD zu diesem Gesetz sind nicht veröffentlicht worden.
1140 Erklärung der Demokratischen Bauernpartei Deutschlands zum Gesetzentwurf zum Schutze der Arbeitskraft der in der Landwirtschaft Beschäftigten, in: »Bauern-Echo« vom 8. Dezember 1949.
1141 Wortlaut in: »Gesetzblatt der DDR« vom 14. September 1950, S. 969 ff.
1142 Wortlaut in: »Gesetzblatt der DDR« vom 14. Oktober 1949, S. 767.
1143 Erklärung von Paul Scholz vor der Volkskammer zu der Gesetzesvorlage über die Entschuldung und Kredithilfe für Klein- und Mittelbauern, in: Zu gesunden Bauernwirtschaften (= Schriftenreihe der Demokratischen Bauernpartei Deutschlands, Nr. 3), Hrsg.: PV der DBD. Berlin (Ost) 1950, S. 13.
1144 Vgl. Grundsätze und Forderungen, a. a. O.; Programm von 1949, a. a. O.
1145 Rede von Paul Scholz vor der Provisorischen Volkskammer zur Regierungserklärung vom 12. Oktober 1949, in: »Bauern-Echo« vom 13. Oktober 1949.
1146 Vgl. Entschließung des Parteivorstandes der DBD zum 4. Jahrestag der Bodenreform, in: »Bauern-Echo« vom 8. September 1949; Entschließung des I. Parteitages, in: »Bauern-Echo« vom 7. Juli 1949.
1147 Vgl. die Berichte zum Stand des Neubauernprogramms 1948 und 1949 von Eugen Betzer: Baubefehl 209 – Erste Bilanz, in: »Die Ähre«, 2. Jg. 1948, Heft 7, S. 4 f. sowie: Kritisches zur Arbeit der VdgB am Bauprogramm, in: »Die Ähre«, 3. Jg. 1949, Heft 8, S. 10.
1148 Vgl. Rede von Fritz Weißhaupt auf der 14. Sitzung der Volkskammer, am 1. November 1951, in: Sitzungsberichte der Volkskammer, a. a. O., S. 374.
1149 Vgl. die Rede von Edgar Strümpfel auf der 18. Sitzung der Volkskammer am 7. Februar 1952 und die Rede von Hans Reichelt auf der 20. Sitzung am 19. März, in: Sitzungsberichte der Volkskammer, a. a. O., S. 502 und 576.
1150 Zu gesunden Bauernwirtschaften, a. a. O., S. 4.
1151 Goldenbaum in einem Interview mit der »Täglichen Rundschau« vom 16. April 1950.
1152 Vgl. Rose (Rechenschaftsbericht) in: Protokoll des II. Parteitages . . ., a. a. O., S. 97.
1153 Entschließung des Zentralkomitees der Sozialistischen Einheitspartei Deutschlands vom 26. Juli 1953 (15. Tagung), in: Dokumente der Sozialistischen Einheitspartei Deutschlands. Bd. IV. Berlin (Ost) 1954, S. 449 ff.
1154 Ebd., S. 460.
1155 Vgl. »Verordnung über die in das Gebiet der Deutschen Demokratischen Republik und den demokratischen Sektor von Groß-Berlin zurückkehrenden Personen« vom 11. Juni 1953, in: »Gesetzblatt der DDR« vom 19. Juni 1953, S. 805 f.

1156 Es handelt sich um die »Verordnung zur Sicherung der landwirtschaftlichen Produktion und der Versorgung der Bevölkerung«, in: »Gesetzblatt der DDR« vom 27. Februar 1953.
1157 Vgl. »Verordnung zur Sicherung von Vermögenswerten«, in: »Gesetzblatt der DDR« vom 26. Juli 1952.
1158 Vgl. »Verordnung über devastierte landwirtschaftliche Betriebe« vom 20. März 1952, in: »Gesetzblatt der DDR« vom 27. März 1952, S. 226 f. Aufgrund der in den Anm. 1156 bis 1158 genannten Verordnungen wurden bis zum 31. Oktober 1953 rund 24 000 Betriebe wegen Flucht und angeblicher Wirtschaftsvergehen ihrer Besitzer beschlagnahmt. Vgl. dazu Kramer, a. a. O., S. 24 ff.
1159 Vgl. »Verordnung über Erleichterungen in der Pflichtablieferung und zur weiteren Entwicklung der bäuerlichen Wirtschaften« vom 25. Juni 1953, in: »Gesetzblatt der DDR« vom 25. Juni 1953, S. 821 f. sowie »Verordnung über die Änderung der Besteuerung landwirtschaftlicher Betriebe« vom 23. Juli 1953, in: »Gesetzblatt der DDR« vom 30. Juli 1953, S. 894.
1160 Vgl. Kramer, a. a. O., S. 25. Nach Materialien des Archivs des Gesamtdeutschen Instituts Berlin waren es in der Zeit vom 21. März bis 31. Oktober allein 6113, und zwar überwiegend Bauern mit Betrieben von 5 bis 20 ha (2383 Bauern) und 20 bis unter 50 ha (2671 Bauern). Eine Verordnung, welche die geflüchteten Bauern zur Rückkehr aufforderte, erging am 3. Oktober 1953.
1161 Vgl. Kramer, a. a. O., S, 26.
1162 Noch fester das Bündnis mit der Arbeiterklasse – unser Vertrauen gehört der Regierung, weil sie eine Regierung des Volkes ist. Erklärung des Parteivorstandes der DBD, in: »Bauern-Echo« vom 19. Juni 1953.
1163 Ebd.
1164 Vgl. Entschließung des III. Parteitages, in: Protokoll des III. Parteitages . . ., a. a. O., S. 226.
1165 Vgl. Erklärung des Demokratischen Blocks, in: »Der Morgen« vom 28. Juni 1953. Siehe auch H. W. Huhn: Die Blockparteien unterstützen den neuen Kurs, in: »Tägliche Rundschau« vom 12. Juni 1953.
1166 Vgl. Berthold Rose: Jetzt mit ganzer Kraft vorwärts zur Lösung der neuen Aufgaben, in: »Bauern-Echo« vom 26. Juni 1953.
1167 Wortlaut in: »Bauern-Echo« vom 17. Juli 1953.
1168 Ebd.
1169 Diesen Punkt stellte auch die SED in ihrer Entschließung von 26. Juli 1953 heraus.
1170 Rose (Rechenschaftsbericht), in: Protokoll des II. Parteitages . . ., a. a. O., S. 93.
1171 Vgl. auch Staritz, Die National . . ., a. a. O., S. 116.
1172 Die DBD legte in der Folgezeit kein als »Programm« bezeichnetes Dokument mehr vor.
1173 Goldenbaum, Werktätige Bauern . . ., a. a. O., S. 1023.
1174 Vgl. auch Staritz, Die National . . ., a. a. O., S. 17 und 118. Černy, a. a. O., S. 177 drückt dies wie folgt aus: »In Entwicklung und Wirksamkeit der DBD zeigten sich am frühesten und klarsten die weitreichenden Möglichkeiten, die es für die Zusammenarbeit der SED mit nichtkommunistischen Parteien beim Aufbau des Sozialismus gab.«
1175 Vgl. hierzu im einzelnen Staritz, Die National . . ., a. a. O., S. 98 ff. und 115 ff.
1176 20 Jahre Demokratische Bauernpartei . . ., a. a. O., S. 30.
1177 Von 1956 bis 1957 zählte die Partei rund 72 000, 1958 ca. 74 000 Mitglieder – Nach Materialien des Archivs des Gesamtdeutschen Instituts Berlin.
1178 Mecklenburg, a. a. O., S. 59.
1179 Ebd. Vgl. auch Goldenbaum, Werktätige Bauern . . ., a. a. O., S. 1021; 20 Jahre Demokratische Bauernpartei . . ., a. a. O., S. 30 ff.
1180 Mecklenburg, a. a. O., S. 60.
1181 15 Jahre Demokratische Bauernpartei . . ., a. a. O., S. 11.
1182 Vgl. Statut der DBD von 1977, in: Protokoll des X. Parteitages . . ., a. a. O., S. 354 ff.
1183 Ebd.
1184 Zur Gesamtheit der von der SMAD im Zusammenwirken mit der KPD/SED angewandten Methoden, vgl. Weber, Zum Transformationsprozeß . . ., a. a. O., S. 38 ff.

Kurzbiographien

Albrecht, Rudolf (1902–1971)
vor 1933: Siedler, Mitglied der KPD
1945: KPD; 1946: SED; 1945: VdgB (Mitbegründer in Brandenburg); 1948: DBD (Mitbegründer in Brandenburg und auf Zonenebene); später wieder der SED angeschlossen
1945 Neubauer, Vorsitzender der Bodenreformkommission im Kreis Osthavelland
1946–1947 Vorsitzender des VdgB-LV Brandenburg; 1947–1951 im ZV der VdgB, seit 1949 geschäftsführendes Vorstandsmitglied
1947 in den SED-LV Brandenburg gewählt
1948–1951 Vorsitzender des DBD-LV Brandenburg; 1948–1949 stellv. Vorsitzender der DBD, bis 1955 Mitglied des PV der DBD
1949–Dezember 1952 Staatssekretär im Ministerium für Handel und Versorgung der DDR
1946–1952 MdL-Brandenburg
1949–1954 MdV
Im Dezember 1952 von allen Funktionen entbunden und verhaftet, später rehabilitiert, 1954 Tätigkeit als Regierungsbevollmächtigter der DDR.

Biering, Walter (1898–1964)
vor 1933: Maurer, ab 1919 Mitglied der SPD, ab 1927 Funktionär der KPD; Abgeordneter des Sächsischen Provinziallandtags; 1933 verhaftet, 7 Monate im KZ
1945: KPD; 1946: SED; 1945: VdgB (Mitbegründer in Sachsen-Anhalt)
1946–1950 Mitglied des PV der SED, 1950 Kandidat des ZK der SED, seit 1946 Mitglied der SED-Landesleitung Sachsen-Anhalt
1946–1952 Mitglied des VdgB-LV Sachsen-Anhalt, ab 1947 Landesbauernsekretär, ab 1949 Vorsitzender des LV, ab 1949 Mitglied des VdgB-ZV, 1950–1954 stellv. Vorsitzender des VdgB-ZV
1946–1950 MdL-Sachsen-Anhalt
1949–1963 MdV

Bauer, Gerda (1908)
Landwirtschaftsgehilfin
1945: KPD; 1946: SED; 1947: DFD; 1945: VdgB; 1949: FDGB
1947 in den SED-LV Brandenburg gewählt
1947–1949 Mitglied des VdgB-LA Brandenburg, 1950–1951 Landesbauernreferentin beim VdgB-LV Brandenburg, 1947–1954 Mitglied des HA und ZV der VdgB sowie Mitglied des PV und ZK der SED und des Bundesvorstandes der DFD
1954–1958 Kandidat des ZK der SED
1946–1954 MdL-Brandenburg

Goldenbaum, Ernst (1898)
als Mitglied der USPD 1920 in die KPD übergetreten, 1921 in die Bezirksleitung Mecklenburg gewählt und seitdem hauptamtlich für die KPD tätig
1924–1926 und 1929–1932 Abgeordneter im Landtag von Mecklenburg-Schwerin
nach 1933 Landwirt und Arbeiter, mehrmals in Haft, KZ
1945 Bürgermeister in Parchim
1945–1946 Geschäftsführer der Bodenreformkommission des Landes Mecklenburg

1945: KPD; 1946: SED; 1945: VdgB; 1948: DBD
1945 die VdgB in Mecklenburg aufgebaut, zuerst Geschäftsführer, dann Vorsitzender des VdgB-LV Mecklenburg bis 1947, seit 1947 Mitglied des ZV der VdgB
1948 Mitbegründer der Bauernpartei in Mecklenburg und auf Zonenebene
von Gründung an bis 1982 1. Vorsitzender der DBD, seit 1982 Ehrenvorsitzender
1947 Ministerialbeamter im Landwirtschaftsministerium der Landesregierung Mecklenburg
1949–1950 Minister für Land- und Forstwirtschaft der DDR
1946–1952 MdL-Mecklenburg
ab 1948 Mitglied des Volksrates bzw. der Volkskammer

Helmschrott, Leonhard (1921)
nach 1933 Landwirtschaftsgehilfe im elterlichen Betrieb, HJ-Führer, Soldat im 2. WK, zur Roten Armee übergelaufen, Gefangenschaft in der UdSSR, Frontagitator
1943 Mitglied des Nationalkomitees Freies Deutschland
1945–1947 Redakteur bei KPD/SED-Zeitungen
1948 Mitbegründer der DBD auf Zentralebene
bis kurz vor DBD-Gründung Kursant der SED-Parteihochschule »Karl Marx«
seit 1948 Chefredakteur des Zentralorgans »Bauern-Echo« der DBD, Mitglied des PV und des Sekretariats der DBD, seit 1955 im Präsidium
seit 1950 MdV

Hoffmann, Herbert (1912)
Schriftsetzer, Soldat im 2. WK, Kriegsgefangenschaft
1945 Neubauer
1948 Mitbegründer der DBD in Thüringen
1948–1951 Vorsitzender des DBD-LV Thüringen
1948–1977 Mitglied des PV, 1955–1963 im Präsidium
1951–1953 hauptamtlich im Sekretariat des PV tätig (zeitweise als Hauptabteilungsleiter)
1949 Leiter der Hauptverwaltung Land- und Forstwirtschaft der DWK
1949–1953 Hauptabteilungsleiter im Ministerium für Land- und Forstwirtschaft der DDR
1950–1952 MdL-Thüringen
1949–1963 MdV

Jadasch, Anton (1888–1964)
vor 1933: Zimmermann, wurde 1907 Mitglied der SPD
seit 1918 Mitglied und Funktionär der KPD (Mitbegründer in Oberschlesien)
nach 1933 dreimal für kurze Zeit im KZ
1945 Bürgermeister in Berlin-Wittenau
1945: KPD; 1946: SED; 1945: VdgB (Mitbegründer); Mitglied des FDGB
1946–1947 VdgB-Generalsekretär, 1947–1949 geschäftsführendes Vorstandsmitglied des VdgB-ZV, bis 1951 Mitglied des ZV
1949–1951 Vorsitzender bzw. stellv. Vorsitzender des Vorstandes der IG Land und Forst im FDGB
1951–1952 Mitarbeiter beim Bundesvorstand des FDGB

Körber, Erwin (1921)
1939 Abitur, anschließend Soldat, Gefangenschaft in der UdSSR, Antifaschüler, Rückkehr nach Deutschland 1949 und sofort Mitglied der DBD geworden
ab 1949 hauptamtlich im DBD-LV Thüringen, später im BV Suhl tätig
1951–1968 hauptamtlich im Sekretariat des PV der DBD beschäftigt
1951–1955 Vorsitzender der Zentralen Revisionskommission der DBD
1955–1968 Mitglied des PV und des Präsidiums der DBD
1951–1952 MdL-Thüringen (Vizepräsident)
1952–1954 Mitglied des Bezirkstags Suhl

Körting, Otto (1884–?)
    Schlosser, 1902–1933 Mitglied und Funktionär der SPD
    1909–1933 Gemeindevertreter bzw. -vorsteher in Bobbau
    1920–1926 Mitglied des Sächsischen Provinziallandtags
    1933 und 1944 für kurze Zeit im KZ
    1944 Landwirt
    1945: SPD; 1946: SED; 1945: VdgB (Mitbegründer in Sachsen-Anhalt)
    1946–1947 Vorsitzender des VdgB-LV Sachsen-Anhalt
    1947–1950 Vorsitzender der VdgB
    1946–1950 MdL-Sachsen-Anhalt (Vizepräsident)
    1948–1950 Mitglied des Volksrats bzw. der Volkskammer
    1950 wegen »verständnisloser Einstellung zu den Fragen der Demokratisierung des Dorfes« und »reaktionärer Umtriebe« aus SED und VdgB ausgeschlossen. Nach einem Jahr Untersuchungshaft entlassen, später nicht mehr politisch tätig.

Lotz, Georg (1899)
    1945: KPD; 1946: SED; 1945: VdgB
    1946–1947 Mitglied des PV der SED
    1945–1947 hauptamtlich im VdgB-LV Thüringen tätig
    1947–1951 Vorsitzender des VdgB-Landesverbandes Thüringen
    1947–1950 stellv. Vorsitzender der VdgB
    1946–1950 MdL-Thüringen
    1950–1954 MdV

Martin, Friedrich (1902)
    vor 1933 Mitglied der KPD
    1945: KPD; 1946: SED; 1945: VdgB (Mitbegründer in Sachsen); 1948: DBD (Mitbegründer in Sachsen und auf Zonenebene)
    1945 Aufbauarbeit für die KPD in Sachsen, Bürgermeister in Merkwitz
    ab 1945 Kreisvorsitzender der VdgB in Leipzig
    1947–1951 Mitglied des VdgB-LV in Sachsen
    1949–1951 Mitglied des VdgB-ZV
    1948–1951 Vorsitzender des DBD-LV Sachsen und Mitglied des PV der DBD
    ab Januar 1950 für die DBD im Sächsischen Landtag
    ab 1948 Mitglied des Volksrats bzw. der Volkskammer
    Im Frühjahr 1953 in die Bundesrepublik Deutschland geflüchtet

Plitt, Walter (1905–1956)
    Nationalökonom, vor 1933 Mitglied der SPD
    nach 1933 Emigration nach Frankreich und in die Schweiz, schloß sich dort der KPD an
    1945: KPD; 1946: SED; 1945: VdgB
    1945–1946 Redakteur bei der »Deutschen Volkszeitung« und beim »Neuen Deutschland«
    1946 Chefredakteur von »Der Freie Bauer«
    1949–1951 Mitglied des VdgB-ZV

Reichelt, Hans (1925)
    Mitglied der NSDAP, Soldat, Gefangenschaft in der UdSSR, Besuch einer Antifaschule, im Dezember 1949 Rückkehr in die DDR
    1949 Mitglied der DBD, von 1949–1951 hauptamtlich im Sekretariat des PV u. a. als Hauptabteilungsleiter tätig
    seit 1951 Mitglied des PV und des Sekretariats des PV der DBD, seit 1955 Mitglied des Präsidiums
    1953–1955 Minister für Land- und Forstwirtschaft und Staatssekretär in diesem Ministerium
    1954 Besuch der Zentralschule für Landwirtschaft des ZK der SED, 1955 erneut Landwirtschaftsminister
    seit 1950 MdV

Rietz, Hans (1914)
>   Schlosser, vor 1933 Mitglied des Kommunistischen Jugendverbandes
>   Soldat im 2. WK, Gefangenschaft in der UdSSR, Mitglied eines antifaschistischen Lagerkollektivs, bis 1949 Lehrer an einer Antifaschule
>   nach seiner Rückkehr in die DDR 1949 sofort Mitglied der DBD
>   1949–1951 Leiter der DBD-Parteischule »Thomas Münzer« in Borkheide, seit 1951 im PV und von 1951 bis 1977 im Sekretariat des PV der DBD (Kadersekretär)
>   1951–1957 Vorsitzender des Parteischiedsgerichtes
>   seit 1955 Mitglied des Präsidiums der Bauernpartei
>   1963–1982 stellv. Vorsitzender der DBD
>   seit 1950 MdV

Rose, Berthold (1904)
>   absolvierte die landwirtschaftliche Fachschule und arbeitete als Arbeiter und Angestellter, danach Soldat im 2. WK, Gefangenschaft in der UdSSR, nach seiner Entlassung 1949 der DBD beigetreten
>   1949–1963 Mitglied des PV und des Sekretariats des PV
>   1951–1960 Generalsekretär der Bauernpartei
>   1955–1960 Mitglied des Präsidiums der DBD
>   1950–1963 MdV (Vorsitzender der DBD-Fraktion)

Schnitzler, Hans (1908)
>   Studium der Rechtswissenschaften, Angestellter, 1933 in Untersuchungshaft genommen wegen illegaler Tätigkeit, als Soldat in sowjetische Gefangenschaft geraten, Antifa-Schüler, kehrte 1949 zurück und wurde Mitglied der Bauernpartei
>   1949 Besuch der Zentralschule der DBD, im Anschluß danach bis Frühjahr 1950 stellv. Chefredakteur des »Bauern-Echo«
>   ab 1950 hauptamtlicher Sekretär des PV, 1951–1963 Mitglied des PV, 1955–1963 im Präsidium der Bauernpartei

Scholz, Paul (1902)
>   vor 1933 Land- und Fabrikarbeiter, 1923 Eintritt in die KPD, wegen illegaler Tätigkeit für die KPD nach 1933 mehrmals verhaftet
>   1945: KPD; 1946: SED; 1945: VdgB (Mitbegründer)
>   1948: DBD (Mitbegründer)
>   1945–1948 stellv. Chefredakteur des VdgB-Organs »Der Freie Bauer«
>   1948–1951 Hauptgeschäftsführer der DBD, seit 1949 stellv. Vorsitzender der Bauernpartei
>   1951–1960 Mitglied des Zentralvorstandes der VdgB/BHG
>   1950–1952/Nov. 1953 – März 1955 Minister für Land- und Forstwirtschaft der DDR
>   1952–1953 Leiter der Koordinierungsstelle für Land-, Forst- und Wasserwirtschaft beim Landwirtschaftsminister der DDR
>   1952–1967 stellv. Vorsitzender des Ministerrates der DDR
>   seit 1949 Mitglied des Volksrates bzw. der Volkskammer

Strümpfel, Edgar (1926)
>   1941–1943 landwirtschaftliche Lehre, anschließend Kriegsdienst, sowjetische Gefangenschaft, Besuch der Antifa-Gebietsschule in Gorki und der Antifa-Zentralschule in Krasnogorsk bei Moskau, nach der Entlassung Mitglied der SED, ab 1949 Mitglied der DBD
>   1949–1950 Mitglied des DBD-Kreisvorstandes Saalfeld
>   1950 Besuch der DBD-Zentralschule in Borkheide
>   1950–1952 hauptamtlich beim LV der DBD in Thüringen tätig u. a. als Organisationssekretär, 1952 hauptamtliche Funktion im BV Gera der DBD
>   1950–1958 MdV

Schröder, Wilhelm (1913–1968)
   Autoschlosser, Kriegsdienst, bis 1948 sowjetische Gefangenschaft (sammelte dort Erfahrungen in der Land- und Forstwirtschaft) und Antifa-Schüler
   1948 Eintritt in die DBD, Mitbegründer der Partei in Thüringen
   1949 DBD-Kreissekretär in Eckartsberga
   1949–1950 Landesgeschäftsführer des DBD-Landesverbandes Thüringen
   1951–1953 Mitglied des PV und des Sekretariats der DBD
   1950–1952 MdL-Thüringen
   1950–1952 Minister für Land- und Forstwirtschaft in der Landesregierung Thüringen
   Juni 1952–1953 Minister für Land- und Forstwirtschaft der DDR, im Mai 1953 aus »Gesundheitsgründen« von seinem Ministeramt entbunden
   ab 1953 für längere Zeit Vorsitzender des Rates des Bezirks Erfurt
   1963–1968 Vorsitzender des DBD-Bezirksverbandes Dresden und Abgeordneter des Bezirkstages Dresden

Vieweg, Kurt
   Vor 1933 Landwirtschaftsgehilfe, Mitglied der KPD
   nach 1933 Emigration nach Nordeuropa
   1945: KPD; 1946: SED; 1945: VdgB (Mitbegründer in Sachsen-Anhalt)
   1949–1954 Mitglied des PV und ZK der SED
   1950–1953 Sekretär des ZK (Landwirtschaft)
   1946–1947 Landesbauernsekretär des VdgB-LV Sachsen-Anhalt
   1947–1953 Generalsekretär der VdgB, bis 1957 Mitglied des Zentralvorstandes
   1949–1954 Mitglied des Volksrates bzw. der Volkskammer
   1953–1957 Direktor der Akademie für Landwirtschaftswissenschaften der DDR (Promotion 1956)
   1957 aller Funktionen enthoben und gerügt, daraufhin in die Bundesrepublik Deutschland geflüchtet. Im gleichen Jahr freiwillig in die DDR zurückgekehrt und dort verhaftet. 1958 zu 12 Jahren Zuchthaus verurteilt; 1965 begnadigt, jedoch nicht rehabilitiert.

Wehmer, Friedrich (1885–1964)
   Land- und Waldarbeiter, 1919 Eintritt in die SPD und den Deutschen Landarbeiterverband
   1920–1933 Bürgermeister in Plate (Mecklenburg) sowie Mitglied des Landtages Mecklenburg-Schwerin
   1941–1945 Geschäftsführer der Raiffeisenkasse in Plate
   1945: SPD; 1946: SED; 1945: VdgB (Mitbegründer in Mecklenburg)
   1945–1946 Bürgermeister in Plate
   1946–1947 Landesbauernsekretär des VdgB-Landesverbandes Mecklenburg, 1947–1950 Vorsitzender des Landesverbandes, 1947–1950 stellv. 1950–1964 1. Vorsitzender der VdgB
   seit 1954 Mitglied des ZK der SED
   1946–1950 MdL-Mecklenburg
   1949–1963 Mitglied des Volksrates bzw. der Volkskammer

Weißhaupt, Fritz (1910)
   Realschule, Landwirtschaftliche Lehre, Landwirt und Händler
   1933 in die NSDAP eingetreten, 1936 ausgeschlossen
   1944–1945 Kriegsdienst
   1946 Neubauer, am Aufbau der landwirtschaftlichen Genossenschaften in Sachsen beteiligt
   1948–1952 Mitglied des DBD-LV Sachsen, zeitweilig als politischer Geschäftsführer und 2. Vorsitzender
   1951–1982 Mitglied des DBD-PV, 1951–1953 Mitglied des Sekretariats des PV
   1950–1952 Minister für Land- und Forstwirtschaft in Sachsen, danach Hauptabteilungsleiter im Ministerium für Land- und Forstwirtschaft der DDR
   1950–1952 MdL-Sachsen
   1949–1954 Mitglied des Volksrats bzw. der Volkskammer

Bemerkungen zu den Kurzbiographien

Nur für den Untersuchungszeitraum 1945–1952 wurden alle Funktionen der vorgestellten Personen berücksichtigt. Die Aufnahme einiger späterer biographischer Daten erwies sich aus Gründen der besseren Einordnung und der Würdigung des politischen Werdegangs einzelner Personen als unumgänglich.
Die biographischen Angaben sind entnommen den zentralen VdgB-Bauerntags- und DBD-Parteitagsprotokollen sowie den Zeitungen und Funktionärszeitschriften dieser Organisationen »Der Freie Bauer«, »Bauern-Echo«, »Die Ähre« bzw. »Das Demokratische Dorf« und »Der Pflüger«.
Ebenso wurden folgende Werke herangezogen, in denen die Biographien der vorgestellten Personen ausführlich dokumentiert sind:
Geschichte der deutschen Arbeiterbewegung. Biographisches Lexikon. Hrsg.: Institut für Marxismus-Leninismus beim ZK der SED. Berlin (Ost) 1970.
Handbuch der Volkskammer der Deutschen Demokratischen Republik. Hrsg.: Volkskammer der DDR, Jahrgänge ab 1957.
Namen und Daten. Biographien wichtiger Personen in der DDR. Bearbeitet von Günther Buch. Bonn-Bad Godesberg 1973 (1. Aufl.) und 1979 (2. überarb. und erw. Aufl.).
SBZ-Biographie. Ein biographisches Nachschlagebuch über die Sowjetische Besatzungszone Deutschlands. Zusammengestellt vom Untersuchungsausschuß Freiheitlicher Juristen. Hrsg.: Bundesministerium für Gesamtdeutsche Fragen. Bonn und Berlin, verschiedene Aufl.
Hermann Weber: Die Wandlung des deutschen Kommunismus. Die Stalinisierung der KPD in der Weimarer Republik. Bd. 2. Frankfurt/M. 1969.
Hermann Weber: Von der SBZ zur DDR. 1945–1948. Hannover 1968.

Zeittafel zur VdgB und DBD

1945

2. 9.	Auf Bauernkonferenzen in Kyritz und Weimar fordern Wilhelm Pieck und Edwin Hoernle die Schaffung von »Komitees der gegenseitigen Bauernhilfe«.
3.–10. 9.	Die Bodenreformgesetze der einzelnen Länder und Provinzen sehen zum Zwecke der Organisation und Verwaltung des enteigneten und nicht zur Aufteilung gelangten Maschineninventars sowie der landwirtschaftlichen Produktions-, Verarbeitungs- und Hilfsbetriebe die Bildung von »Bauernkomitees« bzw. »Bauernausschüssen« vor.
Okt./Nov.	Bauernausschüsse werden gesetzlich verankert. In gleichlautenden Ausführungsverordnungen zu den Bodenreformgesetzen werden organisatorischer Aufbau, Arbeitsweise und Aufgaben der Bauernausschüsse einheitlich geregelt.
28. 10.	Walter Ulbricht stellt in einer Rede auf der Bauernversammlung in Nauen die Bedeutung der Bauernausschüsse als einen »breiten Kreis von Bauern« umfassende Organe der Bauernhilfe heraus und betont deren dauerhaften Charakter.
20. 11.	SMAD-Befehl Nr. 146 über die Wiederaufnahme der Tätigkeit aller landwirtschaftlichen Genossenschaften ergangen. Die Errichtung einer Verbandsspitze wird nicht gestattet. Bis zum 15. Februar 1946 sollen Neuwahlen der Genossenschaftsorgane stattfinden.

1946

14. 1.	Deutsche Verwaltung für Land- und Forstwirtschaft legt Satzungsentwurf für die Ausschüsse der gegenseitigen Bauernhilfe vor.
Jan./Febr.	Das ZK der KPD gibt in Rundschreiben an die Bezirkssekretäre Anweisungen zur Organisierung der Ausschüsse der gegenseitigen Bauernhilfe auf Orts-, Kreis- und Landesebene.
21./22. 2.	Auf einer zonalen Bodenreform-Arbeitstagung wird die Schaffung einer »breiten demokratischen Massenorganisation der werktätigen Bauernschaft« sowie die Zusammenfassung der Ausschüsse auf Kreis- und Landesebene zu »Vereinigungen der gegenseitigen Bauernhilfe« (VdgB) beschlossen. Die Tagung verabschiedet ein VdgB-Musterstatut.
Febr./März	Bildung von Kreisausschüssen der gegenseitigen Bauernhilfe.
17. 3.	Erste VdgB-Landeskongresse. Wahl der Landesausschüsse und -vorstände. Annahme des Musterstatuts.
März	Die Wochenzeitung »Der Freie Bauer«, Organ der DVLF, wird mit der Nr. 21 gleichzeitig Publikationsorgan der VdgB.
9./10. 5.	Erste zonale Arbeitstagung der Landesausschüsse. Wahl eines vorläufigen Zonenausschusses (12 Mitglieder). Errichtung eines zonalen Bauernsekretariats. Anton Jadasch (KPD/SED) wird zum Generalsekretär bestellt.
14./15. 6.	2. Tagung des Parteivorstandes der SED fordert organisatorische Festigung und stärkere Aktivierung der VdgB.
4. 8.	VdgB gibt die Aufstellung einer eigenen Kandidatenliste für die Gemeindewahlen (1.–15. September 1946) bekannt.

29. 9.	VdgB kündigt Kandidatenaufstellung für die Kreis- und Landtagswahlen (20. Oktober 1946) an.
Okt./Nov.	Die VdgB zieht mit 6963 Abgeordneten in die Gemeindevertretungen, mit 374 Abgeordneten in die Kreistage und mit 15 Vertretern in die Landtage ein.
Nov.	Ulbricht betont Rolle der Massenorganisationen als »demokratische Kampforganisationen« und wichtigste Träger beim Aufbau der antifaschistisch-demokratischen Ordnung.
24. 11.	Das Bauernsekretariat veröffentlicht Richtlinien für den Aufbau der MAS unter Verwaltung der VdgB.

1947

20. 1.	Die Richtlinien über die Zusammensetzung und die Arbeitsweise des Antifablocks in Sachsen-Anhalt sehen die Aufnahme der Vertreter von FDGB, VdgB, FDJ, Kulturbund und den Frauenausschüssen mit beratender Stimme vor.
Febr./März	Der Landesblock Thüringen nimmt je 2 Vertreter aus FDGB, FDJ, VdgB und den Frauenausschüssen als stimmberechtigte Mitglieder auf.
20./21. 5.	Zonentagung der VdgB in Berlin. Beratung des Musterstatuts für die Kreis- und Landesverbände.
Juni	VdgB ediert Funktionärszeitschrift »Die Ähre«.
15. 6.	Veröffentlichung eines Satzungsentwurfs für die VdgB-Landesverbände.
Juni/Juli	Aufnahme von FDGB, FDJ, VdgB und DFD in den Landesblock Sachsens.
Juli	Landesverbandstage der VdgB billigen Statut. Neuwahlen der Ausschüsse und Vorstände.
20.–24. 9.	2. Parteitag der SED fordert Einbeziehung der Massenorganisationen in Verwaltung, Parlamente und Parteienblock auf allen Ebenen. Rolle der VdgB als Träger der Agrarpolitik und Organisator der Landwirtschaftsplanung betont. Der Vorsitzende des VdgB-Landesverbandes Thüringen, G. Lotz (SED), versichert, daß die Leitungen der VdgB-Landesverbände alle in Händen von SED-Genossen sind.
19. 10.	Veröffentlichung des Satzungsentwurfs für den Hauptverband.
26. 10.	Bildung eines VdgB-Hauptverbandes gefordert.
Okt./Nov.	Landesverbandstage der VdgB, Wahl der Delegierten für den 1. Deutschen Bauerntag, Beratung des Statuts des Hauptverbandes.
1. 11.	Der Landesverband Brandenburg eröffnet die erste Landesbauernschule der VdgB in Reinsdorf.
22./23. 11.	Erster Deutscher Bauerntag in Berlin. Bildung des Zentralverbandes der VdgB. Annahme der Satzung; Wahl eines 35köpfigen Hauptausschusses und des Vorstandes. 1. Vorsitzender: Otto Körting (SED); 2. Vorsitzender: Georg Lotz (SED); 3. Vorsitzender: Friedrich Wehmer (SED); Generalsekretär: Kurt Vieweg (SED).
7. 12.	VdgB erläßt Aufruf zur Teilnahme am Ersten Deutschen Volkskongreß.

1948

12. 2.	SMAD-Befehl Nr. 32 regelt Zusammensetzung und Vollmachten der DWK. Der Generalsekretär der VdgB wird Mitglied des Ständigen Büros der DWK.
14. 4.	Durch SMAD-Befehl Nr. 61 bekommt die VdgB den Status einer »Organisation des öffentlichen Rechts« und wird der Aufsicht der Hauptverwaltung für Land- und Forstwirtschaft bei der DWK unterstellt.
17. 4.	Formierung des Gründungskomitees für eine Bauernpartei auf einer Tagung des VdgB-Kreisverbandes Wismar.
25. 4.	Das VdgB-Organ »Der Freie Bauer« druckt einen vom »Gründungskomitee Wismar« unterzeichneten Brief ab, in dem Motive für die Gründung und Ziele einer Bauernpartei dargelegt werden.

28. 4.	Laut Beschluß der DWK wird die gesamte bäuerliche Wirtschaftsberatung der VdgB übertragen.
29. 4.	Konstituierung und Zulassung der DBD in Mecklenburg. Wahl eines Landesgründungsausschusses und eines geschäftsführenden Ausschusses mit Sitz in Schwerin. Vorsitzender: Ernst Goldenbaum.
21. 5.	Der Vorstand der VdgB berät über die DBD-Gründung und beauftragt das Sekretariat, mit Vertretern der Bauernpartei eine Aussprache über die Zielsetzungen der neuen Partei herbeizuführen.
26. 5.	Konstituierung der DBD im Zonenmaßstab. Wahl eines provisorischen Vorstandes.
31. 5.	VdgB-Hauptausschuß begrüßt Gründung einer Bauernpartei, bekräftigt aber gleichzeitig den überparteilichen Charakter der VdgB als wirtschaftliche Interessenorganisation der gesamten Bauernschaft.
2. 6.	Der Parteivorsitzende Ernst Goldenbaum stellt bei der SMAD einen Antrag auf Zulassung der Partei in der SBZ.
16. 6.	Die SMAD lizenziert DBD und NDPD für die gesamte SBZ und bewilligt jeder Partei ein Publikationsorgan.
16./17. 6.	VdgB-Arbeitstagung mit Kreisvorsitzenden und -sekretären berät über Maßnahmen zur Verbesserung der Verbandsarbeit.
29. 6.	Im Zusammenhang mit der Verabschiedung des Zweijahrplanes fordert die SED die Umstellung der Arbeitsweise der Massenorganisationen insbesondere des FDGB, der VdgB und der landwirtschaftlichen Genossenschaften.
10. 7.	DBD begrüßt den Zweijahrplan.
16./17. 7.	I. Parteikonferenz der DBD in Schwerin. Wahl des Parteivorstandes (19 Mitglieder). 1. Vorsitzender: Ernst Goldenbaum; 2. Vorsitzender: Rudolf Albrecht; Hauptgeschäftsführer: Paul Scholz. Annahme der »Grundsätze und Forderungen« als vorläufiges Programm und Verabschiedung eines Statuts. Umwandlung der Gründungsausschüsse in Vorstände beschlossen.
18. 7.	Erste Nummer des Zentralorgans der DBD »Bauern-Echo« erscheint.
22. 7.	Hauptausschuß der VdgB begrüßt den Zweijahrplan.
3. 8.	Die VdgB-Vertreter im Deutschen Volksrat, Goldenbaum und Albrecht, erklären sich zu Repräsentanten der DBD.
5. 8.	DBD wird als gleichberechtigtes Mitglied in den Zentralen Block aufgenommen.
7. 8.	1. Parteivorstandssitzung der DBD beschließt endgültige Fassung des Statuts.
11. 8.	Aufnahme von DBD und NDPD in den Landesblock Thüringen.
17. 8.	DWK legt Plan zur »Reorganisation des landwirtschaftlichen Genossenschaftswesens« vor.
26. 8.	Parteivorstand der DBD erhebt »Kampf um die Einheit Deutschlands« und die Erfüllung des Zweijahrplans zu zentralen politischen Aufgaben der Partei.
7. 9.	CDU und LDP lehnen Antrag der DBD und NDPD um Aufnahme in den Volkskongreßausschuß in Sachsen ab.
10. 10.	Die DBD unterbreitet der DWK Vorschläge zum Zweijahrplan.
10. 10.	DBD in den Landesblockausschuß in Sachsen-Anhalt aufgenommen.
14. 10.	DBD und NDPD erhalten mit je einem Vertreter Beobachterstatus im Volkskongreßausschuß in Sachsen.
22.–24. 10.	DBD tritt auf der 5. Sitzung des Deutschen Volksrates erstmals mit einer selbständigen Delegation auf. Ernst Goldenbaum ins Präsidium gewählt.
27. 11.	SMAD-Befehl Nr. 183 über die Erweiterung der DWK. DBD mit 3 Mitgliedern im Plenum der DWK vertreten.
3. 12.	DBD bekräftigt in einer Entschließung, die »Freundschaft mit der Sowjetunion weiterhin zu festigen«.
Dez.	DBD gründet Stadtverbände in Leipzig und Berlin.
31. 12.	Kritik der SMAD an Arbeitsweise und politischer Zusammensetzung der Führungsorgane der VdgB. Reorganisation des gesamten Apparates gefordert.

1949

3. 1.	VdgB eröffnet mit der »Deutschen Bauernhochschule« ihre zentrale Schulungsstätte in Paretz/Osthavelland.
24. 1.	Die SED kooptiert den 1. Vorsitzenden des FDGB, Hans Warnke, und den Generalsekretär der VdgB, Kurt Vieweg, in den Parteivorstand der SED.
7./8. 2.	Parteivorstand der DBD beschließt Maßnahmen zum organisatorischen Auf- und Ausbau und zur politischen Festigung der Partei.
5. 3.	Erste Bäuerinnentagung der DBD in Weimar beschließt, Bäuerinnen zur verantwortungsvollen Mitarbeit in der Partei zu aktivieren.
16./17. 3.	Gründung des Zentralverbandes der landwirtschaftlichen Genossenschaften Deutschlands in Berlin. Genossenschaften werden nach dem zentralistischen Organisationsprinzip strukturiert und auf die politische Linie der SED ausgerichtet. Ernst Busse (SED) wird 1. Vorsitzender.
19. 3.	Arbeitstagung der Kommunalpolitiker der DBD in Berlin. Verabschiedung der »Richtlinien für die Kommunalpolitik der DBD«.
21.–31. 3.	Erster Schulungslehrgang für DBD-Funktionäre auf der VdgB-Landesschule Reinsdorf (Brandenburg).
7. 4.	Parteivorstand der DBD beschließt, I. Parteitag für den 2./3. Juli nach Mühlhausen einzuberufen.
12. 4.	Kulturpolitische Tagung des DBD-Parteivorstandes in Berlin. Bildung von Kulturausschüssen bei den Kreisvorständen beschlossen.
28./29. 4.	Erste Arbeitstagung der Bauernkorrespondenten des »Bauern-Echo« in Berlin.
April	Das DBD-Funktionärsorgan »Der Pflüger« erscheint.
7. 5.	Aufruf des Parteivorstandes zum 3. Deutschen Volkskongreß.
9. 5.	DBD schlägt auf der 12. Präsidiumssitzung des Volksrates gesamtdeutsche Gespräche mit den westdeutschen Bauernverbänden vor.
27. 5.	Aufnahme von DBD und NDPD in den Landesblock in Sachsen.
2.–22. 6.	Durchführung der DBD-Landesparteitage zur Vorbereitung des I. Parteitages.
23./24. 6.	Zweiter Deutscher Bauerntag der VdgB in Berlin. Wahl des Hauptausschusses (39) und Vorstandes (14). Vorstandsspitze wiedergewählt. Bauerntag billigt Vorschläge des Vorstandes zur Reorganisation. Maßnahmen zur Durchführung des Zweijahrplans in der Landwirtschaft beschlossen.
2./3. 7.	I. Parteitag der DBD in Mühlhausen unter der Losung: »Mit einer Bauernpartei für eine bessere Zukunft!« 289 gewählte Delegierte; Annahme des endgültigen Programms und Statuts; Neuwahl des Parteivorstandes (24); Entschließung: »Frieden, Aufbau und Arbeit in der Partei«.
24. 8.	Parteivorstand der SED fordert Aufnahme von DBD- und NDPD-Vertretern in leitende Organe der DWK und in die Landesregierungen.
5. 9.	Sondersitzung des Parteivorstandes der DBD anläßlich des 4. Jahrestages der Bodenreform. Partei erhebt Forderung nach Durchführung einer Bodenreform in Westdeutschland.
17. 9.	Herbert Hoffmann, 1. Vorsitzender des DBD-Landesverbandes Thüringen, wird zum Leiter der Hauptverwaltung Land- und Forstwirtschaft der DWK berufen (Nachfolger von Edwin Hoernle).
7. 10.	DBD bekundet auf der Grundlage des Regierungsprogramms ihre Mitarbeit und begrüßt die dort aufgezeigten Richtlinien zur Landwirtschaftspolitik.
12. 10.	Bildung der Provisorischen Regierung der DDR. Ernst Goldenbaum (DBD) wird Landwirtschaftsminister, Rudolf Albrecht (DBD) Staatssekretär im Ministerium für Handel und Versorgung.
17./18. 11.	Annahme eines Landjugendprogramms auf der ersten Landjugendkonferenz der DBD in Berlin. Forderung nach stärkerer Schulung der Jugend für Parteiaufgaben erhoben.
20. 11.	Eröffnung der Zentralen Parteischule der DBD »Thomas Münzer« in Borkheide (Kreis Belzig).

30. 11.	Der Zentrale Block berät über die Verwirklichung der Grundsätze vom 19. August 1949. Beschluß, der den Parteien DBD und NDPD die Aufnahme in die Parlamente der Länder, Kreise und Gemeinden ermöglicht und ihnen Mitwirkungsrechte einräumt.

1950

7. 1.	Der DBD-Parteivorstand beschließt, in jedem Dorf Ausschüsse der Nationalen Front zu bilden.
18. 1.	Die DBD in Thüringen bildet als erster Landesverband Frauenkommissionen beim Landesvorstand.
Januar	Beschlüsse der Landtage sichern Verwirklichung des Blockbeschlusses vom 30. November 1949 und ermöglichen die Aufnahme von DBD und NDPD in die Parlamente der Länder, Kreise und Gemeinden.
18./19. 2.	Konstituierung des Gesamtdeutschen Arbeitskreises der Land- und Forstwirtschaft in Schierke (Harz). Wahl eines ständigen Ausschusses (je 17 Mitglieder aus der DDR und der BRD). Bildung eines Generalsekretariats in Ost-Berlin.
27./28. 2.	Parteivorstand der DBD beschließt auf der Grundlage und in Erfüllung des Programms der Nationalen Front Leitsätze für die Parteiarbeit und verpflichtet alle Mitglieder zur Mitarbeit in den Ausschüssen der Nationalen Front.
24. 3.	Das Sekretariat des DBD-Parteivorstandes beschließt, die organisatorischen Abteilungen der Landes- und Kreissekretariate durch Instrukteure zu verstärken.
24. 3.	Bildung einer Zentralen Jugendkommission beim Parteivorstand der DBD beschlossen.
25. 5.	Anläßlich der Regierungsumbildung in Sachsen wird Fritz Weißhaupt (DBD) Minister für Land- und Forstwirtschaft.
17. 6.	Der Parteivorstand bekundet in einer anläßlich des zweijährigen Bestehens der Partei gefaßten Entschließung seine immerwährende »Treue« zur Arbeiterklasse und ihrer Partei sowie ihre Bereitschaft, »alles einzusetzen«, um das Bündnis mit der SED »noch fester zu schmieden«.
10.–18. 7.	Schauprozesse in Güstrow und Greifswald gegen leitende Mitglieder der Mecklenburgischen Genossenschaftsorganisation.
12. 7.	Otto Körting (SED), bereits im März 1950 als 1. Vorsitzender der VdgB vom Vorstand abberufen, wird auf Beschluß des VdgB-Hauptausschusses aller Funktionen in der VdgB enthoben. Am 15. Juli Ausschluß aus der SED.
20.–24. 7.	Ulbricht spricht sich auf dem 3. SED-Parteitag für den Vollzug des Zusammenschlusses von VdgB und ländlichen Genossenschaften aus.
15. 8.	Der Generalsekretär der VdgB, Kurt Vieweg, löst Ernst Busse als Vorsitzenden des Zentralverbandes der landwirtschaftlichen Genossenschaften ab.
25. 8.	Zustimmende Erklärung der DBD zum »Programm der Nationalen Front des demokratischen Deutschland für die Volkswahlen 1950«.
13. 9.	DBD unterbreitet der Regierung Vorschläge zur Durchführung des ersten Fünfjahrplans.
15. 10.	DBD mit 33 Abgeordneten in der Volkskammer vertreten; 7205 Mitglieder in die Länder-, Kreis- und Gemeindeparlamente gewählt.
Oktober	Der Vorsitzende der Sowjetischen Kontrollkommission (SKK), Tschujkow, empfängt führende Persönlichkeiten der DBD. Unterredung über politische und wirtschaftliche Fragen, insbesondere Erörterung der Lage auf dem Lande.
15. 11.	Paul Scholz (DBD) löst Goldenbaum als Landwirtschaftsminister ab.
20. 11.	Hauptausschuß der VdgB und Beirat des Zentralvorstandes der landwirtschaftlichen Genossenschaften beschließen Fusion zur »Vereinigung der gegenseitigen Bauernhilfe (Bäuerliche Handels-Genossenschaft)« VdgB (BHG).
14. 12.	Friedrich Wehmer (SED) zum Vorsitzenden der VdgB (BHG) gewählt.

1951

10./11. 2.	Erste Zentrale Parteiaktivtagung der DBD in Berlin. Partei erklärt Überbietung des Fünfjahrplanes zur entscheidenden Aufgabe. Berthold Rose zum Generalsekretär gewählt.
Juni	Landesparteitage der DBD.
6.–8. 7.	II. Parteitag der DBD in Eisenach unter der Losung: »Frieden, Einheit, Aufbau!« Neuwahl des Parteivorstandes (48); Wiederwahl Ernst Goldenbaums; Paul Scholz zum stellvertretenden Vorsitzenden und Berthold Rose zum Generalsekretär gewählt.
19. 9.	Parteivorstand der DBD beschließt Durchführung des ersten Parteischulungsjahres ab 1. Oktober 1951.
22. 9.	Eröffnung der ersten Landesparteischule der DBD in Dresden.
8./9. 12.	Dritter Deutscher Bauerntag in Leipzig. Annahme des Statuts der VdgB (BHG). Neuwahl des Zentralvorstandes.

1952

8. 6.	In der Gemeinde Merxleben wird die erste LPG der DDR gegründet.
18. 6.	Paul Scholz zum Stellvertreter des Ministerpräsidenten berufen. Wilhelm Schröder (DBD) wird neuer Landwirtschaftsminister.
9.–12. 7.	Die II. Parteikonferenz der SED beschließt die »planmäßige Errichtung der Grundlagen des Sozialismus in der DDR«.
17. 7.	Der DBD-Landesvorstand Sachsen-Anhalt begrüßt die Beschlüsse der II. Parteikonferenz der SED zum Aufbau des Sozialismus.
20. 7.	»Bauern-Echo« veröffentlicht Statut der LPG Worin (Kreis Seelow).
2. 8.	Sekretariat des Parteivorstandes der DBD beschließt Maßnahmen zur Umstrukturierung der Parteiorganisation (Bildung von Bezirksverbänden ab 15. September 1952).
5./6. 9.	Parteivorstand erklärt Aufbau des Sozialismus zur Hauptaufgabe der Partei. Annahme einer Arbeitsentschließung über die künftigen Schwerpunkte der Parteiarbeit und die Aufgaben der Partei beim Aufbau der Grundlagen des Sozialismus.
Oktober	Beginn des zweiten Parteischulungsjahres der DBD.
5./6. 12.	Erste Konferenz der Vorsitzenden der LPGs in Berlin. Paul Scholz begründet die Musterstatuten der LPG, Typ I bis III.
20. 12.	Zentralvorstand der VdgB (BHG) bestätigt Friedrich Wehmer als 1. Vorsitzenden und Kurt Vieweg als Generalsekretär.

1953

15. 5.	Hans Reichelt (DBD) wird Minister für Land- und Forstwirtschaft.
9. 6.	Das Politbüro der SED »empfiehlt« der Regierung Maßnahmen zur Verbesserung der Lebensgrundlage der Bevölkerung und zur »Stärkung der Rechtssicherheit«.
11. 6.	Ministerrat der DDR beschließt Einleitung des »neuen Kurses«.
19. 6.	DBD bekundet, daß sie »fester denn je« zur SED und zur Regierung der DDR stehe.
Juli	Durchführung der Politik des »neuen Kurses« steht im Mittelpunkt der Bezirksparteitage der DBD.
14. 7.	Parteivorstand der DBD unterbreitet der Regierung Vorschläge zur Agrarpolitik.
4.–6. 9.	III. Parteitag der DBD in Güstrow unter der Losung: »Für Frieden, Einheit, Aufbau – für den Wohlstand in unseren Dörfern«. Vorstandsspitze bestätigt. Von den 1366 Delegierten waren 33,4 % Genossenschaftsbauern.

Literatur

I. Ungedruckte Quellen

1. Archiv der sozialen Demokratie (AdsD) der Friedrich-Ebert-Stiftung in Bonn–Bad Godesberg.
1.1 Bestand SPD-Archiv
   - Akten Länderregierungen
     0027 Mecklenburg (Landtag)
     0038 a Thüringen (organisatorisches und personelles)
   - Akten Land- und Forstwirtschaft
     0171 VdgB
   - Akten SED
     0367 Al Wahlen
   - Akten Blockparteien
     0373 DBD
   - Akten Staatlicher Aufbau der DDR
     0492 a Ministerium für Land- und Forstwirtschaft (personelles)
1.2 Nachlaß Erich W. Gniffke
1.3 Telegraf-Archiv (Zeitungsausschnitte und Berichte)
2. Gesamtdeutsches Institut Berlin
2.1 alle Ordner zur VdgB, DBD sowie zur Land- und Forstwirtschaft
2.2 Personenkartei
3. RIAS Berlin
3.1 alle Materialien zur DBD
4. Bundesarchiv in Koblenz
4.1 Nachlaß Jakob Kaiser, Akte 53 und 257
5. Archiv beim Hauptvorstand der CDU in der DDR
5.1 Bestand Sekretariat des Hauptvorstandes
5.2 Bestand Brandenburg und Thüringen.

II. Gedruckte Quellen

1. Publikationen der VdgB

Arbeitsbericht der Vereinigung der gegenseitigen Bauernhilfe, Landesverband Thüringen 1945 bis 1947. Erfurt 1948.
Arbeitsplan des Landesverbandes Brandenburg der gegenseitigen Bauernhilfe. II. Quartal 1950. Potsdam 1950.
Der Aufstieg der Landwirtschaft in der Ostzone. Kurt Vieweg: Die Tätigkeit und die künftigen Aufgaben der VdgB. Referat gehalten auf dem 2. Deutschen Bauerntag am 23./24. Juni 1949 in Berlin, nebst Entschließungen ost- und westdeutscher Teilnehmer. Hrsg.: ZVdgB. Berlin 1949.
Bauern kämpfen für Deutschland. Otto Körting: Die VdgB im Kampf für Einheit und gerechten Frieden, Referat gehalten auf dem 2. Deutschen Bauerntag am 23./24. Juni 1949 in Berlin, nebst Entschließungen und Diskussionsbeiträgen westdeutscher Bauernvertreter. Hrsg.: ZVdgB. Berlin 1949.

Bericht der Zentralvereinigung der gegenseitigen Bauernhilfe zum 2. Deutschen Bauerntag. 23./ 24. Juni 1949 in Berlin. Berlin 1949.
Heran an die Vorkriegserträge. Hrsg.: ZVdgB. Berlin (Ost) 1949.
Parlament der Bauern. Erster Provinzialkongreß der gegenseitigen Bauernhilfe der Mark Brandenburg am 15. und 17. März 1946 in Potsdam. Potsdam o. J.
Statistische Berichte der Vereinigung der gegenseitigen Bauernhilfe. Bericht Nr. 9 vom 4. November 1947. Berlin 1947.
Statut der VdgB (BHG), o. O. (Berlin-Ost) o. J. (1952).
»Der Freie Bauer«, 1. Jg. 1945 ff.
»Die Ähre«. Mitteilungsblatt der Zentralvereinigung der gegenseitigen Bauernhilfe, 1. Jg. 1947 (Juni) ff. – ab 5. Jg. 1951 »Das demokratische Dorf«.

2. Publikationen der DBD

Erster Landesparteitag der Demokratischen Bauernpartei Deutschlands – Landesverband Brandenburg – am 21. und 22. Juni 1949 in Potsdam o. O. o. J. (1949).
Grundsätze und Forderungen der Demokratischen Bauernpartei Deutschlands. Hrsg.: PV der DBD. Berlin o. J. (1948).
Programm und Statut der Demokratischen Bauernpartei Deutschlands, beschlossen auf dem 1. Parteitag am 2. und 3. Juli 1949 in Mühlhausen. Hrsg.: PV der DBD. Berlin (Ost) 1949.
Protokoll des II. Parteitages der Demokratischen Bauernpartei Deutschlands vom 6. bis 8. Juli 1951 in Eisenach. Berlin (Ost) 1952.
Protokoll des III. Parteitages der Demokratischen Bauernpartei Deutschlands vom 4. bis 6. September 1953 in Güstrow. Berlin (Ost) 1954.
Protokoll des IV. Parteitages der Demokratischen Bauernpartei Deutschlands vom 31. August bis 2. September 1955 in Halle. Berlin (Ost) 1955.
Protokoll des V. Pareitages der Demokratischen Bauernpartei Deutschlands vom 2. bis 4. Juli 1957 in Leipzig. Berlin (Ost) 1957.
Protokoll des X. Parteitages der Demokratischen Bauernpartei Deutschlands vom 18. bis 20. Mai 1977 in Schwerin. Berlin (Ost) 1977.
Statut der Demokratischen Bauernpartei Deutschlands von 1963, beschlossen auf dem VII. Parteitag in Schwerin, o. O. o. J.
Statut der Demokratischen Bauernpartei Deutschlands von 1968, beschlossen auf dem VIII. Parteitag in Magdeburg, o. O. o. J.
Statut der Demokratischen Bauernpartei Deutschlands von 1977, beschlossen auf dem X. Parteitag, in: Protokoll des X. Parteitages der Demokratischen Bauernpartei Deutschlands vom 18. bis 20. Mai 1977 in Schwerin. Berlin (Ost). 1977, S. 354 ff.
Schriftenreihe der Demokratischen Bauernpartei Deutschlands. Hrsg.: PV der DBD, Nr. 2–7.
  Nr. 2: Mit der Bauernpartei in eine bessere Zukunft. Berlin (Ost) 1949.
  Nr. 3: Zu gesunden Bauernwirtschaften. Berlin (Ost) 1950.
  Nr. 4: »Der deutschen Zwietracht mitten ins Herz«. Die werktätigen Bauern im Kampf um Frieden, Einheit und Aufbau. Berlin (Ost) 1950.
  Nr. 5: Der Weg zur Höherentwicklung unserer Landwirtschaft. Erläuterungen und Vorschläge der DBD zum Fünfjahrplan. Berlin (Ost) 1950.
  Nr. 6: Die neue Initiative im Dorf. Berlin (Ost) 1951.
  Nr. 7: Dein Weg zum Erfolg praktisch bewiesen. Erster Zentraler Erfahrungsaustausch der Demokratischen Bauernpartei Deutschlands zwischen werktätigen Bauern und Agrarwissenschaftlern. Berlin (Ost) 1952.
10 Jahre Demokratische Bauernpartei Deutschlands. Hrsg.: PV der DBD. Berlin (Ost) 1958.
15 Jahre Demokratische Bauernpartei Deutschlands. Beilage des »Bauern-Echo« vom 7. Dezember 1962.
20 Jahre Demokratische Bauernpartei Deutschlands. Hrsg.: PV der DBD. Berlin (Ost) 1968.
25 Jahre Demokratische Bauernpartei Deutschlands. Hrsg.: Präsidium des PV der DBD. Berlin (Ost) 1968.
30 Jahre Demokratische Bauernpartei Deutschlands. Hrsg.: PV der DBD. Heiligenstadt 1978.

25 Jahre DDR. Der Beitrag der DBD als engster Bündnispartner und Kampfgefährte der Arbeiterklasse und ihrer Partei bei der Gründung und Entwicklung der DDR. Hrsg.: PV der DBD. Berlin (Ost) 1974.
»Bauern-Echo«. Organ der Demokratischen Bauernpartei Deutschlands. 1. Jg. 1948 (Juli) ff. ([S] = Ausg. Sachsen; [B] = Ausg. Brandenburg).
»Der Pflüger«. Zeitschrift für Funktionäre der Demokratischen Bauernpartei Deutschlands. 1. Jg. 1949 (April) ff.
Zentrale Dokumente der DBD, abgedruckt im »Bauern-Echo«: Arbeitsentschließung des Parteivorstandes der Demokratischen Bauernpartei Deutschlands auf seiner Sitzung vom 5. und 6. September 1952, in: »Bauern-Echo« vom 7. September 1952.
Entschließung des Parteivorstandes der Demokratischen Bauernpartei Deutschlands vom 7./8. Februar 1949, in: »Bauern-Echo« vom 10. Februar 1949.
Entschließung des 1. Parteitages der Demokratischen Bauernpartei Deutschlands, in: »Bauern-Echo« vom 2. Juli 1949.
Noch fester das Bündnis mit der Arbeiterklasse – unser Vertrauen gehört der Regierung, weil sie eine Regierung des Volkes ist. Erklärung des Parteivorstandes der Demokratischen Bauernpartei Deutschlands, in: »Bauern-Echo« vom 19. Juni 1953.

3. Protokolle, Dokumente, Reden und Schriften

Amtsblatt der Landesverwaltung Mecklenburg-Vorpommern, Schwerin, 1. Jg. 1946 ff.
Archivalische Quellen zur Geschichte der demokratischen Bodenreform im Lande Sachsen-Anhalt. Eine Auswahl aus Beständen des Staatsarchivs Magdeburg (veröffentlicht und eingeleitet von Gottfried Börnet und Rudolf Engelhardt), in: Jahrbuch für Regionalgeschichte. Weimar 1972, Bd. 4, S. 9 ff.
Befehle des Obersten Chefs der Sowjetischen Militärverwaltung in Deutschland. Aus dem Stabe der Sowjetischen Militärverwaltung. Sammelheft 1, 1945. Berlin 1946.
Befreiung und Neubeginn. Hrsg. vom Historischen Institut der Ernst-Moritz-Arndt-Universität (Greifswald). Berlin (Ost) 1966.
Beiträge zur Geschichte Thüringens. Dokumente und Materialien zur Geschichte der Arbeiterbewegung in Thüringen 1945–1950. Hrsg.: SED-Bezirksleitung Erfurt u. a. Erfurt 1969.
Bericht des Parteivorstandes der Sozialistischen Einheitspartei Deutschlands an den 2. Parteitag. Berlin 1947.
Bericht über die Tagung zur Vorbereitung einer gesamtdeutschen Beratung der Land- und Forstwirtschaft in Schierke (Harz) am 18. und 19. Februar 1950. Hrsg.: Sekretariat des Gesamtdeutschen Arbeitskreises der Land- und Forstwirtschaft. Berlin (Ost) o. J. 1950.
Berthold, Lothar/Diehl, Ernst (Hrsg.): Revolutionäre deutsche Parteiprogramme. Vom Kommunistischen Manifest zum Programm des Sozialismus. Berlin (Ost) 1964.
Die Bodenreform. Vortragsdisposition Nr. 9. Hrsg.: ZK der KPD. Berlin 1945.
Brandenburgische Gesetzessammlung 1945–1947. Potsdam 1948.
Braun, Günter: Die Wahlen in der SBZ im Herbst 1946, in: Weber, Parteiensystem . . ., a. a. O. (vollständig zitiert, siehe Weber), S. 545 ff.
Bündnis der Arbeiter und Bauern. Dokumente und Materialien zum 30. Jahrestag der demokratischen Bodenreform. Hrsg.: IML und Institut für Gesellschaftswissenschaften beim ZK der SED. Berlin (Ost) 1975.
DDR Handbuch (Wiss. Leitung, Peter Christian Ludz), Hrsg.: Bundesministerium für Innerdeutsche Beziehungen. Köln 1975.
Demokratische Bodenreform. Wilhelm Pieck und Edwin Hoernle auf der Großkundgebung im Berliner Admiralspalast am 19. September 1945. Berlin 1945.
Die demokratische Bodenreform und der Beginn der sozialistischen Umgestaltung der Landwirtschaft auf dem Territorium des Bezirkes Dresden. Hrsg.: Bezirksleitung Dresden der SED u. a. Dresden 1976.
Deuerlein, Ernst: Die Einheit Deutschlands, Bd. I.: Ihre Erörterung und Behandlung auf den Kriegs- und Nachkriegskonferenzen 1941–1949. Frankfurt/Main 1957.
Deutscher Zweijahrplan für 1949/50. Berlin 1948.

Döring, Heinz: Von der Bodenreform zu den landwirtschaftlichen Produktionsgenossenschaften. Erläuterung und Kommentierung des neuen Agrarrechts. Berlin (Ost) 1953.
Dokumente zur Bauernbefreiung. Quellen zur Geschichte der demokratischen Bodenreform und sozialistischen Umgestaltung der Landwirtschaft im Bezirk Schwerin. Hrsg.: Bezirkskommission zur Erforschung der Geschichte der örtlichen Arbeiterbewegung bei der Bezirksleitung Schwerin der SED und Staatsarchiv Schwerin. Schwerin 1975.
Dokumente zur demokratischen Bodenreform im Land Brandenburg (ausgewählt und eingeleitet von Fritz Reinert). Potsdam 1966.
Dokumente der Sozialistischen Einheitspartei Deutschlands: Bd. 1, 2. Auflage. Berlin (Ost) 1951; Bd. 2, 2. Auflage. Berlin (Ost) 1951; Bd. 4, Berlin (Ost) 1954.
Dowidat, Christel: Zur Veränderung der Mitgliederstrukturen von Parteien und Massenorganisationen in der SBZ/DDR (1945–1952). in: Weber, Parteiensystem . . ., a. a. O. (vollständig zitiert, siehe Weber), S. 497 ff.
Engelhardt, Rudolf/Wille, Manfred: Quellensammlung zur Geschichte der Arbeiterbewegung im Bezirk Magdeburg. Teil 3: 1945 bis 1949. Hrsg.: Bezirksleitung der SED Magdeburg u. a. Magdeburg 1974 (= Beiträge zur Geschichte der Stadt und des Bezirks Magdeburg, 3).
Erster Rechenschaftsbericht der Sozialistischen Einheitspartei Deutschlands. Landesvorstand Thüringen 1946/47. Weimar 1947.
Flechtheim, Ossip K. (Hrsg.): Dokumente zur parteipolitischen Entwicklung in Deutschland seit 1945, Bd. 3. Berlin (West) 1963.
Die gegenwärtigen Aufgaben der KPD auf dem Lande. Vortragsdisposition Nr. 8. Hrsg.: ZK der KPD. Berlin 1946.
Gesetzblatt der DDR. Berlin (Ost) 1949–1953.
Handbuch zur Durchführung der Gemeindewahlen 1946. Hrsg.: Parteivorstand der SED. Berlin 1946.
Hoernle, Edwin: Ein Leben für die Bauernbefreiung. Das Wirken Edwin Hoernles als Agrarpolitiker und eine Auswahl seiner agrarpolitischen Schriften. Berlin (Ost) 1965.
Hoernle, Edwin: Zum Bündnis zwischen Arbeitern und Bauern. Eine Auswahl seiner Reden und Schriften. 1928–1951. Berlin (Ost) 1965.
Inhaltsverzeichnis der Akten und Verhandlungen des Sächsischen Landtages 1. Wahlperiode sowie der beratenden Versammlungen des Landes Sachsen vom 25. Juni 1946 bis 6. Oktober 1950. o. O. o. J.
Itzerott, Brigitte: Die Liberal-Demokratische Partei Deutschlands (LDPD), in: Weber, Parteiensystem . . ., a. a. O. (vollständig zitiert, siehe Weber), S. 179 ff.
Jahrbuch für Arbeit und Sozialfürsorge 1945–März 1947. Hrsg.: Deutsche Verwaltung für Arbeit und Sozialfürsorge der Sowjetischen Besatzungszone Deutschlands. Berlin o. J. (1947).
Jahrbuch für Arbeit und Sozialfürsorge 1947–1948. Hrsg.: Hauptverwaltung für Arbeit und Sozialfürsorge bei der DWK. Berlin (Ost) o. J. (1948).
Koch, Manfred: Der Demokratische Block, in: Weber, Parteiensystem . . ., a. a. O. (vollständig zitiert, siehe Weber), S. 281 ff.
Landtag des Landes Brandenburg. Stenographischer Bericht. 2. Wahlperiode. Potsdam o. J.
Laschitza, Horst: Kämpferische Demokratie gegen Faschismus. Die programmatische Vorbereitung auf die antifaschistisch-demokratische Umwälzung in Deutschland durch die Parteiführung der KPD. Berlin (Ost) 1969.
Lenin, W. I.: Ausgewählte Werke in zwei Bänden. Moskau 1946/1947.
Mecklenburgischer Landtag. Stenographisches Protokoll der 1. Wahlperiode. Schwerin o. J.
Mecklenburgischer Landtag. Stenographisches Protokoll der 2. Wahlperiode. Schwerin o. J.
Mohn, Willi (Hrsg.): Hessischer Bauerntag. Berlin 1948.
Müller, Werner: Der Transformationsprozeß der SED, in: Weber, Parteiensystem . . ., a. a. O. (vollständig zitiert, siehe Weber), S. 51 ff.
Pieck, Wilhelm: Bodenreform. Junkerland in Bauernhand. Berlin (Ost) 1945.
Protokoll der Bauernkonferenz der Sozialistischen Einheitspartei Deutschlands am 19. und 20. Februar 1949 in Halle. Berlin 1949.
Protokoll des Kongresses der ländlichen Genossenschaften Deutschlands, am 16. und 17. März in der Staatsoper Berlin. Berlin 1949.
Protokoll der 1. Parteikonferenz der Sozialistischen Einheitspartei Deutschlands. 25.–28. Januar 1949 in Berlin. Berlin (Ost) 1949.

Protokoll der Verhandlungen des 2. Parteitages der Sozialistischen Einheitspartei Deutschlands. 20.–24. September 1947, Deutsche Staatsoper Berlin. Berlin 1947.
Protokoll der Verhandlungen des III. Parteitages der Sozialistischen Einheitspartei Deutschlands. 20. bis 24. Juli 1950 in der Werner-Seelenbinder-Halle zu Berlin. Bd. 1 und 2. Berlin (Ost) 1951.
Protokoll der Verhandlungen der II. Parteikonferenz der Sozialistischen Einheitspartei Deutschlands. 9. bis 12. Juli 1952 in der Werner-Seelenbinder-Halle zu Berlin. Berlin (Ost) 1952.
Protokoll der Verhandlungen des X. Parteitages der Sozialistischen Einheitspartei Deutschlands im Palast der Republik in Berlin, 11. bis 16. April 1981, Bd. 1. Berlin (Ost) 1981.
Regierungsblatt für Mecklenburg. Schwerin, 2. Jg. 1947 (März) – 7. Jg. 1952.
Reuber, Heinrich/Skibbe, Bruno: Die Bodenreform in Deutschland mit Zahlen und Dokumenten. Berlin 1947.
Sächsischer Landtag 1950–1952. Stenographisches Protokoll der 2. Wahlperiode, o. O. o. J.
Sitzungsberichte der Provisorischen Volkskammer der DDR. Stenographische Protokolle. Legislaturperiode 1949/50, o. O. , o. J.
Sitzungsberichte der Volkskammer der DDR. Stenographische Berichte. 1. Wahlperiode, o. O. o. J.
Suckut, Siegfried: Zur Praxis der Blockpolitik in der sowjetisch besetzten Zone Deutschlands (1945–1949). Analyse und Dokumente. Ein Beitrag zur Parteiengeschichte in der SBZ/DDR (Arbeitstitel). Unveröffentlichtes Manuskript.
Suckut, Siegfried: Zum Wandel von Rolle und Funktion der Christlich-Demokratischen Union Deutschlands (CDUD) im Parteiensystem der SBZ/DDR (1945–1952), in: Weber, Parteiensystem . . ., a. a. O. (vollständig zitiert, siehe Weber), S. 117 ff.
Schierke: Ausgangspunkt für den gemeinsamen Weg der deutschen Landwirtschaft. Hrsg.: Sekretariat des Gesamtdeutschen Arbeitskreises der Land- und Forstwirtschaft. Berlin (Ost) 1950.
Schwank, Monika/Göttlicher, Franz: KPD und Bodenreform, in: »BzG«, 17. Jg. 1975, Heft 5, S. 848 ff.
Staritz, Dietrich: Die National-Demokratische Partei Deutschlands (NDPD), in: Weber, Parteiensystem . . ., a. a. O. (vollständig zitiert, siehe Weber), S. 215 ff.
Statistisches Jahrbuch der Deutschen Demokratischen Republik. Hrsg.: Staatliche Zentralverwaltung für Statistik. Jge. 1955, 1958, 1980. Berlin (Ost) 1956, 1959, 1981.
Thüringer Landtag. Stenographischer Bericht. 1. Wahlperiode. Weimar o. J.
Thüringer Landtag. Stenographischer Bericht. 2. Wahlperiode. Weimar o. J.
Ulbricht, Walter: Die Bauernbefreiung in der Deutschen Demokratischen Republik. Bd. 1. Berlin (Ost) 1961.
Ulbricht, Walter: Die Entwicklung des volksdemokratischen Staates, 1945–1948. Berlin (Ost) 1958.
Ulbricht, Walter: Zur Geschichte der deutschen Arbeiterbewegung. Aus Reden und Aufsätzen. Berlin (Ost): Bd. I, 1918–1933 (1953); Bd. II, 1933–1946 (1953); Bd. II, Zusatzband (1966); Bd. II, 2. Zusatzband (1968); Bd. III, 1946–1950 (1953).
Ulbricht, Walter: Zur Geschichte der neuesten Zeit, Bd. I, 1. Halbband. Berlin (Ost) 1955.
Um ein antifaschistisch-demokratisches Deutschland. Dokumente aus den Jahren 1945–1949. Hrsg.: Ministerien für auswärtige Angelegenheiten der DDR und UdSSR. Berlin (Ost) 1968.
Unrecht als System. Dokumente über planmäßige Rechtsverletzungen im sowjetischen Besatzungsgebiet. Hrsg.: Bundesministerium für Gesamtdeutsche Fragen. Teil II. Bonn 1955.
Unser neues Verhältnis zu den Bauern. Vortragsdisposition Nr. 10. Hrsg.: ZK der KPD. Berlin 1945.
Verhandlungen des Landtages der Provinz Sachsen-Anhalt, 1. Wahlperiode. 1946–1950. Halle o. J.
Verordnungsblatt für die Provinz Sachsen. Halle (Saale) 1945–1946.
Wahlfälschungen, Wahlbeeinflussungen, Wahlbehinderungen in der sowjetischen Besatzungszone 1946–1950. Dokumente und Tatsachen. Hrsg.: Bundesministerium für Gesamtdeutsche Fragen, o. O. o. J. (Bonn/Berlin 1950).
Weber, Hermann (Hrsg.): Der deutsche Kommunismus. Dokumente. 2. Aufl. Köln/Berlin (West) 1964.

Weber, Hermann (Hrsg.): Parteiensystem zwischen Demokratie und Volksdemokratie. Dokumente und Materialien zum Funktionswandel der Parteien und Massenorganisationen in der SBZ/ DDR 1945–1950. Köln 1982.
Weber, Hermann: Die Sozialistische Einheitspartei Deutschlands 1946–1971. Hannover 1971.
Wernet, Bernhard: Zur Rolle und Funktion der Vereinigung der gegenseitigen Bauernhilfe (VdgB) und Demokratischen Bauernpartei Deutschlands (DBD) im Parteiensystem der SBZ/DDR (1945–1952), in: Weber, Parteiensystem . . ., a. a. O. (vollständig zitiert, siehe Weber), S. 241 ff.
Wir überwinden die Zonengrenze. Die 5. Tagung des Gesamtdeutschen Arbeitskreises der Land- und Forstwirtschaft in Leipzig, am 15. und 16. September 1950. Hrsg.: Sekretariat des Gesamtdeutschen Arbeitskreises der Land- und Forstwirtschaft. Berlin (Ost) o. J. (1950).
Zentralverordnungsblatt. Amtliches Organ der Deutschen Wirtschaftskommission und ihrer Hauptverwaltungen sowie der Deutschen Verwaltungen für Inneres, Justiz und Volksbildung. Berlin 1947–1949.
Zum 20. Jahrestag der Bodenreform im Bezirk Frankfurt/Oder. Eine Auswahl von Dokumenten und Materialien. Hrsg.: Bezirksparteischule der SED u. a. Frankfurt/Oder 1965.

4. Biographien, Memoiren, Literatur biographischen Charakters

Abgeordnete des Thüringer Landtages. Weimar 1947.
Behrendt, Armin: Wilhelm Külz. Aus dem Leben eines Suchenden. Berlin (Ost) 1968.
Conze, Werner: Jakob Kaiser. Politiker zwischen Ost und West 1945–1949. Stuttgart/Berlin (West)/Köln/Mainz 1969.
Geschichte der deutschen Arbeiterbewegung. Biographisches Lexikon. Hrsg.: Institut für Marxismus-Leninismus beim ZK der SED. Berlin (Ost) 1970.
Gniffke, Erich W.: Jahre mit Ulbricht. Köln 1966.
Handbuch des Landtages des Landes Brandenburg. Potsdam 1947.
Handbuch des Landtages Sachsen-Anhalt. Halle (Saale) 1947.
Handbuch des Landtages Sachsen-Anhalt. 2. Wahlperiode. Halle (Saale) 1951.
Handbuch für den Mecklenburgischen Landtag. 1. Wahlperiode. Schwerin 1947.
Handbuch der Sowjetzonalen Volkskammer. 2. Legislaturperiode (1954–1958). Hrsg.: IWE. Bonn/Berlin (West) 1955.
Handbuch der Volkskammer der Deutschen Demokratischen Republik. 2. Wahlperiode, 2. verb. Auflage. Berlin (Ost) 1957; 3. Wahlperiode. Berlin (Ost) 1959.
Hermes, Anna: Und setzet ihr nicht das Leben ein. Andreas Hermes – Leben und Wirken. Nach Briefen, Tagebuchaufzeichnungen und Erinnerungen. Stuttgart 1971.
Namen und Daten. Biographien wichtiger Personen in der DDR. Bearbeitet von Günther Buch. Bonn-Bad Godesberg 1973 (1. Aufl.) und 1979 (2. überarb. und erw. Aufl.).
Leonhard, Wolfgang: Die Revolution entläßt ihre Kinder, 16. Auflage. Köln/Berlin (West) 1978.
Sächsischer Landtag 1946/1947. Dresden 1947.
Sächsischer Landtag 1950, o. O. o. J.
SBZ-Biographie. Ein biographisches Nachschlagewerk über die sowjetische Besatzungszone Deutschlands, zusammengestellt vom Untersuchungsausschuß Freiheitlicher Juristen. Hrsg.: Bundesministerium für Gesamtdeutsche Fragen. Bonn und Berlin (West), verschiedene Auflagen.
Weber, Hermann: Die Wandlung des deutschen Kommunismus. Die Stalinisierung der KPD in der Weimarer Republik. Bd. 2. Frankfurt/Main 1969.

5. Darstellungen, Beiträge in Sammelwerken

Agsten, Rudolf/Bogisch, Manfred: Bürgertum am Wendepunkt. Die Herausbildung der antifaschistisch-demokratischen und antiimperialistischen Grundhaltung bei den Mitgliedern der LDPD 1945/46. Berlin (Ost) 1970.
Agsten, Rudolf/Bogisch, Manfred: LDPD auf dem Wege in die DDR. Zur Geschichte der LDPD in den Jahren 1946–1949. Berlin (Ost) 1974.

Barthel, Horst: Die wirtschaftlichen Ausgangsbedingungen der DDR. Zur wirtschaftlichen Entwicklung auf dem Gebiet der DDR 1945–1949/50. Berlin (Ost) 1979.
Barthelmann, Robert: Das Wesen und der Funktionswandel der bäuerlichen Genossenschaften im Gebiet der Deutschen Demokratischen Republik nach 1945. Diss. Univ. Jena. 1963.
Benedix, Elfriede: Die Tätigkeit der Deutschen Wirtschaftskommission (DWK) und ihre Bedeutung für die Festigung und Weiterentwicklung der antifaschistisch-demokratischen Ordnung (Juni 1947 bis zur Gründung der DDR). Phil. Diss. Berlin (Ost) 1961.
Braun, Günter: Die Gemeinde-, Kreis- und Landtagswahlen in der Sowjetischen Besatzungszone Deutschlands im Herbst 1946 und die ersten Nachkriegswahlen in Groß-Berlin – Eine Darstellung und Analyse des Wahlverfahrens, des Wahlkampfes und der Ergebnisse an Beispielen. Magisterarbeit an der Univ. Mannheim 1981.
Brebach, Joachim/Koch, Hans: Die erste Bewährung. Der CDU-Landesverband Mecklenburg in der demokratischen Bodenreform 1945/1946. Berlin (Ost) 1972.
Bündnispolitik im Sozialismus (Redaktionsleitung Heinz Hümmler). Berlin (Ost) 1981.
Buss, Franz: Die Struktur und Funktion der landwirtschaftlichen Genossenschaften im Gesellschafts- und Wirtschaftssystem der sowjetischen Besatzungszone Deutschlands. Marburg (Lahn) 1965.
Černy, Jochen: Vom antifaschistisch-demokratischen Block zum sozialistischen Mehrparteiensystem. Eine Studie zu Genesis der politischen Organisation der Gesellschaft im Gründungsjahr der DDR (Oktober 1949 bis Oktober 1950), in: Rolf Badstübner/Heinz Heitzer: Die DDR in der Übergangsperiode. Studien zur Vorgeschichte der DDR 1945 bis 1951. Berlin (Ost) 1961, S. 159 ff.
DDR. Werden und Wachsen. Zur Geschichte der Deutschen Demokratischen Republik. Berlin (Ost) 1974.
Dietz, Raimund: Die Wirtschaft der DDR (1950–1974). Forschungsbericht des Wiener Instituts für Internationale Wirtschaftsvergleiche Nr. 37, Oktober 1976. Wien 1977.
Dillwitz, Sigrid: Die Entwicklung des Arbeitsrechts für jugendliche Landarbeiter im Gebiet der heutigen DDR. 1945 bis 1949, in: Jahrbuch für Wirtschaftsgeschichte. Berlin (Ost) 1972, Teil 1, S. 41 ff.
Dölling, W.: Wende der deutschen Agrarpolitik. Berlin (Ost) 1950.
Doernberg, Stefan: Kurze Geschichte der DDR. Berlin (Ost) 1959.
Droste, Helmut: Zur Rolle der Vereinigung der gegenseitigen Bauernhilfe bei der Verwirklichung des Bündnisses zwischen der Arbeiterklasse und der werktätigen Bauernschaft. Diss. Univ. Leipzig 1961.
Fejtö, Francois: Die Geschichte der Volksdemokratien. Bd. I: Die Ära Stalin 1945–1953. Graz/Wien/Köln 1972.
Fiedler, Helene: SED und Staatsmacht. Zur staatspolitischen Konzeption und Tätigkeit der SED 1946–1948. Berlin (Ost) 1974.
Fischer, Alexander: Sowjetische Deutschlandpolitik im zweiten Weltkrieg 1941–1945. Stuttgart 1975.
Fritz, Günther: Zum Ergebnis der antifaschistisch-demokratischen Umwälzung in Thüringen bis zur Gründung der Deutschen Demokratischen Republik und der Staatsorgane des Landes bei der Festigung der Arbeiter-und-Bauern-Macht im Prozeß der Überleitung der sozialistischen Revolution. Diss. Univ. Leipzig 1967.
Früchte des Bündnisses. Werden und Wachsen der sozialistischen Landwirtschaft der DDR. Berlin (Ost) 1980.
Furtak, Robert: Die politischen Systeme der sozialistischen Staaten. München 1979.
Gemeinsam zum Sozialismus. Zur Geschichte der Bündnispolitik der SED. Hrsg.: Institut für Gesellschaftswissenschaften beim ZK der SED. Berlin (Ost) 1969.
Goldenbaum, Ernst: Die deutschen Bauern in Vergangenheit und Gegenwart, 2. Aufl. Berlin (Ost) 1952.
Gollwitzer, Heinz: Europäische Bauernparteien im 20. Jahrhundert. Stuttgart/New York 1977 (= Quellen und Forschungen zur Agrarpolitik, Bd. 29).
Gottwald, Hans: Die Entmachtung der Großgrundbesitzer und Naziaktivisten und die Herausbildung neuer Produktionsverhältnisse in der Landwirtschaft während der ersten Etappe der demokratischen Bodenreform im Herbst 1945 auf dem Territorium des heutigen Bezirks Erfurt. Diss. Univ. Halle (Saale) 1974.

Gradl, Johann B.: Anfang unter dem Sowjetstern. Die CDU in der sowjetischen Besatzungszone Deutschlands. Köln 1981.
Grasemann, Hans-Jürgen: Das Blocksystem und die Nationale Front im Verfassungsrecht der DDR. Diss. jur. Univ. Göttingen 1973.
Großer, Günther: Das Bündnis der Parteien. Herausbildung und Rolle des Mehrparteiensystems in den osteuropäischen Ländern. Schriften der LDP, Heft 3. Berlin (Ost) 1967.
Großer, Günther: Der Block der Demokratischen Parteien und Massenorganisationen, eine spezifische historische Form der Zusammenarbeit antifaschistisch-demokratischer Parteien und Organisationen bei der Vernichtung der Grundlagen des deutschen Imperialismus und der Schaffung der Grundlagen einer neuen demokratischen Ordnung (eine Darstellung seiner Entwicklung und seiner Rolle in den Jahren 1945 bis 1950, untersucht an Hand der Materialien über die Tätigkeit des zentralen Ausschusses der Einheitsfront in Berlin). Phil. Diss. Univ. Leipzig 1957.
Hermes, Peter: Die Christlich-Demokratische Union und die Bodenreform in der sowjetischen Besatzungszone Deutschlands im Jahre 1945. Saarbrücken 1963.
Herrmann, E. M.: Die Presse in der Sowjetischen Besatzungszone Deutschlands. Bonn 1957.
Heyl, Wolfgang: Zwanzig Jahre demokratische Bodenreform. Berlin (Ost) 1964.
Historische Forschungen in der DDR 1960–1970 (1970–1980). Analysen und Berichte zum VIII. (XV.) Internationalen Historikerkongreß in Moskau (Bukarest). Sonderband der »ZfG«, 18. Jg. 1970 (28. Jg. 1980). Berlin (Ost) 1970 (1980).
Hoernle, Edwin: Wegbereiter der demokratischen Bodenreform. Herausgegeben zum zehnten Jahrestag der Verkündung der demokratischen Bodenreform. Zentralvorstand der VdgB (BHG). Berlin (Ost) 1955.
Hofmann, Heinz: Mehrparteiensystem ohne Opposition. Die nichtkommunistischen Parteien in der DDR, Polen, der Tschechoslowakei und Bulgarien. Frankfurt am Main/Bern 1976.
Horz, Gerhard: Die Kollektivierung der Landwirtschaft in der Sowjetischen Besatzungszone unter besonderer Berücksichtigung des sowjetischen Vorbildes. Ziele – Methoden – Wirkungen. Diss. rer. pol. FU Berlin 1965.
Immler, Hans: Agrarpolitik in der DDR. Köln 1971.
Kaplan, Karel: Der kurze Marsch. Kommunistische Machtübernahme in der Tschechoslowakei 1945–1948. München/Wien 1981.
Koch, Manfred/Müller, Werner/Staritz, Dietrich/Suckut, Siegfried: Versuch und Scheitern gesamtdeutscher Parteienbildung 1945–1948, in: »Deutschland Archiv«, 15. Jg. 1982, Sonderheft, S. 90 ff.
Koch, Manfred: Zwischen Repräsentation und Massenmobilisierung. Zur Entstehung und Funktion der »Beratenden Versammlungen« in der SBZ im Jahre 1946, in: Studien und Materialien des Arbeitsbereichs Geschichte und Politik der DDR am Institut für Sozialwissenschaften der Universität Mannheim. Bd. 1. Mannheim 1982.
Kölm, Lothar: Die Befehle des Obersten Chefs der Sowjetischen Militäradministration in Deutschland 1945–1949. Eine analytische Untersuchung. Phil. Diss. Berlin (Ost) 1977.
Koppelmann, Günter: Das Ringen um die Festigung der antifaschistisch-demokratischen Staatsorgane in Leipzig von Mitte 1948 bis Anfang 1949. Diss. Univ. Leipzig 1968.
Kotow, G. G.: Agrarverhältnisse und Bodenreform in Deutschland. Teil I und II. Berlin (Ost) 1959.
Kramer, Matthias/Heyn, Gerhard/Merkel, Konrad: Die Landwirtschaft in der Sowjetischen Besatzungszone. Die Entwicklung in den Jahren 1945–1955, Teil I. Bonn 1957.
Krause, Manfred: Zur Geschichte der Blockpolitik der Sozialistischen Einheitspartei Deutschlands in den Jahren 1945 bis 1955. Diss. Berlin (Ost) 1978.
Krippendorff, Ekkehart: Die Liberal-Demokratische Partei Deutschlands in der Sowjetischen Besatzungszone 1945/48. Entstehung, Struktur, Politik. Düsseldorf 1961.
Künzel, Werner: Die Landtage von 1946 bis 1949: Revolutionär-demokratische Volksvertretungen, in: Revolutionärer Prozeß der Staatsentstehung. Hrsg.: Akademie der Wissenschaften, Institut für Theorie des Staates und des Rechts. Berlin (Ost) 1976.
Kulbach, Roderich/Weber, Helmut: Parteien im Blocksystem der DDR. Funktion und Aufbau der LDP und NDPD. Köln 1969.
Kuntsche, Siegfried: Die Unterstützung der Landesverwaltung bzw. Landesregierung Mecklenburg durch die Sowjetische Militäradministration bei der Leitung der demokratischen Bodenreform, in: Jahrbuch für Geschichte, Bd. 12. Berlin (Ost) 1974, S. 141 ff.

Die Landwirtschaft und der 5-Jahres-Plan, o. O. o. J.
Löwenthal, Fritz: Der neue Geist von Potsdam. Hamburg 1948.
Lukacs, John: Geschichte des Kalten Krieges. Gütersloh 1962.
Die marxistisch-leninistische Agrarpolitik von der gegenseitigen Bauerhilfe und der demokratischen Bodenreform zur Ausarbeitung und Anwendung des neuen Systems der Planung und Leitung in der Landwirtschaft der DDR. Berlin 1965.
Mand, Richard/Krüger, Lore: Zwanzig Jahre Demokratischer Block, Annotierte Spezialbibliographie, Zeittafel, Dokumentensammlung. Potsdam-Babelsberg 1965 (= Aktuelle Beiträge zur Staats- und Rechtswissenschaft aus den sozialistischen Ländern, 12).
Mattedi, Norbert: Gründung und Entwicklung der Parteien in der Sowjetischen Besatzungszone Deutschlands (1945–1949). Bonn/Berlin (West) 1966 (= Bonner Berichte aus Mittel- und Ostdeutschland).
Moraw, Frank: Die Parole der »Einheit« und die deutsche Sozialdemokratie. Bonn/Bad Godesberg 1973 (= Schriftenreihe des Forschungsinstituts der Friedrich-Ebert-Stiftung, Bd. 94).
Mückenberger, Erich: Der Kampf der Sozialistischen Einheitspartei Deutschlands für die Festigung des Bündnisses der Arbeiterklasse mit der werktätigen Bauernschaft. Berlin (Ost) 1956.
Müller, Christa: Probleme der Führungstätigkeit der Kommunistischen Partei Deutschlands und der Sozialistischen Einheitspartei Deutschlands auf dem Lande im Kampf um Veränderungen im Denken und Handeln der werktätigen Bauern während der antifaschistisch-demokratischen Umwälzung und des Übergangs zur sozialistischen Revolution. Diss. Akademie der Landwirtschaftswissenschaften. Berlin (Ost) 1978.
Müller, Hans/Reißig, Karl: Wirtschaftswunder DDR. Ein Beitrag zur Geschichte der ökonomischen Politik der SED. Berlin (Ost) 1968.
Neide, K. von der: Raiffeisens Ende in der Sowjetischen Besatzungszone. Bonn/Berlin (West) 1952 (= Bonner Berichte aus Mittel- und Ostdeutschland).
Nelles, Toni: Die Rolle der Volksmassen unter Führung der marxistisch-leninistischen Partei der Arbeiterklasse beim Aufbau der antifaschistisch-demokratischen Staatsmacht 1945 bis Mitte 1948 (dargestellt am Beispiel des Landkreises Ostprignitz im ehemaligen Land Brandenburg). Diss. Institut für Gesellschaftswissenschaften beim ZK der SED. Berlin (Ost) o. J.
Pankratz, Günther: Der Weg der MTS. Berlin (Ost) 1960.
Die Presse der Sowjetischen Besatzungszone. Hrsg.: Parteivorstand der SPD (= Sopade-Informationsdienst, Denkschriften, 54). Bonn 1954.
Rasper, Wolfgang: Zur Rolle der Staatsmacht im Prozeß der antifaschistisch-demokratischen Umwälzung auf dem Lande. Berlin (Ost) 1975.
Reutter, Rudolf: Die Bauernpolitik der SED. Berlin 1947.
Reutter, Rudolf: Großgrundbesitzerland wird wieder Bauernland. Berlin 1945.
Reutter, Rudolf: Was will die Vereinigung der gegenseitigen Bauernhilfe? Berlin 1947.
Richert, Ernst: Aus der Praxis totalitärer Lenkung – Die politische Entwicklung im Kreis Schmalkalden 1945–1949, in: Faktoren der Machtbildung. Wissenschaftliche Studien zur Politik, Bd. 2. Berlin (West) 1952.
Robel, Gert: Die deutschen Kriegsgefangenen in der Sowjetunion – Antifa –. München 1974.
Sacher, Siegfried: Die Entwicklung der Blockpolitik in Sachsen in der Zeit der Festigung der Arbeiter- und Bauern-Macht in der DDR (1949 bis 1950). Diss. Univ. Leipzig 1963.
Sandford, Gregory W.: The commanding heights: The economic and social transformation of the Soviet Zone of Germany 1945–1946. Diss. Univ. of Wisconsin-Madison 1979.
Schäwel, Herbert: Die Vorbereitung und Durchführung der demokratischen Bodenreform im Kreise Rügen. Greifswald 1965.
Scheuermann, Herbert: Zu einigen Problemen des Kampfes der SED bei der Verwirklichung des Neubauern-Programms im Kreis Torgau (April 1946 bis 1948). Phil. Diss. Univ. Leipzig 1965.
Schlewe, Siegfried: Dokumentation zur demokratischen Bodenreform im Kreis Greifswald. Greifswald 1965.
Schmidt, Walter: Die Grundzüge der Entwicklung der Landwirtschaft in der DDR von 1946 bis zur Gegenwart. Teil 1, 1945–1952. Berlin (Ost) 1960.
Schöneburg, Karl-Heinz (Ltr. des Autorenkollektivs): Errichtung des Arbeiter-und-Bauern-Staates der DDR 1945–1949. Berlin (Ost) 1983.

Schröder, Otto: Der Kampf der SED um die Vorbereitung und Durchführung des Volksentscheids in Sachsen. Berlin (Ost) 1961.
Schwarz, Hans-Peter: Vom Reich zur Bundesrepublik. 2. Aufl. Stuttgart 1980.
Schwarzenbach, Rudolf: Die Kaderpolitik der SED in der Staatsverwaltung. Ein Beitrag zur Entwicklung des Verhältnisses von Partei und Staat in der DDR (1945–1975). Köln 1976.
Staritz, Dietrich: Funktion, Ausprägung und Schicksal des »besonderen deutschen Weges« zum Sozialismus. Preprint Nr. 88 des Instituts für Sozialwissenschaften der Universität Mannheim 1982.
Staritz, Dietrich: Die National-Demokratische Partei Deutschlands 1948–1953. Ein Beitrag zur Untersuchung des Parteiensystems der DDR. Diss. rer. pol. FU Berlin 1968.
Staritz, Dietrich: Sozialismus in einem halben Land. Zur Programmatik und Politik der KPD/SED in der Phase der antifaschistisch-demokratischen Umwälzung in der DDR. Berlin (West) 1976.
Staritz, Dietrich: Zur Entstehung des Parteiensystems der DDR, in: Dietrich Staritz (Hrsg.): Das Parteiensystem der Bundesrepublik Deutschland. 2. Aufl. Opladen 1980.
Stein, Siegfried: Der Kampf der demokratischen Kräfte unter Führung der KPD und die Durchführung der demokratischen Bodenreform in Mecklenburg (Mai 1945 bis Dezember 1945). Phil. Diss. Institut für Gesellschaftswissenschaften beim ZK der SED. Berlin (Ost) 1961.
Stephan, Herbert: Die demokratische Bodenreform – erster Schritt auf dem Wege zur endgültigen Befreiung der Bauern (dargestellt am Beispiel des Landkreises Ostprignitz im ehemaligen Land Brandenburg). Kyritz 1965.
Stern, Carola: Porträt einer bolschewistischen Partei. Entwicklung, Funktion und Situation der SED. Köln/Berlin (West) 1957.
Stöckigt, Rolf: Der Kampf der KPD um die demokratische Bodenreform. Mai 1945 bis April 1946. Berlin (Ost) 1964.
Storbeck, Dietrich: Soziale Strukturen in Mitteldeutschland. Berlin (West) 1964.
Sywottek, Arnold: Deutsche Volksdemokratie. Studien zur politischen Konzeption der KPD 1935 bis 1946. Düsseldorf 1971.
Torpornin, B.-N.: Das politische System des Sozialismus. Berlin (Ost) 1974.
Tümmler, Edgar/Merkel, Konrad/Blohm, Georg: Die Agrarpolitik in Mitteldeutschland und ihre Auswirkungen auf Produktion und Verbrauch landwirtschaftlicher Erzeugnisse. Berlin (West) 1969.
Urban, Karl: Die Vereinigung der KPD und SPD im Kampf um die Schaffung der Grundlagen der antifaschistisch-demokratischen Staatsmacht in der Provinz Brandenburg (Mai 1945 bis April 1946). Potsdam 1963.
Urban, Karl/Reinert, Fritz: Die Rolle von Partei und Staat bei der Durchführung und Festigung der demokratischen Bodenreform. Potsdam-Babelsberg 1978 (= Aktuelle Beiträge der Staats- und Rechtswissenschaften, Heft 179).
Von der bürgerlichen Agrarreform zur sozialistischen Landwirtschaft in der DDR (Redaktionsleitung Volker Klemm). Berlin (Ost) 1978.
Von der demokratischen Bodenreform zum sozialistischen Dorf. Hrsg.: Institut für Gesellschaftswissenschaften beim ZK der SED und Lehrstuhl für Geschichte der Arbeiterbewegung. Berlin (Ost) 1965.
Voßke, Heinz: Zum Kampf um die Vereinigung der KPD und SPD zur SED in Mecklenburg-Vorpommern – Mai 1945 bis April 1946. Phil. Diss. Parteihochschule »Karl-Marx« beim ZK der SED. Berlin (Ost) 1964.
Wädekin, Karl-Eugen: Sozialistische Agrarpolitik in Osteuropa. Bd. I: Von Karl Marx bis zur Vollkollektivierung. Berlin (West) 1974.
Weber, A. B.: Die Rolle der Bauernpartei und der National-Demokratischen Partei bei der Festigung der Hegemonie der Arbeiterklasse in der DDR (1948/1949), in: Die deutsche Arbeiterbewegung in der neuesten Zeit. Moskau 1962. (Der Artikel ist in russischer Sprache verfaßt), S. 225 ff.
Weber, Hermann: DDR. Grundriß der Geschichte 1945–1976. Hannover 1976.
Weber, Hermann: Die Wandlung des deutschen Kommunismus. Die Stalinisierung der KPD in der Weimarer Republik. 2. Bde. Frankfurt/Main 1969.
Weber, Hermann: Kleine Geschichte der DDR. Köln 1980.
Weber, Hermann: Von der SBZ zur DDR. 1945–1948. Hannover 1968.

Weber, Hermann: Zum Transformationsprozeß des Parteiensystems der SBZ/DDR, in: Hermann Weber (Hrsg.): Parteiensystem zwischen Demokratie und Volksdemokratie. Dokumente und Materialien zum Funktionswandel der Parteien und Massenorganisationen in der SBZ/DDR 1945–1950. Köln 1982, S. 11 ff.
Weißleder, Wolfgang: Wesen und Funktion der Deutschen Wirtschaftskommission (DWK). Diss. jur. Akademie der Wissenschaften der DDR. Berlin (Ost) 1976.
Woderich, Rudolf: Zu den Anfängen der Demokratisierung des Dorfes in Ostmecklenburg von 1945 bis Ende 1947. Dargestellt am Beispiel des Kreises Neubrandenburg. Rostock 1965. Hist. Diss. Humboldt-Univ. Berlin (Ost) 1965.
Wortmann, John A.: The Minor Parties of the Soviet Zone of Germany: The Communist preparation and use of »Transmission Belts« to the East German Middle Class. Phil. Diss. Minnesota 1958.
Yershov, Vassily: The first phase of occupation, in: Robert Slusser (Hrsg.): Soviet Economic Policy in Postwar Germany. A Collection of Paper by Former Soviet Officials. New York 1953.
Zimmermann, Hartmut: Der FDGB als Massenorganisation und seine Aufgaben bei der Erfüllung der betrieblichen Wirtschaftspläne, in: Studien und Materialien zur Soziologie der DDR. Hrsg.: Peter Christian Ludz. Köln 1964 (= Kölner Zeitschrift für Soziologie und Sozialpsychologie, Sonderheft 8), S. 115 ff.
20 Jahre demokratische Bodenreform in Mecklenburg. Hrsg.: Arbeitsgemeinschaft Agrargeschichte am Historischen Institut der Universität Rostock im Auftrag des Landwirtschaftsrates des Bezirks Rostock. Rostock 1965.

6. Aufsätze in Zeitschriften

Ackermann, Anton: Gibt es einen besonderen Weg zum Sozialismus? In: »Einheit«, 1. Jg. 1946, Heft 1, S. 22 ff.
Adelberger, Johanna: Die Aufgaben der Pressereferenten und Bauernkorrespondenten, in: »Der Pflüger«, 2. Jg. 1950, Heft 5, S. 18 f.
Albrecht, Rudolf: Der Wille der werktätigen Bauern war entscheidend, in: »Der Pflüger«, 2. Jg. 1950, Heft 4, S. 9 f.
Appelt, Rudolf: Wesen und Ziele der Blockpolitik, in: »Einheit«, 2. Jg. 1947, Heft 9, S. 825 ff.
Bacher, Kurt: Bessere Organisationsarbeit ist notwendig, in: »Die Ähre«, 3. Jg. 1949, Heft 6, S. 3.
Bacher, Kurt: 600 000 – Mitglieder! In: »Die Ähre«, 3. Jg. 1949, Heft 9, S. 7.
Bacher, Kurt: Wie organisieren wir unsere Arbeit? Heran an die Vorkriegserträge? In: »Die Ähre«, 3. Jg. 1949, Heft 10, S. 6 f.
Bär, Erwin: Die Aufgaben der Propagandistenaktivs und ihre Anleitung, in: »Der Pflüger«, 4. Jg. 1952, Heft 1/2, S. 20 f.
Beer, Ernst: Unermüdliche Kleinarbeit auf dem Wege zum Erfolg, in: »Der Pflüger«, 2. Jg. 1950, Heft 4, S. 11 f.
Benser, Günter: Probleme der Bündnispolitik der KPD und der SED von 1945–1949, in: »Dokumentation der Zeit«, Berlin (Ost) 1964, Sonderheft Bündnispolitik, S. 3 ff.
Beschluß über die Entfaltung der Bewegung der Meisterbauern in den Dörfern der DDR, in: »Das demokratische Dorf«, 5. Jg. 1951, Heft 8, Sonderbeilage S. 6 f.
Betzer, Eugen: Aktivisten als Funktionäre der VdgB, in: »Die Ähre«, 2. Jg. 1948, Heft 11, S. 8 f.
Betzer, Eugen: Baubefehl 209 – Erste Bilanz, in: »Die Ähre«, 2. Jg. 1948, Heft 7, S. 4 f.
Bibach, Bruno: Schafft Bauernaktivs im Dorfe! In: »Neuer Weg«, 2. Jg. 1947, Heft 5, S. 5 f.
Böhm, Karl: Bauern-Aktivisten voran! In: »Neuer Weg«, 3. Jg. 1948, Heft 7, S. 2 f.
Erfolgreiche Schulungsarbeit überwindet unseren Mangel an Funktionären, in: »Die Ähre«, 2. Jg. 1948, Heft 6, S. 5.
Goldenbaum, Ernst: 25 Jahre Demokratische Bauernpartei Deutschlands, in: »Der Pflüger«, 25. Jg. 1973, Heft 4, S. 4.
Goldenbaum, Ernst: 30 Jahre Demokratische Bauernpartei Deutschlands, in: »Der Pflüger«, 30. Jg. 1978, Heft 4, S. 1 ff.
Goldenbaum, Ernst: Werktätige Bauern als aktive Kraft beim demokratischen Neuaufbau, in: »ZfG«, 17. Jg. 1969, Heft 8, S. 1018 ff.

Gorn, Sigrid: Probleme der Abgrenzung der Mittel- und Großbauern, in: »Statistische Praxis«, 13. Jg. 1958, Heft 6, S. 128 ff.

Grünewald: Zum Aufbau der Raiffeisen-Genossenschaften in der sowjetischen Besatzungszone, in: »Die Ähre«, 2. Jg. 1948, Heft 2, S. 14.

Grundaufgaben der Wirtschaftsberatung, in: »Die Ähre«, 2. Jg. 1948, Heft 8, S. 2.

Hansch, Ernst: Differenzierung im Dorf, in: »Die Ähre«, 4. Jg. 1950, Heft 4, S. 2.

Hansch, Ernst: Sieg der werktätigen Bauern, in: »Die Ähre«, 3. Jg. 1949, Heft 4, S. 1.

Hansch, Ernst: VdgB – Schule der demokratischen Erneuerung, in: »Die Ähre«, 3. Jg. 1949, Heft 2, S. 1.

Helmschrott, Leonhard: Das »Bauern-Echo«, ein treuer Helfer in der Entwicklung unserer Partei, in: »Der Pflüger«, 2. Jg. 1950, Heft 4, S. 17 ff.

Hinneburg, P.: Wie arbeitet der gute Kreissekretär, in: »Die Ähre«, 2. Jg. 1948, Heft 3, S. 8.

Hoernle, Edwin: Bauer und Arbeiter, in: »Einheit«, 2. Jg. 1947, Heft 10, S. 908 ff.

Hoernle, Edwin: Das Bündnis zwischen Arbeitern und Bauern, in: »Einheit«, 1. Jg. 1946, Heft 2, S. 78 ff.

Hoernle, Edwin: Probleme der Agrarpolitik im neuen Deutschland, in: »Einheit«, 3. Jg. 1948, Heft 11, S. 1025 ff.

Hoffmann, Herbert: Die Arbeit der DBD im Lande Thomas Münzers, in: »Der Pflüger«, 2. Jg. 1950, Heft 4, S. 8 f.

Hoffmann, Wolfgang: Die demokratische Bodenreform und die LDPD, in: »ZfG«, 13. Jg. 1965, Heft 6, S. 993 ff.

Jadasch, Anton: Landwirtschaftliche Beiräte, in: »Demokratischer Aufbau«, 2. Jg. 1947, Heft 11, S. 336 f.

Keuthe, Otto: Zusammensetzung und Aufgaben der Kreiswirtschaftskommission, in: »Der Pflüger«, 3. Jg. 1951, Heft 4/5, S. 11 f.

Koch, Manfred/Müller, Werner: Transformationsprozeß des Parteiensystems der SBZ/DDR zum »sozialistischen Mehrparteiensystem« 1945–1950, in: »Deutschland Archiv«, 12. Jg. 1979, Sonderheft, S. 27 ff.

Koppelow, Ingrid: Zum Quellenwert des Schriftgutes der Vereinigung der gegenseitigen Bauernhilfe (VdgB), dargestellt am Beispiel der VdgB/VdgB (BHG) Landesverband Mecklenburg 1946–1952, in: »Archivmitteilungen«, 13. Jg. 1973, Heft 3, S. 88 ff.

Krebaum, Walter: Verstärkt die Aktivistenbewegung auf dem Lande, in: »Neuer Weg«, 3. Jg. 1948, Heft 8, S. 26.

Krippendorff, Ekkehart: Die Gründung der Liberal-Demokratischen Partei in der sowjetischen Besatzungszone 1945, in: »Vierteljahreshefte für Zeitgeschichte«, 8. Jg. 1960, Heft 3, S. 290 ff.

Künzel, Werner: Die Beratenden Versammlungen bei den Landes- und Provinzverwaltungen der sowjetischen Besatzungszone (1946), in: »Staat und Recht«, 22. Jg. 1976, Heft 6, S. 953 ff.

Kuntsche, Siegfried: Der Kampf gegen die »Gemeinwirtschaft« der Neubauern, für die Auflösung des Gutsbetriebes und den Aufbau der Neubauernwirtschaften bei der demokratischen Bodenreform in Mecklenburg-Vorpommern, in: »Wissenschaftliche Zeitschrift der Universität Rostock«, 20. Jg. 1971, Heft 1/2 (gesell.- und sprachwiss. Reihe) S. 39 ff.

Kuntsche, Siegfried: Zur wirtschaftlichen Situation des werdenden Neubauerndorfes in Mecklenburg-Vorpommern, in: »Wissenschaftliche Zeitschrift der Universität Rostock«, 21. Jg. 1972, Heft 1, Teil 2 (gesell.- und sprachwiss. Reihe) S. 149 ff.

Leonhardt, Rolf: Die Politik der SED zur Festigung des Demokratischen Blocks nach der Gründung der DDR (Oktober 1949–Frühjahr 1950), in: »ZfG«, 26. Jg. 1978, Heft 6, S. 483 ff.

Mand, Richard: Demokratischer Block und Demokratie, in: »Staat und Recht«, 14. Jg. 1965, Heft 5, S. 736 ff.

Marcellus, Peter: Der Angriff auf das Dorf, in: »PZ-Archiv«, 2. Jg. 1951, Nr. 7, vom 5. April 1951.

Martin, Friedrich: Unsere Partei wurde ein starker Faktor im politischen Leben, in: »Der Pflüger«, 2. Jg. 1950, Heft 4, S. 13 f.

Matern, Hermann: Das Mehrparteiensystem in der Deutschen Demokratischen Republik, in: »Probleme des Friedens und des Sozialismus«, 2. Jg. 1959, Heft 5, S. 27 ff.

Mecklenburg, Ernst: Das Wirken der DBD für den Sieg der antifaschistisch-demokratischen Umwälzung und der sozialistischen Revolution in der DDR, in: »BzG«, 11. Jg. 1969, Sonderheft, S. 59 ff.

Merker, Paul: Bündnispolitik und Landwirtschaftsplan, in: »Einheit«, 4. Jg. 1949, Heft 4, S. 316 ff.

Merker, Paul: Der Klassenkampf im Dorfe, in: »Einheit«, 3. Jg. 1948, Heft 11, S. 1019 ff.
Mewis, Karl: Aktuelle Probleme der Bündnispolitik mit den werktätigen Bauern, in: »Einheit«, 5. Jg. 1950, Heft 11, S. 1004 ff.
Müller, Werner: »Ein besonderer deutscher Weg« zur Volksdemokratie? Determinanten und Besonderheiten kommunistischer Machterringung in der SBZ/DDR 1945–1950, in: »Politische Vierteljahresschrift«, 23. Jg. 1982, Heft 3, S. 278 ff.
Oelßner, Fred: Die Bauernfrage im Leninismus, in: »Einheit«, 4. Jg. 1949, Heft 9, S. 775 ff.
Offener Brief des Publizistischen Zentrums für die Einheit Deutschlands an das Führungsgremium des Gesamtdeutschen Arbeitskreises für Land- und Forstwirtschaft, abgedruckt in: »PZ-Archiv«, 1. Jg. 1950, Nr. 4 vom 15. Oktober 1950.
Pallieter, E.: VdgB und Bauernpartei, in: »Der Freie Bauer« vom 13. Juni 1948.
Pfefferkorn, O.: Ernst Goldenbaum, in: »SBZ-Archiv«, 3. Jg. 1952, Heft 21 vom 5. November 1952, S. 391 f.
Pfeiffer, H.: VdgB und Kleintierzüchterverein, in: »Die Ähre«, 3. Jg. 1949, Heft 8, S. 20.
Pfeiffer, H.: VdgB und Züchterverbände, in: »Die Ähre«, 3. Jg. 1949, Heft 10, S. 15.
Pfeiffer, H.: Zusammenarbeit zwischen VdgB und Züchterverbänden, in: »Der Freie Bauer« vom 4. Dezember 1949, S. 10.
Plitt, Walter: Unsere Zeitung, in: »Die Ähre«, 2. Jg. 1948, Heft 10, S. 12.
Reichelt, Hans: Bessere persönliche Anleitung und Unterstützung der Parteieinheiten, in: »Der Pflüger«, 2. Jg. 1950, Heft 8, S. 10 f.
Reichelt, Hans: Der Einbau der Kreisinstrukteure – ein bedeutender Schritt in der Entwicklung und Festigung unserer Partei, in: »Der Pflüger«, 2. Jg. 1950, Heft 3, S. 4.
Reutter, Rudolf: Beispiele des Klassenkampfes im Dorfe, in: »Neuer Weg«, 3. Jg. 1948, Heft 11, S. 12 f.
Reutter, Rudolf: Wie festigen wir das Bündnis zwischen Arbeitern und Bauern? In: »Neuer Weg«, 2. Jg. 1947, Heft 1, S. 11 f.
Richert, Ernst: Die Blockpartner im sowjetzonalen Staatsapparat, in: »SBZ-Archiv«, 4. Jg. 1953, Heft 9 vom 5. Mai 1953, S. 133 ff.
Rietz, Hans: Kaderpolitik – eine wichtige Aufgabe unserer Partei, in: »Der Pflüger«, 4. Jg. 1952, Heft 5, S. 5 ff.
Rietz, Hans: Verantwortungsbewußte und schnellere Heranbildung neuer junger Kader, in: »Der Pflüger«, 3. Jg. 1951, S. 20 f.
Rotter, Georg: Die Aufgaben der Arbeitsgemeinschaft VdgB und Genossenschaften, in: »Die Ähre«, 4. Jg. 1950, Heft 5, S. 5 f.
Rotter, Georg: So wollen wir gemeinsam arbeiten! Arbeitsgemeinschaft VdgB – Genossenschaften, in: »Der Raiffeisen-Bote«, 3. Jg. 1950, Nr. 5, S. 14.
Skibbe, Bruno: Wie ist die Wirtschaftsberatung zu organisieren? In: »Die Ähre«, 2. Jg. 1948, Heft 6, S. 1 f.
Skibbe, Bruno: Zur Reorganisation der Landwirtschaftsberatung in der Ostzone, in: »Die Deutsche Landwirtschaft«, 2. Jg. 1948, Heft 7, S. 99.
Staritz, Dietrich: Neue Akzente in der SED-Bündnispolitik, in: »DDR-Report«, 16. Jg. 1983, Heft 2, S. 70 ff.
Suckut, Siegfried: Der Konflikt um die Bodenreformpolitik in der Ost-CDU. Versuch einer Neubewertung der ersten Führungskrise der Union, in: »Deutschland Archiv«, 15. Jg. 1982, Heft 10, S. 1080 ff.
Schnitzler, Hans: Mehr parteilose werktätige Bauern durch das Schulungsjahr für unsere Partei gewinnen, in: »Der Pflüger«, 4. Jg. 1952, Heft 7, S. 5 f.
Schönbach, Rolf: Landesparteischule Königsbrück stellt zur Diskussion, in: »Der Pflüger«, 2. Jg. 1950, Heft 8, S. 18 ff.
Scholz, Werner: Die Genossenschaften und wir, in: »Die Ähre«, 2. Jg. 1948, Heft 3, S. 14 f.
Scholz, Werner: Genossenschaften und VdgB, in: »Der Raiffeisen-Bote«, 1. Jg. 1948, Heft 4, S. 90.
Scholz, Paul: Der gerade Weg unserer Partei. Zum Beschluß des Demokratischen Blocks über einheitliche Wahlvorschläge, in: »Der Pflüger«, 2. Jg. 1950, Heft 3, S. 3 f.
Scholz, Paul: Vor neuen großen gemeinsamen Aufgaben, in: »Der Pflüger«, 2. Jg. 1950, Heft 1, S. 4 ff.
Stärkung der VdgB ist Aufgabe unserer Partei, in: »Neuer Weg«, 3. Jg. 1948, Heft 12, S. 15 f.

Trache, Hans Rolf: Das Verhältnis der VdgB und DBD nach zwei Jahren Parteiarbeit, in: »Der Pflüger«, 2. Jg. 1950, Heft 4, S. 15 f.
Ulbricht, Walter: Die SED vor der Parteikonferenz, in: »Neue Welt«, 3. Jg. 1948, Heft 22, S. 69 ff.
Ulbricht, Walter: Strategie und Taktik der SED, in: »Einheit«, 1. Jg. 1946, Heft 5, S. 257 ff.
Die VdgB – ein Pfeiler unserer Planwirtschaft, in: »Neuer Weg«, 3. Jg. 1948, Heft 8, S. 16 f.
Vieweg, Kurt: 1949 – Alle Kräfte für den Zweijahrplan, in: »Die Ähre«, 3. Jg. 1949, Heft 1, S. 1.
Vieweg, Kurt: Die Veränderung der Klassenverhältnisse im Dorf und unsere Bündnispolitik, in: »Einheit«, 4. Jg. 1950, Heft 7, S. 590 ff.
Vogel, H.: Folgt dem Beispiel der Kampehler Bauern: Heran an die Vorkriegserträge! In: »Die Ähre«, 3. Jg. 1949, Heft 8, S. 3 f.
Was geht die Generalversammlung der Arbeitsplan an? In: »Die Ähre«, 1. Jg. 1947, Heft 1, S. 12.
Wirth, Günther: Zur Entwicklung der Christlich-Demokratischen Union von 1945–1950, in: »ZfG«, 7. Jg. 1959, Heft 7, S. 1577 ff.
Zimmer, Hugo Otto: Beratende Versammlungen, in: »Neuer Weg«, 1. Jg. 1946, Heft 4, S. 17 f.

7. Zeitungen und weitere Zeitschriften

»Der Abend«, Berlin, Jg. 1948.
»Berliner Zeitung«, Berlin, Jg. 1948.
»Deutsche Volkszeitung«, Berlin (KPD), Jge. 1945–46.
»Freiheit«, Halle (SED), Jg. 1948.
IWE Mitteilungen, Bonn/Berlin, Jge. 1951–59.
»Der Kurier«, Berlin (Französische Zone), Jg. 1948.
»Landeszeitung Schwerin«, Schwerin (SED), Jge. 1946–48.
»LDP-Informationen«, Berlin. Mitteilungsblatt der Parteileitung der LDP, Jge. 1948–49.
»Leipziger Volkszeitung« (SED), verschiedene Ausgaben, Jge. 1946–47.
»Liberal-Demokratische Zeitung«, Halle/Saale (LDP), Jg. 1946.
»Märkische Volksstimme«, Potsdam (SED), Jge. 1948–50.
»Der Morgen«, Berlin (LDP), Jge. 1947–49.
»Neue Zeit«, Berlin (CDU), Jge. 1946–48.
»Neues Deutschland«, Berlin (SED), Jge. 1946–53 und Ausgabe vom 6. März 1982.
»Neue Zeitung«, Berlin (Amerikanische Zone), Jg. 1951.
»Sächsische Zeitung«, Dresden (SED), Jge. 1947–49.
»Sozialistische Bildungshefte«, Hrsg.: ZS der SED, 2. Jg. 1947, Nr. 14.
»Tägliche Rundschau«, Berlin (SMAD), Jge. 1945–53.
»Tagesspiegel«, Berlin, Jg. 1946.
»Telegraf«, Berlin, Jg. 1948.
»Thüringer Volk«, Weimar (SED), Jge. 1946–48.
»Thüringer Volkszeitung«, Weimar (KPD), Jge. 1945–46.
»Thüringische Landeszeitung«, Weimar (LDP), Jg. 1948.
»Union teilt mit«, Berlin. Nachrichten der Christlich-Demokratischen Union, Jge. 1947–49.
»Das Volk«, Berlin (SPD), Jge. 1945–46.
»Volksstimme Chemnitz«, Chemnitz (KPD/SED), Jge. 1945–46.
»Volkszeitung Halle«, Halle/Saale (KPD), Jg. 1946.
»Volkszeitung Schwerin«, Schwerin (KPD), Jge. 1945–1946.
»Weimarer Abendpost«, Jg. 1948.
»Die Welt«, Berlin (Britische Zone), Jge. 1946–48.

Abkürzungen

AdsD	Archiv der sozialen Demokratie
BV	Bezirksvorstand
BzG	Beiträge zur Geschichte der Arbeiterbewegung
CDUD	Christlich-Demokratische Union Deutschlands
DBD	Demokratische Bauernpartei Deutschlands
DFD	Demokratischer Frauenbund Deutschlands
DDP	Deutsche Demokratische Partei
DDR	Deutsche Demokratische Republik
DVLF	Deutsche Verwaltung für Land- und Forstwirtschaft
DWK	Deutsche Wirtschaftskommission
FDGB	Freier Deutscher Gewerkschaftsbund
FDJ	Freie Deutsche Jugend
HA	Hauptausschuß
IML	Institut für Marxismus-Leninismus
IWE	Informationsbüro West
Kominform	Kommunistisches Informationsbüro
Komintern	Kommunistische Internationale
KPD	Kommunistische Partei Deutschlands
KPdSU (B)	Kommunistische Partei der Sowjetunion (Bolschewiki)
KZ	Konzentrationslager
LA	Landesausschuß
LDPD	Liberal-Demokratische Partei Deutschlands
LNF	Landwirtschaftliche Nutzfläche
LPG	Landwirtschaftliche Produktionsgenossenschaft
LV	Landesvorstand
MAS	Maschinen-Ausleih-Stationen
MdL	Mitglied des Landtages
MdV	Mitglied der Volkskammer
MTS	Maschinen-Traktoren-Stationen
NDPD	National-Demokratische Partei Deutschlands
Pg	Parteigenosse
PV	Parteivorstand
RIAS	Rundfunk im amerikanischen Sektor Berlin
SBZ	Sowjetische Besatzungszone
SED	Sozialistische Einheitspartei Deutschlands
SMAD	Sowjetische Militäradministration in Deutschland
SPD	Sozialdemokratische Partei Deutschlands
UdSSR	Union der Sozialistischen Sowjetrepubliken
VdgB	Vereinigung der gegenseitigen Bauernhilfe
VdgB (BHG)	Vereinigung der gegenseitigen Bauernhilfe (Bäuerliche Handels-Genossenschaft)
VEAB	Volkseigene Erfassungs- und Aufkaufbetriebe
VEG	Volkseigene Güter
VVEAB	Vereinigung Volkseigener Erfassungs- und Aufkaufbetriebe
VVG	Vereinigung Volkseigener Güter

WK	Weltkrieg
ZfG	Zeitschrift für Geschichtswissenschaft
ZK	Zentralkomitee
ZS	Zentralsekretariat
ZV	Zentralvorstand
ZVdgB	Zentralvereinigung der gegenseitigen Bauernhilfe